U0023721

第二版

觀光資源概要
Tourism Resources Introduction

許怡萍◎編著

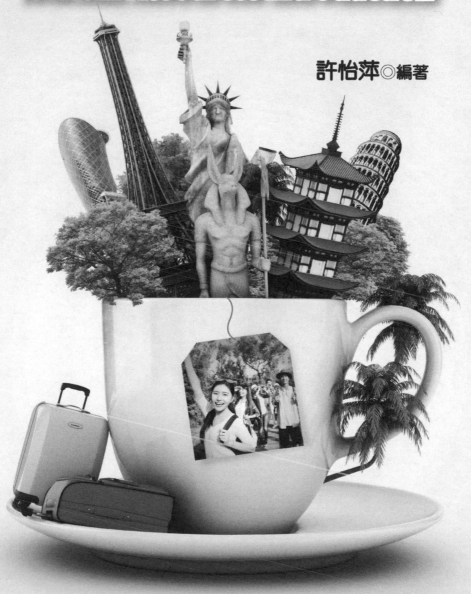

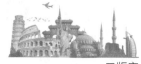

二版序

　　本書在 2013 年初版至今已逾五年，有鑑於國內外觀光環境在這段期間因政治、經濟、氣候等因素多有變化，舉凡恐怖主義的猖獗、歐洲的難民問題、伊波拉病毒的大流行、英國公投決定脫歐、尼泊爾 2015 年的強震、近年來遊輪旅遊的興起等，均對觀光資源造成或多或少的影響，二版主要針對相關內容進行更新。

　　相較於初版，本書仍採原先架構，在每一章的最後同樣列出一些習題，便於讀者自行練習用。筆者針對各個單元均有不同程度的更新：臺灣歷史部分，新增官方認定的原住民族群；臺灣地理部分，更新人口統計數據及臺灣經濟的相關資料；世界歷史部分，針對埃及和波斯帝國有更詳細的介紹；世界地理部分，除對中國地勢和氣候有更詳細的說明外，還新增亞洲東協的簡介；觀光資源部分除更新國家公園的最新資料外，也列舉國際媒體、旅遊網站、雜誌及書籍對臺灣觀光的肯定；世界遺產部分則新增 2015 年新列的世界遺產。

　　隨著全球化國際交流日趨頻繁，跨國旅遊活動亦快速成長，無論是已開發或開發中國家，無不費盡心思加強觀光資源的開發與宣傳，臺灣除了特殊的自然景觀、飲食及文化特色之外，人民友善、社會安定、消費水準較其他先進國家低都是我國吸引外國旅客前來旅遊的優勢條件；這幾年來，私房景點、巷弄美食……更因網紅行銷的興起，成為另類的觀光資源，筆者本人便曾幾次在觀光客稀少的秘境部落，以及老屋改造的巷弄餐廳巧遇來自新加坡的自助旅人，更遑論每年前來參加鹽水蜂炮、媽祖繞境、炮炸寒單爺等知名節慶活動的外國遊客。由此可見，數位時代的來臨

造就了更多樣化的觀光資源,只要能夠吸引遊客不遠千里前來,一睹為快或親臨體驗的觀光標的物便可謂之「資源」,期望讀者閱畢本書後,對觀光資源能有不同角度的見地。

　　最後感謝諸多先進老師之採用,由於內容涉略廣泛,雖經多次校閱仍難免有所疏漏,敬期讀者不吝指教,俾使本書內容更加豐富詳實。

許怡萍

2018.1

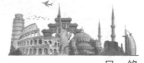
目　錄

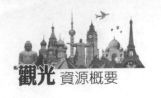

iv 觀光 資源概要

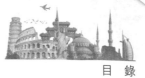

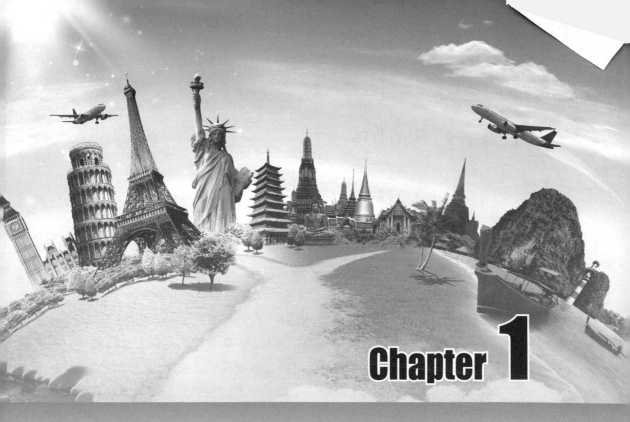

Chapter 1

臺灣歷史

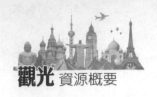
🚆 第一節　史前時代

　　史前時代是指文字發明之前的時代，文字發明之後稱為歷史時代。就地質而言，臺灣與大陸為一體，兩者間的臺灣海峽，深度約在數十公尺，甚少超過 80 公尺，曾經歷過幾次冰河時期而造成海平面的下降，海峽於是成為陸橋，連接臺灣與大陸。直至最近的一萬年，仍有數度海退時期，使得海峽只留下狹窄的水道，而大陸文化也因此得以東傳。在臺灣本島上發掘到許多與大陸的同期文化類同的史前遺物，例如高雄獅公山（林園區鳳鼻頭山）上發掘的「鳳鼻頭文化」、新北市八里區大坌坑發掘的「大坌坑文化」、臺南市左鎮區菜寮溪流域發現的「左鎮人」頭蓋骨化石、臺東長濱八仙洞發現的「長濱人」遺物，都證明了史前時代部分臺灣人來自亞洲大陸的事實。

　　史前時代又分為舊石器時代、新石器時代及金屬器時代，各時代的臺灣遺址介紹如**表 1-1**。

表 1-1　史前時代的臺灣文化遺址

		名稱	出現年代（約）	文化層	重要挖掘時間	挖掘地點
舊石器時代	打製石器	1. 長濱文化遺址	50000-5000 年前	礫石器 石片器	1968 -1970 年 臺大考古隊	臺東縣長濱鄉八仙洞（海蝕洞穴）
		2. 網形文化遺址	50000-7000 年前	先陶文化		苗栗縣大湖鄉新開村
		3. 左鎮文化人	30000-20000 年前	先陶文化		臺南市左鎮區菜寮溪河床
		4. 小馬洞穴遺址	5800 年前	先陶文化 或稱 先農耕文化	1989 年 黃士強	臺東縣東河鄉小馬
		5. 鵝鑾鼻第二遺址		先陶文化	1982 年 李光周	屏東縣恆春鎮鵝鑾鼻

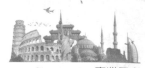

（續）表 1-1　史前時代的臺灣文化遺址

		名稱	出現年代（約）	文化層	重要挖掘時間	挖掘地點
新石器時代	磨製石器 農作物栽培 稻米蔬菜	1. 大坌坑文化遺址	7000-5000 年前	粗繩紋陶文化（有根栽作物）	1958 年盛清沂 1964 年張光直	新北市八里區大坌坑（觀音山山腰）
		2. 牛罵頭文化遺址	5000-4000 年前	細繩紋陶文化	1974 年 Dewer	臺中市清水區
		3. 牛稠子文化遺址	5000-4000 年前	繩紋紅陶文化	1976 年黃士強	臺南市仁德區鎖港
		4. 東部繩紋紅陶文化遺址	4400-3300 年前	繩紋紅陶文化 細繩紋陶文化		東海岸花蓮、臺東一帶及新北市八里區舊城遺址
		5. 芝山岩文化遺址	3600-3000 年前	彩陶 黑皮陶 有六個文化層	1896 年日本人栗野傳之丞	臺北市芝山岩（全臺第一個被發現的遺址）
		6. 圓山文化遺址	4500-2000 年前	圓山文化層 有段石斧文化	1897 年 3 月 伊能嘉矩 宮村榮一	臺北市圓山貝塚（臺北市兒童育樂中心所在地）
		7. 訊塘埔文化遺址	4300-3500 年前			新北市八里區訊塘埔（廖添丁廟旁）
	開始有陶器	8. 植物園文化遺址	2700-2000 年前	方格印紋厚陶	1900 年日本人佐藤傳藏	臺北市植物園
		9. 營埔文化遺址	3700-2000 年前		1964 年宋文勳	臺中市大肚區營埔里
		10. 大湖文化遺址	3500-2000 年前		1938 年 金關丈夫	高雄市湖內區
		11. 鳳鼻頭文化遺址	3200-2000 年前	黑色劃紋陶	1965 年張光直	高雄市林園區鳳鼻頭
		12. 卑南文化遺址	3500-2000 年前	板岩石柱 石板棺 素面陶	1896 年 鳥居龍藏 1930 年 鹿野忠雄	臺東縣卑南鄉南王村（臺灣最大考古遺址）
		13. 麒麟文化遺址（又稱巨石文化）	3200-2000 年前	巨石文化層、岩棺、石壁、單石		臺東縣成功鎮麒麟
		14. 花岡山文化遺址	3100-2000 年前	巨石文化層（有大型陶製甕棺）		花蓮市花岡山
		15. 大瑪璘文化遺址	3500-2000 年前	劃紋陶 印紋陶	1949 年 李濟 石璋如	南投縣埔里鎮烏牛欄（愛蘭台地）

（續）表 1-1　史前時代的臺灣文化遺址

		名稱	出現年代（約）	文化層	重要挖掘時間	挖掘地點
金屬器時代	已使用鐵器	1. 十三行文化遺址	2300-400 年前	幾何型印紋陶已使用金銀銅鐵器及玻璃製品	1957 年臺大教授林朝棨	新北市八里區十三行貝塚可能是平埔族凱達格蘭和噶瑪蘭族的祖先
		2. 番仔園文化遺址	2000-400 年前	棕色印紋陶灰黑色劃紋陶		臺中市大甲區頂居里番仔園貝塚（鐵砧山山麓）
		3. 大邱園文化遺址	1800-800 年前			濁水溪中游南投縣集集
		4. 蔦松文化遺址	2000-400 年前	紅褐色陶為主		臺南市永康區蔦松里貝塚
		5. 北葉文化遺址	1600-400 年前			屏東縣瑪家鄉
		6. 龜山文化遺址	1200-400 年前			恆春鎮車城鄉射寮村龜山
		7. 靜浦文化遺址	1300-400 年前	鐵器青銅器		花蓮縣豐濱鄉靜浦

資料來源：教育部學習加油站，臺灣教師聯盟教材研究組，網址 http://content.edu.tw/local/changhwa/dachu/taiwan/h/h2/h21/h214.html。

第二節　荷、西時期

壹、荷蘭占領臺灣的原因

在中國古代的文獻裡，臺灣被稱為「蓬萊、貸輿、瀛洲、島夷、夷州、琉求」等。元代元世祖，在澎湖首次設立了官府「澎湖巡檢司」，負責臺灣澎湖的事務，隸屬泉州同安縣。元代所稱的琉求，明代所稱的小琉球，許多學者視為臺灣，至明萬曆年間始有「臺員」之稱，今名「臺灣」即源於此。

西元 12 世紀前半葉（當北宋與南宋之際）已有漢人移居澎湖，並且

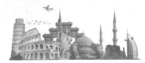

到臺灣從事貿易和短期居住。14 世紀後半葉（元末明初）以後，澎湖和臺灣本島漸成為漢人和日本人走私貿易和海盜活動的據點。

15、16 世紀，歐洲國家對外擴張勢力，開闢往東亞的新航路，發現美洲新大陸，縮短了亞洲與歐洲的航行距離，世界從此進入大航海時代。在海權爭霸的國際環境下，臺灣進入歷史時代。16 世紀初葡萄牙人航向東方，積極推展貿易。在赴日途中，船員遠眺臺灣，山明水秀，乃稱臺灣為「福爾摩沙」（Formosa），意指「美麗之島」。此後繪製的世界地圖陸續將臺灣納入，「美麗之島」逐漸聞名於世，成為西方世界中的臺灣地名。

17 世紀初，除了一些零星的琉球人、漢人、海盜遊走進出於臺灣之外，西方重商主義國家也開始注意臺灣。此時遠東海面已成為歐洲三國角逐的形勢：租得澳門的葡萄牙、殖民菲律賓呂宋島的西班牙、據有爪哇的荷蘭，在遠東海面展開商業和殖民地的競爭。

荷蘭人在遠東的商業目的原以明朝為重要對象，但因受制於葡萄牙人的競爭和明朝的抵制，荷蘭人只好轉向澎湖，先後在 1604、1622 年兩度進占澎湖。但因澎湖為明帝國領土，所以明政府亦兩度派兵驅離荷蘭人。1604 年沈有容出兵澎湖驅逐荷蘭人，歷經八個月不分勝負，荷蘭終而議和。在議和定約中，明政府要求荷蘭退出澎湖，如果退出澎湖，去占領對面的「化外之島」（即臺灣），明政府則無異議。經此議和，荷蘭人遂在 1624 年進入南臺灣，建立「奧倫治城」，後又改建為熱蘭遮城。又於 1653 年建普羅民遮城。

荷蘭人統治臺灣的第三年（1626 年），西班牙也自菲律賓馬尼拉派兵占領臺灣北部。他們先後占據雞籠、滬尾一帶，並建造聖多明哥城，與南部的荷蘭人展開殖民與商業競爭，此時西班牙統治者在金山、三貂角（San Diego）等地都建有大主教教堂，試圖向原住民傳教。西元 1642 年荷蘭人將西班牙人驅離臺灣。有關荷蘭與西班牙占領臺灣的歷史，請參見表 1-2 及表 1-3 所示。

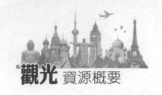
表 1-2　荷蘭占領臺灣大事年表（1624-1662）

1624 年	荷蘭人占領臺灣
1626 年	西班牙人抵三貂角、雞籠、社寮島（今基隆和平島）
1628 年	西班牙人占領淡水，改名聖多明哥（St. Domingo）城
1635 年	荷蘭人築熱蘭遮城外廓
1642 年	荷蘭人攻雞籠，西班牙人退出臺灣北部
1645 年	荷蘭人引進牛隻，牛成為耕種與交通重要牲畜
1652 年	漢人郭懷一反抗荷人失敗，荷人屠殺漢人
1653 年	荷人加強普羅民遮城的防禦
1661 年	鄭成功立臺灣為東都，赤崁為承天府，置天興、萬年二縣
1662 年	荷蘭人投降。半年後鄭成功憤死，鄭經即位，鄭經入東都

資料來源：北一女中臺灣史教學網，http://web.fg.tp.edu.tw/~nancy/Taiwan/B3.htm。

表 1-3　西班牙占領臺灣時期紅毛城的歷史（1626-1642）

1629 年	西班牙人在滬尾（即淡水）建造聖多明哥城
1642 年	荷蘭人趕走西班牙人，此城為荷蘭人所有，荷蘭人被稱為紅毛，故聖多明哥城被稱為紅毛城
1662 年	鄭成功趕走荷蘭人，此城為鄭氏所有
1681 年	鄭克塽重修此城，並駐軍於此
1683 年	鄭氏降清，清政府派安平水師十餘人，每年巡此城一次，日久荒廢傾圮
1724 年	淡水廳同知重修此城，殘蹟得以保存
1860 年	淡水開港
1861 年	英國人在淡水設領事館
1868 年	英國人遷領事館於紅毛城
1972 年	英國與中華民國斷交，撤館，英國委託澳大利亞代為管理，不久澳大利亞又與中華民國斷交
1980 年	該館正式為臺灣政府所有，列為國家一級古蹟

資料來源：北一女中臺灣史教學網，http://web.fg.tp.edu.tw/~nancy/Taiwan/B3-2.htm。

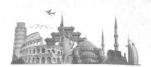
貳、荷蘭統治對臺灣的影響

一、原住民

　　荷蘭統治臺灣前後共約三十八年。其極盛時期（1650 年）的統治範圍包括以嘉南平原為主的地區、北部的西班牙殖民地（雞籠、滬尾二城）和今臺東沿海一帶。荷蘭人對原住民採取安撫、鎮壓、教化兼施的方式治理，採行「地方會議」制，從各村選出長老，每年集會以宣導荷蘭當局施政措施。荷蘭人還廣泛宣傳基督新教的喀爾文教派，在傳教時同時也推廣文教工作，新港文書為其範例之一。

二、漢人

　　漢人在很多方面扮演輔助荷蘭人統治的角色，包括擔任「社商」（包稅商）等。社商單獨享有一番社的商業交易權，其他商人不得干預，他們常用布匹、食鹽、鐵器、菸草來交換原住民狩獵的獵物與農產品。荷蘭東印度公司利用競標方式將某社的商業交易權外包給出價最高者，並且分四季向社商收稅，藉以增加財政收入，稱為「贌社」。但因為賦稅沉重、人民無土地所有權，田地均為王田，歸荷蘭國王所有，導致部分臺灣人民對荷蘭統治者時有不滿。1652 年，因甘蔗減產與人頭稅加重，爆發了郭懷一事件。此外，1629 與 1636 年也分別發生麻豆溪事件與蕭壠事件兩次大型的原住民反抗活動。

三、經濟作物

　　經濟方面，荷蘭人引進了許多新物種，包括芒果、釋迦、甘藍菜、大豆、胡椒、波羅蜜、豌豆、番茄等等，同時也引進了黃牛。荷蘭人也在臺灣發展貿易，並以臺灣作為轉口站，至此臺灣成為明朝、日本、南洋、歐洲等地的貨物集散中心。此時的臺灣已躍入以出口貿易為導向的海洋貿易體系，有別於傳統中國自給自足的封建式小農經濟。

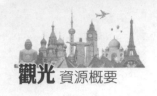
第三節　明鄭時期

壹、明鄭攻占臺灣的原因

　　當荷蘭殖民臺灣之際，中國正處於明清交替的混亂時代。西元 1644 年，清軍攻入北京，明朝遺臣在南方先後擁立明宗室為王，史稱南明，鄭成功在父親投降清廷之後，仍以金門、廈門為根據地，繼續北伐抗清，卻不幸失敗，因此決定轉攻臺灣，作為反清復明的新基地。

　　西元 1661 年鄭成功率領 25,000 名士兵，在臺南鹿耳門登陸，打敗了荷蘭殖民者的軍隊，1662 年迫使荷蘭人投降，從此，鄭成功收復臺灣。收復臺灣五個月後，鄭成功逝世，由其子鄭經至其孫鄭克塽維持政權達二十一年。

貳、明鄭治理臺灣的影響

　　明鄭治理臺灣時期對臺產生的影響如下：

一、政教建設

　　鄭成功攻占臺灣之後，稱臺灣為東都，設置承天府（今臺南市）。承天府以北設天興縣，以南設萬年縣，改熱蘭遮城為安平鎮。鄭經時期又改東都為東寧，天興、萬年兩縣改稱州。

　　鄭經執政期間，普遍在臺灣實施教育。受到鄭氏父子重用的陳永華有「鄭氏諸葛」之稱。永曆 20 年（1666 年），陳永華於當時臺灣的首都承天府建造全臺灣第一座孔廟（今臺南孔廟），學生上課的地點就在孔廟的明倫堂，並在孔廟左廂內設置太學，即今該地為全臺首學由來，這也是全臺灣第一所由官方出資興辦的求學場所，名字稱為官學，又因設於孔廟內，故又稱為儒學。

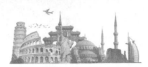

二、經濟建設

在農業經濟方面，為了解決軍隊兵糧問題，不論鄭成功或鄭經基本上都貫徹「寓兵於農」的策略。這種具有營盤田、文武官田的土地私有制，於定則徵賦的經濟模式下，大量提供經濟產能。根據統計，包含承襲荷據時期已開墾的「王田」，後續開發的營盤田、官田、私田等，明鄭時期拓墾的田地超過 18,454 甲以上。此等經濟開發，雖造就漢人盛行的農耕文化，卻也同時讓臺灣原住民面臨比荷據時期更嚴重的生存危機。

三、對外貿易

鄭氏實施墾殖，在政策上採軍屯、民墾和官墾並行，而以軍屯為主。而清政府繼續對鄭氏實施海禁政策，並強迫中國大陸沿海居民內遷，以斷絕沿海人民與鄭氏往來，臺灣與中國大陸的走私貿易，一時幾乎中斷。鄭經採納陳永華建議，積極利用海上優勢，除了設法恢復與中國大陸的走私貿易外，也積極的爭取與其他國家的貿易。當時歐洲各國中最積極想與臺灣進行貿易的是英國。因此鄭氏政權曾與英國東印度公司簽訂通商條約，准許英國人在臺灣設商館通商，輸出蔗糖、鹿皮等臺灣特產，輸入軍火與布料等物品。此外，鄭氏與日本的貿易關係亦相當密切。當時臺灣輸往日本的主要商品是蔗糖、鹿皮、稻米和中國大陸的絲織品；由日本輸入臺灣的主要貨物是軍用物資。在鄭氏的經營之下，臺灣成為當時中國大陸、日本及東南亞各地的貿易轉口站，商業往來繁盛。

🚆 第四節　清領時期

清領時期是指施琅攻臺至 1895 年甲午戰爭後割讓予日本為迄，由大清帝國實質統治的時間，共兩百一十二年，為臺灣歷史到目前為止持續時間最長的分期。

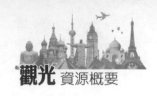

　　西元 1683 年，清朝政府派鄭成功前部下施琅率領清軍擊潰鄭克塽。鄭克塽於 7 月 15 日（新曆 9 月 5 日）向施琅投降，並於 8 月 18 日剃髮易服，這是臺灣有史以來首次正式被收編為中國的一部分。清領時期可分為消極治臺之前期以及積極治臺之後期兩個階段。

壹、消極治臺之前期

　　西元 1684 年，臺灣正式納入中國版圖，隸屬福建省，下設臺灣、鳳山與諸羅三個縣，府治設在現今之臺南市。大體上，清廷在這個時期的治臺政策，主要仍是依循內地的統治情況，消極的以較低的成本來經營，並且視情況先鼓勵人民開墾，其後再由官方設置行政單位，或是依據軍事的需求來調整。此種策略一直到 1874 年日軍在牡丹社事件中犯臺之後，才有所改變。

貳、積極治臺之後期

一、來自英國的壓力（1841至1868年）

　　清朝與英國發生鴉片戰爭期間，自 1841 年 9 月起，英國艦隊數度出現臺灣外海，試圖占領北部基隆港與西海岸中部梧棲港，但都沒有成功。接著於 1854 年 7 月，由培理率領的美國東洋艦隊剛與日本締結親善條約且在基隆港停泊約十日間，借口搜尋失蹤水兵，登陸勘查基隆煤礦。培理返國後提出報告，力陳臺灣適合作為美國的遠東貿易中繼站，主張加以占領。最終培理的主張雖未實現，但其報告卻引起歐洲各國對臺灣的注意。其後清政府依據西元 1858 年締結的天津條約，將臺灣的淡水（1862 年）、基隆（1863 年）、安平、打狗（今日之高雄）於 1864 年陸續開放，並且允許宣教士來臺傳播基督教。

　　開港同時，歐美各國商人開始進出通商港口，傳教士也陸續來臺，

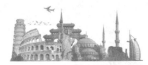

並與居民頻頻發生摩擦及糾紛。自處理 1868 年英國商人因蒐集樟腦發生的糾紛以後，清朝官憲（指官史、官廳）在英國艦砲威脅之下，都以委曲求全的方式解決，自此各國與清廷所締結的不平等條約，也一併適用於臺灣。臺灣經濟遂成為世界經濟的一環，由北部淡水及基隆輸出茶與樟腦，由南部安平及打狗輸出砂糖；輸入品則以鴉片與雜貨為主。

二、來自日本的壓力（1871至1873年）

日本於明治維新後，於 1871 年發生琉球宮古島的 66 名居民漂流至南臺灣恆春半島，其中有 54 名被高士佛社的排灣族原住民殺害，而餘下 12 名脫險返國的「宮古島民臺灣遇害事件」。琉球同時受到日本及清朝的保護，日本以「懲辦兇手」為借口出兵臺灣，於 1874 年攻打臺灣牡丹社原住民，即「牡丹社事件」。原住民雖打贏，但中、日雙方仍簽訂條約，清朝須負擔賠償責任，日本撤兵。日本政府利用此事件，以及小田縣民遭卑南族洗劫財物事件，使清朝承認牡丹社事件，日本出兵臺灣為「保民義舉」，令日本領有琉球的承認，並將勢力擴及臺灣。

日本外交大臣副島種臣於 1873 年 3 月赴北京交換「日清修好條規」批准書時，為牡丹社事件向清政府提出交涉。清政府以臺灣居民係「化外之民」，該地區屬於「教化未及之地」為由，迴避牡丹社事件的責任。受此回應，日本政府即於翌年即 1874 年 5 月 17 日，由西鄉率領日軍，由長崎出發，在臺灣南部的恆春附近登陸。雖然受到瘟疫與臺灣原住民游擊式反抗所困擾，仍於 6 月成功地占領「番地」。

日本出兵臺灣，成為清廷的一種警訊。清廷在日軍到達臺灣後的 1874 年 5 月 27 日，迅速任命沈葆楨為「欽差兼辦理臺灣海防事務大臣」並派遣來臺。沈葆楨由船艦兵員隨伴，於同年 6 月 17 日到達臺灣，顯著地強化臺灣的防衛力量。不過，沈葆楨的任務非要與日本一戰，而是要積極促使臺灣發展。

參、消極治理轉變為積極治理的關鍵

　　沈葆楨到任不足一年，被提升為兩江總督兼通商大臣而離開臺灣，以致其改革構想未完全實現，但由其繼任者、福建巡撫丁日昌繼承下來。丁日昌和沈葆楨一樣是屬於清末改革運動、「洋務運動」的推行者。其施政計畫，包括把沈葆楨的政策推進更上一層外，為強化臺灣內部以及與清廷的聯繫，敷設通信用電線，以及在基隆至恆春之間建設縱貫鐵路等。但是丁日昌的任期也很短，在其任內所實現的主要業績，只有臺南與打狗間及臺南與安平間合計 95 公里的通信電報用電線敷設而已。

　　鴉片戰爭之後，清廷認為列強對清領土及屬地抱有企圖。日本出兵以後，直接以武力攻臺的是法國。中法戰爭發生的 1884 年，法國派艦隊強行進入基隆港，同年 8 月，又登陸基隆將砲台加以破壞，其後又反覆攻擊基隆周圍。法軍一時也曾占領，但是結果未能完全占據臺灣北部，於是將目標轉向防衛較弱的澎湖島，最終於 1885 年 3 月底占領澎湖。及至 4 月中旬，以越南成為法國的保護國為前提，成立中法兩國停戰協定，解除對臺灣海上的封鎖並由澎湖島撤兵。這次法國對臺灣的軍事行動，使清政府認識到臺灣的重要性，清政府於 1884 年 6 月授與前直隸陸路提督劉銘傳巡撫頭銜，使其負責臺灣的行政與軍務，成為清廷治理臺灣由消極轉變為積極的關鍵。

肆、劉銘傳治理臺灣的影響（1886 至 1895 年）

一、土地

　　劉銘傳的改革，係以居民自己負擔為原則，可說是一種「就地取材主義」，並非來自中央投資。當時臺灣的財政主要依靠地租，劉銘傳採取清賦措施，向朝廷上奏「三至五年之後，將以臺灣之財收自給自足」。劉銘傳於光緒 12 年（1886 年）4 月設清賦總局於臺北，三個月內完成居

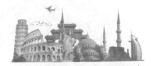

民的人口調查，並進行兼具治安目的的「保甲」編制。保甲制度即是以「甲」為單位，將居民置於連坐制之下加以管理，以十戶為一甲、十甲為一保，甲有甲長、保即設保正。人口調查完成後，隨即著手土地的調查，確定土地及田的所有者，查出漏稅的「隱田」，並確定其所有權人。這些人口調查與土地調查，成為日治時代人口調查及土地調查的基礎。

二、鐵路

鐵路事業方面，當初雖然計畫從基隆至臺南敷設縱貫鐵路，但因為資金不足及劉銘傳離職，故僅敷設基隆到臺北一段約 32 公里，光緒 19 年（1893 年）2 月又完成到新竹一段，約 67 公里。

劉銘傳於光緒 17 年（1891 年）6 月，告病辭官回鄉。繼任的福建臺灣巡撫邵友濂，基於地方財政問題，因而未能承繼劉銘傳之改革事業，其改革事業遂中途而廢。邵友濂之後由唐景崧就任福建臺灣巡撫。

 第五節　日治時期

壹、馬關條約

西元 1894 年（清光緒 20 年），清朝與日本因為朝鮮主權問題而爆發甲午戰爭。次年 3 月 20 日，戰況呈現敗象的清朝，派出李鴻章為和談代表，並以全權大臣身分赴日本廣島與日本全權大臣（伊藤博文）議和。到達之後，李鴻章要求先停戰，但談判沒有結果。最後清政府被迫於 1895 年 4 月 17 日與日本簽訂「馬關條約」，清廷一方面承認朝鮮獨立，另一方面也將遼東半島、臺灣全島及澎湖列島割讓予日本。

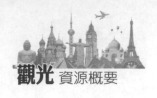

貳、統治政策

日治時期可分為三個不同的統治政策階段,各階段的政策與方針之演變如**表 1-4** 所示。下述分別為三個統治階段的說明:

一、綏撫時期(1895至1915年)

日治時期的第一階段時期,自 1895 年 5 月的乙未戰爭起,一直到 1915 年的西來庵事件為止。在此約二十年內,以臺灣總督府與日軍為主的日方統治,遭遇臺民頑強的抵抗。除犧牲慘重外,也遭致國際上的嘲笑,因此曾經在 1897 年的國會中,出現「是否要將臺灣以 1 億元賣給法國」的言論,稱為「臺灣賣卻論」。在這個情況下,著重鎮壓的日本對於臺灣總督的人選,都以授階中將或上將的武官來擔任。

1898 年,日本明治政府任命素有日本陸軍瑰寶之稱的兒玉源太郎中將(請參見**表 1-5** 日治時代的總督)為第四任總督,並派才幹卓越的政治家後藤新平醫師擔任民政長官以為輔佐,從此採取軟硬兼施的政策治理臺

表 1-4 日治時期三階段的政策與方針之演變

	I	II	III
政策	綏撫政策	同化政策	皇民化運動
總督	樺山資紀	田健治郎	小林躋造
性質	前期武官總督	文官總督	後期武官總督
起迄	1895-1915(20 年)	1915-1937(22 年)	1937-1945(8 年)
背景	臺灣為日本第一個殖民地	戰後民族自決思潮流行臺胞覺醒	中日八年戰爭 日本進入戰時體制 有待臺胞全面合作
措施	武力鎮壓反抗運動 尊重臺灣禮俗	籠絡臺胞 視臺灣為內地的延長	皇民化 工業化 南進基地化
特色	寬猛並用 樹立殖民基礎	視臺灣為日本領土	要求臺胞完全日本化

資料來源:北一女中臺灣史教學網,http://web.fg.tp.edu.tw/~nancy/Taiwan/B6.htm。

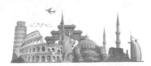

表 1-5　日治時代的總督

	樺山資紀（1895.5.10）	海軍大將
綏撫時期（1895-1915） 前期武官總督	桂太郎（1896.6.2）	陸軍中將
	乃木希典（1896.10.14）	陸軍中將
	兒玉源太郎（1898.2.26）	陸軍中將
	佐久間左馬太（1906.4.11）	陸軍大將
	安東貞美（1915.4.30）	陸軍大將
	明石元二郎（1918.6.6）	陸軍中將
同化時期（1915-1937） 文官總督	田健治郎（1919.10.29）	政友會
	內田嘉吉（1923.9.6）	政友會
	伊澤多喜男（1924.9.1）	憲政會
	上山滿之進（1926.7.16）	憲政會
	川村竹治（1928.6.15）	政友會
	石塚英藏（1929.7.30）	民政會
	太田政宏（1931.6.16）	民政會
	南弘（1932.3.2）	政友會
	中川健藏（1932.5.27）	民政會
皇民化時期（1937-1945） 後期武官總督	小林躋造（1936.9.2）	海軍大將
	長谷川清（1940.11.27）	海軍大將
	安藤利吉（1944.12.30）	陸軍大將

資料來源：北一女中臺灣史教學網，http://web.fg.tp.edu.tw/~nancy/Taiwan/B6.htm。

灣。加上 1902 年年底大抵肅清抗日運動之後，成員全為日人；且毋須遵守日本法律的臺灣總督府之對臺統治權才就此建立起來。而日方這種軟硬兼施的殖民地政策，一般稱為特別統治主義。

　　事實上，日本統治臺灣之初就存在著殖民地統治策略的兩條路線之爭，分述如下：

(一)「特別統治主義」

　　第一條路線就是後藤新平所代表的「特別統治主義」。醉心於德國式科學殖民主義的後藤新平認為，從生物學的觀點，同化殖民地人民既不可

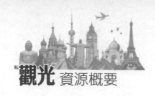

能也不可行，因此主張效法英國殖民統治方式，將臺灣等新附領土視為真正的殖民地，亦即分離於內地之外的帝國屬地，不適用內地法律，必須以獨立、特殊方式統治。後藤認為應當要先對臺灣的舊有風俗進行調查，再針對問題提出因應政策。這個原則被稱為「生物學原則」，同時也確立了以漸進同化為主的統治方針。

(二)「內地延長主義」

　　相對於特別統治主義的殖民地路線，則是原敬所代表的「內地延長主義」。受到法國殖民思想影響的原敬，相信人種文化與地域相近的臺灣和朝鮮是有可能同化於日本的，因此主張將新附領土視為「雖與內地有稍許不同，但仍為內地之一部」，直接適用本國法律。

　　從 1896 到 1918 年，擔任民政長官的後藤新平所持的特別統治主義主導了臺灣的政策。在這段時間內，臺灣總督於「六三法」的授權下，享有所謂「特別律令權」，集行政、立法、司法與軍事大權於一身。而握有絕對權力的臺灣總督，除了有效壓制武裝抗日運動之外，對於臺灣的社會治安也有一定助益。

　　根據後藤新平引述的官方統計，僅在 1898 至 1902 年的這四年間，總督府殺戮的臺灣「土匪」人數為 11,950 人，日本占領臺灣的前八年，共有 32,000 人被日方殺害，超過當時總人口的 1%。

二、同化時期（1915至1937年）——內地延長主義

　　日本治臺的第二階段時期，自西來庵事件（又稱噍吧哖事件或玉井事件，起源於臺南的廟宇西來庵招募黨徒，發生於現今臺南市玉井區）的1915 年開始（漢人最後一次的武力抗爭），到 1937 年中日戰爭爆發為止。就在此一時期，國際局勢有了相當程度的變化。1914 至 1918 年慘烈的第一次世界大戰，從根本動搖了西方列強對殖民地的統治權威，民族自決主義瀰漫全世界。1918 年 1 月，美國總統威爾遜倡議民族自決

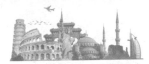

原則以及稍後列寧所鼓吹的「殖民地革命論」，於相互競爭中傳遍了各殖民地。1910 年代中期，日本本國的政治生態也有了改變。在此一時期初，日本國內正處於由藩閥政府與官僚政治轉換到政黨政治和議會政治的所謂大正民主時期。1919 年，田健治郎被派任為殖民地臺灣的首任文官總督，他在赴任前，與日本首相原敬談妥，以同化政策為統治的基本方針，並於同年 10 月正式向府內官員發表。他表示，同化政策的精神是內地延長主義，也就是將臺灣視為日本內地的延長，目的在於使臺灣民眾成為完全之日本臣民，效忠日本朝廷。之後二十年，總督府歷任總督延續此政策。在具體措施上實施地方自治、創設總督府評議會、公布日臺共學制度及共婚法、撤廢笞刑、獎勵日語等，改變了過去後藤新平的「以無方針為方針」、「只管鐵路、預防針與自來水」的內政方向與統治政策，故此時期可稱之為與始政時期施政方式完全南轅北轍的同化政策時期。

三、皇民化時期（1937至1945 年）

自 1937 年的盧溝橋事件開始，一直到二次大戰結束的 1945 年為止，日本在臺灣的殖民統治邁向了另一個階段。由於日本發動侵華戰爭，為因應局勢，臺灣總督府於 1936 年 9 月恢復武官總督的設置。由於戰爭的需要，以及 1933 年退出國際聯盟所導致的物資禁運懲罰，日本需要臺灣在物資上的支援協助。然而要臺灣人同心協力，實非臺灣人完全內地化不可。因此，總督府除了取消原來允許的社會運動外，還全力進行皇民化運動。該運動大倡臺人於姓名、文化、語言等全面學習日本，並全面動員臺人參加其戰時工作，而這項運動一直持續到 1945 年二次大戰結束為止。此種由臺灣總督府主導，極力促成臺灣人民成為忠誠於日本天皇下的各種措施，就是皇民化運動。

臺灣總督府為推動皇民化運動，開始強力推廣要求臺灣人說國語（日語）、穿和服、住日式房子、放棄臺灣民間信仰和祖先牌位、改信日本神道。由於因應盧溝橋事變之後，日軍在中國戰線的人力需求，在 1937 年首度徵調臺籍軍夫做軍需品運輸工作。太平洋戰爭爆發後，由於

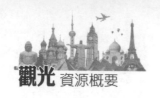

戰爭規模不斷擴大，所需兵員越來越多，日本當局也於 1942 年開始在臺灣實施陸軍特別志願兵制度、高砂族挺身報國隊（高砂義勇隊），1943年實施海軍特別志願兵制度，並於 1945 年全面實施徵兵制。

參、日治時代的行政區劃

　　日治初期的行政區劃變動非常頻繁，在 1895 年統治開始以來的二十五年間，一級行政區共計更動八次。直至 1920 年 10 月實施「五州二廳」（臺北州、新竹州、臺中州、臺南州、高雄州、臺東廳、花蓮港廳）後進入穩定期，僅 1926 年設置澎湖廳以及後續成立某些州轄市。1920年行政區劃的影響深遠，今日行政區的基礎即在當時確立（如表 1-6 所示）。另外，隨著 1920 年新政區改制，少部分傳統地名亦以地名雅化的原則開始改名。例如打狗改為高雄（今高雄市）、打貓改為民雄（今民雄鄉）、枋橋改為板橋（今板橋區）、阿公店改為岡山（今岡山區）、媽宮改為馬公（今馬公市）、噍吧哖改為玉井（今玉井區）等，且多數保留迄今。此外臺灣地名常見的「藔」、「仔」等用字，也在當時統一改為「寮」、「子」等。

表 1-6　日治時期與現今的行政區域劃分對照表

日治時期行政區	現今行政區域
臺北州	臺北市、新北市、宜蘭縣、基隆市
新竹州	桃園縣、新竹縣、新竹市、苗栗縣
臺中州	臺中市、彰化縣、南投縣
臺南州	臺南市、嘉義市、嘉義縣、雲林縣
高雄州	高雄市、屏東縣
臺東廳	臺東縣
花蓮港廳	花蓮縣
澎湖廳（1926 年自高雄州分出）	澎湖縣

肆、武裝抗日運動

　　在長達半世紀的日本統治當中，武裝抗日的政治運動，大抵發生在日本領臺的前二十年。大致上可以分成三個階段，第一期是臺灣民主國抗拒日軍接收的乙未戰爭；第二期是緊接著臺灣民主國之後的前期抗日游擊戰，幾乎每年都有武裝抗日行動；而最末一期自 1907 年的北埔事件起，到 1915 年的西來庵事件為止。之後，臺灣反日運動轉為維護漢文化的非武力形式，不過期間仍發生轟動全世界的霧社事件。

一、臺灣民主國

　　清廷將臺灣割讓給日本的決定，在臺灣住民中引起了軒然大波。1895 年 5 月 25 日，臺灣官民宣布成立臺灣民主國，推舉巡撫唐景崧為總統，並向各國通告建國宗旨。未料，日軍在 5 月 29 日於基隆背後的澳底登陸，6 月 3 日攻陷基隆。於是臺灣民主國政府的首腦們，包括唐景崧和丘逢甲，都內渡逃亡至中國大陸。6 月 11 日，泉州籍辜顯榮代表艋舺士紳迎接日本軍進入臺北城。6 月下旬，餘眾又在臺南擁立大將軍劉永福為民主國第二任總統。民主國雖和日軍發生不少規模不小的血戰，但到 10 月下旬，劉永福也棄守臺灣，內渡至中國大陸，日軍占領臺南，這個僅存活 184 天的臺灣民主國短命政權，至此完全劃下了句點。

二、前期抗日活動

　　臺灣民主國宣告崩潰以後，日臺灣總督樺山資紀於 1895 年 11 月 8 日向日本東京大本營報告「全島悉予平定」，隨即在臺灣展開統治。但是，一個多月以後，臺灣北部原清朝鄉勇又於 12 月底開始一連串的抗日事件。而這一期的抗日可以說是第一期臺灣民主國抗日運動的延伸。1902 年，漢人抗日運動稍歇，直到 1907 年 11 月發生北埔事件，武裝抗日進入第三期。這段五年的停歇時間，一方面是由於日兒玉源太郎總督的高壓

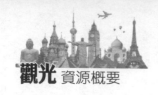

統治，一方面也因為總督府以民生等政策拉攏臺人。在雙重因素影響下，臺灣漢人對於抗日行動採取了觀望的態度。

1896 年，苗栗地區部分義軍撤往大湖，加入泰雅族原住民抗日行列。由「得磨波耐社」大頭目「北都巴博」率領，在馬那邦山區與日軍展開一場殊死戰。但日軍擁有山砲等重型武器。原住民四位頭目及屬下全部陣亡，日軍陣亡 70 多人。

中南部地區以簡義、柯鐵虎、劉德杓為首的民勇軍，於 1896 年 6 月攻打南投街及斗六街，7 月進攻鹿港，辜顯榮率「別動隊」協助日軍。雖有部分「別動隊」成員倒戈，但民勇軍仍告失敗。事後，日軍在雲林地區展開清鄉報復行動，受害平民高達 3 萬人。

1902 年，苗栗地區風雲再起，起因於原住民不滿遭受歧視與壓迫，且被詐騙了山墾權，而襲擊「南庄支廳」。苗栗、新竹等地原住民紛紛響應，雙方交戰一個多月，史稱「南庄事件」。之後，日本人又殘殺逃到馬那邦山避難的難民，引起原住民更大規模的抗日，雙方交戰好幾個月。

日人統治的二十年內，陸續出現的主要抗日活動多以「克服臺灣，效忠清廷」為口號，其代表是並稱為「抗日三猛」的簡大獅、林少貓及柯鐵虎。其中柯鐵虎以「奉清國之命，打倒暴虐日本」為口號，與朋友自稱「十七大王」，在雲林一帶盤踞。

三、後期抗日活動

漢人武裝抗日的第三期，自 1907 年的北埔事件起，到 1915 年的西來庵事件為止，總共有十三起零星武裝抗日事件。但是，除了最後一次的西來庵事件外，規模都很小，還有的事先就被發覺捕獲，因此和過去大規模的反抗不同。西來庵事件是漢人第一次利用宗教力量來推動抗日，規模浩大，事件結束後使臺灣人認識到軍事實力的懸殊，以武力起義的舉動斷然不可，乃開始改以和平方式爭取民主自治，轉型為社會運動與政治運動，西來庵事件遂成為臺灣漢人的最後一次武裝抗日。

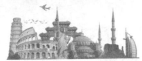

後期抗日運動中，以發生於臺中州能高郡霧社（今南投縣仁愛鄉境內）之霧社事件最為著名。1930 年 10 月 27 日，以頭目莫那魯道為代表，共 6 個部落 300 多位族人發動對日本人的出草及抗暴，將正在霧社小學舉行運動會的 134 名日本人（包括許多婦孺及受到原住民好評的日本醫師）殺死。事件發生後，總督府主張對原住民擁有報復及討伐權。於此理念下，總督府展開近兩個月的討伐，以賽德克族（當時被歸類於泰雅族）為主，參與反抗行動的 300 名原住民兵自盡，其家人或族人也多上吊或跳崖；爾後日方放任敵對原住民對起事部落出草，史稱霧社事件及二次霧社事件。該事件由於總督府方面處理方法不當，總督府多位高級官員下台以示負責，成為臺灣日治時期最直接且最激烈的武裝抗日行動。

伍、社會運動

1915 年以後，臺灣幾乎不再有大規模的武力抗爭行動。隨之而來的是自發的社會運動。臺灣人組織近代政治社團、文化社團和社會社團，採用具有清楚政治意識的宗旨，以此結合意識相近、志同道合的人，共同為運動所設定的目標努力。

1919 年，在東京的臺灣留學生改組原先的「啟發會」，成立「新民會」，展開這一階段各項政治運動、社會運動的序幕。隨後有「六三法撤廢運動」、「臺灣議會設置請願運動」的相繼發起。1921 年，蔣渭水醫師結合青年學生，以及臺灣各地社會領袖，共同成立「臺灣文化協會」，成為日後臺灣諸多民族運動、社會運動、政治運動的大本營，也是許多社運團體的「母體」。

1927 年初，「文協」分裂，左派掌控「新文協」，老幹部退出，另組「臺灣民眾黨」。臺灣民眾黨又於 1930 年分出「臺灣地方自治聯盟」。簡單言之，1920 年代的上半期，是臺灣社運團體萌芽發展的時期；1920 年代的下半期，是各社運團體沿著左右派意識型態分道揚鑣的階段。直到

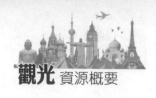

1930 年代初期，隨著日本當局的高壓手段，這些分合擾攘的社運團體才紛紛式微。

　　1930 年代中期後，在皇民化運動的指導下，臺灣民眾在 1920 年代曾經盛極一時的政治鬥爭和社會運動，都遭到禁絕的命運。在這種情況下，文化運動——特別是文學運動——取而代之，成為反抗運動的主流。

陸、社會制度的變遷

　　臺灣日治時期的經濟是種相當典型的殖民地經濟模式，即以臺灣自然資源與人力來培植宗主國的整體發展。此種模式於兒玉源太郎總督任內打下基礎，並於 1943 年太平洋戰爭中達到最高點。若以年代區分，1900 至 1920 年間，臺灣的經濟主軸於臺灣糖業，1920 至 1930 年為以蓬萊米為主的糧食外銷。綜括這兩個階段，總督府的策略約略是以「工業日本，農業臺灣」為最高指導方針。至於 1930 年之後，則因戰爭需要，總督府對於臺灣的經濟重心轉向工業化。

　　雖說各階段的主要策略不同，但臺灣經濟發展的主要目標，自然著重在提高農產品或後期工業用品的生產量，以達到供應宗主國的需求。這種「為已開發的經濟地區提供原料和廉價勞工」的經濟現象，為標準的邊陲經濟模式。而此種兼顧發展臺灣島內民生經濟與日本宗主國供需的日式資本主義，在所有日本殖民地當中，就以臺灣最為成功。

　　日本總督府同時頒布了許多與各項產業發展相關的法令及限制，涵蓋了礦業、糖業及樟腦業。這些規定的頒布造成了一些臺灣民眾的權益損失，並且或多或少限制了臺灣民眾對這些產業的投資，使得一部分民眾感到不滿。例如 1912 年發生的林圮埔事件，就是由於日本當局強制徵收林圮埔（今南投縣竹山鎮）一帶的公有林地，轉交給日本企業「三菱造紙所」所引起的衝突。

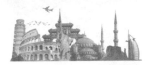

柒、財政與專賣制度

日本治臺初期，臺灣的財政仰賴日本國庫的補助，對日本政府來說，臺灣成了日本國家財政上的一大負擔。在第四任總督兒玉源太郎的支持下，當時的民政長官後藤新平擬訂了一份「財政二十年計畫」，希望能在二十年之內，透過逐年減少補助金的方式，使臺灣的財政獨立。然而，由於 1904 年日俄戰爭爆發，日本國庫吃緊，促使臺灣必須提前實現財政上的獨立。

為了完成財政獨立計畫，總督府除了整理地籍、發行公債、統一貨幣與度量衡之外，也興建了相當的產業硬體設施。此外，大力推行公賣措施及地方稅制的運用，也是完成財政計畫的重要環節。專賣制度的內容包括鴉片、樟腦、菸草、食鹽、酒精及度量衡。透過專賣制度，除了使總督府的收入增加外，也間接避免了這些產業的濫伐濫墾。總督府並施行了禁止進口的措施，讓這些產業能夠達到島內自給自足。

捌、教育

由於初期臺灣抗日運動相當盛行，日本當局除了以武力鎮壓外，竭盡全力建立其統治體制，部署官署機構，鞏固開發基礎，並設法安撫居民。在這種情況下，統治機器與不同文化人民間的溝通用義務教育，成為基礎中的基礎。而事實上，大多限定日籍資格才能就讀的日治時期中等或高等教育政策，對臺灣人而言，其成就與影響遠不如基礎教育。而基礎的義務教育在初期依然分為小學校（日本人就讀）、公學校（漢人就讀）及番童教育所（原住民就讀），在考試制度上也不公平（同樣的分數，日本人能就讀較好的學校），顯示日本人存有殖民者的階級心態。但是部分人士認為日本人在臺灣的教育建設上，仍然有著很大的貢獻。

玖、交通建設

一、鐵道

掌管臺灣鐵路的鐵道部成立於日治時代的 1899 年 11 月 8 日，成立之後，日治時期的鐵道建設邁入積極開發期。在日本治臺將近五十年的期間中，最大的成就莫過於 1908 年縱貫線的全線貫通，形成臺灣首次「空間革命」，讓過去臺灣南北需時數日的交通，縮短到朝發夕至的一日內。

鐵道部還陸續修築了淡水線、宜蘭線、屏東線、東港線，也收購一些民營鐵路，包括臺東南線（現屬臺東線一部分）、平溪線、集集線。此外還有林田山、八仙山、太平山、阿里山森林鐵路等林業鐵路。另外，官方亦曾進行北迴線、南迴線與中央山脈橫貫線，以及後續路線網的探查與規劃，但由於工程太過困難以及戰爭爆發而終未執行。另外，除了官方外，民間或會社興建鐵路也相當投入，例如糖業鐵路、鹽業鐵路、礦業鐵路、輕便鐵路等，曾經密如蛛網遍布全島並兼辦客運，成為地方交通主力。由窄軌輕便鐵道接駁至縱貫線車站，再轉乘大火車至其他主要都市，成為當時盛行的交通方式。

二、海港

為了改進臺灣海運運輸，日本政府整建了基隆港，並花費鉅資建造高雄港，使其成為可停靠大量船隻與吞吐貨物的現代化港口。此外，為了改善東部與離島交通，也興建花蓮港與馬公港。

三、運河

日治時期亦興建數條運河供船隻通行，代表作為臺南運河，為連接臺南市區與安平港間的運河。

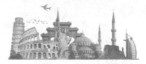

拾、水利建設

一、嘉南大圳

　　早期的嘉南平原由於缺乏雨水，這片平原在秋冬是極為貧瘠的荒漠。臺灣總督府技師八田與一（1886 至 1942 年）以十年的光陰，創建當時東南亞最大的水庫——烏山頭水庫。嘉南大圳於 1920 年開工，主要工程於 1934 年完工，灌溉面積則達 15 萬甲，占全島耕地的 14%，並引進農作物三年輪灌制，對臺灣農業發展貢獻極大。因此八田與一至今一直受臺灣人所推崇。

二、發電

　　為了發展輕工業，電力的取得對日本人來說是必須的。1903 年 2 月 12 日，總督府批准了由土倉龍次郎募資成立的臺北電氣株式會社，在深坑一帶利用淡水河的支流南勢溪興建水力發電廠，供應臺北市使用。爾後總督府規劃各種水利事業，將民營改為公營，自行開設臺北電氣作業所，並興建龜山水力發電所。雖曾發生泰雅族人殺害 15 位日本工作人員的事件，該發電所還是在 1905 年 8 月開始運作，供電臺北大稻埕、艋舺等地，1906 年供電基隆，是臺灣第一座水力發電所。此後竣工的有：1909 年利用新店溪發電的小粗坑發電所；同年打狗（高雄）的竹子門發電所；1911 年中部的后里發電廠等。

　　1919 年，臺灣總督明石元二郎下令將各公民營發電所組織為「臺灣電力株式會社」，並勘查適合水力發電的場所，計畫興建當時亞洲最大的發電廠。結果，在該年的 8 月間選定了日月潭作為發電廠的廠址。為了工程的進行，特別由縱貫線二八水驛（今二水車站），分歧一線鐵道直達電廠所在地，以便運送工程所需物資，即今集集線的前身。在進行了濁水溪及日月潭周邊地區的地質勘查後，經歷了第一次世界大戰的波折，終於在 1934 年完成了日月潭第一發電所，成為臺灣新興工業發展的重要指標。

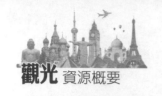

拾壹、民政改革

一、三大「陋習改正」

日治初期，臺灣總督府認為臺灣三大陋習分別為吸食鴉片、纏足與辮髮。與 19 世紀末期的清朝相同，吸食鴉片為當時臺灣人的普遍社會現象，根據統計半數的漢人均有此吸食習慣。

二、宗教感化

日治時期初期，在治理臺灣所需要的宗教安定力量上，臺灣總督府捨棄 19 世紀末因對外戰爭勝利而興起的日本國家神道教，而選擇了已經在臺灣稍有根基的佛教。這種與西方世界以基督教治理殖民地的「宗教殖民」不同的「宗教感化」思維模式，也讓原住民與漢人居多的臺灣，同化於日本的速度加快。

日本政府以鄭成功具有大和血統為由，以此解釋日本統治臺灣是繼承遺緒，合理化日本對臺灣的統治。當時臺灣公學校還教授臺灣學童傳唱鄭成功之歌。臺南的延平郡王祠被改為日式之「開山神社」，為臺灣第一座神社，並整修為神社樣式，只是舊有格局仍大致保留。

三、公共衛生改善

由於乙未戰爭期間，日軍因罹患傳染病，死亡者甚多，殖民當局才開始重視臺灣的公共衛生情形。日治初期，臺灣總督府於全臺各地廣設衛生所，從日本引進醫生治病與抑止傳染病爆發。但不興建大醫院，而是以公共衛生與小型衛生所作為醫療體系的主軸，以徹底減少瘧疾、鼠疫、結核病的發生率。

在硬體設施方面，總督府進行不少公共衛生工程建設，例如聘請英國人巴爾頓和濱野彌四郎赴臺設計全島的自來水與下水道；另外，拓寬街道、設立騎樓，並實施春、秋季強制掃除，嚴令家屋須關窗以利空氣流

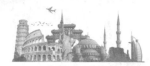

通、患病者必須強制遷離至隔離醫院、預防注射等措施，這些政令均對公共衛生有所助益。

　　除此之外，為了紮下根基，臺灣總督府更從公共衛生教育開始著手，一方面借重公學校教育體系與警察力量，教導臺灣一般民眾具有現代的衛生觀念；另外一方面則於臺北帝國大學（今臺灣大學）內設置熱帶醫學研究所，及訂定護理人員的升學制度等。該計畫培養不少公共衛生醫學人才，並增加臺灣於公衛方面的研究與改進機會。

拾貳、日治時期大事年表

	年份	大事
綏撫時期	1895	簽訂馬關條約，臺灣割讓給日本，樺山資紀為臺灣首任總督，臺灣民主國成立，北白川宮能久親王登陸澳底，日軍占三貂角→基隆→臺北城，唐景崧逃回廈門。6月17日舉行始政式，抗日活動此起彼落且延續中，士林芝山岩授日語，日軍入臺南，劉永福逃，臺灣民主國亡，總督府內設臺灣研習所
	1896	士林芝山岩事件（又稱「六氏先生事件」），時芝蘭堡（士林）義軍攻擊芝山岩學堂，殺害了6名日籍教師，後日本開始戶口調查，設警察制度，頒行六三法
	1897	臺灣電燈會社成立，公布臺灣銀行法、戒嚴令，准許臺北市公娼，《臺灣日報》創刊，國語學校開校，實施鴉片專賣
	1898	兒玉源太郎、後藤新平民政長官就任，實施土地調查，公布「保甲法」、「匪徒刑罰令」
	1899	食鹽、樟腦專賣，臺灣銀行成立
	1900	黃玉階倡天足會，臺北、臺南有公共電話
	1901	馬偕歿
	1902	臺南博物館開，伊能嘉矩博物志，基隆開始供應自來水，使用新度量衡制
	1903	首座水力發電所在深坑落成，臺北農會成立，公布「樟腦專賣法」
	1905	全臺戒嚴，第一次戶口普查
	1906	修築打狗港
	1907	臺北市自來水工程開工
	1908	縱貫鐵路（基隆到高雄）全線通車
	1909	廢陰曆
	1910	實施官營移民政策，鼓勵日人到臺灣東部
	1911	東部鐵路全線通車，阿里山鐵路通車，基隆至打狗夜間鐵路通車

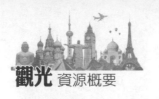

	1912	重新規劃臺北市，馬偕醫館開幕，林圯埔事件
綏撫時期	1913	臺北開始通行公共汽車，羅福星領導苗栗事件，基隆至花蓮定期航線開航
	1914	臺灣同化會成立，淡水長老教會中學開校
	1915	第二次戶口普查，臺灣人第一所自辦的學校——臺中中學成立，西來庵事件
同化時期	1919	臺灣總督府（今總統府）完工，臺灣電力公司成立
	1920	戶口普查，《臺灣青年》創刊
	1921	臺灣文化協會成立，蔣渭水發表臨床講義
	1922	臺灣議會設置運動
	1923	臺灣議會期成同盟會成立，《臺灣民報》創刊，治警事件，宜蘭鐵路全線通車
	1925	二林事件，臺北橋竣工
	1926	戶口普查，臺灣文化協會開始分裂，蓬萊米之名出現
	1927	臺灣人第一個黨——臺灣民眾黨申請成立，臺灣美術研究會成立
	1928	設立臺北帝國大學，蔣渭水組臺灣工友總聯盟，謝雪紅在上海成立臺灣共產黨
	1929	新竹自來水工程竣工，臺北帝國大學改制，樂生院落成，民眾黨開始左傾
	1930	霧社事件爆發
	1931	蔣渭水歿，工友總聯盟式微
	1932	臺灣第一家百貨公司——菊元百貨在臺北出現
	1934	日月潭水力發電廠完工
	1935	首屆臺灣地方議員選舉
	1936	臺北松山機場竣工，臺北公會堂落成，臺北新公園落成
	1937	軍司令部宣布進入戰時體制，與日本本土劃一時間
皇民化時期	1938	公布國家總動員法
	1939	小林躋造總督宣布治臺重點，皇民化、工業化、南進，開築花蓮港
	1940	規定臺灣人改換日本姓
	1941	皇民奉公會成立
	1942	第一梯次臺灣志願兵入伍
	1943	實施六年制義務教育
	1944	日本對臺灣實施徵兵制
	1945	日本投降，陳儀任臺灣行政長官抵臺，成立臺灣省貿易公司

資料來源：北一女中臺灣史教學網，http://web.fg.tp.edu.tw/~nancy/Taiwan/B6.htm。

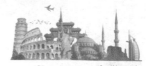

第六節　中華民國時期

壹、戰後時期（1945 至 1949 年）

　　1945 年，第二次世界大戰結束，日本戰敗並簽署「終戰詔書」，當時由中華民國陸軍總司令何應欽將軍先於南京接受太平洋戰區戰敗方日本政府投降，然後依據太平洋戰區同盟軍最高司令麥克阿瑟於 1945 年 8 月17 日發布一般命令，臺灣與越南日本軍須向中國戰區蔣介石元帥投降。中華民國政府於同年 10 月 25 日代表太平洋戰區盟軍委託管理臺灣。臺灣在 1945 年 8 月 15 日日本投降至 10 月 5 日在臺北設立臺灣省行政長官公署前進指揮所之間有一短暫的無政府狀態，臺日裔人士以原日治時期制度維持至行政長官公署執行後。

　　中華民國代表盟軍受委託接收臺灣與越南後，設立與中國大陸省級行政體制不同之「臺灣省行政長官公署」，並由陳儀出任臺灣省行政長官兼臺灣省警備總司令部的總司令，延續了日本殖民時代體制，被時人視為「新征服者」來臨，臺灣總督制的復活。越南方面，因越共領袖胡志明恐懼越南步上臺灣後路，被中華民國以「自古以來越南是中國的一部分」為借口加以併吞，企圖利用法國逼退國民政府軍；後國軍在越南與法國簽署六三協定後撤軍。

　　1947 年 2 月 27 日傍晚，在臺北市淡水河邊臺灣人商店街的大稻埕發生因強力取締販賣走私菸引發的警民衝突，後發展成全臺規模的「二二八事件」。數星期後，國民政府派兵來臺灣以武力鎮壓，後續還有「清鄉」行動，許多與事件無關的各界，當時應非中華民國國籍的臺灣菁英與百姓也被無故殺害，或逮捕之後不經審判而被監禁、處死或就此失蹤。此事件揭開了 1950 年代白色恐怖高壓政治的序幕。

　　二二八事件後，國民政府調整臺灣地方政治制度，廢除臺灣省行政長官公署，改設臺灣省政府，由文人出身的魏道明任首屆省主席，縮小

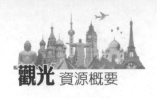

公營事業範圍。1949 年（民國 38 年），陳誠就任臺灣省主席，實施長達三十八年之久的「臺灣省戒嚴令」；同年，國共內戰局勢大變，中國共產黨在中國大陸建立新政權，使中華民國於同年 12 月 7 日將中央政府遷至臺北市。此時中華民國的大多數領土已為中華人民共和國占領。兩年後，麥克阿瑟將軍在 1951 年 5 月美國參議院聽證會上作證，聲明中華民國政府係接受代表太平洋戰區「主要占領權國」的美國委託，暫時管理臺灣。

貳、戒嚴時期（1949 至 1987 年）

1949 年，中國大陸易主，中華民國國軍和中華民國政府撤退臺灣，中國共產黨在中國大陸宣告成立中華人民共和國。中華民國政府遷臺初期，揚言要反攻大陸，但缺乏美國的支持，兩岸間僅有一些小規模戰役發生，1955 年大陳島撤退後，確立現今兩岸的統治範圍。

中華民國政府於 1949 年起在臺灣透過戒嚴令和「動員戡亂時期臨時條款」等法令，配合黨、政府、軍隊、特務的結合掌控，持續政治與社會上的高壓控制，鞏固一黨專政的體制，造成許多人因反對言論或行動無故被指為「匪諜」而遭到監禁，甚至處決。此前中華民國政府在統治中國大陸時為打擊和消滅中國共產黨勢力，亦曾在國統區內採取嚴厲措施，這種現象被統稱為白色恐怖。

1950 年起（民國 39 年），臺灣實行地方自治，縣以下民意代表與行政首長及省議會議員由公民直選產生。1950 年代起雷震等知識分子在《自由中國》雜誌上要求實行民主。1960 年（民國 49 年），雷震等人士籌組中國民主黨，但很快就被政府鎮壓。臺灣大學政治系教授兼系主任彭明敏與其學生謝聰敏和魏廷朝於 1964 年共同起草「臺灣自救運動宣言」，主張「遵循民主常軌，由普選產生國家元首」、「重新制定憲法，保障基本人權，成立向國會負責且具有效能的政府，實行真正的民主政治」，三人隨即遭逮捕，以「叛亂罪嫌」起訴，並判處有期徒刑。

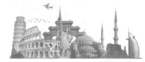

　　在國民黨政府解除戒嚴之前，臺灣的「黨外」團體一直透過私下發行的政論雜誌，要求全面落實民主政治與言論自由。1979 年 12 月在高雄市所發生的美麗島事件，是對 20 世紀後期臺灣民主化影響最深遠的一次民主抗爭事件，隨之而來對被逮捕相關人士的軍事審判更是引起廣泛注目。1984 年發生的江南案，政府形象大損，並且受到來自美國強大的壓力，隨後蔣經國於 1985 年表示下屆總統不會再由蔣家人擔任。江南案成為促使臺灣於 1987 年解嚴的關鍵事件之一。

參、民主化時期（1988 至 2000 年）

　　隨著蔣經國在 1988 年 1 月去世，蔣家父子兩代的統治也隨之結束，開始朝向民主政治發展。1988 年，李登輝依憲法繼任總統，但當時國民黨勢力仍然龐大，蔣宋美齡曾企圖阻止李登輝出任國民黨代主席，但未成功。1991 年 5 月 1 日，時任總統的李登輝宣布終止動員戡亂時期，代表中華民國政府不再否認中華人民共和國政權的合法性。李登輝任內推動民主化與臺灣本土化政策，陸續推動六次修憲，1947 年在中國大陸選出而一直未改選的國代終於在 1991 年宣告退職。

　　兩岸關係在 1980 年代緩和之後，因 1989 年的六四事件而大受衝擊，1994 年千島湖事件之後又趨惡化。1995 年，前總統李登輝伉儷訪問美國；1996 年 3 月，中華民國在臺澎金馬舉行首次總統直選。中國大陸對李登輝訪美及臺灣舉行總統大選大表不滿，因而在臺灣近海試射導彈及進行軍事演習，美國為此兩度派出航空母艦戰鬥群巡弋臺灣海峽。1999 年，李登輝接受德國記者專訪時表示，中華人民共和國和中華民國為兩個對等的國家（此即「兩國論」或「特殊兩國論」）。

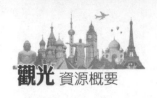

第七節　臺灣歷史年表

壹、臺灣歷史簡表

時期	時代
史前時代	1624 年以前
荷西殖民時代	1624 至 1662 年
明鄭時期	1662 至 1683 年
清領時期	1684 至 1895 年
臺灣民主國	1895 年
日治時代	1895 至 1945 年
中華民國時期	1945 年至今

貳、臺灣歷史總表

年代	西元	年號	大事記
宋	不可考	不可考	已有漢人居住於澎湖
元	1290	至元 27 年	設澎湖巡檢司
明	1554	嘉靖 33 年	臺灣首次出現於世界地圖
	1602	萬曆 30 年	荷蘭聯合東印度公司成立
	1604	萬曆 32 年	荷蘭艦隊入侵澎湖，被明將沈有容諭退
	1621	天啟元年	明人顏思齊、鄭芝龍屯聚臺灣
	1624	天啟 4 年	荷蘭人退出澎湖，占領臺南，築熱蘭遮城（安平古堡）
	1626	天啟 6 年	西班牙人占領雞籠，築聖薩爾瓦多城（位於現今和平島上）
	1627	天啟 7 年	荷蘭傳教士甘治士抵臺，至新港社宣揚基督教
	1628	崇禎元年	西班牙人占領淡水，建聖多明哥城（今紅毛城）；鄭芝龍接受明朝招降
	1632	崇禎 5 年	西班牙人由淡水河進入臺北平原
	1633	崇禎 6 年	日本首次頒布鎖國令
	1634	崇禎 7 年	西班牙人於蛤仔難（今宜蘭）及三貂角建教堂傳教

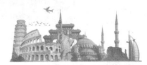

年代	西元	年號	大事記
明	1635	崇禎 8 年	荷蘭人用武力征服臺南西拉雅平埔族麻豆社
	1636	崇禎 9 年	荷蘭人征服臺南西拉雅族蕭壠社，對原住民採懷柔政策，成立「地方會議」處理原住民事務
	1642	崇禎 15 年	荷蘭人驅逐西班牙人，進據臺灣北部
清	1644	順治元年	荷蘭人盤踞北臺灣。清攻北京，明亡
	1645	順治 2 年	明唐王詔賜鄭森國姓朱，改名成功
	1646	順治 3 年	鄭芝龍降清。鄭成功棄文從武抗清
	1648	順治 5 年	荷蘭人在赤崁、麻豆社設立學校；鄭成功占領金門、廈門為根據地
	1651	順治 8 年	鄭成功手下施琅降清；沈光文遇颶風漂流至臺灣
	1652	順治 9 年	郭懷一反抗荷蘭人暴政
	1653	順治 10 年	荷蘭人加強普羅民遮城（今赤崁樓）的防禦工事
	1656	順治 13 年	清廷實施海禁，沿海民生困苦，來臺者眾
	1659	順治 16 年	何斌到廈門向鄭成功獻鹿耳門水道圖，遊說攻取臺灣
	1661	順治 18 年	鄭成功於鹿耳門登陸，包圍熱蘭遮城，攻打荷蘭人
	1662	康熙元年	鄭成功將荷蘭人逐出臺灣，以臺灣為「東都」，設承天府及天興、萬年二縣。鄭成功病逝，子鄭經繼位，陳永華輔政
	1664	康熙 3 年	鄭經退守臺灣，改東都為東寧，天興、萬年縣改為「州」
	1666	康熙 5 年	鄭經建孔廟，制訂科舉取士之法
	1670	康熙 9 年	英人與鄭氏訂立通商協議，英船至臺灣進行貿易
	1671	康熙 10 年	沈光文至羅漢門（今高雄內門境內的一個社區），教導原住民兒童（平埔族）漢文
	1672	康熙 11 年	英船再抵臺灣，鄭氏與英國簽署通商條約
	1674	康熙 13 年	三藩之亂發生後，鄭經出兵大陸，占領閩、粵部分地區
	1680	康熙 19 年	鄭經西征失敗，退回臺灣
	1681	康熙 20 年	鄭經卒，監國鄭克臧（鄭經子）被殺，鄭克塽（鄭經孫）繼位
	1683	康熙 22 年	施琅率兵攻打澎湖，鄭克塽投降，鄭氏時期結束；施琅上「臺灣棄留疏」，建議清廷保留臺灣
	1684	康熙 23 年	臺灣正式納入清廷版圖，隸屬福建省，設臺灣府，轄鳳山、臺灣、諸羅三縣；鹿耳門與廈門對渡
	1719	康熙 58 年	施世榜開築施厝圳（即八堡圳，位於彰化），是清代臺灣最大的水利工程

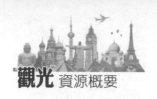

年代	西元	年號	大事記
清	1721	康熙 60 年	朱一貴抗清（內門鴨母王）
	1722	康熙 61 年	清廷劃立「番界」，防止漢人入侵原住民土地
	1723	雍正元年	猫霧捒圳（位於臺中盆地）開始興建；清廷增設彰化縣、淡水廳
	1732	雍正 10 年	清廷准人民攜眷來臺，渡臺禁令時寬時嚴
	1765	乾隆 30 年	臺北瑠工圳完工
	1784	乾隆 49 年	開放彰化鹿仔港（鹿港）與泉州蚶江對渡
	1786	乾隆 51 年	天地會林爽文起事
	1788	乾隆 53 年	開放八里與福建通航
	1796	嘉慶元年	吳沙入墾蛤仔難（宜蘭）
	1838	道光 18 年	曹謹興建曹工圳（位於高雄鳳山）
	1858	咸豐 8 年	中英法簽訂天津條約，規定開放安平和淡水為通商口岸
	1862	同治元年	淡水正式開關徵稅；戴潮春事件（天地會）開始，霧峰林家協助清廷抵抗
	1863	同治 2 年	雞籠開港
	1864	同治 3 年	打狗（高雄）開港
	1865	同治 4 年	平定戴潮春事件；安平開港；英國長老教會牧師雅各抵府城宣教
	1871	同治 10 年	琉球居民遭臺灣原住民殺害
	1872	同治 11 年	加拿大長老教會牧師馬偕抵淡水傳教
	1874	同治 13 年	牡丹社事件；沈葆楨奉派來臺，積極建設臺灣
	1875	光緒元年	廢除內地人民渡臺耕墾禁令，命沈葆楨負責開山撫番事務
	1876	光緒 2 年	丁日昌駐臺半年
	1884	光緒 10 年	法軍進攻臺灣
	1885	光緒 11 年	清廷下詔臺灣設行省，命劉銘傳為首任巡撫
	1886	光緒 12 年	劉銘傳在臺清丈田畝，整理臺灣土地和賦稅
	1891	光緒 17 年	基隆至臺北鐵路通車
	1893	光緒 19 年	臺北至新竹鐵路通車
日治	1895		簽訂「馬關條約」，臺灣、澎湖割讓給日本；臺灣民主國成立，隨即滅亡；臺灣總督府開始治理臺灣
	1896		日本政府公布「六三法」；設立臺灣總督府國語學校

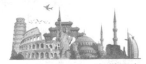

年代	西元	年號	大事記
日治	1898		兒玉源太郎出任臺灣總督，後藤新平擔任民政長官；實施土地調查；公布「臺灣公學校令」；頒布「保甲條例」
	1899		臺灣總督府醫學校正式成立；總督府創立臺灣銀行
	1900		臺灣製糖株式會社成立
	1901		統一度量衡
	1905		臺灣全島第一次人口普查，奠定戶籍基礎
	1908		縱貫鐵路正式通車（全長 405 公里）
	1909		推行陽曆，廢止陰曆
	1911		統一臺灣的貨幣
	1913		苗栗事件，羅福星等人被捕
	1914		第一次世界大戰爆發
	1915		林獻堂等人捐資設立臺中中學校；西來庵事件（噍吧哖事件、玉井事件），余清芳等人被捕
	1916		舉辦「臺灣勸業共進會」（第一次博覽會），展示日本治臺二十年的成果
	1918		第一次世界大戰結束
	1919		日本提出「內地延長主義」方針；公布「臺灣教育令」；陸續設立普通中學與師範、農、林、工、商學校
	1920		實施州、市、街、庄制度
	1921		林獻堂等人開始第一次臺灣議會設置請願運動；林獻堂、蔣渭水等人成立臺灣文化協會
	1922		蓬萊米培育成功；實施日臺共學制
	1923		《臺灣民報》在東京創刊
	1926		蓬萊米正式命名；花東線鐵路開通
	1927		臺灣文化協會分裂；臺灣民眾黨成立
	1928		臺北帝國大學舉行開校典禮
	1930		霧社事件；臺灣地方自治聯盟成立；嘉南大圳完工
	1931		臺灣民眾黨解散
	1934		臺灣議會設置請願運動宣告結束；日月潭水力發電所完工
	1935		臺灣總督府改革地方制度，舉辦臺灣第一次地方（市、街、庄）議員選舉
	1937		中日戰爭爆發，推行「皇民化運動」；日月潭第二期發電所完工；高雄港第二期築港工程完工

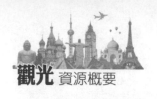

觀光 資源概要

年代	西元	年號	大事記
日治	1939		第二次世界大戰爆發；花蓮港完工通航
	1941		日本發布「國民學校令」，小學校與公學校統一改稱國民學校；太平洋戰爭爆發
	1943		實施糧食統治與配給；實施六年義務教育
中華民國	1945	民國 34 年	日本戰敗投降，中華民國接收臺、澎；成立臺灣省行政長官公署，陳儀為第一任長官
	1946	民國 35 年	召開制憲國民大會，制定「中華民國憲法」；實施菸酒公賣
	1947		國民政府公布憲法；爆發二二八事件；實施菸酒公賣
	1948		制定「動員戡亂時期臨時條款」
	1949		實施三七五減租、實施戒嚴、發行新臺幣；中華人民共和國成立；古寧頭戰役大敗共軍；政府遷臺
	1950		韓戰爆發，美國艦隊巡弋臺灣海峽；實施地方自治，進行多項地方公職選舉
	1951		實施公地放領；臺灣省臨時省議會成立；美國開始提供經濟援助
	1953		實施耕者有其田；四年經建計畫
	1954		簽訂「中美共同防禦條約」（由蔣中正總統與艾森豪總統簽訂）
	1958		八二三砲戰爆發
	1960		東西橫貫公路通車；雷震因自由中國事件被捕
	1965		美國宣布終止援臺
	1966		啟用高雄加工出口區
	1968		實施九年國民義務教育
	1969		舉行中央公職人員（國大代表、立法委員）增補選；設立高雄楠梓加工出口區、臺中潭子加工出口區
	1971		中華民國退出聯合國；臺灣貿易首次出現順差
	1972		中日斷交
	1973		推動十大建設；第一次石油危機
	1975		蔣中正逝世；嚴家淦繼任總統
	1977		核能發電廠開始發電；臺灣省選縣市長及議員
	1978		蔣經國當選總統；美國宣布與中華人民共和國建交；中山高速公路通車

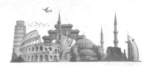

年代	西元	年號	大事記
中華民國	1979		中美斷交；桃園中正國際機場啟用；爆發美麗島事件；第二次石油危機
	1980		北迴鐵路通車；設立新竹科學園區
	1987		臺澎解除戒嚴；開放大陸探親
	1988		蔣經國去世；李登輝繼任總統
	1991		宣布終止動員戡亂時期；加入亞太經濟合作會議（APEC）
	1995		舉辦全民健康保險
	1996		臺灣首次總統直選，李登輝、連戰當選總統、副總統
	1999		九二一集集大地震
	2000		陳水扁、呂秀蓮當選正、副總統，首次政黨輪替
	2001		開放金馬小三通
	2002		臺灣正式加入世界貿易組織（WTO）
	2003		爆發 SARS 疫情
	2004		舉辦第一次公民投票
	2008		開放兩岸大三通，陸客來臺；馬英九、蕭萬長當選正、副總統
	2010		簽訂兩岸經濟合作架構協議（ECFA）

 ## 第八節　臺灣原住民

　　臺灣原住民屬南島語系（Austronesian），南島語系東自復活節島，西至馬達加斯加島（太平洋與印度洋之間），是世界上唯一主要分布在島嶼上的原住民語系。

　　現今的臺灣原住民族，在 17 世紀漢人陸續由大陸遷移來臺之前，就已居住在臺灣。臺灣原住民族群的分類，隨著時間演進與分類標準的不同而變化。在清代，清廷依族人漢化程度分為生番、熟番和化番，並且劃分土牛（或稱隘勇線），限制平地的住民與山地生番的往來，清廷視生番地

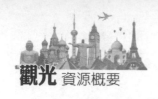

區為化外之地，不在清廷管轄版圖之內。1895 年日本據臺以後，日本政府派遣學者調查，依語言、風俗與文化特質，將熟番統稱為平埔族，其中再分十族；平埔族以外稱為高砂族，分為七、九或十族，並予以各別的族名，這樣的分類法則與命名是否適當，尚有爭議。

1949 年中華民國政府來臺後，沿用日治時期的分類，定高山族為九族，在戶籍上，以山地同胞、平地同胞區分身分，而日治時代被歸為熟番平埔族的族人則與漢人無異。1980 年代起臺灣原住民權利促進會為爭取少數族群的權益，發起正名運動，向執政者要求取消有歧視意味的山胞用語及與事實相違的高山族一稱。在幾經政治抗爭後，1994 年修定憲法，改山胞為「原住民」，並於 1995 年通過姓名條例，原住民可以用傳統本名做戶籍登記，不必再使用漢姓。這是臺灣原住民族在歷經一世紀外來統治以來，獲得主權尊重象徵性的開端。

目前官方所認定的族群共有十六族，各族群的歷史文化及重要祭典分別說明如下：

壹、阿美族

1. 阿美族分布於臺東縱谷和海岸平原，人口約 156,857 人，是臺灣原住民諸族群中人數最多的一族。17、18 世紀時，阿美族受到來自西邊山區的泰雅族、布農族，南邊卑南族的壓迫，加上在西部被漢人壓迫而往東部遷徙的平埔族等族群的影響，阿美族自身也產生相當大的差異性，依他們居住的地區由北往南可分為：南勢阿美、秀姑巒阿美、海岸阿美、卑南阿美以及恆春阿美五大族群，大多住在平原地區，靠海或沿溪流而居。

2. 阿美族的母系社會和男子年齡組織，均衡地維繫著族群中男女社會分工與權力分配。男子年齡階級崇尚敬老與服從，平日由頭目與長老共議村落裡的事，其下依年齡組執行各項職務，年幼者服的勞役較多。

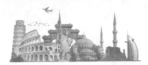

3. 每逢 7、8 月在各村落舉行的「豐年祭」，原本是男子自衛禦敵的軍事訓練演習，藉一連串嚴格的體能訓練，培養族人的團結及服從精神，而今軍事訓練的內容已大幅縮減，僅存象徵性的運動競賽或下海捕魚，以及連日的歌舞共歡。但是，每逢有子弟應召入伍時，家人必定慎重其事地在入伍前夕為他舉行隆重的送行晚宴，邀集眾親友在家中門前團聚歌舞。在族人觀念中，依然認為男子從軍入伍即是接受國家的軍事訓練，是生命中重要的階段。

貳、泰雅族

1. 泰雅族分布於北部中央山脈兩側，東至花蓮太魯閣，西至東勢，北到烏來，南迄南投縣仁愛鄉，是分布面積最廣的一族，人口約 75,634 人。
2. 根據泰雅族傳說，祖先是起源於中央山脈大霸尖山一帶的白石山，大約 18 世紀時，開始分別往西北、東部及西南方向分散遷移。泰雅族依其語言及風俗的不同可分為：賽德克、賽考列克、澤敖列三大群。其中賽德克群的一支，往東部遷移到今花蓮一帶，自稱為「太魯閣族」。
3. 泰雅族素以男子勇武善獵，女子長於織布著稱。昔日男女在臉部刺青，表示已成人或是榮譽的象徵，同時在盛行獵首的當時，亦有辨識敵我的作用。此習俗自日據時期被嚴格禁止以後，已不復存，只有居住在深山中 80 歲以上的老人臉上尚可見到。以泰雅族人從前的社會價值觀來看，一個人臉上沒有刺青是件羞恥的事，因當時的社會認為一個人必須能夠忍受刺青時錐心徹骨之痛，才算得上是個成人。
4. 泰雅族社會中原來沒有「頭目」，每當族人需要一致行動時，大家才共商推派一位有能力的人為代表，這個代表者的地位並非恆久也非世襲。「頭目」是日據時期，日本人為治理之便而產生的。

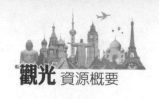

參、賽夏族

1. 賽夏族分布於臺灣北部中央山脈西側新竹與苗栗的縣界五峰鄉、東河鄉及獅潭鄉，人口約 5,200 餘人（資料標準日 2005 年 12 月 31 日）。四周為泰雅族及客家村落所環繞，由於地緣關係，與平地漢人接觸較頻繁，受漢人和泰雅族之習俗影響亦深。根據語言學家的推測，賽夏族的語言是較古老的南島語言，可能祖先到臺灣的時間較早。

2. 賽夏族是以取自於大自然的動植物或現象為其宗族的氏姓，19 世紀中國清廷命其改從漢姓，如：日、風、樟、蟹、豆、絲、芎等姓氏。賽夏族人口數雖不多，但因其古老而神祕的「矮人傳說」，每兩年舉行一次的 "Pas-ta'ai" 矮靈祭典，近年來廣受注目。每隔一年的農曆 10 月月圓之時，是迎接矮靈歸來的日子，從祭典一個月前開始，族人擇期聚會，虔敬審慎地為祭典商議事務，準備迎接矮靈祭的來臨，這時才可以開始練習平時忌唱的迎靈歌曲。祭典準備期間，族人要遵守矮靈留下的勸戒，彼此和樂相處，前嫌積怨皆應釋懷，若不遵守或心存不敬者，必遭矮靈懲罰。在三天三夜徹夜不停的迎靈、娛靈、送靈的歌聲舞步中，賽夏族人重新喚起祖先留下的訓示，亦流傳出血脈中千年不變的信仰。

肆、布農族

1. 布農族從前分布在臺灣中部中央山脈，海拔 1,500 公尺的高山之上，人口約 45,831 人。曾經發生過兩次的族群大遷徙，擴展範圍遍布於南投、高雄、花蓮、臺東等縣境內，布農族又分為卓社、郡社、丹社、巒社、卡社五大社群。和泰雅族一樣，布農族沒有所謂的「頭目」，而是以「推舉能人」的方式產生領袖。是以父系氏族為主的大家族，平均一家人口十多人，最多亦有二、三十人

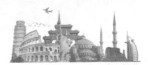

共聚一堂之紀錄。

2. 傳說從前布農族曾經有文字,在一場大洪水中,兄弟倆分別帶著先人留下的寶物避難,負責保管文字的哥哥竟將文字流失,從此布農族人便失去了文字。雖然失去了文字,卻擁有其他民族所沒有的「畫曆」,這是 1937 年學者自南投一位族人家中發現的一塊木雕畫曆,以類似象形字之符號記載著農事、出獵等行事,是布農族先人所留下來珍貴的智慧遺產。

3. 1953 年,布農族的八部合音曾經因日人黑澤隆朝在國際民族音樂學會上披露而大放異彩,自此深受民族音樂學界之重視,其中《祈禱小米豐收歌》是以多聲部和音唱法,從低音漸高,一直唱到最高音域的和諧音,以美妙的和聲愉悅天神,同時也依此判斷當年小米之收成。

伍、鄒族

1. 鄒族分布於中部中央山脈西側阿里山鄉至高雄市三民區之狹長地帶,人口約 6,149 人,和布農族同樣居處海拔較高之山區。北部族群與南部族群在語言、文化風俗上差異性很大,常以「北鄒」、「南鄒」稱之。近幾世紀以來,受到來自東部山區布農族領土擴張,以及來自西部平埔族和漢人的入侵,加之傳染病之流行,人口數銳減。

2. 鄒族是父系氏族的社會,部落中的男子會所 kuba,是族人會商大事、舉行祭典、訓練男子的場所,禁止女性進入。鄒族每年舉行 mayasvi,原本是在戰士出獵歸來、男子成長儀式或房屋落成時舉行的祭典,日治時代以後改為一年一次的小米祭,現在各村每年定期舉行,將祭天神、去邪祈福及成年禮合併一起。祭典中的《迎神曲》、《送神曲》等祭歌尚保留著鄒族的古語,聲調悠長緩慢,氣氛莊嚴神聖。

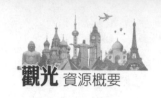

陸、排灣族

1. 排灣族分布於中央山脈南端及東部海岸山脈的南端，以大武山為祖先發祥地，人口約 8 萬餘人。早期日本學者將地緣相近的排灣、魯凱、卑南三族合稱為「排灣群」，後來才區分為現在的三族。排灣族又分為拉瓦爾群（北排灣）及伏主勒群兩大系統，伏主勒群包括屏東瑪家鄉以南的南排灣，和臺東地區的東排灣。北排灣由於和部分魯凱族毗鄰而居，在服飾、器物的風格形式上，反而與其他地區的排灣族差別較大。

2. 排灣族和魯凱族有頭目、貴族和平民之社會階級區分，世代相承，各司其職。從前頭目及貴族的身分常藉住屋及器物上雕刻的圖案或服飾衣著來表現，如百步蛇紋、宇宙神圖樣等。從前排灣族有刺青之習俗，依社會階級的認知不同，各家族有特定的刺青花紋，通常女子在手背、小腿上刺青，男子在前胸、手臂、背部上刺青，這是某些家族特有的權利，與泰雅全族的刺青習俗意義不同。

柒、魯凱族

1. 魯凱族分布於中央山脈南端山區，人口約 10,496 人，主要居住在中央山脈東西兩側，西側居住在海拔 500 至 1,000 公尺的山區，有下三社群及西魯凱群；東側則居住在臺東平原的邊緣地帶，有東魯凱群（或稱大南群）。下三社目前行政區域屬於高雄市茂林區，包括茂林、萬山、多納三村；西魯凱群目前行政區屬於屏東縣霧台鄉，包括好茶、阿禮、去露、霧台、佳暮、大武；三地門鄉，包括德文、青山；以及瑪家鄉，包括三和村美園社區。

2. 魯凱族的社會組織與排灣族近似。從前村落的組織是以頭目為中心，現在的社會階級已不像從前區分得那麼清楚，一般只有「頭目」、「平民」之分。一村有幾個不同氏系的「頭目」，除本家的

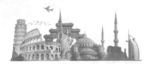

頭目稱為「大頭目」外，其他稱「二頭目」或「小頭目」，完全沒有頭目家血緣的為「平民」。但由於現在的行政體系和經濟體制的關係，傳統中頭目的權威和地位已日漸沒落，而由「村長」或民意代表取代，過去的「平民」擁有的財富或社會成就可能超越頭目，得到村人的擁戴。但是頭目在婚禮或傳統祭典中，仍是受到敬重的。魯凱族男性中勇武善獵者在獲得頭目賜權後可以配戴百合花，女性貞潔者亦可獲賜配百合花權，這是一項極高的榮譽象徵，至今仍是如此。

捌、卑南族

1. 卑南族集中於臺東縱谷南方的平原上，「卑南」之名是取自此族八大社中最強盛的「卑南社」，大約 17 世紀時曾有一段盛極一時的「卑南王」歷史。在清朝康熙年間，以南王部落為首的卑南人平定朱一貴的餘黨有功，因而被清廷賞賜朝服冊封「卑南大王」；然而卑南族具有強大的武力，乃因實施嚴格的男子會所「巴拉冠」的訓練制度，如「少年猴祭」、「大獵祭」便是由會所制度延伸的祭典。

2. 傳統上卑南族屬於母系社會，婚俗上以男子入贅於女方家為原則，由於社會型態轉變，此風俗也漸改變，融入父系社會制度。在社會組織方面，由祭師負責部落的祭祀，頭目負責政治與軍事的領導。在宗教方面，其傳統宗教盛行，尚有巫師為族人驅邪治病，而這項工作則是由女性擔任；另天主教也廣受族人信仰。

3. 卑南族人口約 9,156 人，目前主要集中在臺東市的南王、寶桑、賓朗、上賓朗、初鹿、泰安、利嘉、知本、建和等地區。雖受鄰近的阿美、布農及漢人的影響，但依然保存著獨特的文化風貌。卑南族著名的少年會所「巴拉冠」是舉行男子成年禮，訓練卑南族勇士的場所。卑南族傳統的猴祭、大獵祭多在年底開始持續到跨

年，合稱為「年祭」，近十年來於各村輪流舉辦「聯合年祭」，原已失落的舊俗因著儀式的復甦而凝聚了族人的向心力。卑南族的織布色彩、圖案繁複多變化，已成為獨樹一格的特色。

玖、達悟族

1. 達悟族人口約 2,712 人，居住在臺灣東南海面之蘭嶼島上，距離臺東縣僅 49 海浬，從臺東搭飛機約 20 分鐘可達。蘭嶼周長 36 公里，島中央大多為山林，最高的山海拔 650 公尺，四周多礁岩。島上的聚落多背山面海，於海岸平坦緩坡地築屋定居，形成現有的六個村落：椰油（Yayo）、朗島（Iraraley）、紅頭（Imorod）、漁人（Iratay）、東清（Iranumilek）及野銀（Ivarium），其中椰油為行政中心鄉公所之所在地。

2. 過去達悟族被稱為雅美族，然此稱名為日本學者鳥居龍藏所定，在達悟族母語中並無意義。島上的住民自稱為 "ponsu no tau"，意思是「島上的人」，因此族人主張以「達悟族」自稱。達悟族與臺灣本島的原住民同屬南島民族，但表現的文化風貌卻不同於本島的原住民。蘭嶼四周環海，有其獨特的生態環境，孕育出達悟族人與太平洋相互依存的曆法和生活方式，以及表現在建築、造船、生活器具上獨特的藝術風格。

3. 達悟族之家族，以婦從夫、子女從父居之父系家族為主幹，每一家族房屋結構包括主屋、工作房、涼台與穀倉、豬舍等附屬建築物。若男子結婚，則先在父親土地上建一小屋居住，待日後自己有田地與建材後另建新屋。其房屋通常只使用一代，父死則毀棄房舍，將建材分配給兄弟，通常舊址由長子繼承。靠海而衍生的祭儀與臺灣本島的原住民相當不同，如飛魚季汛，於每年3至7月間所舉辦的活動，分為個人與集體兩種，集體進行漁撈，其使用的船具為 10 人大舟，夜間出航，利用火把吸引飛魚

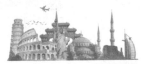

靠近，再用魚網將飛魚撈起；個人則採用單人或 2 人小舟，利用掛鉤釣餌之魚繩拋釣，不需要魚竿，此種限於日間進行。目前因引進機動船，以大船進行的集體魚撈行為已不多見。

拾、邵族

1. 近年來才被政府回復族群認定的邵族，主要居住在日月潭畔的日月村，少部分頭社系統的邵族人則住在水里鄉頂崁村的大平林，兩地加起來的總人口數約 500 餘人。邵族擅於捕魚，依傍日月潭而居的聚落環境，發展了具有特色的漁獵方式，如「浮嶼誘魚」、「魚筌誘魚」等等。

2. 早在日據時代，邵族便以杵音聞名，「湖上杵聲」是日月潭的八景之一，以此為中心而形成的展演活動，是臺灣原住民表演藝術朝向商業及觀光發展的濫觴。臺灣的原住民各族群都有祖靈崇拜的習俗，祖靈能庇佑族人，讓大家安康幸福，使子孫生生不息。邵族的祖靈崇拜以「公媽籃」（即祖靈籃）最具代表，凡族中重要的祭儀，都以「公媽籃」來祭祀供奉，呈現了該族獨特的一種信仰文化。

拾壹、噶瑪蘭族

1. 噶瑪蘭族人原居於宜蘭地區。清葉以降，隨著漢民族的不斷遷入，土地與文化的紛爭與對立，迫使族人大量南遷到花蓮、臺東的海岸線一帶，目前僅有新社、立德等少數部落還維持著語言、祭儀等風俗與傳統，人口約 911 人。

2. 噶瑪蘭族是母系制度的社會，巫師皆為女性，男性有年齡階級組織。重要的祭儀活動有：出草勝利之後的儀式 "Qatapan"（卡達班）、喪禮 "Patohkan"（巴都干）、以及年底的祭祖儀式

"Palilin"（巴禮令）等。緊接著邵族之後，行政院原住民族事務委員會在 2002 年正式認定該族為原住民的第十一族，噶瑪蘭族的文化傳承與保存，自此步入一個新的紀元。

拾貳、太魯閣族

1. 太魯閣族分布於花蓮縣秀林、萬榮、卓溪鄉一帶的山區，人口約近 20,711 人。原來被認定為泰雅族賽德克亞族東賽德克群，於 2004 年 1 月經政府認定成為臺灣原住民族第十二族。傳說太魯閣族起源於中央山脈白石山一帶，祖居於現今南投縣仁愛鄉，因人口增加、耕地不足及尋找新獵場，因而越過中央山脈的奇萊北峰，遷移至立霧溪、木瓜溪、三棧溪流域，在山區建立新聚落。

2. 在傳統命名上，父之名字聯於子女名之後，為父系小家庭制結構組織，以男獵女織為主。部落中採行共推方式，推舉聰明正直的人為頭目，族內成年男女有紋面的習俗。太魯閣族為泛靈信仰之族群，相信子孫如遵從祖先的 "gaya"（即祖先的規範與教訓），即會獲得祖靈的庇佑。

拾參、撒奇萊雅族

1. 撒奇萊雅族的聚落分布在今花蓮縣境內，主要有北埔、美崙、德興、主布、月眉、山興、水璉、磯崎、馬立雲等部落，其餘人口則散居於其他阿美族聚落以及北部都會區，粗估總人口約有 5,000 至 10,000 人上下。

2. 據文獻記載，西元 1630 年左右，撒奇萊雅（Sakizaya）族就居住在奇萊平原，由於居住在精華區，常受到外來族群如噶瑪蘭族、太魯閣族與漢人的襲擊。1878 年加禮宛事件後，清軍以火攻攻陷撒奇萊雅部落的刺竹圍籬，為了避免被滅族，頭目們在商議之後

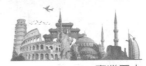

開門投降，大頭目古穆・巴力克（Komod Pazik）及其妻伊婕・卡娜蕭（Icep Kanasaw）被清兵處以凌遲死刑。戰役結束後，族人遭遷社，與阿美族人混居，因深怕遭清軍報復，因而隱藏身分，在日據時代就被歸類為阿美族人，然而兩族在語言方面差異度高。在年齡階級祭儀上，「長者飼飯」的祝福典禮為撒奇萊雅族所特有，而撒奇萊雅每四年年齡階級必種一圈的刺竹圍籬，亦是阿美族所沒有的部落特色。

3. 2001 年起，撒奇拉雅族積極進行文化復振運動，重現撒奇萊雅族傳統祭典、歌舞及服裝。歌舞以撒奇萊雅特有的工作歌為主，服裝色彩則以土金、暗紅與黑色為主色，象徵重回故土，同時紀念祖先的鮮血與暗夜的逃亡，並舉辦撒奇萊雅族特有的祭典 "Palamal"（巴拉瑪）火神祭，追祀祖靈。經過繁複的族群調查後，在歷史消失一百二十八年的 Sakizaya（撒奇萊雅）族，終於在 2007 年 1 月 17 日正式成為臺灣原住民族第十三族。

拾肆、賽德克族

1. 賽德克族人口大約 5,000 多人。2008 年 4 月 23 日正名為臺灣原住民族的第十四族。

2. 原為泰雅族亞族，包含三個方言群體：德固達雅、都達、德路固。德路固成為太魯閣族後，其他的在 2008 年成為賽德克族。

3. 族群以南投縣北港溪與花蓮縣和平溪相連為分界線，北為泰雅亞族，南為賽德克亞族。賽德克的居住地範圍較泰雅要狹小，以臺灣中部地域為勢力範圍，立於北方泰雅族及南方布農族間，集中於南投縣仁愛鄉。同泰雅族及太魯閣族有紋面習俗，女子表善織，男子表英勇。

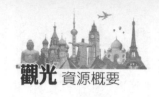

拾伍、拉阿魯哇族

1. 主要聚居在高雄市桃源區高中里、桃源里以及那瑪夏區瑪雅里，約計有 400 人。

2. 拉阿魯哇族採取初級農業生產方式，山田燒墾為主，並以採集工作、捕魚、狩獵、養殖家畜等為輔的生計方式。特有 kiakucua 的共耕制度可分成兩種，其意涵不同。前者是兩家土地相互毗連，在土地交界處所採用的共耕方式，以避免爭議；後者是服役婚所發生的，由女方家指定一塊接近男方家的土地進行共耕。三種土地的使用模式，構成了拉阿魯哇族的傳統農耕方式。土地的繼承，是以家中的男性為主，若家中無男子可以繼承，則歸為世族所有，讓氏族內有餘力的人繼續耕作。

3. 婚姻實行嚴格的一夫一妻制，以從夫居的嫁娶為主，較無多偶婚或招贅婚。由於布農人與平地人的遷入影響，招贅婚與多偶婚已有採用情形（劉斌雄，1969：85）。婚姻除了需經過當事人同意外，還需經過雙方父母同意，並由父母舉行結婚儀式。而女性喪偶後可再嫁，此時必須由先夫的父母來主婚；有時可能會下嫁給先夫的弟弟。婚姻分為三個階段，議婚、訂婚、結婚。

拾陸、卡那卡那富族

1. 分布於高雄市那瑪夏區楠梓仙溪流域兩側，現大部分居住於達卡努瓦里及瑪雅里，人口數約有 520 人。

2. 卡那卡那富族親族關係為父系氏族，目前計有六氏族，子女無論居處情形變化姓氏皆從父，財產權亦僅繼承其父，禁婚網絡從子女父母氏族向外衍生，社會組織上以氏族為組成單位為一社，數百年來因遷移而衝擊各社的組織強度，後期因為防禦而有數氏族共組社之情形。

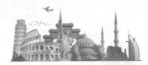

3. 部落事務以體力來分工，粗重危險的工作由男性擔任、家務服飾則為女性的工作，農事方面男女皆可來執行；年齡分級上為級名通制，各年齡以其生理與心理發展，據以調整其社會地位與責任，各年齡層有其分組別，男女年齡分組大體一致，未成年細分約有七級，成年後不為分級。財產制度上則有部落、聯族與氏族、家族及個人財產，財產使用取得原則又分為公享制度、標記先占、轉讓、繼承、餽贈或交易等。

4. 經濟生活以農耕燒墾為主，狩獵捕魚為輔，農業行為係男女族人共同工作。

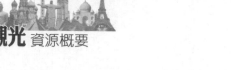

課後練習

( ) 1. 在臺灣史前文化代表中，哪一文化最早知道熟食？　(A) 十三行文化　(B) 圓山文化　(C) 大坌坑文化　(D) 長濱文化。

( ) 2. 欲參觀荷蘭所建的熱蘭遮城的遺址，應前往何處？　(A) 基隆　(B) 淡水　(C) 臺南　(D) 臺北。

( ) 3. 下列何者統治臺灣的時間最長？　(A) 荷蘭　(B) 鄭氏時期　(C) 清朝　(D) 日本。

( ) 4. 臺灣科博館和日本及澳洲學者合作，於何處發現臺灣最古老的人類化石？　(A) 南海海域　(B) 澎湖海溝　(C) 左鎮　(D) 圓山。

( ) 5. 明朝初年為何施行海禁政策？　(A) 壓制鄭芝龍的海上勢力　(B) 防備荷蘭人奪占澎湖 (C) 防備海盜騷擾中國東南沿海　(D) 防堵鄭成功的抗清。

( ) 6. 下列哪一位為日本統治臺灣時期第一位文人出身的總督？　(A) 樺山資紀　(B) 兒玉源太郎　(C) 後藤新平　(D) 田健治郎。

( ) 7. 清末日本占領琉球，應與何事有關？　(A) 牡丹社事件　(B) 甲午戰爭 (C) 中法戰爭　(D) 日俄戰爭。

( ) 8. 「福爾摩沙」這個名詞是哪一國人對臺灣的稱呼？　(A) 荷蘭人　(B) 西班牙人　(C) 日本人　(D) 葡萄牙人。

( ) 9. 1947 年引發「二二八事件」的直接導火線是　(A) 查緝走私　(B) 查緝偷渡　(C) 查緝販毒　(D) 查緝私菸。

( ) 10. 西元 1970 年代，哪一事件最早對臺灣社會民心造成極大衝擊？　(A) 與英國斷交　(B) 韓戰爆發　(C) 越戰爆發　(D) 退出聯合國。

( ) 11. 下列何者是最早將中國的郡縣制度建立於臺灣地區？　(A) 鄭克塽　(B) 鄭經　(C) 鄭成功　(D) 鄭芝龍。

( ) 12. 在臺灣歷史中，最悠久的基督教會為何？　(A) 長老教會　(B) 浸信會　(C) 路德教會　(D) 衛理公會。

1. D　2. C　3. C　4. B　5. C　6. D　7. A　8. D　9. D　10. D　11. C　12. A

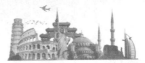

( ) 13. 下列何者，在臺灣開發和建立了許多基礎設施，且首先在臺北設立郵
政總局？ (A) 沈葆楨 (B) 劉銘傳 (C) 邵友濂 (D) 丁日昌。

( ) 14. 下列哪一個日本的臺灣總督，為了鎮壓抗日行動，發布「匪徒刑罰
令」，以嚴竣的法令，大肆殘殺臺灣抗日同胞？ (A) 明石元二郎
(B) 佐久間左馬太 (C) 兒玉源太郎 (D) 乃木希典。

( ) 15. 下列何者是我國歷來賠款最多的不平等條約？ (A) 辛丑和約 (B) 馬
關條約 (C) 南京條約 (D) 天津條約。

( ) 16. 光緒 10 年，中法戰爭時，請問劉銘傳在何地打敗法軍？ (A) 基隆
(B) 安平 (C) 滬尾 (D) 打狗。

( ) 17. 下列何者是清朝洋務運動主要人物，在臺期間積極從事教育、政治、
財經、交通和國防等方面的興革措施，1876 年到臺灣開辦煤礦，架
起中國第一條自建電報線？ (A) 丁日昌 (B) 李鴻章 (C) 沈葆楨
(D) 劉銘傳。

( ) 18. 明朝曾於澎湖派駐軍隊，主要原因為何？ (A) 為防堵海盜入侵 (B)
為抵禦西班牙人入侵 (C) 為預防日本的侵略 (D) 為征討臺灣而設。

( ) 19. 下列有關臺灣史前文化與時代的配對，何者正確？ (A) 長濱文化
──新石器時代早期 (B) 十三行文化──新石器時代中期 (C) 卑南
文化──新石器時代晚期 (D) 蔦松文化──金屬器時代東部地區。

( ) 20. 在今臺東所發現的史前文化遺址，最大特徵是有兩千多個石棺，並有
許多玉器出土，請問這是哪一個文化的遺址？ (A) 網形文化 (B) 長
濱文化 (C) 卑南文化 (D) 十三行文化。

( ) 21. 荷蘭人治理臺灣時期，土地歸荷蘭東印度公司所有，且將田地稱為？
(A) 王田 (B) 官田 (C) 營盤田 (D) 私田。

---

13. B　14. C　15. A　16. C　17. A　18. C　19. C　20. C　21. A

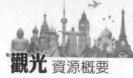
( ) 22. 下列有關臺灣進入國際競爭時期在臺灣活動的西班牙人與荷蘭人的相關敘述何者正確？ (A) 荷蘭人主要在臺灣北部活動；西班牙人主要在臺灣南部活動 (B) 西班牙人是最早統治臺灣的歐洲國家 (C) 荷蘭人在今臺南地區建了熱蘭遮城為政治中心；西班牙人則在今淡水地區建了聖多明哥城 (D) 荷蘭人主要在臺灣傳播天主教；西班牙人主要在臺灣傳播基督教。

( ) 23. 鄭經採行何人的建議興建孔子廟以行文明教化？ (A) 陳永華 (B) 李茂春 (C) 施琅 (D) 沈有容。

( ) 24. 臺灣改為行省是因光緒 10 年清廷與哪一國發生戰爭？ (A) 英國 (B) 葡萄牙 (C) 西班牙 (D) 法國。

( ) 25. 現今臺灣的首都設立在臺北市，是因為清代哪一個臺灣巡撫將省會由臺中遷至臺北的緣故？ (A) 劉銘傳 (B) 邵友濂 (C) 沈葆楨 (D) 丁日昌。

( ) 26. 最早在臺設下安平到旗後之間的電報線是哪一個清廷官員？ (A) 沈葆楨 (B) 劉銘傳 (C) 丁日昌 (D) 邵友濂。

( ) 27. 西元何年中國與日本發生戰爭，最後清廷戰敗，於是便和日本簽訂馬關條約，割讓臺、澎給日本？ (A)1858 年 (B)1894 年 (C)1895 年 (D)1900 年。

( ) 28. 西元 1930 年發生震驚國際的霧社事件，是哪一族的原住民領袖所領導的？ (A) 賽夏族 (B) 布農族 (C) 魯凱族 (D) 泰雅族。

( ) 29. 下列有關日本統治初期所發生的抗日事件與領導人物的配對何者正確？ (A) 苗栗事件——丘逢甲 (B) 西來庵事件——余清芳 (C) 六甲事件——劉永福 (D) 二二八事件——戴潮春。

( ) 30. 荷據時期稅收是荷蘭在臺灣的重要財源，荷蘭人徵稅的主要對象是？ (A) 原住民 (B) 荷蘭人 (C) 中國漢人 (D) 西班牙人。

( ) 31. 日治時期曾有一位士紳號召有識之士達十五次向日本國會提出設置臺灣議會，被尊稱為「臺灣議會之父」的是 (A) 蔣渭水 (B) 辜顯榮 (C) 蔡惠如 (D) 林獻堂。

---

22. C　23. A　24. D　25. B　26. C　27. C　28. D　29. B　30. C　31. D

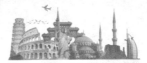
（　）32. 日本統治時期的留學教育以哪一類最多？　(A) 農　(B) 林　(C) 醫　(D) 法。

（　）33. 西元 1945 年日本宣布無條件投降，將臺灣歸還中國，是根據哪一個會議所做的決議？　(A) 開羅會議　(B) 雅爾達會議　(C) 德黑蘭會議　(D) 波茨坦會議。

（　）34. 下列臺灣地名的古今對照何者正確？　(A) 雞籠──今嘉義　(B) 滬尾──今宜蘭　(C) 打貓──今高雄　(D) 牛罵頭──今清水。

（　）35. 二二八事變發生是哪一位行政長官在位的時候？　(A) 陳誠　(B) 陳儀　(C) 辜顯榮　(D) 李國鼎。

（　）36. 荷蘭統治時期曾說：「臺灣是公司的一頭好乳牛，會下金幣的好乳牛。」請問：當時荷蘭聯合東印度公司將臺灣所生產的哪些物資輸出，獲得很高的利潤？　(A) 鹿製品、蔗糖　(B) 絲綢、香料　(C) 稻米、瓷器　(D) 硫磺、樟腦。

（　）37. 鄭氏時期（西元 17 世紀）臺灣所生產並銷往日本的主要貨物是　(A) 稻米與蔗糖　(B) 蔗糖與鹿皮　(C) 鹿皮與香蕉　(D) 樟腦與稻米。

（　）38. 將「星期制」引進臺灣，並實施格林威治標準時間制度，要求各公、私機構以標準時間制訂作息，請問是始於何時？　(A) 荷蘭據臺　(B) 西班牙據臺　(C) 日本殖民統治　(D) 臺灣光復後。

（　）39. 平埔族的祭典儀式保留較少，現今南部西拉雅族以何祭典較著名？　(A) 打耳祭　(B) 團結祭　(C) 豐年祭　(D) 阿立祖祭。

（　）40. 日治時期，臺人的參政權是　(A) 完全沒有選舉權　(B) 有限制的選舉權　(C) 成年男子才有選舉權　(D) 婦女亦有選舉權。

（　）41. 若要查詢有關全臺最早的媽祖廟資料，輸入下列哪一地名即可得知？　(A) 金門　(B) 馬祖　(C) 澎湖　(D) 鹿港

（　）42. 史料記載基隆和平島上有一「番字洞」，這是哪一國人的遺跡？　(A) 荷蘭人　(B) 西班牙人　(C) 日本人　(D) 美國人。

32. C　33. A　34. D　35. B　36. A　37. B　38. C　39. D　40. B　41. C　42. B

( ) 43. 阿明家中有一張祖傳的文件，發現其中有所謂新港文字，他想進一步
瞭解該契約的歷史背景，應查閱何人統治臺灣時的資料？ (A) 葡萄
牙 (B) 西班牙 (C) 日本 (D) 荷蘭。

( ) 44. 為了使在日本統治下的臺灣人有接受平等教育的權利，林獻堂和許多
士紳合力創辦哪一所學校專供臺灣人就讀？ (A) 淡水中學 (B) 臺中
中學 (C) 高雄中學 (D) 臺南中學。

( ) 45. 承上題所言，此類文件的內容多為？ (A) 借貸金錢 (B) 宗教教義
(C) 軍事機密 (D) 土地契約。

( ) 46. 平埔族有「生女謂之有賺，則喜；生男出贅，謂之無賺」之語，可見
平埔族是：(A) 父系社會 (B) 母系社會 (C) 重男輕女 (D) 男女平
權。

( ) 47. 臺灣政府目前認定的原住民族共有幾族？ (A) 16 (B)15 (C) 14
(D)13。

( ) 48. 下列哪一位鄭氏子孫未曾治理過臺灣？ (A) 鄭克臧 (B) 鄭克塽
(C) 鄭經。

( ) 49. 在臺灣原住民的生命禮儀中，布農族著名的「少年禮」為 (A) 猴祭
(B) 矮靈祭 (C) 打耳祭 (D) 飛魚祭。

( ) 50. 清末時期淡水開港通商，製茶產業興起，茶園最初位在哪一帶？ (A)
鹿谷、廬山 (B) 深坑、坪林 (C) 石門、彰化 (D) 玉山、阿里山。

---

43. D　44. B　45. D　46. B　47. A　48. A　49. C　50.B

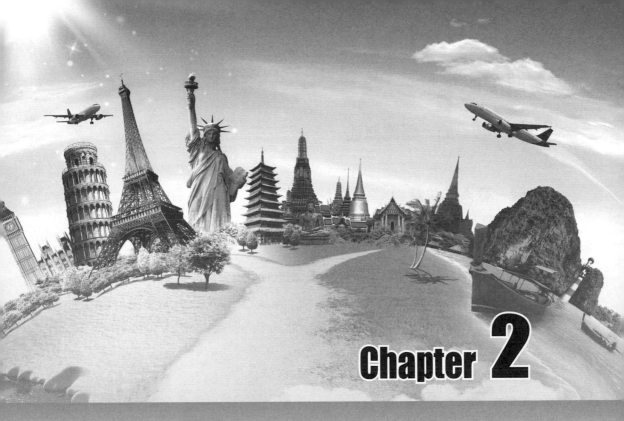

Chapter **2**

臺灣地理

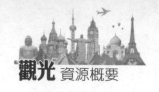

🚃 第一節　臺灣概述

壹、臺灣的位置

一、相對位置

　　位於太平洋西側歐亞大陸的東南緣，中國大陸的東南方，菲律賓的北方，日本的西南方。西臨臺灣海峽，南緣巴士海峽，北接東海，是亞洲大陸進出太平洋，以及太平洋西側南北往來的要道，因此交通與戰略位置極為重要。

二、絕對位置

　　臺灣位於東經 120 至 122 度、北緯 22 至 25 度之間，北回歸線（23.5度）通過臺灣嘉義水上鄉、花蓮瑞穗鄉以及豐濱鄉，是坐落於東半球及北半球的島嶼。

貳、臺灣的範圍與面積

　　臺灣地區的範圍，除了臺灣本島外，還包括澎湖群島、綠島、蘭嶼、金門列嶼、馬祖列嶼、釣魚台列嶼以及南海中的東沙島及南沙群島的太平島等地。臺灣地區的極東點在宜蘭縣釣魚台列嶼的赤尾嶼東端（東經124° 34′ 30″），極西點在澎湖縣望安鄉花嶼西端（東經 119° 18′ 3″），極南點在屏東縣恆春鎮七星岩南端（北緯 21° 45′ 25″），極北點在宜蘭縣釣魚台列嶼的黃尾嶼北端（北緯 25° 56′ 30″）。

　　臺灣本島南北縱長 394 公里，東西寬度最大 144 公里，環島海岸線長 1,139 公里，本島含其附屬島嶼總面積約達 36,000 平方公里。臺灣本島的極東點為新北市貢寮區的三貂角，極西點為雲林縣口湖鄉的外傘頂洲，極南點為屏東縣恆春鎮的鵝鑾鼻，極北點為新北市石門區的富貴角。

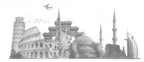

第二節　自然地理

壹、地質

一、板塊構造

　　臺灣位於歐亞大陸板塊與菲律賓板塊的接觸帶上，花東縱谷為其分界線，縱谷以西屬歐亞板塊，以東屬菲律賓板塊（見圖 2-1）。由於菲律賓板塊以每年 7 公分的速率向西北方移動，因遭遇歐亞板塊的阻擋而下沉形成隱沒帶。

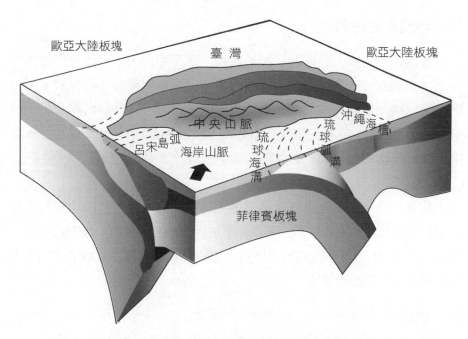

圖 2-1　歐亞大陸板塊與菲律賓板塊之分界

資料來源：整理自經濟部中央地質調查所，黃建中繪製，揚智文化提供。

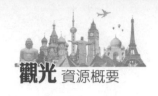

二、地層構造

臺灣的地層以第三紀海相沉積層為主體，主要分布於西部地區，中央山脈東半部則為中生代及古生代變質岩地層所組成；另外，臺灣北部大屯山一帶、東部海岸山脈及本島附近的島嶼，主要由安山岩質的熔岩流、集塊岩和凝灰岩所組成。

臺灣地層均呈狹長帶狀分布，大致和島軸平行，除中央山脈和雪山山脈為變質岩外，環島的山麓帶、海岸平原及海岸山脈之一部分為沉積岩所構成。大屯火山、基隆火山、海岸山脈和澎湖群島，前三者以安山岩及石英安山岩為主，後者以玄武岩為主，均為主要火成岩區。

依上述岩石性質，臺灣大致可分為三個地質區，即中央山脈地質區、西部山麓地質區、東部海岸山脈地質區，各區均為縱向斷層所分隔。

三、地質構造運動

臺灣是新生代大地構造活動的產物，除了中央山脈東緣有少許中生界以下的地層外，多為新生界地層所覆蓋。由於東側海洋板塊的不斷擠壓，因而產生活躍的造山運動，地表不斷的隆起，恆春半島和中央山脈平均每年上升 0.5 公分。島內高山疊起，超過 3,000 公尺的高峰達 200 多座，地形起伏的變化大，高度極為陡峭，是一個平原面積僅占 30% 的高山島。

此外，島上多斷層及地震地形，尤以東部最頻繁，高山地區的地層更因為這種持續的地殼變動，變得非常破碎，極易因地震或暴雨而崩塌。1999 年 9 月 21 日發生的集集大地震，主要就是因為臺中盆地附近的車籠埔和雙冬斷層錯動所導致。

四、結論

臺灣是一個具有地槽和島弧雙重特性的島嶼，地槽環境曾數度變動，構造極為複雜，又位於歐亞板塊及菲律賓板塊衝撞區，地震頻繁，褶

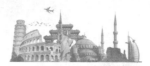

曲、斷層、隆起運動非常顯著。中央山脈西坡，以新生代第三紀海相沉積層為主體的地層低降至臺灣海峽；中央山脈東坡，以古生代及中生代之變質岩層，向海岸山脈低降至太平洋。北部大屯火山、東部海岸山脈和沿海離島如澎湖群島等，多為火成岩區，前兩者以安山岩為主，後者以玄武岩為主。

貳、地形

一、地形的作用力

塑造地表地形的力量，稱為地形的作用力，包含「內營力」與「外營力」兩種。內營力是指由地球內部熱力所產生的地殼變動與火山活動；外營力則是指外來的風、流水等作用力產生的侵蝕搬運與堆積等作用。

二、臺灣的地形

臺灣的地形複雜多變化，由**圖 2-2** 可看出臺灣分布的五大地形，全島面積 30% 是山地，40% 是丘陵、台地，30% 是平原；東部多山地，西部多平原、台地。

臺灣五大地形分述如下：

(一)山地

包括高度在 1,000 公尺以上的高山地區，分布於中央及東部地區，是由數條平行山脈所組成，由東而西依次為：海岸山脈、中央山脈、雪山山脈、玉山山脈、阿里山山脈五個系統。其中以中央山脈範圍最大，北起蘇澳，南迄恆春鵝鑾鼻，全長約 340 公里，為本島的主要分水嶺；玉山山脈主峰高達 3,952 公尺，是本島第一高峰。

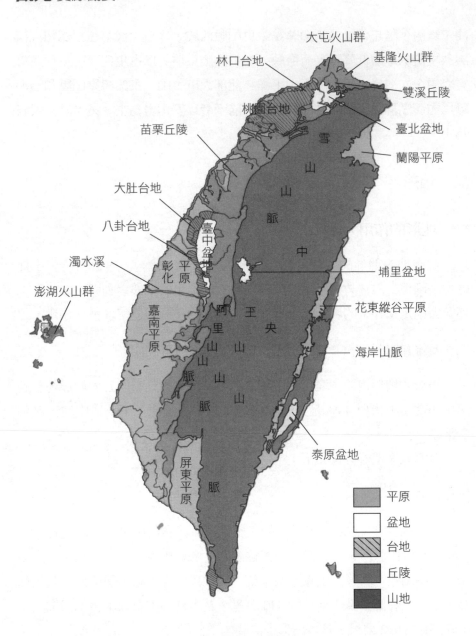

大屯火山群
林口台地
基隆火山群
雙溪丘陵
桃園台地
苗栗丘陵
臺北盆地
蘭陽平原
雪山山脈
大肚台地
八卦台地
臺中分
濁水溪
彰化平原
埔里盆地
澎湖火山群
嘉南平原
阿里山山脈
玉山山脈
花東縱谷平原
海岸山脈
中央山脈
屏東平原
泰原盆地

平原
盆地
台地
丘陵
山地

圖 2-2　臺灣五大地形分布圖

資料來源：整理自臺北市立大理高中楊明山老師教學網站，http://mail.tlsh.tp.edu.
tw/~t127/，黃建中繪製，揚智文化提供。

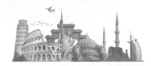

(二)丘陵

高山帶外圍有高度 600 至 1,000 公尺間的丘陵台地區，丘陵主要分布在雪山山脈、阿里山山脈的西緣，以竹南丘陵和嘉義丘陵最廣。由於丘陵海拔高度較低，地勢較緩，常被開闢為梯田，種植茶樹、果樹等。然而丘陵地形極為零星，加上河川切穿，且斷層頻仍，因此丘陵地帶成為極度破碎而崎嶇的地域。

(三)台地

主要分布在盆地、平原或丘陵的接觸帶。臺灣的台地全分布在西部，北自林口台地，南迄恆春台地，高度約在 600 公尺以下，如林口台地、桃園台地、大肚台地、八卦台地等。這些台地主要是古沖積層因地殼變動而抬升，加上河流侵蝕而形成的地形，地勢較丘陵地低而平，與丘陵地一樣，多被紅土掩覆。但礫石含量較多，在供水條件改善後，可發展為農工業用地。

(四)盆地

主要分布在山地、丘陵及台地之間，多為斷層下陷後所造成的構造盆地為主。如臺北盆地、臺中盆地及埔里盆地，這些盆地是當地人口較密集的精華區。臺中盆地是臺灣最大的盆地，面積 380 平方公里；次為臺北盆地，面積 200 平方公里。

(五)平原

於近海及河流兩側地區，高度 100 公尺以下稱為平原地區，主要分布在西部的中南段，如嘉南平原、屏東平原、東北部的蘭陽平原和東部的花東縱谷平原等。其中嘉南平原是最大的平原，包括雲林、嘉義、臺南、高雄一帶，這些平原都是農業生產的精華區，也是人口密度較高的地區。

觀光 資源概要

三、臺灣的海岸地形

臺灣海岸依地形升降及海岸岩層組成性質,可分為五類:

(一)西部沙岸

屏東枋寮以北的西部海岸主要由泥沙或礫石堆積而成,為典型的上升沙岸。瀕臨沖積平原,沿岸沙灘廣闊,較少天然良港,農業及水產養殖為主要經濟活動,因此蚵架、魚塭與鹽田為著名景觀。

(二)東部斷層海岸

東部海岸北起三貂角,南迄恆春半島南端,多為岩岸。東部山脈因直逼太平洋,除蘭陽平原之外,其他地區的海岸多為懸崖峭壁,海岸線陡直,地形險峻,故缺乏港灣及島嶼。

(三)北部岬灣海岸

北部海岸由於山地及丘陵延伸入海,海水相對上升,因此從三貂角至淡水河口,岬角與海灣相間分布,既有岩岸也有沙岸。海岸線曲折造成港闊水深的景觀,適合發展航運觀光及漁業,如野柳的女王頭即為受到波浪與海風等作用力所形成的奇岩怪石。

(四)南部珊瑚礁海岸

南部海岸西自楓港,東至旭海,裙礁發達,地形崎嶇,海底珊瑚礁生態豐富,深具觀光與研究價值,如墾丁國家公園的珊瑚礁海岸。

(五)外圍離島區

外圍離島依形成原因的不同,可分為大陸島、珊瑚礁島與火山島。

1. 大陸島:原為臨近海洋的丘陵,受到氣候暖化、海水面上升的影響,較低的谷地相對沒入海中,較高的山頭則露出海面形成島嶼

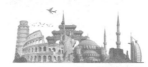

或島群，如緊鄰中國東南方的金門島與馬祖列島。

2. 珊瑚礁島：是由海底珊瑚礁露出海面所形成的島嶼，大多位於臺灣南方溫暖的海域，如屏東縣西側的琉球嶼及南海的東沙島與太平島。

3. 火山島：是由露出海面的海底火山或火山岩所形成的島嶼，如綠島、蘭嶼、龜山島、澎湖群島、釣魚台列嶼等。澎湖群島為平坦的玄武岩地形，範圍最廣；龜山島、綠島、蘭嶼、釣魚台列嶼則以火山安山岩為主。

　　離島豐富的海洋資源以及特殊的島嶼地形和文化，都可成為極具特色的景觀資源。例如澎湖群島除了有桶盤嶼的玄武柱狀節理、七美鄉的雙心石滬等特色景觀外，居民更常以附著在部分海岸的珊瑚礁塊（又稱咾咕石）堆砌圍牆，以阻隔當地強勁的風勢；綠島東南岸因位於漲退潮間的海濱，海水由岩縫滲入地層深處，經地熱加溫後再湧出，成為罕見的海底溫泉。

四、其他海域的區分方式

1. 大陸棚是指沿海海底水深 200 公尺以內的範圍，此區浮游生物眾多，因此魚類資源豐富，臺灣東岸的大陸棚範圍較西岸狹小。

2. 領海與經濟海域則是以與海岸基線的距離來區分。海岸基線是指沿著大潮的低潮線所劃定的界線，基線向外延伸 12 浬間的海域各國均視為其領海，屬於國內內陸領地，該國擁有絕對主權；基線向外延伸 200 浬間的海域為經濟海域。領海以外的經濟海域所屬國家可擁有魚、礦等資源的開發權。

參、氣候

　　臺灣位於全世界最大陸地（歐亞大陸）和最大海洋（太平洋）之

間，北回歸線橫貫臺灣中部，故冬季南北溫度差異大，全年平均氣溫在20°C 以上。影響臺灣氣候的主要因素為緯度、季風、地形和洋流。

1. 緯度：受緯度影響，南部屬熱帶季風氣候，北部屬副熱帶季風氣候；南部較北部溫暖。

2. 季風：季風是指隨冬夏季節交替而風向相反的風，分布於東北亞、東亞、東南亞以及南亞一帶。季風的風向加上地形因素，不但影響降雨量，也是造成各地雨季差異的原因。

3. 地形：一般平均高度每上升 100 公尺溫度會下降 0.6°C，因此地勢越高，溫度越低。另外，高山地區容易攔截水氣，形成降雨，因此地形也會影響雨量的多寡。

4. 洋流：黑潮是太平洋洋流的一環，也是全球第二大洋流，從菲律賓開始，穿過臺灣東部海域，沿著日本往東北方向流。因為是由低緯度的熱帶向高緯度的寒帶方向流動，所以黑潮屬於暖流。黑潮年平均水溫約攝氏 24 至 26 度，冬季約為 18 至 24 度，夏季甚至可達 22 至 30 度。由於黑潮的水色明顯較周邊的海水深，所以才有「黑」潮之稱。

2009 年臺灣八八風災之後，隨著山區土石流大量沖刷下來的漂流木，不只影響了臺東一帶，更順著黑潮一直向北流動。根據日本海上保安廳在 2009 年 9 月 3 日所發出的訊息，日本鹿兒島附近的東海海域便發現大量由臺灣沖流而來的漂流木，南北綿延長達將近 120 公里，這也讓大家見識到黑潮驚人的能量。

黑潮的流速相當快，約為每秒 1 至 2 公尺，其厚度約在 500 至 1,000 公尺，寬度約 200 多公里。就像是海上的高速公路般，運輸著許多迴游性魚類，以及為了獵食這些魚類而來的其他生物，當然也包括了人類。

臺灣附近的洋流主要為黑潮，但冬季時，因為季風等因素，臺灣海峽會有另一股中國沿岸流流經，這個洋流的方向是由北向南，之後在臺灣

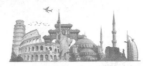

的西南沿海與黑潮的支流相遇，在這裡形成一個重要的漁場，每年秋冬順著洋流成群來到臺灣西南沿海的烏魚便是其中一例。由於臺灣有這些洋流的流經與交會，而使得海洋生物種類約占全球物種的十分之一，包含有海藻 500 種以上，螺貝、章魚、烏賊等軟體動物約 2,500 至 3,000 種，螃蟹約 300 種，蝦類約 270 種，魚類約 2,600 種以上。

近年來的「聖嬰現象」也和洋流有極大的關係。一開始是由東太平洋，也就是南美洲秘魯及厄瓜多爾當地的漁民所發現，他們觀察到每隔數年，在聖誕節的前後，當地的海水就會開始異常升溫，於是稱此海水升溫的現象為「聖嬰現象」。海水升溫連帶的影響了大氣，造成氣候發生劇烈改變，使得有些地區乾旱而另一些地區則又降雨過多。而突然增強的這股暖流則會使海水溫度升高，冷水魚群因而大量死亡，使得原本豐沛的漁場失去生機，造成以捕漁為業的國家莫大損失。當然，聖嬰現象不只發生在南美洲，也不只是影響海洋，許多地區的森林大火或是水災也都和此有關，這是一個全球性的氣候變遷現象。

一、臺灣氣溫特徵

1. 夏季全臺高溫：最熱月（7 月）均溫約在 27 度左右，南北之差很小，甚至有北部稍高於南部的現象。臺北、臺中兩盆地受地形封閉及都市建築物的影響，最為悶熱。

2. 冬季南部較北部溫暖：最冷月均溫，北部（2 月）約為 15 度，南部（1 月）約為 19 度，南北之差異較大。

3. 山區氣溫低於平地：山地的氣溫隨著高度而遞減，年溫差較平地小，日溫差則較大。冬季時，部分高山可見降雪。

二、 臺灣雨量特徵

1. 雨量空間分布：山區雨量多於平地，東岸多於西岸，迎風坡多於背風坡。澎湖及西南部平原地區因地勢低平，雨量較少。

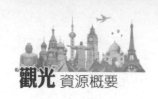

2. 雨量季節分布：北部四季有雨，南部夏雨冬乾。冬季東北季風盛
　 行期間，臺灣北部為雨季，大多為連續性陰雨，降雨強度小，此
　 時南部為乾季；夏季西南季風盛行期間，易生對流性雷雨，或者
　 颱風帶來之豪雨，常為中南部地區帶來大量雨水，降雨強度較
　 大，且雨量集中，此時降雨約占全年雨量的 80%，極易造成土壤
　 沖蝕。

肆、水文

一、臺灣主要河流分布

　　臺灣主要河流分布如**圖 2-3** 所示。

　　各河川之中最長者為濁水溪，長度約 186.60 公里；而流域面積最大
者為高屏溪，約有 3,257 平方公里。各區域主要河川分布情形如**表 2-1** 所
示：

表 2-1　各區域主要河川

區域	主要河川
北部地區	淡水河、鳳山溪、頭前溪
中部地區	中港溪、後龍溪、大安溪、大甲溪、烏溪、濁水溪
南部地區	朴子溪、曾文溪、八掌溪、鹽水溪、二仁溪、林邊溪、高屏溪
東部地區	蘭陽溪、花蓮溪、秀姑巒溪、卑南溪

二、臺灣河川的特徵

　　臺灣河川共有 129 條，因主要分水嶺雪山山脈、中央山脈偏東，故河
流東短西長，多為東西流向，分別注入太平洋和臺灣海峽，有下列特徵：

　　1. 河身短、坡度大、水流湍急，水力資源豐沛，但不利於航運。
　　2. 乾雨季流量變化大，除北部因四季有雨，河川流量較穩定外，中

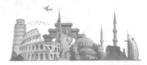

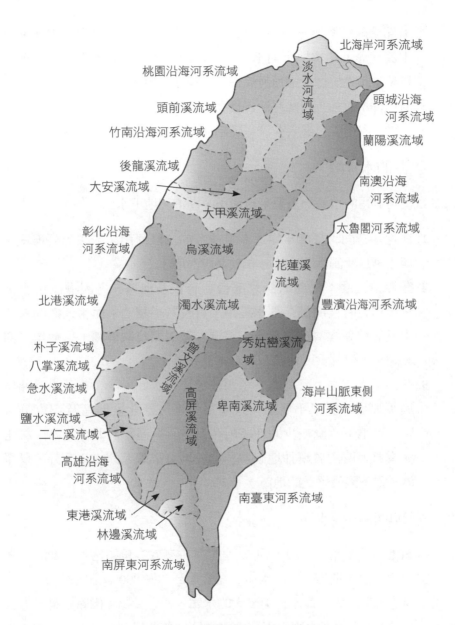

北海岸河系流域

桃園沿海河系流域

淡水河流域

頭城沿海河系流域

頭前溪流域

蘭陽溪流域

竹南沿海河系流域

南澳沿海河系流域

後龍溪流域

大安溪流域

太魯閣河系流域

大甲溪流域

彰化沿海河系流域

烏溪流域

花蓮溪流域

北港溪流域

濁水溪流域

豐濱沿海河系流域

朴子溪流域

秀姑巒溪流域

八掌溪流域

急水溪流域

海岸山脈東側河系流域

鹽水溪流域

高屏溪流域

卑南溪流域

二仁溪流域

高雄沿海河系流域

南臺東河系流域

東港溪流域

林邊溪流域

南屏東河系流域

圖 2-3　臺灣主要河流分布

資料來源：整理自臺灣的水文教學網站，http://140.127.60.124/geo94/geo96/02/hydrology.htm#，黃建中繪製，揚智文化提供。

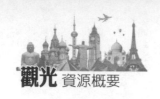

南部受降雨季節分布不均的影響，降雨多集中於夏季，因此夏季水流湍急，冬季枯水期水量小，常成野溪，河床上常見岩石裸露景象，不適航行，這種河流稱為荒溪型河川。

3. 河川沖刷力強，因此泥沙含量高，濁水溪因此得名。

4. 河階、谷中谷、嵌入曲流、隆起沖積扇等回春地形顯著。

三、臺灣的水資源

臺灣可利用的水資源主要來自河川、湖泊和地下水：

1. 在河川方面：臺灣年均逕流量最多的三條河川，依次為高屏溪、淡水河以及濁水溪，皆分布於臺灣西部。

2. 在湖泊方面：臺灣的西北部台地有很多池塘，多因灌溉用水需求，做暫時性的儲存雨水之用，可視為小湖泊；而半天然的湖泊中具有較高經濟價值者為日月潭、澄清湖及龍鑾潭，目前均為觀光勝地，但其重要性已不及水庫重要。

3. 在地下水方面：臺灣地下水源較豐沛之水域，依次為濁水溪沖積扇平原區、屏東平原區、宜蘭平原區、臺北盆地區及花東縱谷區。而地下水源較少的地區則在嘉南平原區和西北台地區。彰化與雲林地區由於超抽地下水，造成地層下陷深達 250 公分，是臺灣地層下陷最嚴重的地區。

四、臺灣地區重要水庫

臺灣地區重要水庫（堰）約 50 座，其中有效容量超過 1 億噸的依次為曾文水庫（蓄水量第一大的水庫，總容量為 7 億 800 萬立方公尺）、烏山頭水庫、翡翠水庫（蓄水量第二大的水庫，總容量為 4 億 600 萬立方公尺）、石門水庫、德基水庫、南化水庫、日月潭水庫、霧社水庫及鯉魚潭水庫等 8 座水庫，而臺灣的水庫每年可調節 30 億噸的水量。臺灣主要水庫分布請參見**圖 2-4** 及**表 2-2** 的說明。

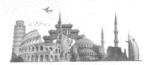

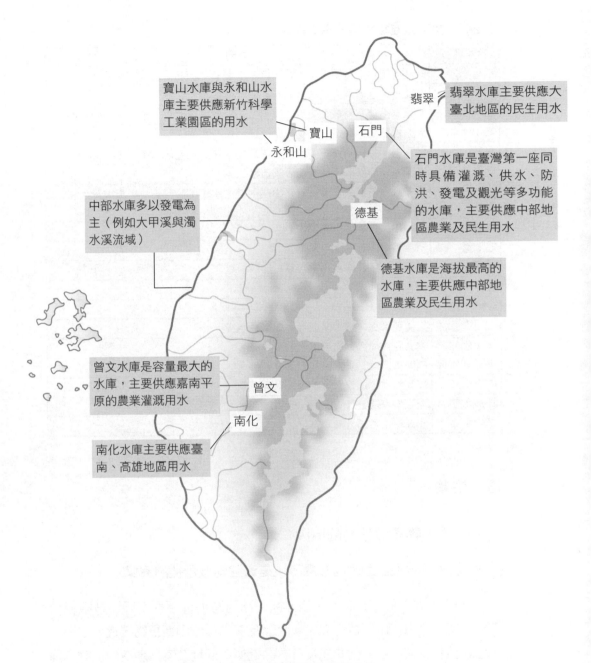

寶山水庫與永和山水庫主要供應新竹科學工業園區的用水

翡翠水庫主要供應大臺北地區的民生用水

石門水庫是臺灣第一座同時具備灌溉、供水、防洪、發電及觀光等多功能的水庫，主要供應中部地區農業及民生用水

中部水庫多以發電為主（例如大甲溪與濁水溪流域）

德基水庫是海拔最高的水庫，主要供應中部地區農業及民生用水

曾文水庫是容量最大的水庫，主要供應嘉南平原的農業灌溉用水

南化水庫主要供應臺南、高雄地區用水

翡翠

寶山

石門

永和山

德基

曾文

南化

圖 2-4　臺灣主要水庫集水區分布

資料來源：黃建中繪製，揚智文化提供。

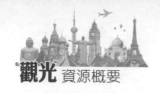

表 2-2　主要水庫集水區分布之說明

水庫名稱	說明
翡翠水庫	新店溪支流北勢溪下游，行政區主要屬新北市石碇區及坪林區
新山水庫	基隆市，基隆河支流大武崙溪之支流新山溪
石門水庫	桃園縣境淡水河最大支流大漢溪上，行政區跨大溪、龍潭、復興三鄉鎮
寶山水庫	新竹縣寶山鄉，頭前溪支流柴梳溪
永和山水庫	苗栗縣，頭份鎮與三灣鄉永和村間中港溪支流北坑溝上游
明德水庫	苗栗縣頭屋鄉明德村後龍溪支流老田寮溪上
鯉魚潭水庫	苗栗縣三義鄉大安溪支流景山溪上游，水庫區涵蓋三義、卓蘭及大湖三鄉鎮
德基水庫	臺中市，大甲溪支流
石岡壩	臺中市岡山區，大甲溪
霧社水庫	南投縣，濁水溪支流霧社溪
日月潭水庫	南投縣魚池鄉
蘭潭水庫	嘉義市，八掌溪
仁義潭水庫	嘉義縣番路鄉八掌溪上游，屬離槽水庫
曾文水庫	嘉義縣大埔鄉曾文溪主流上游
烏山頭水庫	臺南市，曾文溪支流官田溪
南化水庫	臺南市南化區曾文溪支流後堀溪上
牡丹水庫	屏東縣南端牡丹鄉境內，四重溪河谷上
成功水庫	澎湖縣湖西鄉，港底溪

伍、生物

一、臺灣生物多樣性高的原因

(一)位於太平洋與歐亞大陸接觸帶，是海陸兩域遷徙的橋樑

　　許多動植物原生於亞洲大陸，卻因冰河時期海平面下降而被阻絕於臺灣。臺灣高海拔山區植物與大陸西部及喜馬拉雅山區植物接近；中海拔山地的植物就與中國大陸北部及日本的近似；低地及南部地區的植群，則與印度、馬來西亞的「古熱帶區系植物」成分接近。

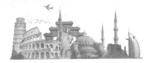

(二)地處熱帶及副熱帶氣候交界，是許多物種南北遷徙的必經之地

　　例如南下過冬的黑面琵鷺以及隨黑潮往北迴游的黑鮪魚；另外，島內高山林立，具有熱帶、亞熱帶、溫帶、寒帶等各種不同氣候環境，加上中央山脈縱貫全島，形成各種微棲息環境，因而孕育出種類繁多的植物與野生動物。

二、植物地理

　　植物的遷徙主要是由地質變遷和冰河時期所造成，其中又以冰河時期的影響最大。臺灣在地質變遷的歷史中，和中國大陸、日本、琉球群島，都曾發生多次相連分離的情形，因此藉由相連的陸橋，植物於各島之間自由地遷徙。另外，臺灣正好位於冰河時期植物南來北往的中繼站，多樣化的地形具備了保存各種植物的條件，造就出豐富的植物種類。在冰河時期，全球氣溫急遽下降，海面下的陸棚露出，形成陸橋，連接了中南半島、大陸、臺灣、日本、琉球群島和菲律賓群島。寒冷的氣候迫使植物從高海拔或高緯度往低海拔或低緯度遷移，當氣候回暖，海平面逐漸上升將陸橋阻斷，使得南遷的溫帶植物無法遷移回北方，因此這些溫帶植物逐漸向臺灣高海拔的高山遷移。臺灣植物的垂直分布狀況如**表 2-3** 所示。

三、動物地理

　　臺灣地區動物的種類以昆蟲及魚類兩類最多，主要棲息在山地、海岸、沼澤、溪流、水潭等地區。近年因工業發展迅速，往往破壞了動物的棲息環境，使其種類與數目日益減少。臺灣動物的種類有哺乳類、鳥類、爬蟲類、兩棲類、魚類及無脊椎動物（蝴蝶）六類，其種數及代表動物請參見**表 2-4**。

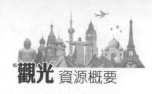

表 2-3　**臺灣高海拔至低海拔植物的垂直分布狀況**

生態帶	高度	代表性植物	特色
高山寒原	海拔 3,500 公尺以上	1.灌叢類的植物群落（高山灌叢：玉山圓柏） 2.草本植物群落	受強風及缺水等環境壓力影響，植物較為稀疏
亞高山針葉林	海拔 3,000 至 3,500 公尺	1.冷杉為主的針葉林 2.玉山箭竹、刺柏、高山莢迷等 註：冷杉林遭遇森林大火後，很快就會被箭竹所占據，所以玉山箭竹原即代表原來生長該地的森林已經被大火燒燬，因此冷杉林與箭竹原是亞高山針葉林帶最具代表性的兩種植物群落	亞高山針葉林帶的冷杉林是涵養臺灣各大溪流水源的森林，而目前臺灣高海拔具有大面積箭竹原的現象，顯示出原有的冷杉林已消失泰半
冷溫帶針葉林	海拔 2,500 至 3,000 公尺	1.鐵杉，鐵杉林下也是玉山箭竹為主的灌木層 2.雲杉、玉山懸鉤子、玉山杜鵑等	鐵杉林經歷大火後，最先恢復的植被是玉山箭竹原，之後為臺灣二葉松林，再逐漸變成鐵杉林
涼溫帶針葉林	海拔 1,800 至 2,500 公尺	紅檜、扁柏為主的檜木林，以阿里山、太平山一帶最多。檜木林帶是針葉林與闊葉林的交會帶，同時兼具針葉林與闊葉林的特性	溼度最高的地區，常常霧氣瀰漫。由於檜木林帶降水量豐富，易形成山地池沼
暖溫帶闊葉林	海拔 1,800 公尺以下	1.樟科和殼斗科的植物，簡稱為樟殼林帶 2.臺灣黃杞、烏心石、大頭茶等	本帶的森林結構分成四層，即喬木第一、二層、灌木層與草本層。臺灣大約有 43% 的生物種類生活在此一林帶
亞熱帶闊葉林	北部海拔 500 公尺，南部海拔 700 公尺以下	楠木類植物如大葉楠、香楠	此區為人類活動頻繁的地區，所以大部分自然成熟環境都已被破壞殆盡，只能看到一些次生環境，例如筆筒樹和五節芒

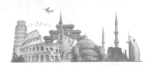

（續）表 2-3　臺灣高海拔至低海拔植物的垂直分布狀況

生態帶	高度	代表性植物	特色
熱帶植物群落（熱帶季雨林）	臺灣南部地區呈現明顯的乾溼季，植物生長的春季常欠缺水分，因此臺灣南部低海拔地區雖然雨量、溫度都達到雨林生態系的標準，但是因為年雨量並不平均，有季節性的乾旱，因此未形成標準的雨林，而形成較低矮的樹冠層，但卻沒有突出樹冠層，會有落葉季節的森林，稱為「季風林」或「季雨林」	1.如榕樹、構樹、大葉山欖、香楠、相思樹等 2.恆春半島的熱帶季風雨林群系主要為相思樹—牡荊群落，及白榕—重陽木群落或白榕—番龍眼群落	大多是零星散布，有的甚至不以植物群落的面貌出現，而只呈現熱帶的植物個體，例如在蘭嶼及墾丁一帶所見以赤道為分布中心的植物，像欖仁、白榕即是。除此之外，尚可發現代表著熱帶的某些生命現象，例如幹生花、纏勒現象與板根等皆屬之
海岸植物群落	海岸植物群落包括臨海珊瑚礁植物群落、沙灘草本植物群落、海岸灌叢以及海岸林。臺灣東海岸主要為陡峭的岩岸，並無廣大腹地可供海濱植物群落發展；而西海岸瀕臨海洋的即是沙灘，缺乏可供珊瑚礁植物生長的珊瑚礁石，只有臺灣南部地區可提供完整的海濱植物群落所需之生態條件	1.如黃槿、血桐、馬纓丹、林投等木本植物 2.恆春半島的熱帶海岸林群系主要代表植物為榕樹類、欖仁樹、棋盤腳樹、林投等	
紅樹林	出現在流速緩慢的大河口，流速緩慢造成淤沙量大，且海水容易進入，鹽濃度相對較高，是熱帶地區河口溼地特有的生態系	紅樹科的水筆仔、紅樹、細蕊紅樹、五梨跤（今訂正為紅海欖），使君子科的欖李，馬鞭草科的海茄苳，其中紅樹及細蕊紅樹在臺灣已經消失	紅樹林是屬於熱帶的生態系，所以在臺灣的分布是往北種類逐漸減少。由於紅樹林生長在臨水第一線，所以有防坡護岸的功能，且在該處沒有任何植物或人工

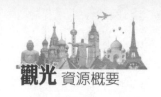

（續）表 2-3　臺灣高海拔至低海拔植物的垂直分布狀況

生態帶	高度	代表性植物	特色
			建築能穩定地存在，因此紅樹林本身就是極優良的防潮堤
溪口林		海漂性植物──穗花棋盤腳。由於穗花棋盤腳的淡水需求，加上海漂的傳播本性，因此溪口地區是它的最佳選擇	在一些坡陡流急的小溪，其出海口不會有紅樹林的分布，因為淡水成分較高，其森林種類不是胎生的紅樹林，而是一些陸域的溪畔植物，以及部分海岸林的種類

表 2-4　臺灣常見動物的種數及代表動物

動物類	種數	代表動物
哺乳類	60	如臺灣獼猴、白面鼯鼠、臺灣黑熊、赤腹松鼠、沿海鯨豚類等
鳥類	450	如大冠鷲、黃山雀、喜鵲、烏頭翁、紅尾伯勞等
爬蟲類	80	如百步蛇、龜殼花、雪山草蜥、雨傘節、眼鏡蛇等
兩棲類	29	如楚南氏山椒魚、臺灣山椒魚、澤蛙、臺北樹蛙、小雨蛙等
魚類	60	如臺灣鱒、鯉魚、吳郭魚、鱸鰻、草魚等
無脊椎動物──以蝴蝶為例	200	如蝴蝶類的大鳳蝶、臺灣黃蝶、青斑蝶、小蛇目蝶、石墻蝶等

　　從動物地理的角度來看，臺灣島上初級淡水魚受本身種源分布、擴散方式、遷徙能力及外在環境等因素的影響下，可區分出五個主要魚類地理區（見圖 2-5）：

(一)北臺灣區

　　包括臺灣北部雪山山脈以北的水系，由北端大屯山向西達苗栗的大安溪流域，向東達宜蘭中南部的武荖坑溪流域。純淡水魚類有圓吻鯝（臺灣俗名：甘仔魚）、竹篙頭、大眼華鯿（臺灣俗名：大目孔）、臺灣細

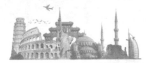

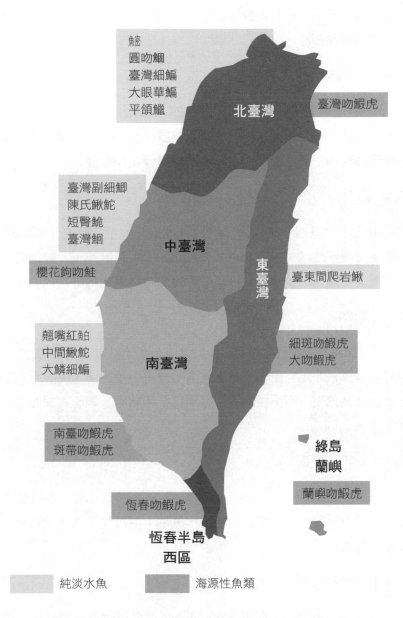

魚密
圓吻鯝
臺灣細鯿
大眼華鯿
平頷鱲

臺灣吻鰕虎

北臺灣

臺灣副細鯽
陳氏鰍鮀
短臀鮠
臺灣鮈

中臺灣

東臺灣

櫻花鉤吻鮭

臺東間爬岩鰍

翹嘴紅鮊
中間鰍鮀
大鱗細鯿

南臺灣

細斑吻鰕虎
大吻鰕虎

南臺吻鰕虎
斑帶吻鰕虎

**綠島
蘭嶼**

蘭嶼吻鰕虎

恆春吻鰕虎

**恆春半島
西區**

純淡水魚　　　　海源性魚類

圖 2-5　臺灣淡水魚地理分區及各區代表魚種

資料來源：黃建中繪製，揚智文化提供。

鯝、溪哥、棘鰍、小林氏棘鰍、短吻鐮柄魚等為代表，海源性的淡水魚類則僅有臺灣吻鰕虎。

(二)中臺灣區

中央山脈以西，介於雪山山脈以南至玉山山脈以北的水系，包括大甲溪、大肚溪及濁水溪。純淡水魚類有陳氏鰍鮀、臺灣副細鯽、臺灣鮰、短臀鮠為代表；海源性的淡水魚類則僅有櫻花鉤吻鮭。

(三)南臺灣區

中央山脈以西、玉山山脈以西及以南，包括嘉義朴子溪以南、延伸至屏東林邊溪流域。純淡水魚類有紅鰭鮊、中間鰍鮀、大鱗細鯝、淡色鮠為代表；海源性的淡水魚類以斑帶吻鰕虎及南臺吻鰕虎為代表。

(四)東臺灣區

雪山山脈以東、蘇澳（不含）以南至所有中央山脈向東注入太平洋的河川溪流，北起宜蘭的東澳溪，南至屏東的港口溪。純淡水魚類以臺東間爬岩鰍為代表；海源性的淡水魚類以枝鰭塘鱧、細斑吻鰕虎及大吻鰕虎為代表。

(五)恆春半島西區

屏東枋寮以南，向西流入臺灣海峽的各短小溪流，包括楓港溪、四重溪及保力溪等。缺乏特定的純淡水魚類；海源性的淡水魚類則以恆春吻鰕虎為代表。

四、特有種生物

臺灣特有種生物（見**表 2-5**）是指全世界只生存在臺灣的物種。特有種不等於稀有種，但絕對是珍貴物種，因為牠們的誕生不是偶然的，不僅要經過漫長的歲月，還要特殊的地理條件。

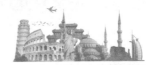

表 2-5　**臺灣特有種生物**

動物類	代表動物
哺乳類	臺灣大蹄鼻蝠、臺灣小蹄鼻蝠、臺灣葉鼻蝠、黃頸蝠、管鼻蝠、臺灣鼠耳蝠、寬吻鼠耳蝠、臺灣長耳蝠、刺鼠、臺灣獼猴、臺灣森鼠、細尾長尾鼩、高山白腹鼠、臺灣山羊、白面鼯鼠、高山田鼠、臺灣煙尖鼠、長尾麝鼩
鳥類	深山竹雞、黑長尾雉、烏頭翁、臺灣藍鵲、栗背林鴝、紫嘯鶇、金翼白眉、藪鳥、紋翼畫眉、白耳畫眉、冠羽畫眉、火冠戴菊鳥、黃山雀、藍腹鷴、臺灣叢樹鶯
爬蟲類	蘭嶼守宮、雅美鱗趾虎、蓬萊草蜥、南臺草蜥、臺灣草蜥、雪山草蜥、斯文豪氏氏攀蜥、短肢攀蜥、呂氏攀蜥、牧氏攀蜥、黃口攀蜥、臺灣蜓蜥、臺灣滑蜥、臺灣中國礐子、白斑中國礐子、臺灣蛇蜥、大盲蛇、斯文豪氏遊蛇、標蛇、臺灣標蛇、臺灣鈍頭蛇、金絲蛇、菊池氏龜殼花、帶紋赤蛇、阿里山龜殼花
兩棲類	楚南氏山椒魚、臺灣山椒魚、褐樹蛙、面天樹蛙、臺北樹蛙、莫氏樹蛙、翡翠樹蛙、橙腹樹蛙、諸羅樹蛙
魚類	臺灣石、短吻鐮柄魚、粗首、何氏棘魞、臺灣白魚、高身鏟頜魚、飯島氏頜鬚鮈、短吻小鰾鮈、高身小鰾鮈、陳氏鰍鮀、中間鰍鮀、臺灣大鱗細鯿、臺灣纓口鰍、臺灣間爬岩鰍、臺東間爬岩鰍、埔里中華爬岩鰍、櫻花鉤吻鮭 、明潭吻鰕虎、短吻紅斑吻鰕虎、大吻鰕虎、細斑吻鰕虎、蘭嶼吻鰕虎、斑帶吻鰕虎、臺灣吻鰕虎、南臺吻鰕虎、恆春吻鰕虎、銳頭銀魚、臺灣馬口魚
昆蟲類	突眼蝗、蘭嶼大葉螽蟴、短腹幽蟌、泰耶兒蜻蜓、無霸勾蜓、臺灣爺蟬、臺灣熊蟬、黑翅蟬、黑翅草蟬、溥翅蟬、渡邊氏長吻臘蟲、乳白斑燈蛾、一點鉤蛾、四窗帶鉤蛾、臺灣窗翅鉤蛾、啞鈴帶鉤蛾、黑點雙帶鉤蛾、枯葉紋鉤蛾、埔里帶蛾、褐帶蛾、衛魯曼枯葉蛾、凹緣舟蛾、雲舟蛾、姬長尾水青蛾、紅目天蠶蛾、綠目天蠶蛾、黃豹天蠶蛾、大黃豹天蠶蛾、銀目天蠶蛾、大眉紋天蠶蛾、小鷹翅天蛾、亞洲鷹翅天蛾、榆綠天蛾 、豆天蛾、鋸翅天蛾、楠六點天蛾、栗六點天蛾、大背天蛾、盾天蛾、波紋蛾科、連珠波紋蛾
植物類	代表植物
蕨類植物	臺灣原始觀音座蓮、臺灣金狗毛蕨、臺灣水韭
被子植物	鄧氏胡頹子、棣慕華鳳仙花、大安水蓑衣、西施花、山芙蓉、森氏杜鵑、臺灣杜鵑、臺灣一葉蘭、臺灣蝴蝶蘭、山櫻花
裸子植物	臺灣穗花杉、清水圓柏、臺灣粗榧、紅檜、扁柏、臺灣欒樹、臺灣杉、臺灣百合、杜虹花、山桂花
瀕臨絕種的植物	臺東蘇鐵雄花球、清水圓柏雄花、臺灣水青岡植株、烏來杜鵑花、南湖柳葉菜、臺灣穗花杉、臺灣水韭植株

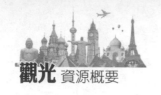

陸、災害

臺灣的自然災害通常有下列幾種：

一、氣象災害

臺灣的氣象災害有颱風、乾旱、寒害及豪雨等。

(一)颱風

中心持續風速每秒 17.2 公尺以上的熱帶氣旋，皆稱為颱風。颱風並非臺灣地區獨有的天氣現象，其他地區的熱帶海洋上也同樣有颱風，但各有其不同的稱呼：發生在北太平洋西部及中國南海稱為颱風；發生在大西洋西部、加勒比海、墨西哥灣和北太平洋東部等地稱為颶風（Hurricane）；而發生在印度洋、孟加拉灣及阿拉伯海則稱為旋風（Cyclone）。全球颱風生成的地區共有七區（見圖 2-6）。由於臺灣正位於西太平洋颱風的行進路徑上，因此夏秋兩季常有颱風侵襲，颱風經常夾帶狂風暴雨，間接造成豪雨、暴潮、洪水及土石流等災害。

(二)乾旱

臺灣之河川由於地勢陡峻，河床比降極大，蓄水價值不高，若當年度降水量偏低，久旱不雨，便會造成乾旱。

(三)寒害

寒流是指冬季蒙古或西伯利亞冷氣團南下，氣溫驟降的現象。而寒流的低溫會造成農、漁業的嚴重損失。

(四)豪雨

臺灣 5、6 月份的梅雨、夏天的對流雨、颱風及颱風過後強勁的西南氣流所帶來的降雨都可能造成豪雨，也是臺灣水患的主要原因。

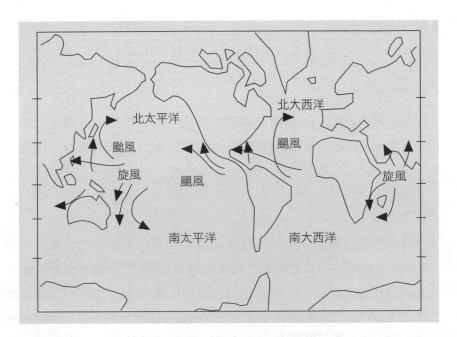

圖 2-6　全球颱風發生區域圖

二、地震災害

臺灣位於環太平洋地震帶上，西部地區發生地震的頻率雖不若東部地區高，但地震的震源多發生在陸地，且震源深度也較淺，加上西部地區人口密集，一旦發生地震，就可能造成嚴重的災害，例如 2016 年 2 月 6 日發生的臺南大地震，強度達芮氏地震規模 6.4，造成臺南地區慘重災情。

地震引發的災害，不但可直接造成山崩、地滑、走山，形成地震堰塞湖；近海地區可能引起海嘯；某些地區因土壤結構問題，導致土壤液化；此外，地震波能量所及之處，也會摧毀建築物、道路、鐵路、橋樑等；有些農田、房舍，甚至發生位移，人畜財物嚴重受損；有些地區，因為瓦斯外洩、電線走火，引發火災的發生。

地震所造成災害的程度，常和地震規模的大小、震源的深度，以及

距離震央的遠近有密切的關係。此外,建築物的結構設計、斷層、地質狀況、人口的分布情形,也都會影響災害的大小。

三、山崩災害

臺灣的地殼運動、地質構造複雜,再加上山坡地的大量開發,是造成山崩的主因,颱風、豪雨的侵襲及地震則是誘因。山崩經常以三種形式出現:

(一)落石

岩屑或岩體從高處以自由落體或跳躍式快速向下掉落的現象稱為落石。多發生在陡峭的山坡地或富有裂隙的岩層及破碎帶、波浪侵蝕的陡崖和河流向下侵蝕的峽谷與絕壁等地方。此外,也會因人為的不當開發坡地,導致落石的發生。落石的速度很快,居住在山坡下的人們或通行的車輛,常閃避不及而遭受損傷。

(二)土石流

由巨石、礫、砂、泥等岩石碎屑與水混合,受重力牽引而向下流動的現象稱為土石流,多發生在山坳處或河谷中。土石流形成的條件包括厚層鬆散的岩層、土石內飽和的水,以及適當的坡度,提供土石向下坡搬移的驅動力。

(三)地滑

岩塊沿著一明顯的破壞面,向下坡處滑動的現象稱為地滑。水土保持措施處理不當,較有機會發生地滑現象。

臺灣的重大山崩災害以臺北、基隆市最多。山崩類型以地滑型居多,土石流型其次。

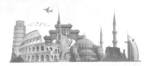

四、地層下陷、海水倒灌

臺灣西南部及東北部的宜蘭地區發展養殖業，因長年超抽地下水，造成沿海地區嚴重地層下陷，產生逢雨必淹、海水倒灌及潰堤等災害。地層下陷最嚴重的地區為雲林。

五、土壤液化

土壤液化是指土壤受地震影響由固態暫時轉化為液態的過程，在土地低窪的地區，如果遇上過度飽和的地下水，當地震來臨時，會使泥沙因搖動而緊密地排列，當地表無法承受地下水的壓力時就會破裂，冒出滾滾泥沙或是造成房屋下陷。

臺灣沿海地區為開發而抽沙填海，在地底泥沙尚未壓實的情況下遇上地震時，相當容易發生土壤液化。研究指出，土壤液化所導致的災害包括地層下陷、積水、房屋傾斜或底盤破裂、地下管線破裂或上浮等等，雖然不會對民眾造成直接的生命威脅，不過房屋傾倒或地下管線破裂都可能間接帶來危害與不便。

🚋 第三節　人文地理

壹、人口

一、臺灣人口結構變化趨勢

臺灣的人口成長率*受自然增加率影響較大，受社會增加率影響較小，由於出生人數減少、死亡人數增加，我國人口自然增加人數持續遞

---

*人口成長率＝自然增加率＋社會增加率＝（出生率－死亡率）＋（移入率－移出率）

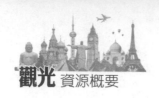
減。惟受外籍配偶增加而使社會增加人數隨之遞增的影響，近年來我國總人口每年仍約增加 7 至 8 萬人；另外，由於預期壽命延長，若社會中每一代出生數比上一代少，這個社會的人口就會逐漸高齡化；因此，我國 0 至 14 歲人口比率持續下降，而 65 歲以上人口比率持續上升，65 歲以上人口占總人口比率將由 2010 年的 11%，於 2017 年時估計增加至 14%，達到國際慣例所稱的「高齡社會」，2025 年再增加為 20%，邁入「超高齡社會」，2060 年 65 歲以上人口所占比率將高達 42%（見圖 2-7）。相較於亞洲其他國家，臺灣總生育率明顯較低（見圖 2-8），2017 年臺灣為全世界生育率第三低的國家（僅高於新加坡和澳門），總生育率為 1.13。

二、臺灣人口分布

臺灣在 17 世紀中葉（1650 年），漢人主要散布在港口，如安平一帶，廣大西部平原是平埔族人活動的原野。19 世紀末期，臺灣人口分布

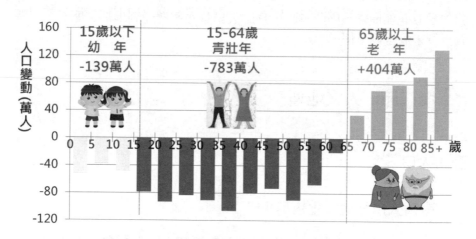

圖 2-7　中華民國人口推估（105 至 150 年）

註：本圖為中推估結果。預估我國人口少子高齡化現象將更趨明顯。例如 150 年，我國總人口較 105 年減少 517 萬人；其中，15 歲以下幼年人口減少 139 萬人，15-64 歲青壯年人口減少 783 萬人，65 歲及以上老年人口則增加 404 萬人。

資料來源：國家發展委員會「中華民國人口推估（105 至 150 年）」簡報。

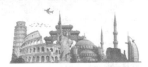

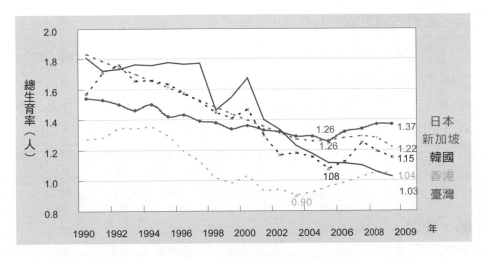

圖 2-8　1991 至 2009 年臺灣總生育率

資料來源：各國政府統計網站；我國資料為內政部「中華民國人口統計年刊」。

的重心，已從南部向中、北部地區轉移，人口由以前的相對分散轉移成相對集中於北部地區。由此可知，臺灣人口分布主要受到地形、開發時間早晚以及產業活動的影響。

臺灣的人口分布具有下列特色：

1. 西部多於東部：東部受地形阻隔，經濟發展較為緩慢，工作機會相對較少，便利性亦較低，因此人口較少。
2. 平原、盆地多於山地：平原、盆地較適於農業發展，因此人口較丘陵、山地等地區為多。
3. 人口集中於都市地區：臺北、臺中、高雄是臺灣人口密度*較高的都市。

---

*人口密度＝人口總數÷總面積（平方公里）

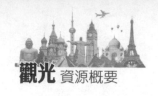
三、臺灣人口組成

由於出生率下降及國民平均壽命延長，人口結構明顯轉變，根據 2016 年的統計資料顯示，男女 15 至 64 歲的性別比例為 1：1，男性平均壽命為 76.8 歲，女性為 83.4 歲；男性平均年齡為 38.5 歲，女性為 39.9 歲；平均每 100 個 15 至 65 歲的青壯年扶養 36 個 0 至 14 歲及 65 歲以上的幼、老年人口，平均扶養之老年人口數為 18.2 人，扶養之幼年人口數為 18.1 人。

貳、經濟

臺灣在 1988 年前，年均經濟成長率達 8%，之後約落在 4% 至 6% 之間。出口為臺灣的工業化提供了資金保證。中華民國的外匯存底是世界第四，僅次於中國大陸、日本及俄羅斯。

現今傳統勞力密集工業已漸由高科技產業取代，對外貿易是中華民國重要的經濟命脈，中國大陸及日本是臺灣主要貿易夥伴（臺灣在 2010 年排名前五位的貿易夥伴分別為中國大陸、日本、美國、歐盟和香港）。此外，在中國大陸有 5 萬多個企業，長期居留的臺商及眷屬則有上百萬人之多。

在 1997 年亞洲金融危機中，臺灣雖沒有立即受到嚴重的衝擊，但元氣已大傷。2001 年後開始爆出一系列金融問題，再加上 2001 年之後的全球經濟放緩的趨勢影響下，臺灣經濟遭受重挫，銀行壞帳增加，財政盈餘轉為財政赤字，2001 年臺灣經濟出現了自 1947 年以來的首次負成長，失業率升到歷史最高。但隨著全球經濟的回溫，加上「金融重建基金」（RTC）的設置，臺灣經濟從 2003 年下半開始逐漸恢復成長中。

中華民國是亞洲開發銀行（亞行）、世界貿易組織（WTO）、亞太經合會（APEC）的成員，也是經濟合作與發展組織（經合組織）觀察員。

以下就臺灣的農、礦、林、漁、牧及工業與貿易等產業依序說明。

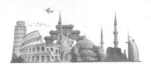

一、農業

　　臺灣農業由於耕地面積狹小，單位面積產量高，是典型的集約稻作農業，主要農產為稻米、甘蔗、檳榔、茶、玉蜀黍等。而臺灣礦產種類甚多，但儲量不大，煤、硫磺、石油、黃金等產量枯竭，目前主要的礦業資源以大理石、石灰石為主。臺灣農業發展特色如下：

1. 耕地狹小、集約耕作：臺灣山多平原少，人口密集，每位農民平均擁有的耕地面積狹小，因此為了提高單位面積產量，農業採取集約耕作的方式。集約耕作是指在單位面積上投入大量的勞力、資本、肥料等，以提高平均收穫量的農業經營方式。
2. 農村勞力老化：由於農村年輕人多前往都市尋求就業機會，使得農村勞動力老化。
3. 技術先進：臺灣農技人員長年致力於品種培育與改良，擁有豐富的研發經驗，造就生產技術的不斷革新。例如宜蘭果農為避免嫁接高接梨之後，花苞遭受寒害及雨水影響，故以特製的保護傘來提高花苞的存活率。
4. 農產品商品化：傳統農業生產自給自足，現代農業則以大量生產、供應市場需求為導向。臺灣溫帶及熱帶作物種類繁多，中南部區域成為北高兩市重要的蔬果供應地。
5. 農業國際化：臺灣於西元 2002 年加入世界貿易組織（WTO）之後，世界各地產品可自由行銷至臺灣，臺灣本地產品成本高、產量小，不敵大規模生產的進口農產品，因此政府鼓勵農民朝向精緻農業發展，例如花卉農業；另外，結合地方文化與觀光的休閒農業，也重新塑造了臺灣的鄉村風貌，例如宜蘭蘇澳的白米社區。而有機農業的發展更是臺灣農業永續經營的目標。

二、林業與畜牧業

　　臺灣森林資源豐富，主要針業林產為扁柏、紅檜、肖楠等，主要闊

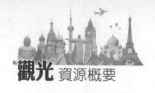
葉林林產為烏心石、櫸木、黃連木、泡桐等。木材的外銷曾為臺灣賺取鉅額的外匯收入，後因過度砍伐，政府全面禁止並加強造林與保育林地，同時也設立多處森林遊樂區以維護生態。

畜牧業的部分，由於臺灣土地有限，早期畜牧業以小規模的欄牧為主，隨著經濟發展改採科學化、企業化的方式經營，部分酪農業也轉型發展為觀光牧場，例如飛牛牧場。

三、漁業

臺灣的漁業可分為養殖業及魚撈業，養殖漁業主要為蝦、虱目魚、吳郭魚及石斑魚等，多分布於西南部沙岸。近年來，養殖漁業大量抽取地下水，造成嚴重地層下陷，而逐漸轉型為海水養殖，以減少抽用地下水；另外，政府更推動海上箱網養殖技術，以兼顧水土資源的永續利用。箱網養殖是指在海上利用浮桶設大型網袋，將魚蝦類飼養在裡面，方便人工飼養及管理的養殖技術。

魚撈業又分為沿岸（小於 12 浬）、近海（12 至 200 浬）及遠洋漁業（大於 200 浬），沿岸與近海漁業魚貨量不多，以遠洋漁業為最大的漁業產值來源，每年冬季的烏魚為典型的近海漁業，高雄前鎮漁港則為遠洋漁業的基地，主要漁產為鮪魚、鰹魚等。

四、工業

臺灣工業的發展如下：

1. 農產加工業：民國 50 年代以前，主要以農、林等一級產業的加工為主。
2. 勞力密集性工業：民國 50 年代開始，政府成立加工出口區，廉價的勞力吸引外資流入，紡織、食品加工、電子零件組裝等勞力密集性工業產品成為臺灣的外銷主力。

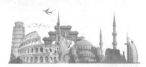

3. 基礎工業：民國 60 年代的十大建設，以發展鋼鐵、石化、造船等
   重工業為主。

4. 高科技工業：政府為提升產業競爭力，於民國 69 年以新竹科學工
   業園區為發展基地，轉而投注於高科技產業的發展，民國 70 年代
   積極推動資訊、家庭消費性電子、半導體等工業，民國 80 年代
   以後，其他科學工業園區如南部科學工業園區、中部科學工業園
   區等陸續設立，其中南港軟體工業園區是經濟部為發展臺灣成為
   「亞太軟體中心」所規劃之工業園區，民國 90 年代之後，工業逐
   漸轉型為服務業。

五、貿易

　　臺灣屬於海島型經濟，資源較貧乏，端賴國際貿易有無，早期靠農
產品（茶、糖、樟腦及米、糖）外銷，民國 55 年以後，工業產品的輸出
已占首位，工業產品由輕工業到重工業、高科技產品，臺灣科技產業揚名
國際，賺取大量外匯。臺灣的對外貿易在民國 60 年以後轉為出超（即貿
易順差，出口＞進口），國際貿易主要出口地區為中國大陸、香港、美國
及日本，主要進口地區為日本、美國、中國大陸及南韓，進口總額以農工
原料、資本設備及消費品為主，出口總額則以工業產品、農產加工及農產
品為主。

參、聚落

　　聚落是指人們共同居住、生活和工作的地方，一般分為鄉村聚落及
都市聚落兩種，而鄉村聚落根據住宅分布的密集狀態，又可分為集村與散
村。影響聚落型態的因素有開墾組織、耕作型態、治安、水源、地形等。
　　在臺灣聚落可分為原住民及漢人聚落。原住民的平埔族聚落採遊
耕、狩獵混合的生活方式，以小米及高粱為主食，由於飲水、土地公有制
度或防禦等因素，聚落型態多為集村；高山族北部之泰雅族及賽夏族以散

村為主,中、南部排灣族、阿美族、鄒族則以集村為主,中部布農族及蘭嶼達悟族之聚落型態介於兩者之間。日本地理學者富田芳郎認為臺灣漢人的傳統聚落形式,南部多為集村聚落,北部多為散村聚落,主要原因是由於濁水溪以南的平原地區,因為早期採行集體開墾制度,治安差、水源較少,因此多為集村,南部多血緣性聚落,北部多地緣性聚落。臺灣都市體系在日治時代被規劃為西方現代形式,且開始著手建設,後來受太平洋戰爭影響,許多都市因轟炸受損,光復初期滿目瘡痍。光復後,在都市規劃下,因商業活動與工業發展,聚落呈高度都市化現象,都市化程度達80%,並形成臺北、高雄、臺中等三大都會區。

肆、交通

臺灣位於東亞航運網的中心,現代化交通設施的興建始於 19 世紀末,由於島內地勢西低東高、山脈南北縱走,故交通網的密度西高東低,主要交通設施以鐵路、公路、海運和航空為主。

一、陸運方面

(一)臺灣鐵路

臺灣鐵路建築始於清光緒 13 年(1887),由巡撫劉銘傳興建臺北至基隆的鐵路,光緒 19 年(1893)延長至新竹。甲午戰後,日人積極興建臺灣西部鐵路,光緒 34 年(1908)完成新竹經臺中至高雄線,計自基隆至高雄全長 404 公里。臺灣光復後,陸續修築支線,並在 1979 年完成西部幹線電氣化及北迴鐵路;1991 年南迴鐵路完工後,完成環島鐵路網2,400 多公里,營業里程 1,107.7 公里,設有 216 個車站(1997 年)。

(二)高速鐵路

為改善臺灣西部運輸品質,1999 年 7 月開工興建高速鐵路,北起臺北

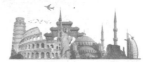

車站，南迄高雄左營站，全長 345 公里，於 2007 年 1 月 5 日全線通車，是臺灣第一個採取由民間興建、營運，並於特許營運期滿後，移轉給政府的民間興建營運後轉移模式的公共工程。特許期限自 1998 年起算，為期三十五年，交通部預計於 2030 年，接續營運之機構通知臺灣高鐵公司。

(三)都市捷運

捷運載客量較公路客運或汽車大，提供短程快速的旅客運輸服務，臺灣目前已營運的捷運系統有臺北捷運、高雄捷運及桃園捷運，臺中、臺南及新竹已在規劃階段。

(四)公路

清光緒元年（1875），沈葆禎任巡撫時，開闢臺灣北路、中路及南路三大通路，奠定公路建設基礎。甲午戰爭過後，日人為強化控制，首先以兵工修築公路，增建公路，但 1946 年 8 月二次大戰期間，成立臺灣省公路局，整修完成之公路達 7,000 公里。1978 年完成基隆至高雄段的中山國道高速公路，目前臺灣地區公路系統分為國道、省道、縣道、鄉道及專用公路等五類。

二、海運方面

臺灣進出口貿易係以海運為主，有四大國際港是主要門戶：高雄港、基隆港、臺中港與花蓮港，其中以高雄港的貨運進出口量最大，也是世界第十二大港口。

三、空運方面

臺灣的國際機場主要有桃園國際機場和高雄國際航空站等，近年臺北國際機場和臺中機場也有境外航線的營運。國內線機場則分布在大城市和離島地區。

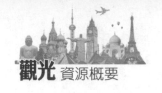

伍、社會

一、17世紀以前：南島語族的社會形式

17世紀以前，臺灣島民以南島語族各族群為主，所以社會形式取決於南島語族各族群的生活方式與部落組織等特性。其中以母系社會為主者：如阿美族、鄒族，以女兒繼承為原則，親族組織中女性占有重要地位；男子則依年齡分為若干級，老年級的男子方可參與部落公共事務。以長男繼承為原則者：如排灣族和魯凱族，屬於部落型態，部落社會以血緣關係為結合方式，對外較封閉。

社會組織之另一項重要特徵，即階層化。社會由貴族「頭目」與平民組成，貴族頭目為長嗣繼承的世襲制，魯凱族是一個內部制度嚴謹的部落社會，分為頭目、貴族、勇士、平民四個階級。階級為世襲制度，但可以因為婚姻關係而提升（或下降）。

二、17世紀以後：移民社會

自17世紀之後，漸漸的有外地人進入臺灣。如荷蘭人、西班牙人、日本人、漢人等等，特別是中國東南沿海地區的居民，移入拓墾後，臺灣也就由原來原住民族的社會，進入了多族群的移民社會。18世紀，清領臺灣，不鼓勵移民，漢人男女人口比例失衡（男多女少），社會雖富朝氣、有冒險犯難的精神，但祕密結盟盛行，族群關係複雜，「羅漢腳」（單身漢人）很多。因為平埔族為母姓社會，行招贅婚制，因此許多漢人移民入贅平埔家族，一方面解決成家的問題，一方面也可以獲得土地，達到拓墾目的，故當時臺灣有一句名言：「有唐山公，無唐山媽。」此時期的土地開發及進出口貿易及商業繁盛的地方，大多有「郊」的組織。漢人同鄉同族聚居一處，承襲故鄉語言、風俗及習慣，逢年過節祭拜祖先牌位，並在墓碑上註明大陸的祖籍，展現移民不忘故土，生要衣錦榮歸，死亦魂繫故里的鄉愁。

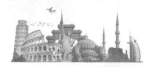

　　此外，漢移民為了求得心靈的慰藉，一方面透過廟宇，從事信仰活動和組織；另一方面，透過血緣關係，發展宗族組織。一般而言，臺灣漢人的宗族組織，大部分為「唐山祖」（中國大陸原鄉）為祭祀的中心。但是，也因為不同原鄉的漢人移民來臺，彼此之間因觀念、語言差異及生活與事業上的相互競爭，不斷發生衝突，因而民變和械鬥頻繁。

三、本土化社會的逐漸形成

　　在不同的時間，由不同地區先後到達臺灣的移民，經過衝突、融合，逐漸形成本土化社會。社會的特徵表現在移民本身對臺灣本土的認同感，不再以大陸祖籍為認同指標。譬如：「金門不認同安，臺灣不認唐山」，這句話可以說明移民的本土化過程。亦即在意識上由「唐山人」、「漳州人」、「泉州人」等概念轉變為「臺灣人」、「南部人」等等。

　　其次，在血緣意識及祖先崇拜的儀式上不再著重「落葉歸根」，或返唐山祭祖、掃墓等等，而逐漸肯定臺灣是自己的新故鄉，伴隨此趨勢者如：在臺灣建立新的祠堂和祭祀組織（開臺祖），於是鄭成功轉化為「開臺聖王」，湄州媽祖轉變為「開臺媽祖」，各家族也崇祀「開臺祖」，正是反映臺灣人的開拓性格，逐漸地從大陸的祖籍社會衍生出新地緣社會。

　　本土化過程在 19 世紀末已相當明顯，譬如 1895 年日本依馬關條約取得臺灣後，給臺灣住民兩年選擇國籍決定去留，結果至 1897 年只有6,456 人離開臺灣，顯然臺灣人已無法離開生養的土地。此外，日治時代以「臺灣」之名尋求自救，各運動及組織均冠以「臺灣」名稱。

四、新住民衝擊臺灣社會結構

　　臺灣的新住民族群係指 1990 年代以後，經過跨國通婚而移民來臺的新移民，或因其他原因而歸化為中華民國國籍者。根據內政部的統計約64 萬人，其中主要來自中國大陸，以及越南、印度尼西亞、泰國、菲律賓等東南亞國家；而外籍配偶中，新娘以中國大陸占最多、越南籍次之、

印尼籍居第三；新郎亦以中國大陸地區占最多、美國籍次之、日本籍居第三。

　　依成長速度推估，臺灣 2030 年時的 25 歲青壯年世代，將有 13.5% 為新住民子女，新住民可能會面臨的問題像是語言隔閡、飲食習慣、風俗文化、年齡差距、生活習慣、教養子女的態度等差異。研究指出，臺灣的外籍配偶因為語言文字的不同，導致無法協助子女的課業學習，與進行良好的親師溝通，常造成教育第二代的一大障礙。

陸、文化

　　臺灣原為南島語族文化圈的一部分。17 世紀初，漢人尚未大量移入前，曾被荷蘭人占據三十八年（1624 至 1662 年），接受歐洲文化影響。其後，漢人大量移入，發展出華南農漁業文化。19 世紀末，割讓給日本五十年（1895 至 1945 年）又融入大和文化；今日的臺灣社會，是上述歷史影響下的多元文化社會。現將各階段文化發展說明如下。

一、史前文化

　　自從 1896 年日本學者陸續發現臺北芝山岩遺址及圓山遺址以來，百年間，臺灣全境已發現 1,000 多處史前文化遺址。其空間分布，就海拔高度而言，從僅 1 公尺左右（例如古臺北湖畔的社子遺址），或 5 至 7 公尺（如十三行遺址），至 2,000 公尺者都有；就水平分布而言，北自新北市金山區，南到恆春半島鵝鑾鼻燈塔附近，都發現史前文化遺址。

　　臺灣大約在五萬年前進入舊石器時代晚期（長濱文化），其後歷經新石器時代的早期、中期和晚期，再經金屬器時代，其中以新石器文化（大坌坑文化、圓山文化和卑南文化）最重要。臺灣新石器時代的人類，已使用磨製、打製的石器、骨角器和陶器作為生產工具和日常用具，並且喜歡用玉器作為裝飾。這些文化除了本土的發展演化外，和華南及東南亞文化也有互動關係，因此史前時代臺灣原住民的族群眾多，文化複雜、社

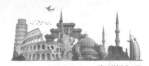

會組織型態互異。

二、南島語族文化

　　臺灣可能是南島語族發源地之一（這個理論目前尚在驗證中）。昔日，居住在平原的平埔族對亞、太地區南島語族發展上，可能曾經扮演過重要角色，而高山族較少與海外往來。從考古學、文化人類學、語言學的研究，可以推測臺灣原住民至少在六千年前就活躍於臺灣，並向外擴散遷徙。南島語族目前遍布整個印度洋及太平洋，西起馬達加斯加島，東至復活島，總人口約 2 億 5,000 萬，臺灣僅 40 餘萬，昔日與菲律賓群島的原住民來往較頻繁，由兩地語言的借字可以看出文化的關係。

　　臺灣平埔族漢化程度很深，幾乎隱沒不見；目前高山族中的阿美、卑南、泰雅、賽夏、布農、鄒、排灣、魯凱、達悟及邵族等文化特徵仍然明顯，其語言、物質文化、社會組織、祭典儀式等各方面都表現出多樣性，譬如紋身、缺齒、貫頭衣、腰機紡織、父子連名、親族外婚、老人政治、年齡分級、獵首、鳥占、靈魂崇拜、室內葬等，都與印度尼西亞古文化特質接近。

　　信仰方面普遍存在著「祖靈」信印，相信軀殼死亡的同時，靈魂可以永遠地獨立存在。族內的巫師可以降其旨意、命令，以為族人生活信條，而泰雅族「出草」獵人頭的習慣，在信仰的意義上，乃為透過儀式轉換的功能，經由靈魂崇拜的觀念，將被害者的生命「轉化」為守護其社群的靈能。「圖騰」方面，有以樹、箭竹、蛇、山貓、山羊、高山、大石、硫磺口、火山口等為崇拜對象，作為部族或氏族血統識別的標幟。

三、漢族文化

(一)閩南文化（福佬文化）

　　臺灣漢族則大多數是福建、廣東兩省的移民，其中，福建以漳、泉兩地移民約占 80%，因此閩南語（又稱為「福佬話」）為臺灣民間的主要

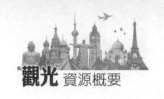

方言，被稱為「臺語」。閩南文化又稱為「河洛文化」、「福佬文化」。

　　清代漢人到臺灣後，往往是同鄉群居在同一村莊，常沿用原鄉名為地名，並建廟供奉共同信仰的神明，作為守護神廟，移民透過廟宇的祭祀活動，彼此結合成祭祀組織，廟宇就成為移民社會的信仰及活動中心。不同祖籍的移民，供奉不同的神明，如漳州移民供奉開漳聖王；泉州移民供奉保生大帝及觀音、媽祖。

(二)客家文化

　　一般而言，客家人原居中國北方（山西、河南、湖北），後因五胡亂華、宋朝南徙等歷史因素造成北人南遷，南方居民稱他們為客，於是就有了客家一詞出現。

　　臺灣客家人主要來自中國廣東潮州和梅縣，目前分布於桃、竹、苗地區，或者高雄、屏東、美濃等地。客家人適應力特別強，為了生活，可以四處為家，漂泊異地，早期的客家人保有傳統的客家精神──「勤儉」、「硬頸」、「念祖」、「團結」、「凝聚力強」。客家人較為保守，有強烈的「我群」意識，珍惜文字、尊重有知識的讀書人，比較重視教育成就。

　　客家山歌具有獨特的藝術風格與鮮明的地方色彩，在體裁上，分為傳統山歌、道情、敘事與新的山歌。臺灣的客家山歌歌詞，一般為七字一句、四字一句。從歌的種類來看，大致分為過山調（歷史悠久）、山歌仔（即興創作）、平板調三種。客家人的祖先崇拜，是奉祀在公廳或宗祠。客家族群祭拜的神祇以義民爺、三山國王為代表，臺灣各地只要有客家人開墾的地方，就會有三山國王廟。

柒、區域特色

　　臺灣以中央山脈分為東、西兩部分，西部又因為地理環境和發展特徵的差異，被劃分成北部、中部、南部區域，再加上金門、馬祖列嶼可區

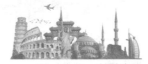

分為總共五個區域。

一、北部區域

　　北部區域包括臺北市、新北市、基隆市、桃園縣、新竹縣市及宜蘭縣市。產業結構多以二、三級產業為主，臺北地區在政治、文化、經濟等各方面都居臺灣重要地位；桃園縣鄰近臺北大都會區，是國際機場所在地，生活機能完善，吸引大量人口移入；新竹縣市的新竹科學工業園區是帶動臺灣高科技產業的火車頭。宜蘭縣雖因雪山山脈的阻隔，工商業發展不如本區其他縣市，但在蔣渭水高速公路通車之後，縮短了宜蘭與大臺北地區之間的交通時間，因此帶動了地方產業。

二、中部區域

　　中部區域包括苗栗縣、臺中市、彰化縣、南投縣及雲林縣，大安溪、大甲溪、大肚溪與濁水溪流貫期間，地形及氣候有利農業發展。彰化縣及雲林縣境內的平原，是全臺最大的花卉、蔬菜生產區；彰化濱海工業區、雲林離島式基礎工業區（台塑六輕麥寮石化工業園區）也為中部的工業發展帶來生機。

三、南部區域

　　南部區域包括嘉義縣市、臺南市、高雄市、屏東縣及澎湖縣。為了解決乾季用水問題，區內的廣大平原透過埤塘、圳溝、水庫等灌溉設施，以發展稻作農業；而南部區域的沙洲、潟湖海岸，早期多開闢為稻田、鹽田以及養殖漁業，由於產業的轉型，現今以工業用地、觀光休閒作為其主要的發展重點。

四、東部區域

　　包括花蓮縣及臺東縣。由於地形阻隔，本區原住民人數比例較其他區域高，花蓮縣利用原料優勢，發展水泥工業與大理石工業，臺東縣的稻

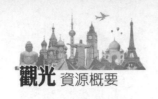

作如池上米和關山米，則以水源無污染為號召。

五、金馬地區

　　金門、馬祖兩列嶼的行政區分屬金門縣和連江縣，金門位於廈門灣口，以種植高粱、花生為主，與中國的廈門、泉州有小三通往來。馬祖位於閩江口外，島上多風少雨，不適農業發展，居民多以漁業維生。傳統古厝與戰地遺蹟是臺灣離島中最具歷史特色的代表，馬祖北竿鄉芹壁村居民為阻擋海風，利用花崗岩興建屋舍，是馬祖極具特色的傳統建築；金門則以風獅爺作為村落守護神，鎮風止煞。

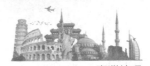

課後練習

( ) 1. 臺灣五大地形中，最適合發展茶葉種植的是哪一種地形？　(A) 丘陵　(B) 台地　(C) 盆地　(D) 平原。

( ) 2. 臺灣唯一的火山地質景觀的國家公園　(A) 陽明山　(B) 太魯閣　(C) 墾丁　(D) 金門　國家公園。

( ) 3. 臺灣盆地中，面積最大者為何者？　(A) 臺北盆地　(B) 臺中盆地　(C) 埔里盆地　(D) 魚池盆地。

( ) 4. 海岸基線向外延伸 12 浬間的海域稱為：　(A) 大陸棚　(B) 經濟海域　(C) 領海　(D) 公海。

( ) 5. 臺灣的中央山脈北段與雪山山脈所夾的是哪一地形區？　(A) 臺北盆地　(B) 臺中盆地　(C) 宜蘭平原　(D) 臺東縱谷平原。

( ) 6. 臺灣五大山脈形成的主因為何？　(A) 河川切割　(B) 地殼擠壓抬升　(C) 火山作用形成　(D) 斷層作用隆起。

( ) 7. 臺灣島以下列哪一種地形所占的比例最高？　(A) 平原　(B) 丘陵　(C) 盆地　(D) 山地。

( ) 8. 下列何者為臺灣最大的平原？　(A) 宜蘭平原　(B) 嘉南平原　(C) 屏東平原　(D) 臺東縱谷平原。

( ) 9. 臺灣降雨各地分布不均，最主要的影響因素是？　(A) 地形及季風　(B) 緯度及季風　(C) 洋流及緯度　(D) 地形及緯度。

( ) 10. 臺灣沿海盛行養殖漁業，尤其以哪一地區的沿海最盛？　(A) 西南部　(B) 東北部　(C) 西北部　(D) 東南部。

( ) 11. 蘭嶼是屬於哪一種地質的島嶼？　(A) 珊瑚礁島　(B) 玄武岩島　(C) 安山岩島　(D) 大陸島。

( ) 12. 為縮短臺北與宜蘭間行車距離而興建的北宜公路，切穿下列哪一座山脈？　(A) 玉山山脈　(B) 中央山脈　(C) 海岸山脈　(D) 雪山山脈。

---

1. A　2. A　3. B　4. C　5. C　6. B　7. D　8. B　9. A　10. A　11. C　12. D

( ) 13. 臺灣東部太平洋岸是屬於哪一類型的海岸？ (A) 珊瑚礁海岸 (B) 平直沙岸 (C) 曲折岩岸 (D) 斷層崖海岸。

( ) 14. 臺灣的宜蘭和基隆一帶，冬雨連綿，是受何種季風的影響？ (A) 西北季風 (B) 東南季風 (C) 西南季風 (D) 東北季風。

( ) 15. 臺灣島嶼範圍的四個極點中，最東端的島嶼點為何？ (A) 鼻頭角 (B) 赤尾嶼 (C) 黃尾嶼 (D) 三貂角。

( ) 16. 請問鐵路集集支線的終點為何？ (A) 車埕 (B) 二水 (C) 集集 (D) 水里。

( ) 17. 有關珊瑚礁的描述，下列何者較不適當？ (A) 它們是由成千上萬個由碳酸鈣組成的珊瑚蟲的骨骼，在數百年乃至數千年的生長過程中形成的 (B) 珊瑚礁是由石珊瑚目的珊瑚蟲的骨骼組成的，這些骨骼的主要成分是碳酸鈣 (C) 大多數石珊瑚必須在大洋的透光層中生長，珊瑚內部共生的單細胞的蟲黃藻能夠進行光合作用 (D) 珊瑚礁是石珊瑚目的動物形成的一種結構，一般只生長在淺海的環境。

( ) 18. 臺灣的五大地形中，不包括下列哪一種地形？ (A) 丘陵 (B) 高原 (C) 高山 (D) 盆地。

( ) 19. 人口成長率＝ (A) 出生率－死亡率 (B) 移出率－移入率 (C) 自然增加率 (D) 自然增加率＋社會增加率。

( ) 20. 臺灣俗諺「要住草仔厝，阿是樓仔厝，攏要看烏金」。所謂「烏金」是指哪種特有的產物？ (A) 冬季烏魚 (B) 苗栗的樟腦 (C) 嘉南平原的黑糖 (D) 北部山區的煤礦。

( ) 21. 埤塘是桃園台地最大的地形特色，除了灌溉、養殖、觀光等各種功能外，也是重要的溼地之一，下列何者是在埤塘中發現的臺灣特有種生物？ (A) 臺灣水韭 (B) 臺灣萍蓬草 (C) 臺灣睡蓮 (D) 臺灣筋骨草。

( ) 22. 下列哪一項地理背景，形成蘭陽平原具有封閉性及農業性的特色？ (A) 土壤及水利的差異 (B) 居民種族不同 (C) 地形阻隔 (D) 氣候溼冷。

13. D　14. D　15. B　16. B　17. D　18. B　19. D　20. A　21. B　22.C

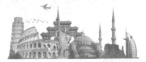

(　) 23. 清同治 10 年，陳培桂在《淡水廳志》的〈風俗篇〉中記錄「5、6 月間，盛暑鬱積，東南雲蒸，雷聞震厲，滂沱立至，謂之西北雨，此雨不久便晴」，文中所指的是哪一種降水的類型？　(A) 對流雨　(B) 氣旋雨　(C) 颱風雨　(D) 地形雨。

(　) 24. 臺灣地層下陷最嚴重的地區為：　(A) 嘉義　(B) 雲林　(C) 彰化　(D) 臺南。

(　) 25. 近年來以蓮子宴出名的南部鄉鎮意指何處？　(A) 臺南市玉井區　(B) 嘉義縣大埔鄉　(C) 臺南市冬山區　(D) 臺南市白河區。

(　) 26. 下列針對臺灣於國際上的經濟地位，哪一項敘述錯誤？ (A) 是世界貿易組織（WTO）會員國　(B) 是經濟合作與發展組織（經合組織）會員國　(C) 是亞太經合會（APEC）的成員　(D) 是亞洲開發銀行成員。

(　) 27. 日月潭是我國著名的風景地區，其水力發電主要靠哪條溪流的河水？ (A) 曾文溪　(B) 濁水溪　(C) 大肚溪　(D) 大甲溪。

(　) 28. 下列何者是中國大陸距離基隆最近的對岸都市？　(A) 福州　(B) 廈門 (C) 溫州　(D) 泉州。

(　) 29. 東北季風受臺灣山脈阻隔而造成西部平原地區雨水較少，形成冬季雨量分布有明顯的空間差異性，請問主要由下列哪座山脈阻隔所造成？ (A) 中央山脈及玉山山脈　(B) 中央山脈及雪山山脈　(C) 雪山山脈及玉山山脈　(D) 中央山脈及海岸山脈。

(　) 30. 下列臺灣所屬的島嶼與特色的配對何者正確？　(A) 東沙群島——島上豎有「南海屏障」國碑，並設有機場、氣象台、衛星追蹤站等設施 (B) 中沙群島——「固若金湯，雄鎮海門」　(C) 西沙群島——大多數的島嶼為隱沒在海底的珊瑚礁，是海上航行的危險海域之一　(D) 南沙群島——為歐亞海運的要衝，主管縣市為屏東縣。

(　) 31. 臺灣南北縱長 394 公里，其中北回歸線通過下列哪　個縣市？　(A) 臺中市　(B) 彰化縣　(C) 雲林縣　(D) 嘉義縣。

23. A　24. B　25. D　26. B　27. B　28. A　29. B　30. A　31. D

( ) 32. 臺灣的諸多港口中,基隆港是何種地形改建而成的天然良港? (A)潟湖 (B)谷灣 (C)峽灣 (D)三角江。

( ) 33. 臺灣的珊瑚礁地形主要的生長條件與下列哪一個選項最接近? (A)全年日照充足溫暖、水域潔淨 (B)熱帶氣候區 (C)有潮流經過的區域 (D)沒有太多的限制,都可以生長。

( ) 34. 下列哪一處觀光景點是以廢棄礦坑、老屋與聚落聞名? (A)金山 (B)集集 (C)平溪 (D)九份。

( ) 35. 臺灣西部北門到七股間,除了魚塭外,最常見的海岸景觀是? (A)蔗田 (B)鹽田 (C)稻田 (D)茶園。

( ) 36. 陽明山的「牛奶湖」、「硫氣孔」等特殊地形的形成,皆與何種自然作用有關? (A)河流作用 (B)冰河作用 (C)火山作用 (D)斷層作用。

( ) 37. 2016年2月6日發生的臺南大地震是臺灣自1999年集集大地震以來最大的震災,其震央為: (A)美濃 (B)白河 (C)永康 (D)旗山。

( ) 38. 下列哪一個不屬於客家小鎮? (A)美濃 (B)關西 (C)北埔 (D)白河。

( ) 39. 臺灣周圍的島嶼中,哪一個是屬於珊瑚礁島? (A)太平島 (B)龜山島 (C)綠島 (D)釣魚台列嶼。

( ) 40. 下列臺灣的主要河流與特色的配對何者正確? (A)濁水溪——臺中市與彰化縣的界河 (B)淡水河——流量最為穩定,是早期臺灣唯一有航運價值的河流 (C)高屏溪——建有曾文水庫,是南臺灣地區重要的供水來源 (D)秀姑巒溪——水量大,切穿中央山脈形成太魯閣峽谷。

( ) 41. 下列氣象諺語與說明的配對何者正確? (A)六月十九,無風水也吼——指過了端午節後開始進入夏季,可以將保暖衣物收置在衣櫃中 (B)未吃五月粽,破裘不敢放——指夏天氣候多變,時有午後雷陣雨 (C)春天後母面——指臺灣的春季初期氣溫低,十分寒冷 (D)西北

---

32. B　33. A　34. D　35. B　36. C　37. A　38. D　39. A　40. B　41. D

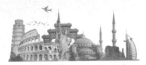

雨，落不過田埂——形容夏天午後對流雨的降雨地區不大以及時間不長。

( ) 42. 下列哪些地區是臺灣主要的日照鹽場，有鹽分地帶之稱？ (A) 布袋、北門、七股 (B) 白河、鹽水、茄苳 (C) 麥寮、台西、口湖 (D) 枋寮、佳冬、東港。

( ) 43. 在沿海地區，若當地的地層走向與海岸垂直，再加上海水的差異侵蝕，將致使下列哪一種地形特別發達？ (A) 沙洲地形 (B) 岬灣地形 (C) 潟湖地形 (D) 海階地形。

( ) 44. 福佬文化是指 (A) 閩南文化 (B) 客家文化 (C) 原住民文化 (D) 唐山文化。

( ) 45. 臺灣下列哪個地方具沖積扇地形？ (A) 蘭陽溪中上游 (B) 東北角海岸 (C) 出礦坑背斜 (D) 小琉球。

( ) 46. 安通是臺灣哪一個地理區內著名的溫泉聖地？ (A) 花東縱谷 (B) 屏東平原 (C) 臺中盆地 (D) 桃園台地。

( ) 47. 臺灣島的形成，是受到哪兩個板塊的碰撞而成的？ (A) 歐亞大陸板塊與印度板塊 (B) 歐亞大陸板塊與菲律賓海板塊 (C) 印度板塊與菲律賓海板塊 (D) 歐亞大陸板塊與美洲板塊。

( ) 48. 澎湖群島四周環海，雨量卻不多，主要的原因是 (A) 地勢平坦 (B) 氣溫較高 (C) 距大陸較近 (D) 無季風影響。

( ) 49. 台塑公司在雲林縣麥寮鄉興建以石化工業為主的「離島基礎工業區」，其主要興建在何種海岸地形上面？ (A) 谷灣 (B) 潟湖 (C) 沙頸岬 (D) 峽灣。

( ) 50. 臺灣的泥岩地區最常見的水系是下列哪一種？ (A) 辮狀水系 (B) 格子狀水系 (C) 放射狀水系 (D) 羽毛狀水系。

---

42. A 43. B 44. A 45. A 46. A 47. B 48. A 49. B 50. D

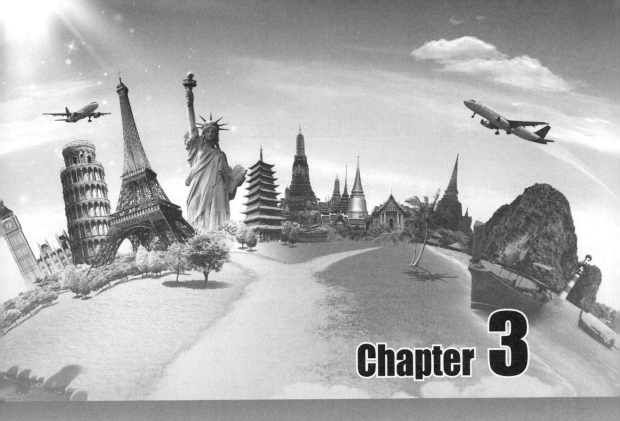

Chapter 3

世界歷史

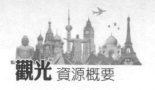
 第一節　中國歷史暨臺灣歷史

中國與臺灣歷史大事年表

朝代			時間	君主	重要大事	文化軍事	社會經濟	歷史意義
史前時代	傳說時代	舊石器	初期	約180萬年前	巫山人	1. 已知用火 2. 以狩獵、採集維生 3. 使用打製的石器		大約符合傳說中的有巢氏、燧人氏時代
				約170萬年前	元謀人			
				約80至60萬年前	藍田人			
				約50萬年前	北京人			
			中期	約10萬年前	馬壩人丁村人			
			晚期	不詳	河套人（寧夏）	1. 骨針代表有縫紉能力 2. 項鍊、石珠代表有審美觀念	1. 陪葬品代表有原始宗教的信仰 2. 聚居代表有初步的社會組織	
				約3至2萬年前	左鎮人（臺灣最早）			
				約18000年前	山頂洞人			
		新石器	前期	5000-3000B.C.	仰韶文化（彩陶）	1. 文字：半坡文化及大汶口文化的陶文為先驅 2. 建築：半穴居式 3. 磨製石器	1. 農業：種粟、稷 2. 陶器：彩繪紋飾	1. 大約符合傳說中的伏羲氏、神農氏時代 2. 普遍存在文明的標誌：農業、文字（或城市、青銅器） 3. 中國文化起源是分區發展的，不是外來文化 4. 堯舜禪讓制度：部落共主指的是由部落領袖（「四岳」）推選
					河姆渡文化	1. 建築：干欄式 2. 磨製石器	1. 農業：種水稻 2. 陶器：彩繪紋飾	
			後期	3000-2000B.C	約符合傳說中黃帝、堯、舜在位時間	龍山文化（黑陶）	1. 建築：用夯土做圍牆 2. 磨製石器 3. 相傳黃帝（「五帝」之始）時期有許多文物創作（如倉頡造字，實為整理文字）	1. 農業：小米文化 2. 陶器：輪製法蛋殼黑陶 3. 黃帝、炎帝、蚩尤之戰爭，反映出原始氏族逐漸解體進入部落聯盟，且初期國家型態逐漸形成	
	夏			2183B.C.	禹	1. 治平洪水 2. 平定九黎、三苗（外患） 3. 大會諸侯於塗山	1. 建築技術代表：二里頭宮殿（夏代晚期或早商都城） 2. 文化：二里頭文化類型文化 3. 曆法：夏曆（又稱陰曆、農曆）	禮器：青銅器、玉器代表社會分工和專業程度高，為國家統治象徵	1. 建立中國史上第一個王朝 2. 權力超過共主地位，是具相當權威的國王 3. 宮殿基址顯示古代國家舉行重大活動的功能

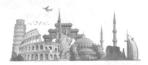

朝代	時間	君主	重要大事	文化軍事	社會經濟	歷史意義
		啟	1.造成伯益組東夷軍隊反抗 2.同姓邦國有滬氏不服，敗之於甘			1.開始「家天下」之局 2.從部落聯盟轉化為國家的重要過程
		太康	有窮氏的后羿取代為共主			同姓之族與異姓之族均發生爭奪共主之戰
		少康	在有虞氏協助下中興			
	1751B.C.	桀	為商湯所滅			
商	1751B.C.	湯	由伊尹輔佐滅夏，即位於亳	1.文字：有「金文」、「甲骨文」（多為占卜少數記事，有以毛筆書寫者）兩種 2.農業：喜以黑黍釀酒 3.工藝：青銅器（「司母戊鼎」最大）、陶器、玉器 4.天文曆法：天干地支記日	1.國家機構：國王、職官、軍隊、刑法、封建 2.王位繼承：兄終弟及、父死子繼 3.信仰：分為天神、地祇、人鬼三類	1.「三代」為同時並立的列國，考古學上稱為「青銅器時代」 2.信史開始
		太甲	曾被伊尹放逐			
		盤庚	遷都於殷，之後不再遷都。商朝以此分前後期			
		武丁	後期名主，婦好為其王妃			
	1111B.C.	紂王	發動征伐人方的戰爭			
西周	1111B.C.	武王	1.牧野之戰滅商 2.行第一次封建	周公制禮作樂：「禮不下庶人，刑不上大夫。」	1.封建制度：天子→諸侯→卿大夫→士→庶人→奴隸 2.宗法制度：分大宗、小宗。以嫡長子繼承 3.井田制度：公田與私田	1.商亡周興是因周人產生精神自覺（「天命靡常」、「憂患意識」） 2.周人東進為有計畫的武裝殖民政策
		成王	1.三監之亂 2.周公東征 3.行第二次封建 4.建東都			
	770B.C.	幽王	因犬戎之禍（事）亡國			

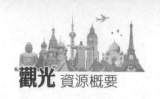

朝代		時間	君主		重要大事	文化軍事	社會經濟	歷史意義
東周	春秋	770B.C. 481B.C.	平王		1. 東遷雒邑 2. 周鄭交質	1. 諸子百家爭鳴（九流十家） 2. 春秋末年發明生鐵冶煉技術 3. 戰國中期以後鐵製農具普遍使用 4. 手工業專門著作：《周禮考工記》 5. 戰國以來各國開始改變傳統作戰方式（步兵和二輪戰車戰法） 6. 戰國中期以後，匈奴（外患）逐漸強大，燕、趙、秦等國在北方修築長城	1. 封建解體：貴族沒落，平民崛起，形成「布衣卿相」局面 2. 土地私有制度形成 3. 工商業發達：主要工業為煮鹽、紡織、冶鐵 4. 貨幣流通：有刀錢、布錢、圓錢、爰金等 5. 都市興起 6. 出現許多經商致富的商人	1.「華夏意識」興起 2. 尊王攘夷：齊桓公、晉文公 3. 學術思想的黃金時代 4. 長江下游國家於春秋末年加入爭霸
			桓王		繻葛之戰			
			春秋五霸	齊桓公	1. 以管仲為相 2. 葵丘會盟			
				晉文公	敗楚退狄			
				句踐	臥薪嚐膽滅吳			
	戰國	481B.C. 221B.C.	戰國七雄	魏文侯	1. 李悝變法 2. 西門豹治鄴			1. 重要外交政策：合縱、連橫、遠交近攻 2. 春秋時代政治重心為諸侯；戰國時代政治重心為卿大夫 3. 中央集權制為戰國時代各國基本型態
				韓昭侯	申不害改革			
				秦孝公	商鞅變法			
				趙武靈王	推動「胡服騎射」變革			
				秦王政	1. 建鄭國渠 2. 滅周（206B.C.） 3. 滅六國			
秦		221B.C. 206B.C.	始皇帝		1. 皇帝制度出現 2. 地方實施郡縣制（李斯建議） 3. 中央實行三公九卿制 4. 將越南北部納入版圖	1. 文物制度統一 2. 焚書坑儒（李斯建議）		1. 秦代是中國第一個大一統帝國 2. 道尊於勢改為勢尊於道
西漢		206B.C.	高祖		1. 政治上採封建郡縣並行制 2. 命叔孫通定朝儀	與匈奴間實施和親政策	漢代選拔人才採察舉制度	高祖為第一位出身平民的皇帝
			惠帝		1. 自呂后開始，外戚漸得勢 2. 冒頓單于依胡俗遣使向呂后求婚			
			文帝		採賈誼的建議「眾建諸侯少其力」			以道家治術治國，史稱「文景之治」
			景帝		採晁錯的建議削奪諸侯封地	引起「七國之亂」，被太尉周亞夫平定		

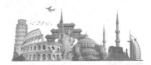

朝代	時間	君主	重要大事	文化軍事	社會經濟	歷史意義
		武帝	1. 施行「推恩」、「眾建」 2. 形成「內朝」（相權被侵） 3. 推行財政改革	1. 罷黜百家，獨尊儒術 2. 伐匈奴、平南越、定朝鮮，命張騫出使西域 3. 司馬遷著《史記》	1.「絲路」開通，促進東西文化經濟交流 2. 士族階級逐漸形成	1. 經學成為學術主流 2. 首先在邊地安置胡人 3. 首創使用年號建元
		昭宣二帝	由外戚霍光輔政			
		成帝	1. 尚書實權超越宰相 2. 令王昭君從胡俗嫁給繼子復株絫			
漢	8A.D.	哀帝			佛教從大月氏傳入中國	
		孺子嬰	王莽篡位			
新	8-25 A.D.	王莽	推行一連串改革		土地制度為「王田制」	首位以外戚身分篡位者
東 漢	25 A.D.	光武帝	1. 表彰氣節 2. 倭奴國朝貢，獲金印 3. 匈奴分裂	1. 北匈奴西逃，間接促成日耳曼民族大遷徙（事），造成西羅馬帝國滅亡 2. 中國北方漸形成「五胡」 3. 尚書令成為實際掌權者，地位如西漢的丞相 4. 曹操採屯田政策，解決軍糧問題，統一北方	1. 東漢末年道教（又稱五斗米道）由張陵創立 2. 東漢末年「太平道」由張角創立，後演變成「黃巾之亂」	1. 興建中國最早佛寺 2. 出現中國第一部斷代史
		明帝	1. 派蔡愔到大月氏抄佛經 2. 班固著《漢書》 3. 派班超經營西域			
		和帝	1. 竇憲大破北匈奴 2. 蔡倫造紙			外戚宦官循環鬥爭開始
		桓帝	黨錮之禍起			知識分子的清議
		靈帝	黃巾之亂起（民變）			形成地方群雄割據局面
		獻帝	1. 先後遭董卓、曹操挾持 2. 官渡之戰，曹操統一北方 3. 赤壁之戰，曹操戰敗			
	220A.D.					

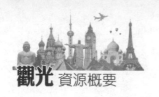
朝代		時間	君主	重要大事	文化軍事	社會經濟	歷史意義
三國	魏	220A.D.	文帝	採納陳群建議，實施「九品官人法」（選任官吏之法）	1. 代表性文體：駢體文；代表人物：曹植 2.「三玄」指《老子》、《莊子》、《易經》三書 3. 竹林七賢 4. 五言詩：代表人物：陶潛 5. 書法：王羲之、王獻之 6. 人物畫：顧愷之 7. 魏晉南北朝時，波斯重裝騎兵傳入。繅絲術傳至西亞	1. 首位出家為僧者是文帝時的朱士行（第一位到西域取得佛經原本的僧侶） 2. 社會結構：士人（士族、庶族）→平民→依附人（部曲、衣食客、佃戶、蔭戶）→奴隸 3. 士族對食衣住行頗講究 4. 曹魏時，馬鈞發明「翻車」（又稱龍骨水車），又改良織布機 5.「兩胡一枷」	1. 假禪讓之名，行篡位之實 2. 造成「上品無寒門，下品無世族」
		265A.D.	明帝	1. 何晏、王弼開啟清談風氣 2. 封日本女王為「親魏倭王」			
	蜀		昭烈帝	以諸葛亮為丞相			三國時代疆域最小、最早滅亡的國家
	吳		大帝				最早以今南京為首都的國家
西晉		265A.D.	武帝	1. 滅吳（國）統一中國 2. 大封宗族為王			統一自東漢末年以來的分裂局面
			惠帝	1. 賈后弄權，引起「八王之亂」 2.「五胡亂華」開始			再度因封建引起骨肉相殘悲劇
		316A.D.	懷帝	1.「五胡十六國」開始 2. 因「永嘉之禍」亡國			再度因外族（匈奴）入侵而亡國
東晉		316A.D.	元帝	以王導為相及王敦擁兵翼戴，偏安江南		1. 北方漢人士族稱「郡姓」。又分為「山東郡姓」、「關中郡姓」 2. 南方士族分為「吳姓」、「僑姓」 3. 葛洪著《抱朴子》，提倡養生之術，確立道教神學理論體系 4. 北方佛教界領袖：鳩摩羅什 5. 首位入天竺求佛法：法顯	1. 東晉與五胡十六國南北分立局面形成 2. 北方漢人士族大量建立塢堡以自衛 3. 東晉南朝屢下「土斷」之令，整理戶籍，使課稅公平
		420A.D.	孝武帝	「肥水之戰」（外患），宰相謝安力持鎮定（東山再起）	前秦苻堅由王猛輔佐統一北方		

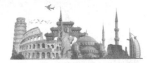

朝代	時間	君主	重要大事	文化軍事	社會經濟	歷史意義
南北朝	420 A.D.	宋武帝	定都建康	1. 學術主流：玄學，至南朝達於鼎盛 2. 史上曾新築或修繕長城的朝代：秦、漢、北齊、北魏、隋、明	1. 南方佛教界領袖：慧遠 2. 集南北朝道教大成者：陶弘景，編造道教神仙譜系	南方士族與寒門勢立消長的關鍵時期開始
		魏太武帝	1. 統一北方 2. 用崔浩創制北魏朝儀		1. 北魏太武帝排佛 2. 寇謙之創制道教經典儀式，道教一度成為北魏國教	「五胡十六國」結束，南北朝正式開始
		齊武帝 魏孝文帝	1. 遷都洛陽 2. 建洛陽龍門石刻	魏孝文帝實施漢化政策	1. 土地政策推行均田制 2. 北方胡人大姓稱為「國姓」	
		梁武帝	1. 發生侯景之亂（內亂） 2. 北魏分裂為東魏、西魏	西魏的宇文泰採蘇綽的建議，建立關中地區的正統文化地位	士族門閥遭殺掠	東魏為北齊所取代
		陳武帝	篡梁			西魏為北周所取代
	581 A.D.	陳宣帝 北周武帝	北周滅北齊	北周武帝統一北方	北周武帝排佛	
隋	581A.D	文帝	1. 滅陳（國），統一全國 2. 中央實行三省六部制	採離間政策，使突厥分裂為東西二部	1. 開廣通渠 2. 開始實施科舉制度取才 3. 朝鮮名僧圓光留居長安四十年	1. 以外戚身分篡位 2. 隋唐盛世時，中國文化圈（又稱漢字文化圈）形成
	618A.D.	煬帝	日本推古大皇開始派「遣隋使」到中國	三次親征高麗	1. 修長城、開運河 2. 魏晉至隋唐，農業生產力復甦（農具、耕作技術）	
唐	618A.D.	高祖	自太原起兵稱帝建國	唐代，西域文化（物種、樂器、飲食、科技、藝術、宗教、日常生活）輸入中土達於高峰	1. 唐朝租稅制度為租庸調制，田制為均田制 2. 唐代官、私營手工業規模較大者：紡織業、陶瓷業	

朝代	時間	君主	重要大事	文化軍事	社會經濟	歷史意義
唐		太宗	1. 盛世為「貞觀之治」，魏徵為著名諫諍大臣 2. 日本開始推動名為「大化革新」的唐化運動 3. 文成公主嫁入吐蕃和親	1. 派李靖滅東突厥（族）得「天可汗」尊號 2. 親征高麗失敗	1. 鑒真和尚至日本傳佛教，創日本律宗（教派） 2. 玄奘至天竺取經 3. 重行刊定氏族志，意圖建立新士族集團	1. 開始成為東亞盟主 2. 進出口貿易興盛 3. 佛教中國化 4. 學校教育與孔廟結合，稱為「廟學」
		高宗		1. 派蘇定方征服西突厥（族） 2. 平高麗，設安東都護府，再度將其北部納入版圖，最後新羅（國）統一朝鮮半島（君子國）	1. 唐代最早在廣州設「市舶司」，管理外商 2. 隋唐時代，長安、洛陽的商業區稱為「市」，住宅區稱為「坊」。官府設「公廨本錢」貸款取利息	大食帝國在中亞興起
周		武后	1. 在位十六年 2. 政事堂由門下省移往中書省	進士科加考詩賦、雜文，科舉制度至此大備		中國唯一女后稱帝者
		玄宗	1. 以姚崇為相，開創盛世：「開元之治」 2. 發生「安史之亂」（內亂）	1. 發生「怛羅斯之役」，在中亞勢力受阻（高仙芝） 2. 造紙術西傳 3. 雲南地區南詔（國）建國	安史之亂（事）前是北方水利復興期	東亞霸業結束
唐		代宗	1. 郭子儀平安史之亂 2. 設樞密使，掌承受表奏			朝中宦官專權，地方藩鎮割據開始
		德宗			賦稅制度改採楊炎創立的兩稅法	部曲解放，佃戶興起
		憲宗		1. 韓愈提出「道統」觀念，希望恢復師道尊嚴 2. 李翱著《復性書》，開宋代理學先河	唐代後期出現「邸店」、「飛錢」等服務性機構與制度。夜市出現	
		穆宗	牛李黨爭			朝中大臣的意氣之爭
		武宗			滅佛	佛教史上有「三武之禍」
	907A.D.	僖宗	發生黃巢之亂（民變）		唐末五代，南方紡織業超越北方	譜牒散佚，門第觀念不存，社會階級消融

朝代	時間	君主	重要大事	文化軍事	社會經濟	歷史意義
五代十國	907A.D.	梁	朱全忠篡唐，定都開封	契丹（族）建國（耶律阿保機），號遼	五代以降的佛學主流是禪宗（派）	最早以開封為首都
		唐	沙陀人李存勗入主中原			
		晉	石敬瑭自稱「兒皇帝」，割讓燕雲十六州			
		漢				國史上國祚最短的朝代
	960A.D.	周				
北宋	960A.D.	太祖	1.「陳橋兵變」，黃袍加身 2.「杯酒釋兵權」集權中央 3.軍政歸樞密院，財政歸三司總轄	1.理學開山祖：周敦頤 2.北宋五子 3.理學三階段： (1)胡瑗、孫復、石介 (2)周敦頤、張載 (3)程顥、程頤、朱熹 4.說唱藝術種類繁多 5.戲劇：分「雜劇」和「南戲」兩種 6.風俗畫代表作：張擇端的「清明上河圖」	1.產生許多新興商業區 2.海外貿易發達 3.商業技術創新： (1)營業方式：「包買」、「賒賣」 (2)商業組織：合夥制度 (3)宣傳手法：「商標」 (4)會計制度：出現商用數字 4.綜合性商業娛樂中心：「瓦子」出現 5.城隍成為城市的守護神	1.中國在宋代經歷一次「商業革命」 2.航海技術進步，掌握海權長達五百年 3.學術主流：理學（又稱為「新儒學」） 4.取消唐代的「坊市制度」 5.庶民文化勃興
		太宗	統一全國			
		真宗	篤信道教	與遼國訂「澶淵之盟」	四川商人發行「交子」	世界史上首度發行紙幣
		仁宗	范仲淹改革時政	1.党項（族）建國，號夏 2.畢昇發明活字印刷術	范仲淹設「義莊」	出現「重文輕武」、「內重外輕」的流弊
		神宗	王安石變法，失敗後出現新舊黨爭		呂大鈞創「鄉約」	
		徽宗	書法號稱「瘦金體」	女真（族）建國（完顏阿骨打），號金	指南針應用於航海上	
	1127A.D.	欽宗	因「靖康之禍」（女真族入侵）而亡國			

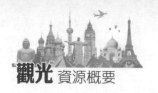
朝代	時間	君主	重要大事	文化軍事	社會經濟	歷史意義
南 宋	1127A.D. 1279A.D.	高宗	定都臨安 （今杭州）	1.抗金名將：岳飛 、韓世忠 2.紹興和議，宋金 停戰 3.集理學大成者： 朱熹，完成《四 書集注》	朱熹辦「社倉」	
		寧宗		1.鐵木真統一蒙古 ，號「成吉思汗」 2.蒙古第一次西征 ，滅花剌子模國		蒙古西征促進東西 文化交流。火藥西 傳
		理宗		1.蒙古先後滅西夏 、金 2.蒙古第二、三次 西征 3.忽必烈（元世祖 ）稱帝		馬可波羅於元世祖 稱帝後到中國，其 遊記日後影響西方 甚鉅
元	1279A.D. 1368A.D.	世祖	1.陸秀夫投海、文 天祥殉國 2.開通大運河	伐日本（國）失敗	實行種族歧視政策 ，將人民分四等	1.第一個統一中國 之邊疆民族 2.印刷術輾轉由西 域西傳
		順帝	1.於澎湖設巡檢司 2.各地起兵反元， 朱元璋提出民族 革命口號			
明	1368A.D. 1644A.D.	太祖	1.實施海禁政策， 海上貿易僅剩官 方掌控的「朝貢 貿易」 2.廢除丞相制度 3.設置錦衣衛刺探 臣民		東南沿海各省走私 貿易昌盛	確立君主集權制
		惠帝	「靖難」之役，骨 肉相殘			
		成祖	1.遷都北京 2.鄭和下西洋 3.開始重用宦官， 設置東廠			「朝貢貿易」達於 頂點
		英宗	「內閣」成為常設 機構			

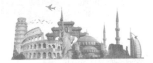

朝代	時間	君主	重要大事	文化軍事	社會經濟	歷史意義
明		世宗	1. 倭寇為患東南沿海 2. 葡萄牙人入據澳門	傳教士沙勿略最早抵達東方，但未進入中國	國內商業昌盛，具體表現在： 1. 區域分工形成：「湖廣熟，天下足」 2. 江南市鎮勃興 3. 白銀大量流通 4. 商人集團活躍：「商幫」興起（以徽州、山西等十大最有名，奉拜共同鄉土神）；建立「會館」；發展「聯號制度」，另有「學徒制」、「經理制」、「股份制」等配套措施	中國崁入世界市場
		神宗	1. 張居正改革 2. 東林黨爭 3. 反教：「南京教案」 4. 英國設東印度公司作為對亞洲貿易的中介	1. 努爾哈赤起兵，建國號為後金 2. 傳教士利瑪竇到廣東，獻萬國輿圖介紹地理新知。與徐光啟合譯《幾何原本》 3. 日本幕府將軍豐臣秀吉入侵朝鮮		1. 中西文化交流開啟新頁，內容包括天文學、數學、物理學、火砲學、地理學 2. 利瑪竇「借佛傳教」→「排佛趨儒」→「學術傳教」並形成「利瑪竇規矩」
		熹宗	荷蘭人據臺灣			
	1644A.D	思宗	1.「流寇」之亂，李自成攻陷北京 2. 吳三桂引清兵入關	皇太極改後金為清		
清	1644A.D	世祖	1. 湯若望任「欽天監」監正 2. 消滅「南明」諸王	湯若望著《遠鏡圖說》	平定江南後，厲行薙髮令	
		聖祖	1. 反教：康熙曆獄 2. 南懷仁任「欽天監」監正，並製造砲銃 3.「三藩之亂」 4. 與羅馬教宗的「禮儀之爭」	1. 南懷仁編寫《神武圖說》，獻《坤輿圖說》，書中增繪澳洲 2. 派傳教士繪製「皇輿全覽圖」 3. 派施琅攻取臺灣 4. 中俄簽訂尼布楚條約。 5. 完成編纂《古今圖書集成》、《康熙字典》	1. 取消海禁，在廣州、漳州、寧波、雲台山設立海關 2. 康雍乾三朝屢次減輕賦稅 3. 文字獄：莊廷鑨刊印明史稿獲罪	1. 清朝第一個條約 2. 籠絡學者、消耗士子精力、藉機銷毀禁書
		世宗	1. 設「軍機處」取代內閣 2. 立「儲位密建」法，杜絕皇位繼承爭端	將青海、西藏正式納入版圖	1. 文字獄：查嗣庭主持鄉試案 2. 明令禁教	1. 強化君主專政 2. 中西文化交流中斷
		高宗	1. 任用和珅，國勢轉衰 2. 英國派馬嘎爾尼為特使來華討貿易障礙問題	1. 對邊疆用兵，自稱有「十全武功」 2. 完成編纂《全唐詩》、《四庫全書》 3. 西南苗亂	1. 召開「博學鴻詞」科，優禮士人 2. 對外僅開放廣州一地設立公行	英國內因有「工業革命」，外因「七年戰爭」獲勝，成為清朝最主要的海外貿易國

朝代	時間	君主	重要大事	文化軍事	社會經濟	歷史意義
清		仁宗	英國再派阿美士德來華解決商務問題	白蓮教之亂（又稱川楚教亂）（民亂）		
		宣宗	1. 英國派律勞卑來華為首任商務監督 2. 林則徐至廣州禁菸，與商務監督查理義律衝突 3. 鴉片戰爭爆發	1. 琦善與義律訂立穿鼻草約 2. 中方代表耆英與英方代表樸鼎查，簽訂南京條約 3. 又簽訂續約：虎門條約、中英五口通商章程 4. 太平天國動亂開始	中國喪失數項主權（租界、協定關稅、領事裁判權、片面最惠國待遇）	清代第一個不平等條約
		文宗	兩次英法聯軍之役	1. 雲南回變、捻亂大起 2. 共簽訂六大條約	自強運動開始，設置「總理衙門」為指揮中樞	近代國都首次淪陷
		穆宗	牡丹社事件→日軍犯臺	1. 陝甘、新疆回變開始 2. 平定太平天國、捻亂 3. 與俄國簽訂塔城界約，戡定西北疆界	1. 李鴻章於上海設江南機器製造局 2. 左宗棠設立福州船政局，專造輪船、兵艦	
		德宗	1. 始設駐英（國）大使 2. 日本吞併琉球 3. 袁世凱戡平朝鮮政變 4. 中法戰爭 5. 甲午戰爭 6. 光緒推行「戊戌變法」 7. 慈禧發動「戊戌政變」 8. 八國聯軍之役（1900） 9. 受日俄戰爭刺激，推行立憲運動	1. 平定新疆回變 2. 由曾紀澤簽訂伊犁條約 3. 清喪失越南、緬甸等藩屬國 4. 簽訂馬關條約，喪失朝鮮藩屬國（通商口岸可設廠製造） 5. 與俄簽訂中俄密約 6. 庚子拳亂（1900A.D.） 7. 與列強簽訂辛丑和約	1. 維新運動開始 2. 興中會成立於檀香山 3. 列強劃定勢力範圍，強租港灣 4. 美國國務卿海約翰提出「門戶開放政策」 5. 同盟會成立於東京 6. 庚子新政期間廢除科舉考試	1. 孫中山開始革命 2. 中國免於被瓜分之禍 3. 臺灣成為日本殖民地 4. 廢除八股文 5. 近代中國首都第二次淪陷 6. 賠款最多，未割讓領土

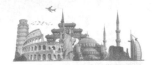

朝代	時間	君主	重要大事	文化軍事	社會經濟	歷史意義
清	1911A.D.	遜帝宣統	1.頒布官制，成立「皇族內閣」 2.四川發生「保路運動」 3.光復各省通過臨時政府組織大綱，採總統制 4.臨時政府籌建臨時參議院作為立法機關	1.三二九「黃花崗之役」 2.「武昌起義」		
民國	1912A.D.	元年	1.公布臨時約法，採內閣制 2.清帝溥儀正式宣布退位 3.袁世凱就任第二任臨時大總統	1.同盟會改組為國民黨 2.支持袁世凱的進步黨，領袖是梁啟超	1.各種實業團體紛紛成立 2.工商部頒布「獎勵工藝品暫行章程」 3.社會風氣轉變，普遍出現西化現象	政黨政治開始
		2年	1.袁派人暗殺宋教仁 2.袁向列強「善後大借款」 3.免除三位國民黨籍都督 4.袁世凱就任中華民國第一任正式大總統	國民黨發動「二次革命」討袁失敗		民國以來第一場內戰
		3年	1.召開「約法會議」，通過中華民國約法，改採總統制 2.一次大戰爆發，日本趁機侵占山東	國民黨改組為「中華革命黨」（東京）	各種輕工業成立或具規模	1.國會第一次被解散 2.民族工業獲得發展契機
		4年	1.日提出二十一條要求，袁允諾，是為「五九國恥」 2.袁鼓動民間士紳發起「籌安會」	1.中華革命黨鼓動肇和之役反袁 2.蔡鍔發動雲南起義反袁（護國軍）		
		5年	袁進行「洪憲帝制」，改國號為中華帝國			民國史上第一個帝制行動

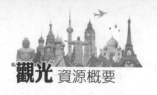

朝代	時間	君主	重要大事	文化軍事	社會經濟	歷史意義
		6 年	1. 段祺瑞宣布參加一次大戰，引發「府院之爭」，導致「督軍團叛變」 2. 張勳入京調停，趁機發動「復辟事件」 3. 段陸續向日本借款，稱為「西原借款」	1. 孫中山發動護法運動 2. 陳獨秀創刊《新青年》雜誌，開始新文化運動，其目的是達到「民主」、「科學」 3. 胡適發表〈文學改良芻議〉；陳獨秀發表〈文學革命論〉	1. 軍閥橫行、任意抽稅、濫發貨幣 2. 農村發展受阻	1. 正式形成南北分裂局勢 2. 國會第二次被解散 3. 民族工業又轉趨衰微 4. 新文化運動最大成就在文學的改革，出現許多傑出作家與作品
		7 年	一次大戰結束	孫中山至上海，完成《孫文學說》、《實業計畫》、《民權初步》等著作		中國為第一次大戰戰勝國
		8 年	巴黎和會受挫引發國內的五四運動	1. 中華革命黨改組為中國國民黨 2.《新青年》雜誌出版「馬克思專號」		馬克思主義引進中國
		9 年	直皖戰爭	湖南軍閥譚延闓提出「聯省自治」之議		軍閥混戰開始
		10 年	美國召開華盛頓會議，各國簽訂九國公約	1. 中國共產黨成立 2. 孫中山實施「容共」政策 3. 開始出現考古熱潮		1. 美重申「門戶開放政策」 2. 第一次國共合作開始 3. 對中國上古史的重建幫助很大
		11 年	1. 第一次直奉戰爭 2. 教育部改訂新學制	孫中山遭陳炯明叛變		
		12 年	曹錕賄選當上總統	1. 孫中山重回廣州復任大元帥 2. 孫中山聘蘇俄鮑羅廷為顧問		1. 護法事業結束 2. 落實「容共聯俄」政策
		13 年	第二次直奉戰爭	1. 中國國民黨召開一中全會，改組黨務 2.「黃埔建軍」		

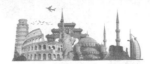

朝代	時間	君主	重要大事	文化軍事	社會經濟	歷史意義
		14年	1. 孫中山逝世 2. 國民政府在廣州正式成立，採委員制	「中山艦事變」中共企圖挾持蔣中正	1. 反帝國主義事件：「五卅慘案」、「沙基慘案」、「省港罷工」 2.「中國婦女協會」成立	1. 蔣中正進一步掌握軍權 2. 中國出現第一個全國性婦女團體
		15年		開始北伐，先打吳佩孚		
		16年	蔣中正進行「清黨」→「寧漢分裂」→「武漢分共」→蔣中正第一次下台	「武漢分共」（事）後，中共改採城市武裝暴動路線，殘部集結於井崗山		形成中共最早的軍事中心，並改採「以農村包圍城市」的「毛澤東路線」
		17年	1. 日本阻撓北伐，製造「五三慘案」 2. 中央陸軍軍官學校附設航空隊	1. 中央研究院成立於南京 2. 張學良宣布東北易幟，北伐完成全國統一	1. 工業開始有顯著進步，仍以輕工業為主，並集中於沿海或沿江省分 2. 北伐完成後，在土地改革方面試行「二五減租」	空軍教育開始
		18年	1.「訓政時期」開始 2. 國民政府召開「國軍編遣會議」，縮編國軍 3. 國民政府公布中華民國教育宗旨	1. 北平研究院成立於北京 2. 中共在瑞金建立「蘇維埃」政府 3. 蘇聯在東北製造「中東路事件」	1. 民法頒布 2. 北伐完成後開始進行農業改良	確立婦女在法律上的平等原則
		19年	國軍開始剿共	中原大戰（事）爆發，張學良迅速出兵助蔣中正，北方軍閥潰散	中美合資成立中國航空公司	1. 民國以來最大規模內戰 2. 中國第一家民航公司出現
		20年	1. 國民政府通過中華民國訓政時期約法 2. 日侵東北，是為「九一八事變」。蔣中正因採不抵抗政策，導致第二次下台 3. 造就空軍人才的中央航空學校成立於筧橋	1. 為制定約法，發生「湯山事件」，造成「寧粵分裂」 2. 日本擴大中村事件與萬寶山事件事端 3. 蘇聯與新疆軍閥盛世才訂立協約	北伐完成後，開始進行財政金融整頓： 1. 劃分中央地方稅收 2. 廢除釐金 3. 收回關稅自主權 4. 統一幣制：發行法幣 5. 改用外匯本位	1. 憲政實施前的國家根本大法 2. 新疆落入蘇聯控制

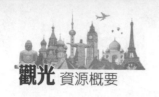

朝代	時間	君主	重要大事	文化軍事	社會經濟	歷史意義
		21年	1. 日侵上海，是為「一二八事變」 2. 日本在東北扶植溥儀成立「滿洲國」傀儡政權	中日簽訂淞滬停戰協定	民間發起三派鄉村建設運動： 1. 鄉村建設派 2. 平民教育派 3. 鄉村生活改造派	上海成為非武裝區
		22年	1. 日攻占熱河 2. 日進犯長城諸口 3. 完成中、小學教育法規	中日簽訂塘沽停戰協定		冀東成為非武裝區
		23年	完成大學組織法	1. 中共展開「二萬五千里長征」 2. 中共舉行「遵義會議」 3. 各大學研究所陸續成立	蔣中正在南昌推行「新生活運動」，為日後抗戰奠定精神基礎	1. 毛澤東確立在中共黨內領導地位 2. 抗戰前五年為中國學術發展史上的黃金時代
		24年	1. 日扶植殷汝耕成立「冀東防共自治政府」傀儡政權 2. 蔣中正發表「最後關頭」演說	中共逃抵陝北延安	抗戰前逐步完成全國鐵、公路網，電訊、郵政普及	
		25年	張學良、楊虎城發動「西安事變」(事)	周恩來、宋美齡協調，蔣中正允諾停止內戰		促使日本提前發動侵華戰爭，中共因此死裡逃生
		26年	1.「七七事變」爆發 2. 淞滬會戰展開 3. 遷都重慶 4. 南京大屠殺	1. 中共發表共赴國難宣言 2. 共軍被整編為國民革命軍第八路軍及「新四軍」 3. 謝晉元團長率軍在四行倉庫抵抗日軍	1. 內地工業基礎開始建立 2. 促進西南、西北地區開發	1. 第二次國共合作開始 2. 八一四空軍節由來
		27年	1. 台兒莊大捷 2. 中國國民黨通過抗戰建國綱領 3. 武漢會戰開始 4. 成立國民參政會（組織）			1. 對中國民心士氣有很大鼓舞作用 2. 抗戰時期最高指導原則 3. 抗戰時期臨時諮議機構
		29年	日本扶植汪精衛在南京成立偽「國民政府」			

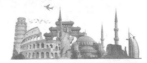

朝代	時間	君主	重要大事	文化軍事	社會經濟	歷史意義
		30 年	1. 太平洋戰爭（珍珠港事變）爆發 2. 中國正式對日宣戰	中共爆發「新四軍事件」；國共合作再次決裂		東西兩戰場合一
		32 年	1. 中、美、英簽訂平等新約 2. 中、美、英、蘇發表共同安全宣言 3. 參加開羅會議			1. 百年來不平等條約終止 2. 中國成為世界四強之一 3. 要求臺灣回歸中國
		33 年	1. 蔣中正號召知識青年從軍 2. 日軍攻下獨山，大後方為之震動	美國派赫爾利來華調停國共問題		
		34 年	1. 美、英、蘇簽訂出賣中國權益的雅爾達祕密協定 2. 美先後在日本的廣島、長崎投下原子彈 3. 日本宣布投降 4. 國共雙方展開「重慶會談」	美國派馬歇爾來華調停國共問題		蘇聯得以接收東北，間接造成日後大陸淪陷
		35 年	1. 召開「政治協商會議」 2. 召開制憲國民大會 3. 北平爆發沈崇案	美國停止援助	1. 抗戰結束後的經濟崩潰與通貨膨脹是造成局勢對國民政府日趨不利的重要因素之一 2. 金圓券政策失敗，摧毀政府威信 3. 中共在占領區實施土地重新分配，獲得眾多農民支持	1. 通過中華民國憲法 2. 中共藉機擴大反美宣傳
		36 年	1. 憲法公布，年底起實施 2. 選出第一屆中央民意代表	共蘇簽訂哈爾濱協定		中華民國進入憲政時期
		37 年	1. 選出行憲後第一任正、副總統（李宗仁） 2. 公布戡亂時期臨時條款	1. 國共戰局逆轉 2. 共蘇簽訂莫斯科協定		林彪的共軍擁有先進的砲兵與坦克車部隊
		30 年	1. 「華中剿匪總司令」白崇禧與湖南省主席程潛主張和談 2. 蔣中正第三次下台	1. 國共和談破裂，共軍大舉渡江 2. 年底遷都至臺北 3. 10 月 1 日中華人民共和國正式成立		大陸撤守

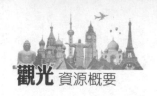

朝代	時間	君主	重要大事	文化軍事	社會經濟	歷史意義
	1950	39 年	韓戰（事）爆發 毛澤東在大陸發起「抗美援朝」運動	共蘇簽訂中蘇友好同盟互助條約，蘇聯允諾交還長春鐵路及旅順、大連管理權		
	1953	42 年	韓戰達成停戰協定	中共開始發動對知識分子的思想改造運動，又鼓勵知識分子「大鳴大放」；知識分子被大肆逮捕下放至農村進行「勞動改革」	中共實施第一個五年計畫經濟，重點在發展重工業，並廢除私有財產制，配合「統購統銷」方式將民生物資由國家統一支配供應	
	1958	47 年		毛澤東於 12 月辭去人民政府主席職務，由劉少奇繼任	1.實施激進的「三面紅旗」 2.發起「全民大煉鋼運動」	
	1959	48 年	毛澤東解除彭德懷國防部長之職，改由林彪擔任	西藏爆發反共事件		達賴喇嘛流亡印度
	1961	50 年		吳晗寫海瑞罷官歷史劇		
	1962	51 年	中印雙方於麥克馬洪線附近爆發衝突			印改走親蘇路線，中共支援巴基斯坦抗印
	1965	54 年		姚文元發表文章批判吳晗		文革導火線
	1966	55 年		文化大革命開始，前鋒部隊為「紅衛兵」		又稱「十年浩劫」
	1969	58 年	共蘇先後在珍寶島與新疆邊界上爆發衝突			
	1971	60 年	中共進入聯合國	1.林彪發動武裝政變失敗 2.「四人幫」發起「批林批孔」運動，將矛頭指向周恩來		
	1972	61 年	1.尼克森訪問大陸 2.日本與中共建交			

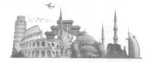

朝代	時間	君主	重要大事	文化軍事	社會經濟	歷史意義
	1976	65 年	1. 周恩來、毛澤東先後病逝 2. 華國鋒發動政變，逮捕四人幫			文革結束
	1979	68 年	美國（國）與中共建交	「懲越戰爭」		越南向蘇聯靠攏
	1981	70 年	鄧小平擔任中央軍委主席，提出「四個堅持」，並宣示「開放改革」新措施		鄧小平上台後最重要的改革在經濟方面：開放外資設廠、設立經濟特區、恢復私有財產制、運用資本主義經營方式	
	1989	78 年	1. 總書記胡耀邦病逝 2.「六四天安門事件」 3. 江澤民出任中央總書記			
	1997	86 年	鄧小平病死			
	1999	88 年	香港歸還中國			
	2002	91 年	胡錦濤擔任國家主席兼總書記，溫家寶擔任總理，江澤民擔任中央軍委主席			
	2003	92 年	1. 爆發 SARS 疫情 2. 三峽大壩完工			
	2004	93 年	1. 陳水扁就任中華民國第十一屆總統 2. 福爾摩沙高速公路（國道 3 號）全線通車			
	2005	94 年	1. 中華人民共和國通過「反國家分裂法」 2. 臺灣舉行「326 護臺灣大遊行」抗議			

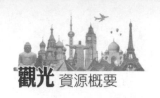
朝代	時間	君主	重要大事	文化軍事	社會經濟	歷史意義
	2006	95 年		旅美導演李安所執導的《斷背山》榮獲第七十八屆奧斯卡金像獎最佳改編劇本、最佳原創配樂獎；李安本人也榮獲最佳導演獎，成為第一位獲得此獎的亞洲導演		
	2007	96 年	臺灣高鐵通車營運			
	2008	97 年	1.高雄捷運紅線正式通車 2.馬英九就任中華民國第十二屆總統			
	2009	98 年	1.政府發放消費券 2.臺灣出現首例H1N1新型流感確診病例			
	2010	99 年	海峽兩岸經濟合作架構協議（ECFA）開始生效			
	2011	100 年	臺灣第一座國家自然公園——壽山國家自然公園正式公告成立			
	2012	101 年	馬英九連任第十三屆總統			
	2016	105 年	蔡英文當選中華民國第十四屆總統，成為臺灣歷史上第一位女總統			

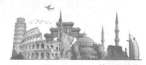

第二節　外國歷史

壹、西亞文明

西亞文明起源於兩河流域和地中海東岸，分述如下：

一、兩河流域（肥沃月灣）

幼發拉底河及底格里斯河之間的沖積平原，又稱美索不達米亞平原。上古時期經常面臨的問題為：土壤鹽化、水量不穩定，以及下游易氾濫成災。

西元前 3000 年前後，蘇美人在兩河南部建立一些城邦。這些城邦因為爭奪土地與水權的緣故，各自兼併成一些小王國，但從未形成一個一統的帝國。

由於兩河流域缺乏天然屏障，外來勢力容易入侵，因此政權嬗遞頻繁。西元前 24 世紀中期，阿卡德人征服蘇美人，統一兩河流域。西元前 2000 年左右，巴比倫人入侵，建立帝國。巴比倫帝國持續了四百年，漢摩拉比在位時達到鼎盛，後來因西台人的入侵而滅亡。

西元前 14 世紀，亞述人發展出一個軍事帝國，統治兩河流域達六百多年。西元前 612 年，加爾底亞人滅亞述，建立「新巴比倫帝國」，是兩河流域最後一個政權。到西元前 539 年，波斯帝國消滅加爾底亞，兩河流域自此長期接受外來政權的統治。

二、兩河流域主要文明

(一)蘇美人

1. 時間：約西元前 4000 年，在印度古文化遺物中，曾發現一些呈現蘇美人文化特色的遺物。因語言類似印度語、土耳其語和蒙古語而被判定為亞洲人種。

2. 文化成就：

　(1) 發明楔形文字刻在泥版上記載其商業活動，在古西亞通行三千年。

　(2) 使用陰曆，將一年分為十二個月。

　(3) 以泥磚建塔廟，廟和宮殿使用更加複雜的結構和技術，如支柱、密室和黏土釘子等，建造高聳的塔廟以展現神人關係。

　(4) 為求商業計算和土地丈量的精確，已有位的觀念，十進位與六十進位並用，如 1 分 60 秒、圓周 360 度等。

(二)巴比倫人（古巴比倫王國）

1. 時間：約西元前 2006 年。

2. 文化成就：漢摩拉比法典是目前保持得最完整的古法典。這部石刻法典共 282 款條文 3,500 行，內容涉及盜竊動產和奴隸，對不動產的占有、繼承、轉讓、租賃、抵押，涉及經商、借貸、婚姻、家庭等方面，採取「報復主義」原則，強調「以牙還牙，以眼還眼」。法律有階級身分之別，缺乏平等觀念。

(三)亞述人

1. 時間：約西元前 2000 年至前 605 年。

2. 文化成就：

　(1) 尼尼微城為古代亞述帝國的重鎮之一，位於底格里斯河東岸，於西元前 11 世紀即成為亞述帝國的宮邸所在地。亞述古城是古代亞述帝國的首都，位於伊拉克北部底格里斯河西岸。亞述古城的名稱源於亞述帝國的最高神，也是帝國的保護神「亞述」，位於底格里斯河西岸，曾被聯合國定為世界遺產，但於 2015 年遭國際恐怖組織 ISIS 炸毀。

　(2) 在西元前 18 世紀至前 17 世紀期間，亞述古城成為亞述帝國的

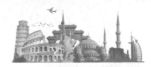

首都，開始建造王宮。在西元前 15 世紀至前 14 世紀時建造了
月亮和太陽神神廟。在西元前 912 至前 612 年的新亞述時期，
帝國遷都，但亞述古城仍然是帝國的宗教中心，在這裡祭祀亞
述神，許多國王死後仍然埋葬在這裡的王宮下面，直到西元前
614 年亞述帝國被米底王國滅亡為止。

(四)加爾底亞人（新巴比倫王國）

1. 時間：西元前 626 至前 538 年，新巴比倫帝國只維持不長的時
   日，因波斯帝國的崛起，新巴比倫與其盟友米底王國先後遭到波
   斯人的征服。
2. 文化成就：
   (1) 制定一週七天制。
   (2) 擅長觀察天象和占星術，發展十二星座與命運相關的觀念，後
       傳到古希臘成為希臘神話。
   (3) 國王尼布甲尼撒二世建造空中花園（據說在今伊拉克境內）。

三、地中海東岸

(一)腓尼基人

　　西元前 14、15 世紀，起源於今巴勒斯坦附近，擅於航海經商，並將
埃及象形文字簡化後傳到希臘，成為西方拼音字母的始祖（見圖 3-1）。

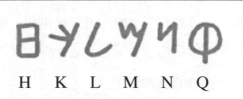

H K L M N Q

圖 3-1　腓尼基文字母圖

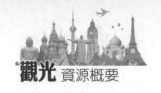

(二)希伯來人（猶太人、以色列人）

在西元前 11 世紀建立了以色列王國，創立世界上最早的一神教，即猶太教，以舊約全書為經典，其一神信仰對基督教及回教有很大的影響。

(三)西台人

強盛時期是西元前 15 世紀末至 13 世紀中。西台人是西亞地區乃至全球最早發明冶鐵術和使用鐵器的國家，也是世界最早進入鐵器時代的民族，近年考古發現的證據顯示，鐵器的生產至少可以追溯到前 20 世紀。在冶鐵方面頗具名氣，西台王把鐵視為專利，不許外傳，以至於鐵貴如黃金。西台的鐵兵器曾使埃及等國為之膽寒。

四、波斯帝國

波斯帝國是第一個領土橫跨歐亞非三洲的帝國，又有第一帝國及第二帝國之分，兩帝國成立之間，波斯曾為馬其頓帝國占領約一百六十年。以下針對其過程略做說明：

(一)波斯第一帝國

波斯第一帝國（公元前 550 年至公元前 330 年），又稱阿契美尼德王朝。波斯帝國從美索不達米亞橫跨到印度，由裏海伸展到波斯灣，勢力擴及今天的伊拉克、伊朗和阿富汗。為了要控制今天的敘利亞、土耳其、巴勒斯坦、以色列、埃及和阿拉伯，波斯人與羅馬人和後來的拜占庭人作戰。波斯帝國的首都是戴西豐，即今天的巴格達（現為伊拉克首都）。

公元前 334 年，馬其頓國王亞歷山大三世東侵，擊敗大流士三世，征服波斯全境，成為世界上第一個地跨亞、非、歐三大洲的帝國。

(二)希臘時期（西元前330至170年）

亞歷山大大帝率領的希臘大軍擊敗大流士三世，波斯成為馬其頓帝

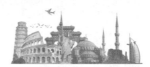

國的一部分。亞歷山大手下大將塞琉西一世自立塞琉西王朝，以敘利亞為中心，統治波斯地區。這一時期波斯成為東西方交流的一個樞紐：絲綢之路由此連接中國，佛教從印度傳來，瑣羅亞斯德教則西去影響了猶太教。瑣羅亞斯德教首創善惡二元論及祆教（西元前 6 世紀），崇拜光明及火，又稱拜火教（北魏時傳入中國），是基督教之前中東和西亞最具影響力的宗教。

(三)波斯第二帝國

　　波斯自阿契美尼德帝國之後第一次為薩珊王朝所統一（西元 226 至 650 年），故又稱為「波斯第二帝國」，薩珊家族崛起於伊朗西南部法爾斯，王朝的始祖薩珊是瑣羅亞斯德教的祭司，當時的薩珊王朝與中亞的印度貴霜王朝及歐洲的羅馬帝國並稱，三國雄霸歐亞。薩珊帝國是一個高度中央集權的帝國，以瑣羅亞斯德教為國教，全體人民分為教士、軍人、文人和平民四等。

　　後來由於阿拉伯帝國的興起以及王朝連續兩位國王被刺殺，帝國中心崩潰，末代國王伊嗣埃三世的兒子俾路斯東逃至唐朝，任右武衛將軍，當時唐朝由唐高宗當朝。

■ 波斯改稱為伊朗之淵源

　　1935 年 1 月，國王禮薩汗宣布，波斯正式改國名為伊朗，意為雅利安人的家園。原因有二：

1. 據伊朗學家考證，伊朗人對自己國家的稱呼從古至今一直就是伊朗——"Iran"、"Iranshahr"、"Iranzamin" 等，而「波斯」是西方人（及後來的中國等地）對這個國家的稱呼，因而禮薩汗選擇將伊朗作為國際通用國名，國內阻力並不大。

2. 1934 年正是二戰爆發前夕，當時的英俄兩國屢次入侵伊朗，只有德國一直在幫伊朗，而此時的希特勒上台沒多久，正大肆宣傳「雅利安人種優越論」，宣稱德伊兩國人民同屬雅利安民族，要團

結起來，共同對抗英俄。在柏林的伊朗公使館外交官就向伊朗外
交部建議，既然伊朗被認為是雅利安人的搖籃和最初的家園，那
麼國名應從「波斯」改為「伊朗」，禮薩汗欣然同意。

五、伊斯蘭教時期

　　混亂的薩珊帝國迅速被新興的伊斯蘭教指引下的阿拉伯帝國擊潰。
波斯成為阿拉伯帝國的一部分。阿拉伯語成了通行的語言，伊斯蘭教（西
元 650 至 1290 年）迅速取代了瑣羅亞斯德教，各地大量興建清真寺。

　　1219 年成吉思汗率大軍滅花剌子模（今烏茲別克及土庫曼國境），
之後他的孫子旭烈兀在 1253 至 1259 年期間先後征服波斯和阿拉伯，建立
伊兒汗國。1295 年伊兒汗國大汗皈依伊斯蘭教。

　　1370 到 1506 年，波斯成為帖木兒（成吉思汗七世女的駙馬）帝國的
一部分。帖木兒死後波斯陷入混亂和割據。1405 到 1433 年，中國明朝的
穆斯林太監鄭和組織船隊下西洋，多次到達波斯。鄭和在斯里蘭卡立的石
碑用中文、泰米爾語、波斯語三種文字寫成。阿拉伯語和波斯語在明朝穆
斯林的經堂教育中廣被使用。

貳、埃及古文明

一、歷史

　　埃及的歷史可上溯至西元前 3000 年，在將近五千年的歷史中，歷經
多神教的古埃及、希臘羅馬時期的基督教以及阿拉伯統治下的伊斯蘭教信
仰，曾遭波斯人、南方的努比亞人、法國拿破崙及英國軍隊入侵。茲將埃
及各個不同時期分述如下：

(一)早王國時期（西元前3000至2600年）

　　埃及開始有明確歷史記載起源於兩個國家的結合，分別是北方的王

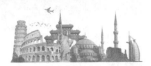

國（國王戴紅色皇冠）、南方的王國（白色皇冠），此後埃及法老王都是以戴雙冠的造型出現，象徵上下埃及的王。從第三王朝開始，埃及金字塔已經逐漸成形，卓瑟王的建築天才宰相英荷太普完成了階梯金字塔，開始了金字塔的時代：

1. 第一與第二王朝：曼尼斯（Menes）統一上下埃及，建都曼斐斯（Memphis）。
2. 第三王朝：卓瑟王在沙卡拉（Saqqara）建立階梯金字塔。

(二)古王國時期（西元前2600至2100年，為金字塔時代）

第四王朝是金字塔的黃金時期，斯內夫魯王完成了彎曲金字塔及紅色金字塔，而他的兒子古夫王、孫子卡夫拉、曾孫孟卡拉也依序建築成功吉薩三大金字塔，這是古埃及政經實力最雄厚的時期。

3. 第四王朝：斯內夫魯王完成了彎曲金字塔及紅色金字塔；古夫（Khufu）、卡夫拉（Khafre）、孟卡拉（Menkaura）分別完成吉薩三大金字塔。
4. 第五至第十王朝：西元前 2181 年已經開始使用莎草紙。

(三)中王國時期（西元前2100至1500年，為古埃及的富庶時代）

5. 第十一至第十七王朝：遷都底比斯（今路克索），為求永生，將死者作成木乃伊。西亞的西克索人入侵建立第十五至第十七王朝，埃及首次被異族統治。

(四)新王國時期（西元前1500至1070年，為帝國時代）

驅逐西克索人，重新統一全埃及，此時期埃及經濟繁榮，國力強盛，並大量修築神殿，包括卡納克神殿、路克索神殿、門農石像。

6. 第十八王朝：阿曼荷坦普（Amenehotep）、圖塔摩斯（Tuthmosis）、

　　哈奇素（Hatshepsut）、阿肯那頓（Akhenaten）、圖坦卡門
　　（Tutankhamun）。

7. 第十九王朝：拉美西斯一世（Ramses）、塞堤一世（Seti）、拉美
　　西斯二世（拉美西斯神殿、阿布辛貝神殿）。

8. 第二十王朝：拉美西斯三世，為新王國時期的最後一個王朝。

(五)近代時期（西元前1070至332年，為衰退時代）

9. 第二十一至第三十一王朝：這個時期出現外族領導埃及的現象，
　　努比亞人從被收服到北上成為古埃及法老王。

(六)希臘羅馬時期（西元前332至西元395年）

1. 希臘時期（托勒密王朝）：亞歷山大大帝征服埃及，亞歷山大病
　　逝後，其部將托勒密一世索托爾在埃及自立為王，建立托勒密王
　　朝，定都亞歷山卓。

2. 羅馬時期：羅馬凱撒大帝協助「埃及豔后」克麗歐佩脫拉成為女
　　王。奧古斯都大帝率軍占領亞歷山卓，克麗歐佩脫拉自盡，此後
　　埃及成為羅馬的一個行省。

(七)阿拉伯統治時期

　　西元 642 年，阿拉伯人攻陷埃及，將首都設立在開羅，伊斯蘭信仰
在開羅迸發出華美的文化與建築。

二、文化成就

(一)幾何丈量與水利

　　埃及位於非洲東北角，東有阿拉伯沙漠、西有撒哈拉沙漠、北有地
中海，尼羅河由南向北流貫埃及，宛如一條綠色生命線置於沙漠中，古埃
及的可耕地就分布在尼羅河兩岸及尼羅河三角洲上，尼羅河每泛濫一次，

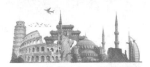

原有的土地便不存在，這促使古埃及人發展出精確的土地丈量技術，經常性的丈量活動累積了計算的經驗，也影響著後世科學的發展，希臘的哲學家西羅多德就曾提到有丈量活動才有幾何學的誕生。

在尼羅河起漲間，埃及人也建立了複雜的水利系統，以利枯水時期有水灌溉。

(二)象形文字

1. 象形文字的來源及發展：象形文字的早期歷史並不明確，然而許多學者認為，象形文字是在埃及第一王朝統一時期（西元前3110至2884年），經由人力設計創造完成的。
2. 書寫方向及符號數量：象形文字的書寫方向各有不同，符號一般是由右向左書寫，但是有時也從左到右或從上到下；橫寫時，符號皆面朝開始的方向。象形文字用了604個符號。

(三)數學

埃及人在計算數量時都以十進位換算，100萬為最大計算單位，由加法及減法為運算基礎的算術，經轉換後可推演至乘法及除法。埃及人能利用他們所發展的幾何學來計算正方形、梯形、三角形及圓形的面積，並計算出四面體（即金字塔）的高度及角度；甚至可以計算圓柱體及被切割後四面體的體積。真正代表埃及人數學成就的是建築金字塔時所需精確的巨石數目。

(四)曆法

太陽曆簡稱陽曆，起源於古埃及，古埃及人將尼羅河水泛濫的週期與天象聯繫起來，創立了太陽曆。太陽曆採用回歸年作為基本週期，以太陽的周年視運動作為天文依據的曆法，它和月亮的運動沒有任何關係，最初埃及人定一年有三百六十天，後來改為三百六十五天。

(五)壁畫

比雕像更有實際用途的是私人墳墓祭堂和寺廟裡的壁畫，人物動作僵硬，頭畫側面，眼畫正面，肩畫正面，腰部以下又是正側面，男人的膚色要比女人黑，身高較高，鷹象徵太陽神，狐狼象徵死神，留白處會加入工整的象形文字。

三、宗教信仰

古埃及宗教信仰的基礎是對自然的崇拜，他們相信有些動物是神性的具象，無法解釋的自然現象被認為是神祇所造成，認為神的力量以各種不同的形式表現，人類只是創造的一部分，野生和馴養的動物都可能是神性的具象，這些動物神即使被人性化而以人的形體出現，他們的頭往往仍然保持原來的動物造型。

參、希臘文明

一、馬其頓崛起

馬其頓人住在希臘北部，但受希臘文化的影響甚淺，被希臘人視為蠻族，希臘長期內戰勢力衰微後，馬其頓乘機興起。西元前 338 年，腓力二世征服希臘。

二、亞歷山大帝國

亞歷山大在西元前 326 年完成征服波斯的夢想，其足跡最遠可達印度河流域，締造跨歐、亞、非三洲的大帝國。亞歷山大過世後，帝國分裂成托勒密王國、塞流卡斯王國、安提哥那王國。亞歷山大帝國促使西亞、埃及、希臘三種文化融合成「希臘化文化」。

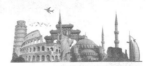

三、希臘化文化成就

1. 文化：較為務實，外顯而外放。
2. 科學：阿基米德、歐幾里得的力學、幾何學，以及亞里斯塔克斯曾提出太陽中心說，醫學發達，擅長解剖。
3. 哲學：分為斯多葛學派、伊比鳩魯學派、犬儒學派。希臘三大哲學家為蘇格拉底、柏拉圖、亞里斯多德。
4. 宗教：追求個人精神解脫。
5. 藝術：風格寫實，著重表現個人的真實情感、個性和容貌，主要是紀念政治人物為主的藝術。自由七藝出現，七藝是指文法、邏輯、修辭、算術、幾何、音樂、天文。
6. 政治：波希戰爭帶動希臘人文精神昂揚，史學家認為是民主打敗專制的象徵。希臘三大民主改革家為梭倫、克萊斯提尼斯、柏里克里斯。
7. 影響羅馬文化：希臘化之後興起的羅馬，承襲希臘化文化，而成為西方文化的基礎。

四、希臘城邦

希臘以城邦政治為特色，其中以雅典和斯巴達最具代表性。雅典與斯巴達為首的內戰——伯羅奔尼撒戰爭，使得希臘城邦逐漸沒落。

肆、羅馬帝國

一、歷史

羅馬帝國分為三個時期：王政、共和及帝國時期。

(一)王政時期（西元前753至509年）

拉丁人在義大利台伯河畔建立羅馬城邦，政治組織分為國王、元老院、公民大會。

(二)共和時期（西元前509至27年）

1. 政權為元老院掌握。
2. 頒布十二表法，奠定法治基礎。
3. 領土向外擴張，橫跨歐、亞、非三洲。
4. 共和晚期：凱撒、屋大維等軍人獨裁。

(三)帝國時期（西元前27至西元476年）

1. 前期是「羅馬和平」盛世，屋大維接受「奧古斯都」之封號，成為羅馬帝國第一位皇帝。
2. 西方維持為期兩百年的羅馬和平；當時的東方則為漢朝時期。
3. 迪奧多西一世時，分裂為東、西二帝國。西羅馬帝國被日耳曼人（匈奴人）攻陷，於476年滅亡。東羅馬帝國為鄂圖曼土耳其人攻陷，於1453年滅亡。

二、文化成就

1. 法律：東羅馬帝國的查士丁尼法典，是古希臘羅馬法律知識的總結。
2. 文學：主要表現在詩歌與散文方面。代表性的文學家及作品有西塞羅、凱撒的《高盧戰記》、維吉爾的《埃涅阿斯紀》以及奧維德的《變形記》。
3. 哲學：深受斯多葛學派影響，以西塞羅、塞內加與奧里略為代表。
4. 藝術：建築特色為拱門、穹窿、圓頂；雕刻表現自然寫實的風格。

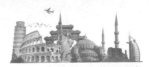

伍、基督教世界的形成

一、前言

　　1. 中古歐洲是個基督教的世界。

　　2. 西方習慣以耶穌誕生那年紀元（事實上耶穌誕生於西元前 4 年）。

二、基督教的創立

(一)背景

　　1. 時間：西元 1 世紀（羅馬帝國初期）。

　　2. 地點：西亞的巴勒斯坦。

　　3. 創立者：耶穌（西元前 4 至西元 30 年）。

　　4. 由來：耶穌有感於猶太教的褊狹，認為上帝耶和華是人類共同的
　　　天父，非獨愛猶太人。

(二)殉道

　　1. 耶穌生前常斥責猶太上層社會的偽善貪婪，招來猶太祭司之疑忌。

　　2. 西元 27 年，耶穌 32 歲那年開始在各地傳道、行醫。

　　(1) 耶和華是唯一的神。

　　(2) 人死後還有一個生命，要接受最後的審判。

　　(3) 博愛、謙卑、信者可獲救贖而得永生。

　　(4) 在猶太祭司的慫恿下，當地的羅馬總督比拉多擔心猶太地區不
　　　穩定的局勢，也疑懼大眾討論新的王國，於是宣稱耶穌的宗教
　　　是異端邪說，並捏造事實說耶穌叛國，將他釘死在十字架上
　　　（時年 33 歲）。

　　(5) 三天後，盛傳耶穌已升天且信服他的人都將分享他的勝利而非
　　　死亡（復活說）。

(三)名稱由來

猶太人在苦難中，相信救世主基督（彌賽亞，希伯來文）的降臨，故耶穌被稱為基督，他所創立的宗教，稱為基督教。

(四)經典（聖經）

1. 舊約全書：原有的猶太經典。
2. 新約全書：耶穌死後，其門徒對其生前言行的記錄。

三、從迫害到國教

(一)早期的傳教

1. 耶穌生前只在猶太人之間傳教，受難後，其十二門徒開始向猶太人以外的地方傳教。
2. 使徒保羅（西元 4 至 64 年）是最偉大的傳教士，他對基督教神學影響持久而深遠，包括聖奧古斯丁、馬丁路德、加爾文等人的思想。他的傳教遍及小亞細亞、希臘、敘利亞及巴勒斯坦，使得基督教從一個猶太人的小教派轉變成世界性的宗教。

(二)教難時期

1. 受迫害原因：羅馬帝國對宗教本採不干涉政策，但基督教不承認羅馬皇帝是神，拒絕向羅馬皇帝的神像膜拜，藐視國家政令。
2. 時間：西元 64 至 313 年尼祿皇帝（Nero，西元 37 至 68 年）至君士坦丁皇帝。
3. 結果：
   (1) 基督徒雖屢遭迫害，但他們博愛互助及視死如歸，前仆後繼的精神，反而吸引更多信徒。
   (2) 信徒由下層社會的人民擴及上層有權勢者。

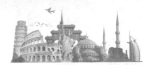

(3) 西元 313 年君士坦丁皇帝頒布米蘭敕令，宣布基督教是合法宗教。

(4) 定為國教：4 世紀末，狄奧多西皇帝定為國教。

(5) 基督教世界的形成：日耳曼人入侵後，紛紛改信基督教。法蘭克王克洛維首先受洗。查理曼更是將基督教和拉丁文化傳遍全歐。中古歐洲因而形成一個基督教的世界。

四、基督教的分裂

(一)原因

1. 羅馬帝國分裂成東、西羅馬帝國。

2. 西羅馬帝國被日耳曼人滅亡後，基督教會就負起維持西歐（包括北歐、南歐）地區秩序的責任。

3. 由於雙方長期對基督教義的解釋分歧，再加上爭奪宗教的領導權，終導致第一次大分裂。

4. 西方世界因羅馬公教長期把持而腐化至極，故馬丁路德首先發難，宗教改革於是興起，從此新教林立。

(二)結果

基督教分裂，如圖 3-2 所示。

五、基督教世界的建立

(一)基督教會對社會的貢獻

1. 西羅馬帝國滅亡以後，負起維持西方世界社會秩序的任務，成為戰亂中唯一安定的力量。

2. 在教會的努力之下，日耳曼人改信基督教，奠定了基督教在歐洲社會中無可動搖之地位。

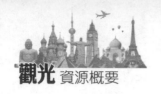

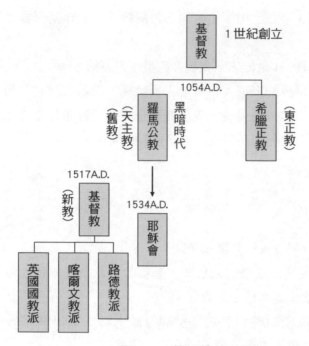

圖 3-2　基督教的分裂

3.基督教的思想成為當時社會生活中主要的道德與倫理規範的依據。

　　(1) 中古歐洲，任何人一出生即自然地成為基督徒。

　　(2) 西方人的一生和基督教會發生密切的關係（受洗禮、婚禮和喪
　　　　禮皆由教會主持）。

　　(3) 隨著教產的累積，教會也常從事社會救濟的活動。

(二)基督教對教育文化的貢獻

1.教會和教士是中古時代文化的保存者和發揚者，日耳曼人入侵
　　後，羅馬文化受到摧殘，教會成為唯一的藏書之所，教士也成為
　　社會上有學識的人。

2.教會又負擔起教育的工作，在大教堂和修道院附設學校，教授拉
　　丁文和基本知識，保存和抄寫古代文獻。

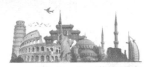

3.教會所保存的文化，雖然著重在發揚基督教的精神，然而也使歐
　洲文化得以綿延不斷。

(三)基督教的建築

1.朝聖者的目的地：大教堂（尤其是號稱收藏聖徒遺物的大教堂）。
2.大教堂的特色：
　(1) 建築構造呈現了基督教教義，如中廊和翼廊成交叉的十字形，
　　　就是基督教教會的象徵。
　(2) 內外布滿著表現聖經故事的壁畫和雕刻。
　(3)「哥德式」的教堂建築，強調垂直上升的發展，使人仰望天國。

六、拜占庭帝國對基督教傳播的影響

1.西元 324 年，君士坦丁大帝在拜占庭營建新都君士坦丁堡。
2.西元 1054 年，羅馬教宗和君士坦丁堡教長互將對方驅逐出教，造
　成基督教第一次分裂。
3.拜占庭文化融合羅馬、基督教、希臘與東方的傳統，法律方面貢
　獻最多，有查士丁尼法典的訂定，並影響東歐斯拉夫人。

陸、伊斯蘭世界的形成

一、伊斯蘭教的創立

1.伊斯蘭教的興起：約在 7 世紀初，穆罕默德出生於阿拉伯半島的
　麥加，聲稱自己為最後一位先知，創立一神教，於麥地那展開伊
　斯蘭教的擴張。
2.經典：《可蘭經》是回教之經典，阿拉是唯一真主。
3.名稱由來：Islam 原意為順從、降服、純淨，指順服唯一的真神阿
　拉。

4. 習俗：回教信徒稱為穆斯林，回教曆的第九月中為齋戒月（Ramadan），飲食禁吃豬肉。

二、伊斯蘭文化

阿拉伯人融合希臘、近東、伊朗、印度等地文化，創造具特色的伊斯蘭文明。主要的文化成就如下：

1. 文學：《天方夜譚》為阿拉伯著名的文學作品。
2. 醫學：《醫典》為伊本西納（Ibn Sina, 980-1037）所著。
3. 數學：運用印度 0 到 9 數字創造阿拉伯數字。
4. 建築：清真寺建築特色為圓頂、尖塔、方形迴廊、幾何圖形及彎月與星星造型。

柒、印度古文明

一、印度古文明的源頭

印度古文明有兩個源頭：一是本土的哈拉巴文化，一是外來的雅利安文化。

1. 哈拉巴文化在印度河流域，考古發現當時已有棋盤式道路及衛生下水道，且擁有精湛的陶製技術。
2. 約在西元前 2000 年左右，歐亞草原的印歐民族有一次大遷徙，其中一支從印度半島西北山隘侵入印度河流域。他們自稱「雅利安人」，最初在印度河流域活動，後來擴張至恆河流域。

二、印度教的興起

1. 婆羅門教於西元 2 世紀之後復興，通稱為印度教，笈多王朝時成為印度社會信仰的主流。

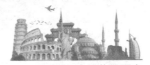

2. 文化發展：

　　(1) 梵語成為官方語言，古史詩摩訶婆羅多、羅摩衍那發展完成。

　　(2) 柬埔寨的「吳哥文化」受到印度教影響。

　　(3) 藝術融合本土與希臘傳統，神廟中以艾羅拉石窟群最聞名。

捌、佛教的興起

一、佛教興起的背景

　　佛教起源於印度，至今已有兩千五百年左右的歷史，當時的雅利安人將人民分為四個階級，各有專司。「婆羅門」是僧侶階級，掌控祭典與教育；「剎帝利」包括王公與貴族，是武士階級，掌管作戰與政治；「吠舍」是平民，負責生產以供養其他階級；「首陀羅」是奴僕，專門服侍上述階級。這四個階級代代世襲，互不通婚。

　　大約在西元前 6 世紀，釋迦族王子悉達多在 29 歲時，感到人世有生老病死的各種苦惱，又不滿當時婆羅門的神權統治，遂捨棄王族的生活，遍訪名師，經過六年苦修，35 歲那年在菩提樹下成道，創立佛教。

　　佛教的起始原是為了避開婆羅門教的世襲階級制度和獻祭儀式，同時也修改因果循環報應和再生的觀念。它認為生命是循環不斷的，一個人的一生不是以生為始，以死為終，而只是人生輪迴中的一個環節，每個人都有前世及來生。因與果的循環使人聯想到自己和貪慾所招致的痛苦結果；相反地，憐憫與關愛帶來快樂和幸福。因此只有戒除慾望才能得到心靈上的平靜，經由涅槃獲得圓滿。

　　悉達多王子其後在北部恆河流域一帶進行傳教活動，信徒漸多。他創立佛教後，被尊稱為佛陀（Buddha，意思是覺悟者），又叫釋迦牟尼。釋迦牟尼於 80 歲逝世，死後他的弟子將他的言論輯為佛典，並向各地傳布。佛教以一己自覺心之豁醒為離苦之不二法門，其精神為「自了自覺，渡脫苦海」（小乘：提倡個人修練），進而「覺他渡他，同登彼岸」

（大乘：提倡普渡眾生）。

二、佛教在印度的發展

1. 孔雀王朝阿育王在位時是印度佛教的黃金時代，他修訂佛教經典，確立佛教的基本教義和戒律。
2. 受到貴霜王朝支持的佛教，在文化上融合印度本土和希臘風格，因而創造了特殊的犍陀羅文化。

三、佛教的北傳

1. 西漢末年傳入中國，三國時期信眾日漸增多。
2. 中國重要的佛塔與佛像：大同雲岡石窟、洛陽龍門石窟、敦煌石窟。
3. 有助文化交流的僧侶：佛圖澄、鳩摩羅什、法顯、玄奘。
4. 西元 7 世紀中期，新羅統一朝鮮半島，定佛教為國教，到了西元 14 世紀末，佛教開始遭朝廷排斥。
5. 西元 6 世紀中期，佛教經朝鮮傳往日本，受統治階層支持；西元 7 世紀初，日本派遣唐使到中國，帶回中國佛教的宗派，以淨土宗最受歡迎，但西元 12 至 13 世紀之間傳入的禪宗，影響頗為深遠。
6. 西藏原本接受中國與印度兩地的佛教，後來受印度佛教的影響漸深。
7. 藏傳佛教以密教為主，又稱「藏密」，俗稱喇嘛教，元代北傳至青海、內外蒙古等地。

四、佛教的南傳

1. 西元 4 世紀初，佛教聖物——佛牙傳入斯里蘭卡，因而成為小乘佛教的中心。
2. 西元 10 世紀時，小乘佛教和印度教已流傳於爪哇、緬甸、泰國、越南、印尼等地。

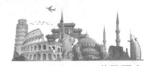

玖、中古時期文化交流

一、怛羅斯之役（751年）

　　阿拉伯人將中國造紙術西傳對世界文化的發展影響亦非常深遠。8 世紀初年，中國大唐正處於盛世，勢力向西深入中亞，而奧馬亞帝國向東擴張正好也到達中亞，當時世界上兩大興盛的帝國發生勢力衝撞的歷史大事。西元 715 和 717 年，阿拉伯軍隊對唐代所屬的安西四鎮發動入侵戰爭，但未獲成功。數十年後的 751 年唐玄宗天寶 10 年 8 月（此時開元盛世已結束，大唐帝國正由盛轉衰），在今日吉爾吉斯與哈薩克的邊境，接近哈薩克的塔拉茲（曾稱江布爾）地方，發生了「怛羅斯河（Talas）戰役」。唐朝大將高仙芝以石國（信仰伊斯蘭教的阿拉伯附屬國）無番臣禮節為由，發動了對石國的戰爭，希望藉機打擊阿拔斯王朝在中亞的勢力，戰爭因而爆發。結果是新興的阿拔斯王朝（黑衣大食）軍隊擊敗中國唐朝軍隊。怛羅斯河戰役對東西方歷史演進影響深遠，原因是戰爭被俘的唐軍中有一些是造紙工人，促使中國的造紙技術西傳。

二、十字軍東征（1096至1291年）

　　伊斯蘭教徒在 636 年開始控制耶路撒冷。1010 年，埃及的法蒂瑪王朝哈里發哈基姆下令摧毀耶路撒冷所有的基督教堂和猶太會堂，加深了對非伊斯蘭教的迫害。基督教教徒到耶路撒冷朝聖的路被封，朝聖者受回教徒侮辱。1095 年 11 月，羅馬教宗烏爾巴諾二世發出呼籲，請法國天主教信徒以武力維護信仰成立十字軍，以反對異教及收復宗教聖地耶路撒冷為號召，為十字軍東征的侵略戰爭拉開了序幕。十字軍東征是在教宗的准許下進行的一系列有名的宗教性軍事行動，由西歐的封建領主和騎士對地中海東岸的國家發動的戰爭。當時原屬於羅馬天主教聖地的耶路撒冷落入伊斯蘭教手中，羅馬天主教為了收復失地，便進行多次的東征行動，但有些是針對天主教以外的其他基督教派，並非針對伊斯蘭教，例如第四次十字

軍東征就是針對東正教的拜占庭帝國。

三、蒙古三次西征（1219至1260年）

成吉思汗在建立蒙古汗國後，即不斷向外擴張。蒙兵矛頭所指有二：

1. 西征：侵略中亞、西亞乃至歐洲。
2. 南侵：攻打西夏、金國、南宋，以及朝鮮、日本和南洋諸國。

在半個世紀內，成吉思汗及其子孫發動了三次西征，蒙古鐵騎一度馳騁於歐、亞大陸。以下針對三次西征之概況略做介紹。

(一)第一次西征（**1219至1225**年）

1219年，成吉思汗以西域花剌子模國殺害蒙古商隊及使者，乃親率二十萬大軍西征，由他的四個兒子朮赤、察合台、窩闊台、拖雷以及大將速不台、哲別等隨行。蒙軍長驅直入中亞後，於1220年攻占花剌子模都城撒馬爾干，其國王西逃，成吉思汗令速不台、哲別等窮追之，蒙軍因此便西越裏海、黑海間的高加索，深入俄羅斯，於1223年大敗欽察和俄羅斯的聯軍。另成吉思汗又揮軍追擊花剌子模之太子札蘭丁，在印度河流域打敗之。1225年，成吉思汗奏凱東歸，將本土及新征服的西域土地分封給四子，後來發展為四大汗國。

(二)第二次西征（**1235至1244**年）

1227年，成吉思汗在滅亡西夏後死去，不久三子窩闊台汗繼任大汗。窩闊臺大汗於1235年派遣其兄朮赤之次子拔都，率領五十萬大軍再度西征。因察合台認為「長子出征，則人馬眾多，威勢盛大」，所以成吉思汗四個兒子的長子，即朮赤長子鄂爾達、察合台長子拜答兒、窩闊台長子貴由、拖雷長子蒙哥，均參加此次西征，其他「諸王、駙馬、萬千百戶，也都長子出征」，故史稱「長子西征」。這次的西征，徹底滅亡了花剌子模，殺札蘭丁。旋大舉征服俄羅斯，攻陷莫斯科、基輔諸城，並分兵

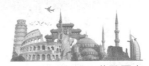

數路向歐洲腹心挺進。1241 年，北路蒙軍在波蘭西南部的利格尼茲大破波蘭與日耳曼之聯軍，擊斃西里西亞大公亨利二世。拔都親率蒙軍主力由中路攻進匈牙利獲大勝，其前鋒直趨義大利的威尼斯。正當西方各國惶惶不可終日之際，拔都忽接窩闊台汗駕崩之噩耗，於是乃急速班師。

(三)第三次西征（1253至1260年）

蒙哥 1251 年即汗位之後，於 1253 年令其弟旭烈兀率兵西征。這次西征主要方向是西南亞地區，首要目標是消滅木剌夷（在裏海南岸的伊朗北部）。1257 年，蒙軍蕩平木剌夷之地，旋揮師繼續西進至美索不達米亞地區，攻陷巴格達，歷時五百餘載的東大食帝國滅亡。此後旭烈兀又揮兵攻陷阿拉伯的聖地麥加，攻占大馬士革，曾命其前鋒郭侃渡海收富浪（即今地中海東部的塞浦路斯島）。本來他還打算進一步攻打密昔兒（即今之埃及），但因接獲蒙哥汗伐宋陣亡之噩耗，乃率主力班師。

蒙古之西征具有深遠之影響。第一次西征後，成吉思汗把征服地區分封給四個兒子。又透過第二、三次的西征，占有地區不斷擴大，四子的封地逐漸形成為欽察、察合台、窩闊台、伊兒等四大汗國。汗國雖各自獨立，但名義上服從於蒙古本部和中原地區的大汗，於是出現了騎跨歐亞的蒙大帝國。同時，為了軍事之需要以及鞏固帝國統治，蒙古大汗乃到處建立驛站制度，保護商路、航運。一時從中國直至西歐，海陸交通均甚暢達。因此，隨著蒙古之西征，東西文化大通，歐亞交流頻繁，中國之羅盤、火藥、印刷術、紙幣、算盤、瓷器等進一步傳至歐洲。隨後歐洲商人、學者、使節、傳教士亦紛紛東來，西方之學術文化遂大量輸入中國。

蒙古三次西征加深了東、西方之隔閡。當蒙古鐵騎蹂躪中亞、西亞，其西征大軍席捲歐洲之際，西方各國因屢敗屢戰，故一聞韃靼人至，莫不魂飛魄散，驚呼「黃禍」。後來歐洲白種人往往把東方黃種人（包括中國漢族、日本）之興起，視為對西方文明的威脅，近代歐、美列強甚至將華人當成潛在的「黃禍」，並藉此屢屢出兵侵略中國或干涉其內政。

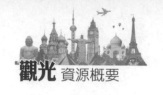

拾、雙元革命

　　所謂雙元革命，是指政治革命與工業革命。

一、政治革命

(一)美國獨立革命（1776年）

　　美國獨立戰爭的導火線是英國政府頒發的「印花稅法」、「湯森稅法」和「駐兵條例」。其中「印花稅法」是為了將其為期七年的英法戰爭的鉅額開銷轉嫁給北美殖民地。在華盛頓的帶領下，北美殖民者在對英國的美國獨立戰爭中贏得了勝利，並且建立起了美利堅合眾國。美國獨立革命的重要歷史時間如下：

1. 1770 年 3 月 5 日，波士頓市民與英國駐軍發生衝突，英國駐軍向北美平民開槍，造成舉世矚目的波士頓慘案。
2. 1773 年 12 月 16 日，波士頓傾茶事件。
3. 1774 年 9 月 5 日，來自各地的殖民者代表在費城召開了第一屆大陸會議。

(二)法國大革命（1789年）

■ 法國大革命的背景

　　革命前的法國階級制度相當嚴格，由教士與貴族享有特權。中產階級與工農階級對於現況不滿，成為革命的主要角色。法國當時的行政、財政與司法制度紊亂，賦稅制度不公平，為引發法國大革命的因素。

■ 法國大革命的導火線

　　1789 年 6 月底，路易十六在表面上支持第三階級另組的國民會議，而事實上是在同時間調度軍隊來到巴黎，且準備逮捕若干支持國民會議的議員。巴黎城內，不安的情緒瀰漫各地，再加上失業、物資缺乏、糧食價

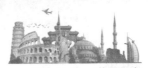

漲，以及對軍隊的畏懼，人民的不滿如箭在弦上。

　　7 月 12 日傳來消息，國王將受人民愛戴的財政大臣內克解職，內克在一般人民心目中一直是為民爭取利益的鬥士。這個消息引發持續三天的暴亂。7 月 14 日暴亂達到最高潮，暴民攻下巴士底這座古老監獄，動亂迅速蔓延到全國各地，稱為「大恐怖」。

■法國大革命的結果

1. 廢除封建及階級特權：為平撫革命帶來的動亂，並減輕大部分農民的負擔，國民會議很快地在 1789 年 8 月 4 日公布新法令：廢除「封建制度」（包括對封建領主繳稅等義務、法庭及獨占事業等）；制定一套平等的賦稅制度，並同時廢除義務捐給教會的什一稅、法院的財產、城市和各省的特權，及其他在舊制度時期的基本制度。

2. 制定新的憲法：國民會議於 1791 年 9 月制定憲法賦予人民主權，使法國成為一個君主立憲國家。在舊王朝時代，國王以「神意」為名統治國家，如今國家憲法和「神意」同為國王統治國家的依據。國王的權力被大量削減，而且只能擁有為期兩年的暫時性立法否決權。立法權將交給分兩階段選出的立法會議，凡是成年男子能夠於每年繳納相當於三天薪資的直接稅，此人便有權選舉選舉人，再由選舉人選出代議士。

3. 巴黎公社的成立：1789 年革命前，巴黎部分市民組成維持秩序委員會，發展至 1792 年後，成為巴黎市政的自治機構，並有區代表在市政廳宣布自己是多數區代表會議，奪取了市府權力，公社支持雅各賓派，成為與立法會議並存的政權。1793 年進入恐怖統治高峰期，但公社發動非基督化運動和擴大恐怖活動引起國民公會不滿，1794 年巴黎公社便隨著羅伯斯比政權的垮台而結束。

4. 路易十六走上斷頭台：1792 年，如何處理路易十六的問題，時常

出現在國民公會的議題上。直至 1792 年 11 月 20 日，發現路易十六新的罪證在杜伊勒里宮的牆壁裡祕密收藏大量文件，證實路易十六與反法的國家或團體有密切聯繫。1793 年 1 月 14 日，國民公會通過對路易十六立即執行死刑的決議。1793 年 1 月 21 日路易十六在斷頭台上斃命，圍觀群眾高呼「國民萬歲！」。

(三)拿破崙時代

■拿破崙的崛起

時間	經過
1786 年	被任命為砲兵少尉
1793 年	從英國手中奪回吐隆，晉升為准將
1795 年	解散國民會議，恢復巴黎秩序，晉升為少將，統領法國本土衛戍軍
1796 年	督政府派拿破崙遠征義大利與奧國，以打擊奧國勢力，拿破崙凱旋歸國
1798 年	率軍攻打埃及，想利用埃及前進印度，以打擊英國，卻受困埃及
1799 年	適逢英俄奧土等國組成第二同盟進攻法國，拿破崙由埃及偷偷潛回巴黎發動政變，成立執政府，擔任第一執政，開啟個人統治開端

■拿破崙的領土擴張

拿破崙在 1800 至 1803 年的外交和軍事活動替法國帶來空前的光榮與強大，其擴張領土的期程如下：

1. 1804 年受封為法皇，使法國邊界直抵「自然疆界」。

2. 1805 年繼任為義大利王，自任義大利及聯邦的仲裁人。

3. 改組、控制日耳曼，自任萊茵邦聯的保護人。

4. 奪取英國在歐陸的土地漢諾威。

5. 拿破崙的兄弟們和姊妹卡羅琳分別在那不勒斯、尼德蘭、西發里亞和西班牙建立法國的衛星國。

6. 華沙大公國設定為東方據點。

7. 1811 年拿氏之子誕生，拿破崙進一步擴張領土，奪取尼德蘭、不

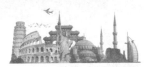

來梅、漢堡、盧比克、北漢諾威、瑞士的瓦萊、奧登堡等地。

■拿破崙在政治上的成就

拿破崙在保存法國革命成果上，不僅多所貢獻，還把革命推行至各個角落，因為他於憲法規定男子普選制及議會制度，推行至他所建立的各個國家。各邦國雖然未必遵行這兩個制度，但令人不可思議的是，一個由選舉產生的議會裡，議員中竟包括農民出身者。西班牙在拿破崙憲法的刺激下，反對拿氏政府制定出一部更具自由精神的憲法。

■柏林詔書和米蘭詔書

1805 年對英戰爭的慘敗，迫使拿破崙利用其對歐洲大陸的控制，對英國採取消極的經濟封鎖，就是所謂的「大陸政策」或「大陸封鎖政策」。1806 年頒布大陸封鎖令後，再以柏林詔書和米蘭詔書補充說明，主要內容有：

1. 凡英國船隻或中立國船隻裝運英國貨物，不得進入歐陸。
2. 英國在大陸上的財產一律被沒收。

此一政策不僅於法國實施，各個法國盟邦（拿破崙的統治地）、中立國也一律適用。中立國若不遵守，即被視為法國的敵人。後來法軍征俄，其中一項原因就是俄國在封鎖期間，不斷與英國暗通款曲。對於法國的封鎖，英國也在 1807 年頒布會議命令加以報復，禁止與法國及其盟邦從事貿易活動。

■《拿破崙法典》

被任命為第一執政的拿破崙於 1800 年，領導負責起草、搜集法典的委員會，採選 36 種法規依次完成立法，於 1804 年合併成單一的法典。這本法蘭西法典（即《拿破崙法典》）是一部十分偉大的現代法律編纂彙集，其特色及內容為：

1. 取消古君主政體下法律大部分以當地習慣為基礎的法律，改用有

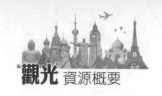

條理的法則來代替，呈現出邏輯化編排、清晰並簡明的條款形式。

2. 主要型態是用一種能讓所有人都容易閱讀瞭解的方式來編寫。整部法典總共只包含 2,281 節，以現代的格式呈現，也很容易以方便的袖珍版印製。

3. 法典分成三部分：第一部分是規範人；第二部分是有關財產；第三部分則規範財產取得的不同使用方法。

4. 今天的法蘭西民法典在本質上仍與當年拿破崙下令制定時的法典相去不遠。

■ 拿破崙穩定財政的發展

1. 廢止強制公債、軍需品徵發等措施，穩定資本家的情緒。

2. 由中央取代地方擁有徵收直接稅的權力，使中央擁有財政管理權。

3. 由國家直接派稅收人員至各省、區、市鎮執行收稅任務，並要這些人員出發時先繳保證金，以提高他們的責任感。

4. 恢復期票證券制度，使交易所重新活躍。

5. 鼓勵投資公債，讓國庫短時間內得到充實。

6. 政府支助法蘭西銀行成立，並獲得獨家發行紙幣的權利。

7. 實行銀本位制，將黃金、白銀的比價定為 1：15.5，穩固幣值。

8. 採重商主義，例如成立全國工業促進會與商業管理總委員會、舉辦工業博覽會、關稅保護、統一度量衡、建立統計局以調查全國經濟情形等。

■ 拿破崙的最後一役

1813 年，英、俄、普、奧等國組聯盟發動戰爭。在號稱「民族戰爭」的萊比錫一役中，拿破崙二十萬大軍潰敗。1814 年春，英、俄、普、奧四國的軍隊攻入法國，拿破崙回師挽救已太遲，只得無條件退位；5 月被放逐到地中海的厄爾巴島（Elba）上。法國則由復辟後的波旁王室統治，列強決定召開維也納會議解決戰後問題。但是，維也納會議中列

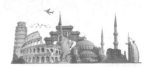

強爭論不休和波旁王室不受法國人民愛戴，使拿破崙認為有機可乘。他於
1815 年 2 月逃離厄爾巴島，3 月回到法國，法軍倒戈相向，路易十八離開
巴黎，於是開始了拿破崙的「百日復興」。英、俄、普、奧等國聞訊又調
兵圍攻，6 月滑鐵盧一役中，拿破崙兵敗被俘，由聯軍將之放逐至南大西
洋中的聖赫勒拿島上，至 1821 年死於該地。

二、工業革命

(一)工業革命的基礎

工業革命的形成是諸多條件同時匯集的結果，這些局勢包括資本主
義、農業革命、地理大發現帶來的新航路與海外殖民地、列國制度的形
成、新教徒的精神、重商主義的興起、科學與人文思想的突破。

■農業革命

英國的農業革命，最早發生在 18 世紀初；法、美、德在 18 世紀
中；義、奧、俄、西則要等到 19 世紀以後。18 世紀農業革命的主要特徵
有下列幾點：

1. 休耕地逐漸消失，由輪栽取代。
2. 農具改良與新工具的改進。
3. 可耕地的繼續拓展與改良。
4. 擔任農場勞作的推廣；一直到 19 世紀中以蒸汽曳引的犁田機出
   現，馬匹的使用才逐漸失去優勢。

■重商主義

重商主義是政府主動干涉經濟的制度，希望此制度促進國家的繁榮
並增加國家的權力。政策內容大多是有關經濟政策的計畫，最終目標充滿
政治性，目的不僅是為了擴展生產量與貿易額，同時為了給王室帶來更多
的財富，使其能夠建立艦隊、裝備陸軍，使政府為舉世所畏懼與尊敬。重

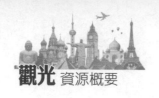

商主義和君主欲增加本身及其所統治的國家權力有密切關聯，故有時也被稱為「國家主權說」。此種風潮約在西元 1600 年至 1700 年左右為全盛期。

(二)英國工業革命成功的原因

英國發生工業革命的原因，包括政府政策與商業經濟的配合、資本、勞力、天然資源、市場與社會風氣等條件有關。紡織業開啟了工業革命的序幕，蒸汽機的改良成為工業的動力。工業革命符合資產階級的利益，而受到支持。經濟的發展使中產階級的地位提高，得以增加其政治影響力。

(三)工業革命時期的重要發明

時間（西元）	重要發明
1712 年	紐柯門發明蒸汽機抽取煤礦積水
1733 年	約翰凱（John Kay, 1704-1764）發明飛梭
1765 年	瓦特發明更能節省燃料的蒸汽機
1769 年	哈格里夫發明珍妮紡紗機 阿克萊特發明水力紡紗機
1784 年	卡特萊特（Edmund Cartwright, 1743-1823）發明蒸汽織布機
1793 年	惠特尼發明軋棉機
1807 年	富爾頓（Robert Fulton, 1765-1815）發明蒸汽輪船
1814 年	史蒂芬生發明蒸汽火車

(四)工業革命在歐洲的傳播與發展

■ 傳播過程

19 世紀中傳至法國與比利時，在 1860 至 1870 年代傳至日耳曼，1890 年代傳至俄國、義大利與奧匈帝國等。至於歐洲以外的地區，在 1870 年代以前，受影響最大的地區為美國東北部，這和英國資本與機器

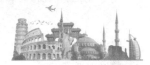

輸入，及紡織業與製鞋業興起於新英格蘭一帶有關；鐵路也促進了賓州煤鐵業的發展。

■歐洲大陸工業化較遲的原因

1. 戰爭與革命使歐洲經濟陷於混亂，並遏止冒險資金的投資與人力的遷徙。
2. 產業革命必須在一個較大的統一市場才能成功，所以義大利與日耳曼的分裂妨礙其經濟發展。
3. 傳統的行會禁止在古老城市內建立工廠制度，限制了新經濟的活動，而且農民的傳統態度，也妨礙勞力市場的形成。

■ 1870 年後歐洲工業革命的發展情形

英國仍出產世界總產量一半的鐵與棉布，三分之二的煤，並有二分之一的人口住在城市。比利時成為歐陸最工業化的國家，其煤鐵工業都有高度發展，並有大規模的棉、毛紡織工業；法國也開發了海峽、海岸與洛林區的煤礦，廣設煉鐵中心，德國與美國在煤鐵業有凌駕英國之勢。

拾壹、19 世紀歐洲的政治改革運動

一、維也納會議

維也納會議是從 1814 年 9 月 18 日到 1815 年 6 月 9 日之間在奧地利維也納召開的一次歐洲列強外交會議。這次會議是由奧地利的政治家梅特涅提議和組織的，其目的在於重劃拿破崙戰敗後的歐洲政治地圖。

(一)會議召開的目的

1. 維也納會議除討論最後決議案外，從未正式召開大會。談判是在不斷的慶祝會、招待會、舞會和各種娛樂狀況下進行的，因此又被稱作「跳舞大會」。

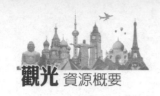
2. 會議自始至終由英、俄、奧、普四強操縱，所有重大問題預先幕後商定，爾後要求法國接受他們的決定。許多小國僅能參加討論與其有關的問題。維也納會議實為一次大國主宰、小國陪襯的國際會議。

3. 會議召開的主要目的並不像各國統治者所說的那樣崇高、莊嚴，即為「重建社會秩序」、在「公平的力量配備」的基礎上建立「持久和平」。實際上，它的主要任務是：恢復歐陸封建秩序，恢復曾被拿破崙征服的各個國家中的舊王朝，消除法國大革命和拿破崙戰爭在歐洲所造成的政治變革，阻止新的革命運動發生，滿足各強國重新分配歐洲領土和殖民地的要求。

(二)維也納會議的影響

　　維也納和約雖未能完全解決歐洲政治重建和領土分配問題，但仍有相當的影響，分述如下：

1. 其決定構成 19 世紀前半的國際關係。
2. 對領土的劃分成為此後歐洲政治的基礎。
3. 對法國的寬大處置屬明智。
4. 在東歐，使俄、普、奧建立了幾乎長達一世紀的穩定界線；在西歐，維持了近半個世紀的和平（直到克里米亞戰爭爆發）。
5. 展開國際政治新嘗試——歐洲協調，列強可定期集會處理共同利益及可能危及和平的爭端。
6. 對日後形成 19 世紀歷史的兩種主要力量——民族主義與民主政治，抱著敵視的態度，以致後來為民族主義分子和民主政治運動者所攻擊。

二、法國七月革命

　　法國七月革命是 1830 年歐洲政治革命浪潮的序曲，因為波旁王室

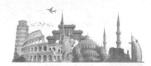

的專制統治，令經歷過法國大革命的法國人民難以忍受，以致法人群起反抗當時法國國王查理十世的統治。這次革命是維也納會議後首次得以在歐洲成功的革命運動，鼓勵了 1830 及 1831 年歐洲各地的革命運動，同時也證明了在維也納會議之後，由奧地利帝國首相梅特涅組織的保守力量未能抑制在法國大革命之後日益上揚的民族主義及自由主義浪潮。在七月革命成功之後，各國的自由主義及民族主義運動相繼發生。

三、法國二月革命

　　1848 年發生的法國二月革命也是歐洲革命浪潮的重要部分之一。法國人民面對奧爾良王朝的失政，以及法國國王路易腓力拒絕修改選舉法、賄賂議員並控制國會，於 1848 年在巴黎發生暴動，選舉路易拿破崙為總統，成立第二共和，並成功推翻路易腓力，鼓勵歐洲其他地區的革命運動，其中尤以維也納暴動最重要。梅特涅被迫辭職逃亡，他領導的反動勢力就此瓦解。二月革命之後，歐洲各國君主為適應民主潮流，大多頒布憲法，設立國會。

拾貳、民族主義的興盛

　　民族主義浪潮的帶動下，促使德國統一的主要三場戰爭分述如下：

一、普丹戰爭（1864年）

　　丹麥南方之「什列斯威」與「好斯敦」為德意志邦聯成員之一，卻由丹麥王統治。1863 年丹麥王宣布兼併兩地，於是普、奧兩國共同進攻丹麥，成功奪回兩地。奧國分得好斯敦，普魯士分得什列斯威。然而這個戰後的安排，是深謀遠慮的俾斯麥為日後普奧戰爭埋下之導火線。

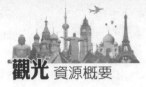

二、普奧戰爭（1866年）

　　俾斯麥清楚明白想要讓德意志統一，實踐「小德意志」方案，就必須將奧地利的勢力趕出德意志地區。於是，他設法孤立奧地利，令它處於孤立無援的境況後，再尋找借口去發動戰爭。

　　為了孤立奧地利，俾斯麥應允協助俄國取消「黑海中立條款」，英國則仍然採取光榮孤立的政策，俾斯麥也於 1865 年 10 月在比亞里茨與拿破崙三世會晤。俾斯麥表示，普魯士不反對把盧森堡及萊茵河區劃入法國版圖，以此作為法國在普奧戰爭中保持中立；另外，法王在普奧戰爭中，普魯士未必能獲勝，勝方可能是奧地利，因此，保持中立只是個「空頭人情」。俾斯麥並無忽略義大利，他不將義大利看成敵人，反而視之為幫手，以結盟的方式在 1866 年 4 月 8 日兩國簽訂攻守同盟條約，例如規定普魯士在三個月內與奧開戰，義大利必須同時對奧宣戰，只有奧地利把威尼西亞歸還予義大利，才可與奧講和。

　　「哥斯坦協議」是由俾斯麥與奧國公使簽訂的，只是奧王對此並不滿意，要求將兩個省份，什列斯威及好斯敦納入德意志邦聯內，但遭到俾斯麥的拒絕，他認為這項建議違反了「哥斯坦協議」。1866 年 5 月，威廉一世下令全國總動員，於 1866 年 6 月宣戰。基於攻守同盟條約，義大利亦加入普奧戰爭，最後奧軍慘敗，簽訂普奧「布拉格條約」，奧地利將好斯敦割讓予普魯士，威尼西亞割讓予義大利。同時，亦承認由奧地利為主席的德意志邦聯正式解體，由普魯士為首的北德邦聯（包括 24 個邦 3 個自由市）正式成立。

三、普法戰爭（1870年）

　　1866 年，北德邦聯成立後，法國才驚覺普魯士不再是以前細小的邦國，而是領導北德邦聯的主席，一旦普魯士統一德意志各邦，成立一個大帝國，與法國為鄰，這會令法國在歐洲大陸上的領導地位消失。如德意志統一，法國所希望得到的萊茵河區，只會成為泡影。拿破崙三世也因國內

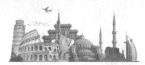

局勢動盪，希望能透過戰爭來轉移人民的視線。對普魯士而言，統一必須將南部各邦併入德意志境內，以達成統一的心願。因此，普法戰爭對兩國而言是免不了的，只是時間的問題。

1868 年，西班牙發生革命，女王伊莎貝拉二世被推翻，令皇位懸空，由西班牙議會霍亨索倫家族的利奧波德‧馮‧霍亨索倫親王繼位，俾斯麥全力支持這項建議，並得到威廉一世的贊同，法國卻表示強烈反對。因為法國認為，如果利奧波德親王繼位，便會令法國被霍亨索倫的家族包圍。最後，普王及候選的親王做出讓步，承諾撤回候選人。但法國得寸進尺，在 1876 年 7 月 13 日，法使三度走訪國王，希望得到普王的書面保證，確保霍亨索倫家族的成員不會登上西班牙王位。但普王對此感到極為不滿，認為法國欺人太甚，拒絕再次接見法使。普王將他與法使的對話內容透過電報通知身處柏林的俾斯麥。

俾斯麥將冗長的電報，經修飾、刪減，令電文充滿了辱罵法國的語氣，並在報章上刊登，法國亦出版號外，這既令法國舉國憤怒，亦令德人感到法國欺人太甚。

於是，法王在 7 月 14 日晚向普宣戰。9 月 1 日，拿破崙三世及幾十萬法軍在色當城附近被四十萬普軍包圍。翌日，法軍投降，拿破崙三世連同十四萬法軍被俘。兩天後，法國發生革命，宣布共和，成立國防政府，但仍與德作戰。

普軍在 1871 年 1 月包圍巴黎，法、德達成「停戰和巴黎投降協定」；2 月 26 日在凡爾賽宮簽訂草約，5 月 10 日簽訂「法蘭克福條約」，割讓阿爾薩斯及洛林兩省，賠償 55 億法郎。這令歐洲兩大民族在往後數十年間保持敵對關係。

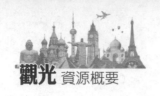

拾參、新帝國主義的興盛

一、新舊帝國主義的比較

項目	舊帝國主義	新帝國主義
時間	16 至 18 世紀	19 世紀後期
興起背景	地理大發現	工業革命的衝擊
國力	以農業為基礎，國力不強	工業強國除軍事外還挾著優勢的政、經、文化力量
侵略目標	亞洲、美洲	非洲、亞洲、拉丁美洲
主要國家	葡、西、荷、法、英、俄	英、俄、法、德、美、日……
被侵略者措施	尚可閉關自守，如中國、日本	無法閉關自守，毫無抵抗能力
影響	使歐洲富強	引起第一次世界大戰

二、新帝國主義興起的原因

(一)經濟因素

　　19 世紀開始，歐洲步入工業革命年代，西方各國的經濟加速發展，並開始令世界的各國發展趨向兩極化，一是工業發達的強國，另外則是工業落後的弱國。機械的原材料（鋼、鐵）以及燃料（煤）產量的提高使各個國家能夠加速商品的生產，令本土市場的需求逐漸不能滿足物品的供應。與此同時，工業生產增加也令原料的需求不斷上升，因此推動工業發達的國家開拓其工業製成品的外銷市場，也加強西方各國著力控制以致爭奪原料產地，而工業落後的弱國正適合成為各工業強國輸出商品的市場和掠奪原料的對象，使得 19 世紀中後期至 20 世紀初，各大國的商人及企業界皆催促著列強政府爭奪殖民地，以取得原料供應地及市場。

(二)政治（強權外交）因素

　　經濟的發展促使工業強國藉占據殖民地來拓展原料供應及市場，使殖民地逐漸成為衡量強國的標準。這解釋了當時一些工業化程度不高的

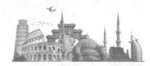

國家，如俄羅斯、義大利、日本（它們本身每每正是他國貨品的傾銷對象）等何以藉開拓殖民地帝國，來彰顯己國的民族光榮及國際地位。如在1870年代統一的新興國家義大利，為何在立國統一短短十餘年之間便傾心於殖民地的開拓（如1881年和法國爭奪突尼西亞），很大原因在於意圖躋身強國之林。1890年為了表示德國由歐洲強國晉身至世界強國，威廉二世亦積極推動殖民地擴張。法國也藉殖民地擴張來提升在普法戰爭後因戰敗大幅下跌的國際地位。而俄國更是積極鼓勵法國向海外發展，藉此使英法產生衝突，而歐洲也欲以法國向外發展來降低法國大革命以來的復仇心態。

(三)文化因素

列強受種族優越理論及社會達爾文主義的影響，以達爾文的進化論作為向外侵略的借口。歐洲各國以所謂的「白人的負擔」來推動他們的殖民地拓展，認為將落後地區歸入殖民地是給予這些地區機會進行文明開化；除此之外，教會也希望隨歐洲文明的進入向他國宣導基督教思想，而這也是各列強政府開拓殖民地的另一種理論依據。

三、殖民亞洲

(一)印度

1. 葡萄牙首先殖民印度，也占領澳門；葡萄牙是歷史上第一個全球性的殖民帝國，也是歐洲最早和最久的殖民帝國（1415至1999年）。
2. 英國政府併吞印度，在印度設總督府，作為侵略亞洲的大本營。

(二)東北亞

1. 俄國以西伯利亞為基地，侵略中國東北和朝鮮。
2. 1895年，清朝與日本簽訂馬關條約，承認朝鮮獨立，將臺灣割讓給日本。

(三)越南

1. 1883 年，清朝與法國簽訂第一次順化條約，越南承認法國為宗主國。
2. 1884 年，清朝與法國簽訂第二次順化條約，清朝放棄越南的宗主權。

(四)菲律賓

1. 1565 年，西班牙將宿霧作為入侵菲律賓的首府；1571 年在馬尼拉設總督府，採政教合一，天主教成為菲律賓主要的宗教信仰。西班牙殖民菲律賓長達三百多年（1565 至 1898 年）。
2. 1898 年 6 月 12 日，西班牙因在美西戰爭中戰敗，結束了在菲律賓的殖民時期。1901 年美國接管了菲律賓，而宿霧在 1942 年 4 月第二次世界大戰期間，被日軍攻占，直到 1945 年 3 月，美軍登岸迫使日本投降。菲律賓在 1946 年二次大戰結束後獲得完全獨立。

(五)新加坡

1819 年，湯瑪斯萊佛士為英國取得新加坡殖民統治權。

四、殖民非洲

1. 19 世紀前，非洲被稱為黑暗大陸，原因是除埃及和沿海地區外，世人對非洲大陸全無瞭解，而當地居民又多為黑人。15 世紀地理大發現後，人類活動範圍擴大，對開發勞力的需求殷切，自此開始有了奴隸市場的交易，亦導致 15 至 17 世紀西非人口大量減少。而葡萄牙是最早掌握非洲奴隸交易的國家。
2. 19 世紀中葉，英國人李文斯頓（David Livingstone）深入非洲，其報導引起歐洲人對非洲的興趣。
3. 1880 年以後，各國政府入侵非洲，獲取商業據點或原料產地，並

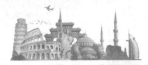

在外交會議上劃分勢力範圍：

(1) 葡萄牙、西班牙占領今摩洛哥的一部分。

(2) 法國在塞內加爾建立第一個貿易站，據有撒哈拉沙漠周邊及地中海沿岸地區，是列強中所占面積最大者。

(3) 瑞典占領今迦納共和國，後被丹麥奪取。

(4) 德國占有東非及西南非。

(5) 英國因「凡爾賽條約」獲得甘比亞並占領南非好望角，1869 年因蘇伊士運河開通占領埃及，視為通往印度的生命線，自此發展出南（好望角）北（開羅）的殖民勢力，殖民地面積約等於整個歐洲。

五、殖民拉丁美洲

(一)古文明時期

在 15 世紀歐洲人抵達美洲之前，美洲的原住民印地安人就已在中南美洲創造了獨特的美洲文明，包括馬雅（Maya）文明、阿茲提克（Aztec）文明，以及印加（Inca）文明等。其中馬雅文明於 16 世紀後突然崩解，原因至今不明；阿茲提克與印加文明，則於 16 世紀上半葉先後被西班牙人所滅。

■馬雅文明

馬雅文明產生在中美洲猶加敦（Yucatan）半島上，在 4 至 9 世紀時發展成熟。馬雅人建立一些獨立城邦，但未形成一統帝國。馬雅農民在高地闢梯田，在窪地築田，生產玉米、薯類等作物。各個城邦則透過貿易以維持經濟的來往。宗教上，馬雅人崇拜自然現象，信仰多神，如雨神、穀神等，他們祭神以祈求豐收、健康與繁衍子孫。馬雅人使用一種「意音文字」，既表音又表意。他們發展出一套太陽曆，使用「零」的符號與二十進位法。在建築方面，馬雅人建有巨型階梯式金字塔，頂上有神廟供奉統

治者神位。馬雅人尚武好戰,其繪畫與雕刻中,常有以鮮血或人作為犧牲的祭典場面。

■ 阿茲提克文明

　　阿茲提克文明發祥於墨西哥高原。14世紀時,阿茲提克人征服鄰邦,建立了一個「帝國」,實質上是個部落軍事聯盟。帝國也發動對外戰爭,目的是要增加課稅與納貢來源。阿茲提克社會以氏族為核心,若干氏族組成部落,酋長由貴族議會選出,是統治者兼祭司。社會分為貴族與非貴族兩大階級,前者包括祭司、軍事首領與高層官員,後者包括農民、商人與下層官吏。

　　阿茲提克人在湖畔造田,生產玉米等作物。他們以木棒翻土,耕種技術原始。手工藝業發達,有製羽業、首飾業、石雕業、製陶業等。商業則有本地的集市貿易及與其他地區進行的遠距貿易,特諾奇蒂特蘭(Tenochtitlan)是全國的商業中心。

　　阿茲提克人崇拜多神,氏族、部落、行業各有神祇。他們相信神因創造人而自我犧牲,所以人也應犧牲自己來祭神。他們以活俘虜獻祭,以表達虔誠之心。

■ 印加文明

　　大約在西元前1000年,南美洲安地斯山地區先後出現查文(Chavin)、奇姆(Chimu)和提華納科(Tiahuanco)三個文化。西元1400年之後,一支稱為印加的部落,統一了一直各自為政的印地安部落,建立了一個大帝國,以庫斯科(Cuzco)為都城。16世紀時,印加帝國疆域遼闊,北起今哥倫比亞,南達今智利中部,西起太平洋岸,東到亞馬遜河。

　　印加人在農業、冶金與交通等方面相當發達。他們開闢梯田,興修水利,並懂得施肥。他們冶煉金、銀、銅、錫等金屬,但尚未使用鐵器。政府修築貫穿南北的公路,配合眾多支線,全國構成一個公路網。

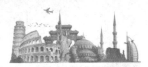

　　印加人也興建許多巨型建築，庫斯科的太陽神廟，飾以黃金和寶石，非常宏偉。他們發明一套曆法：一年分十二個月，每月三十天，每月有三旬，每旬十天。文字方面，印加人以結繩和顏色作符號，來傳遞公文，記述日期、史事和統計材料。

　　印加帝國是西班牙人法蘭西斯可‧皮澤洛於 1521 年在秘魯所發現。

(二)殖民時期

　　哥倫布發現新大陸後，西班牙人緊隨殖民該地，印地安人遭受壓制與摧殘，西班牙並從非洲買進黑奴種植甘蔗等熱帶作物。

(三)獨立運動時期

　　中南美洲獨立運動的主導者，大多是西班牙或葡萄牙殖民者的後裔，雖然他們是白人，擁有土地、財產與公民權，但卻被殖民母國排斥，不准他們進入殖民統治階層，因而造成這些人對殖民母國的不滿，所以在 19 世紀初，遂利用西班牙和葡萄牙國勢衰落時，陸續號召獨立，推翻當地的殖民官員。

　　支持這些白人後裔的，就是白人與印地安人結合的後裔，以及黑人與印地安人結合的後裔，因為在西班牙、葡萄牙殖民時期，他們雖然自由，但是沒有公民權利，並且飽受殖民母國官員的歧視，所以希望藉由獨立運動讓他們改變政治、經濟與社會地位。

　　印地安人與黑人，由於是當時社會的最底層，不僅沒有任何權利，更飽受殖民者的壓迫，所以當革命風潮出現後，他們最支持革命，成為革命軍的主力。

　　法國屬地海地是拉丁美洲最早開始爭取獨立的國家，於 1804 年攻占太子港宣布獨立。葡萄牙屬地——巴西於 1822 年獨立，1891 年成立巴西合眾國，實施民主憲政。

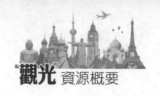
■拉丁美洲各國獨立成功的關鍵

　　1823 年美國第一屆總統詹姆士‧門羅發表門羅宣言，反對歐洲列強干涉美洲事務。美國外交手段如下：

1. 巨棒外交：
　(1) 出處：老羅斯福要求國會批准增加海軍軍費時說過的話，源出非洲諺語：「說話要輕聲，手中持巨棒。」
　(2) 意義：指羅斯福在中美洲加勒比海的高壓政策。
　(3) 事例：以軍事力量支持巴拿馬脫離哥倫比亞獨立，並取得巴拿馬運河開鑿權和運河兩岸運河區管理權。

2. 金元外交：
　(1) 定義：以保護美國投資者的利益或利用投資作為干預借口，為一種經濟與政治的結合與運用。
　(2) 事例：美國向拉丁美洲各國從事經濟侵略，藉以獨占各國生產與交通事業，控制各國財政，將拉丁美洲當作自己的勢力範圍。

第三節　世界重要發展歷史

壹、工業革命三階段

	第一階段	第二階段	第三階段
時間	1769 年至 19 世紀上半葉	19 世紀下半葉至 20 世紀上半葉	20 世紀下半葉至今
主要產業	棉紡織、煉鐵、採煤	前半期：煉鋼業發展、鐵路擴張、內燃機發明 後半期：合成化學、汽車、電器工業	1.主要為電腦與資訊科技，早期以政府、大企業、軍事用途為主 2.1970 年代以後，個人電腦出現與普及，更加帶動了資訊業發展
主要國家	英國	德國、美國、日本、蘇聯	日本、臺灣與韓國

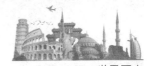

貳、動力發展時間表

時間	重要發展	
1769 年	瓦特成功改良蒸汽機，以煤做燃料，推動工廠機器，或火車、輪船等大型交通工具	
1831 年	法拉第發明發電機，把機械能轉變為電能	
1859 年	萊納爾研發出內燃機	以煤氣瓦斯做燃料，但不具機動性
1876 年	奧爾研發出「四行程」內燃引擎	
1882 年	愛迪生開發出「中央傳輸系統」，電力開始使用於照明與公共交通	
1885 年	戴姆勒研發出高速「汽油引擎」，以汽油做燃料，並將之安置於車輛上	
1892 年	狄塞爾發明「柴油引擎」，以柴油做燃料，降低費用	

註：柴油引擎（Diesel Engine）又名壓燃式發動機，是內燃機的一種。現時大部分的柴油引擎使用的燃料為柴油，但狄塞爾的發明原意是可以使用不同種類的燃料。事實上，他在 1900 年的世界博覽會上展示他的發明時，使用的燃料是花生油。

參、煉鐵→煉鋼發展時間表

時間	重要發展
1709 年	達比人發明焦炭煉鐵，可生產硬度、延展性與彈性較佳的「鋼」
1853 年	英國人柏塞麥用鼓風爐把空氣吹入融化的生鐵，改良鋼的生產方法
1863 年	德國人西門子與法國人馬丁發明「開爐」煉鋼法，可以控制鐵中碳的含量，生產不同規格的鋼
1889 年	法國人興建「艾菲爾鐵塔」，象徵鋼的時代來臨
1910 年代	英國人布利爾里研發出「不銹鋼」，質量輕，耐用又美觀

肆、能源演進時間表

時間	能源	重要性	缺點
18 世紀	煤	當時的主要燃料，煉鐵也需要燃煤來熔化鐵砂	造成空氣污染
19 世紀後期	石油	1.最早鑽油的是中國人，最早的油井是 4 世紀或者更早出現 2.中國人使用固定在竹竿一端的鑽頭鑽井，其深度可達約 1,000 公尺。他們焚燒石油來蒸發鹽滷製食鹽	終有用盡之時，更造成嚴重的環境污染問題

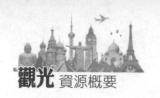
19 世紀後期	石油	3.10 世紀時中國人使用竹竿做的管道來連接油井和鹽井 4.「石油」一詞首次在《夢溪筆談》中出現並沿用至今 5.8 世紀新建的巴格達街道上鋪有從當地附近的自然露天油礦獲得的瀝青 6.現代石油歷史始於 1846 年，當時生活在加拿大大西洋省區的亞布拉罕・季斯納發明了從煤中提取煤油的方法 7.西元 1852 年，波蘭人依格納茨・武卡謝維奇（Ignacy Ukasiewicz）發明了使用更易獲得的石油提取煤油的方法 8.今日人類交通運輸所需的主要能源均仰賴石油	
二次大戰後	核能	1950 年代後，歐洲國家積極將核能轉為和平用途，特別是發電	有安全上的顧慮
未來	酒精汽油 風力發電 太陽能 潮汐	是低污染、效率高、價格低廉的替代能源，其中有些已進入商用階段	成本較高

伍、電腦發展時間簡表

時間	重要發展
1930 年	美國科學家布希研製出一臺大型電子機械計算機，是最早的模擬計算機
1942 年	阿塔納索夫教授和貝利博士在美國愛荷華州立大學製成第一台電子數字計算機
1945 年	美國賓夕法尼亞大學製成第一台全電子操作的數字積分計算機，簡稱 ENIAC。使用「真空管」運作，占空間，易過熱
1947 年	貝爾實驗室（1925 年 AT&T 總裁所成立的研究單位）研發出以半導體為材料的「電晶體」，體積小，耗能低，運算速度更快
1950 年	美國費城埃克特—莫奇里電腦公司首先大量生產名叫通用電子計算機的電腦
1953 年	美國「國際商業機械公司」（簡稱 IBM）開始生產第一種商用電腦，使用電子管
1956 年	美國「國際商業機械公司」採用電晶體作電腦零組件，革新電腦工業
1965 年	史丹福大學研發出第一部「個人電腦」的樣機
1973 年	「全錄公司」開發出「筆記型電腦」
1975 年	電腦專家沃茲尼亞克以「微處理器」裝配出一台電腦，取名「蘋果一號」，把人們帶進「個人電腦」時代
1982 年	個人電腦開始普及，大量進入學校和家庭

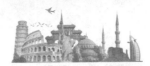

課後練習

( ) 1. 伊斯蘭國恐怖組織 ISIS 於 2015 年炸毀的三千年歷史古蹟是位於伊拉克北部的：　(A) 亞述古城　(B) 巴比倫空中花園　(C) 約旦佩特拉玫瑰城　(D) 蘇美遺址。

( ) 2. 將佛教真言宗傳入日本，並成為日本真言宗開山祖的是　(A) 最澄　(B) 法然　(C) 空海　(D) 日蓮。

( ) 3. 傳說中的第一代日本天皇是　(A) 推古天皇　(B) 天照大神　(C) 崇神天皇　(D) 神武天皇。

( ) 4. 日本明治維新時，擬訂憲法的領導人物是誰？　(A) 片崗健吉　(B) 大久保力通　(C) 木戶孝允　(D) 伊藤博文。

( ) 5. 1947 年印度半島脫離英國獨立，分裂為印度和巴基斯坦，其分裂最主要的原因為　(A) 宗教因素　(B) 政治因素　(C) 經濟因素　(D) 種族因素。

( ) 6. 發展十二星座與命運相關的觀念並制定一週七天制的是哪一個古文明？(A) 腓尼基人　(B) 蘇美人　(C) 加爾底亞人　(D) 希伯來人。

( ) 7. 英國於哪一年舉辦公投宣布脫離歐盟？　(A)2014 年　(B)2015 年　(C)2016 年　(D)2017 年。

( ) 8. 道教是中國本土所孕育出的宗教，早期道教的形成淵源為何？　(A) 民間巫術與黃老崇拜的混合物　(B) 莊周學說　(C) 戰國陰陽家言　(D) 周代敬天的傳統。

( ) 9. 波斯即為現在的哪一個國家？　(A) 伊朗　(B) 伊拉克　(C) 敘利亞　(D) 土耳其。

( ) 10. 在中國四川所發現之最重要古人類遺址為　(A) 三星堆文化遺址　(B) 半坡文化遺址　(C) 藍田猿人遺址　(D) 河姆渡文化遺址。

( ) 11. 14 至 16 世紀的文藝復興運動，造就歐洲在繪畫、雕刻、建築等藝術創作的繁榮。文藝復興肇始於哪一個國家？　(A) 希臘　(B) 法國　(C) 西班牙　(D) 義大利。

1.A　2.C　3.D　4.D　5.A　6.C　7.C　8.A　9.A　10.A　11.D

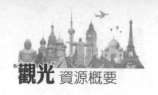

( ) 12. 斯拉夫民族中，共同性最高的文化特性是　(A) 文學　(B) 語言　(C) 宗教　(D) 法令。

( ) 13. 全球第一個出現高速公路的國家是　(A) 美國　(B) 英國　(C) 法國　(D) 德國。

( ) 14. 最具有代表性的早期資本主義城市是　(A) 威尼斯　(B) 羅馬　(C) 佛羅倫斯　(D) 米蘭。

( ) 15. 在西羅馬帝國滅亡後，教會成為維繫歐洲倫理及秩序的主要力量。在羅馬帝國時期，讓天主教合法化的皇帝是　(A) 凱撒　(B) 屋大維　(C) 戴克里先　(D) 君士坦丁。

( ) 16. 英國哪一個人的思想後來成為美國獨立宣言及憲法的理論依據？　(A) 洛克　(B) 牛頓　(C) 盧梭　(D) 傑佛遜。

( ) 17. 就古埃及人而言，法老在宗教上是什麼的化身？　(A) 太陽神　(B) 尼羅河神　(C) 陰間之神　(D) 豐收之神。

( ) 18. 美國的何項宣言，對拉丁美洲各國獨立的成功，有相當程度的幫助？　(A) 門羅宣言　(B) 獨立宣言　(C) 十四點和平計畫　(D) 人權宣言。

( ) 19. 電影的發明者是　(A) 培根　(B) 愛迪生　(C) 柯達　(D) 貝爾。

( ) 20. 曼谷王朝的第九任國王，也是目前全世界在位時間最長的國家元首是：　(A) 阿南塔‧瑪希敦　(B) 巴差鐵朴　(C) 瓦吉拉隆功　(D) 蒲美蓬‧阿杜德。

( ) 21. 馬鈴薯的種植和食用，從哪個地方首先引進到歐洲，對西方的飲食生活帶來重大的改變？　(A) 中南美洲　(B) 北美洲　(C) 非洲　(D) 亞洲。

( ) 22. 20 世紀初，在中美洲開鑿了哪一條運河，縮短了大西洋與太平洋之間的航程？　(A) 蘇伊士運河　(B) 中央大運河　(C) 巴拿馬運河　(D) 麥哲倫運河。

( ) 23. 法國政府為了慶祝美國制憲一百週年，贈送美國的一份厚禮是什麼？　(A) 帝國大廈　(B) 舊金山大橋　(C) 雙子星大樓　(D) 自由女神像。

---

12. B　13. D　14. A　15. D　16. A　17. A　18. A　19. B　20. D　21. A

22. C　23. D

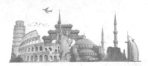

(　) 24. 釋迦牟尼出生地在今日哪一個國家的境內？　(A) 尼泊爾　(B) 印度　(C) 印尼　(D) 土耳其。

(　) 25. 西班牙占領菲律賓群島北部與中部後，在哪裡設立總督府？　(A) 宿霧　(B) 普吉島　(C) 馬尼拉　(D) 呂宋島。

(　) 26. 南宋的臨安是當時世界最大的城市，臨安是今日的何處？　(A) 天津　(B) 杭州　(C) 上海　(D) 廣州。

(　) 27. 在中南半島上最早建立的泰族王朝是　(A) 曼谷王朝　(B) 大城王朝　(C) 素可泰王朝　(D) 吞武里王朝。

(　) 28. 清朝與日本簽訂哪一個條約，承認朝鮮獨立？　(A) 漢城條約　(B) 江華條約　(C) 馬關條約　(D) 壬申條約。

(　) 29. 成吉思汗親率 20 萬大軍直驅中亞是在哪一次西征？　(A) 第一次　(B) 第二次　(C) 第三次。

(　) 30. 俄國人信仰東正教與使用斯拉夫文字，這均是因為受哪一帝國文化的影響？　(A) 鄂圖曼帝國　(B) 拜占庭帝國　(C) 東羅馬帝國　(D) 西羅馬帝國。

(　) 31. 14 世紀時塞爾維亞曾經是巴爾幹最強盛的國家之一，1990 年代共黨政權瓦解的風潮中，國家卻從此走向分裂的命運，指的是下列哪個國家？　(A) 南斯拉夫　(B) 匈牙利　(C) 波蘭　(D) 羅馬尼亞。

(　) 32. 拿破崙生前最後一戰為：　(A) 滑鐵盧之役　(B) 萊比錫之役　(C) 西班牙之役　(D) 尼德蘭之役。

(　) 33. 從英國泰晤士河（River Thames）河上看到北岸的倫敦塔（Tower of London）有一水門，此水門因該塔的特殊歷史，被稱為何？　(A) 凱旋之門　(B) 天堂之門　(C) 叛逆者之門　(D) 征服者之門。

(　) 34. 法國的「二月革命」是歐洲革命浪潮的重要部分之一，法國人民面對奧爾良王朝的失政，成功推翻當時的法國國王路易腓立，奧皇斐迪南一世被迫頒布新憲法，成立立憲政府，並廢除什麼制度？　(A) 貴族制度　(B) 工奴制度　(C) 農奴制度　(D) 共和制度。

---

24. A　25. C　26. B　27. C　28. C　29. A　30. C　31. A　32. A　33. C
34. C

( ) 35. 請問是何人詮釋三權分立為行政、司法、立法三大政府機構共同存在，地位平等且互相制衡的政權組織形式？　(A) 孟德斯鳩　(B) 盧梭　(C) 羅斯福　(D) 培根。

( ) 36. 克里斯多福‧哥倫布，他在 1492 到 1502 年間四次橫渡大西洋，並成為到達美洲新大陸並發表其事業的首位西歐人，請問他是哪一國的航海家？　(A) 西班牙　(B) 葡萄牙　(C) 法國　(D) 義大利。

( ) 37. 下列哪一個國家為歷史上第一個全球性的殖民帝國，也是歐洲最早和最久的殖民帝國？　(A) 德國　(B) 西班牙　(C) 英國　(D) 葡萄牙。

( ) 38. 吳哥窟（又稱吳哥寺）位於柬埔寨西北方。它是吳哥古蹟中保存得最完好的廟宇，以建築宏偉與浮雕細緻聞名於世，也是世界上最大的廟宇。12 世紀中葉，真臘國王蘇耶跋摩二世定都吳哥並建造了這座國廟，請問建造吳哥窟的主要原因為何？　(A) 信仰印度教　(B) 祈求安康　(C) 宣揚國威　(D) 征服者之門。

( ) 39. 明治維新時，皇室從京都遷到江戶，成為新的日本首都，因位於關東平原上，請問改為何名？　(A) 福岡　(B) 名古屋　(C) 京都　(D) 東京。

( ) 40. 美國獨立運動和法國大革命的導火線都是因為什麼問題所引起的？　(A) 徵稅問題　(B) 貿易問題　(C) 宗教問題　(D) 種族問題。

( ) 41. 18 世紀時，歐洲哪一個國家以政黨之間的良性競爭與交替執政，提升與促進了政治的民主化？　(A) 法國　(B) 英國　(C) 德國　(D) 瑞士。

( ) 42. 請問下列各國邁向工業化的先後次序為何？(甲)亞洲 (乙)美洲 (丙)歐洲大陸 (丁)英國　(A)甲乙丙丁　(B)乙甲丁丙　(C)丙丁甲乙　(D)丁丙乙甲。

( ) 43. 請問下列何者不是基督教三大派別？　(A) 天主教　(B) 東方正教　(C) 基督教　(D) 摩門教。

( ) 44. 美國的巨棒外交政策出自哪一位總統？　(A) 詹姆士門羅　(B) 甘迺迪　(C) 老羅斯福　(D) 雷根。

---

35. A　36. D　37. D　38. A　39. D　40. A　41. B　42. D　43. D　44. C

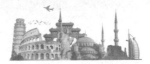
(　) 45. 祕魯庫斯科的世界文化及自然遺產馬丘比丘是哪一個古文明的代表？
(A) 馬雅文明　(B) 阿茲提克文明　(C) 印加文明　(D) 祕魯文明。

(　) 46. 猶太教正統派是猶太教中最大的群體，是以色列的國定宗教，正統派
猶太人的生活受這廣義的「律法」規範，一切事情必須符合拉比的傳
統主張和儀式，下列何者不是這「律法」的規範？　(A) 每天禱告三
次　(B) 奉行飲食規條　(C) 守安息日　(D) 在星期日敬拜。

(　) 47. 拜占庭帝國，又稱東羅馬帝國，位於歐洲東部，是古代和中世紀歐洲
歷史最悠久的君主制國家，請問其最後被下列何者永久滅亡？　(A)
第四次十字軍東征　(B) 法蘭克王國　(C) 阿拉伯帝國　(D) 鄂圖曼帝
國。

(　) 48. 二次世界大戰後首位訪問廣島，並參觀原爆紀念館的美國總統
是：　(A) 希拉蕊　(B) 小布希　(C) 柯林頓　(D) 歐巴馬。

(　) 49. 下列哪一次戰役促使中國的造紙技術西傳？(A) 十字軍東征　(B) 怛羅
斯之役　(C) 蒙古西征。

(　) 50. 20 世紀 1920 年代末，西方國家大蕭條所帶來的動亂，使法西斯主義
在一種特定歷史條件下惡性發展，形成的獨裁主義政治運動。有關法
西斯主義的敘述，下列何者有誤？　(A) 它反對民主主義和自由主義
(B) 是極端形式的個人主義，反對集體主義　(C) 主張建立以超階級相
標榜的極權主義統治　(D) 鼓吹民族沙文主義，奉行重分世界的戰爭
政策。

45. C　46. D　47. D　48. D　49. B　50.B

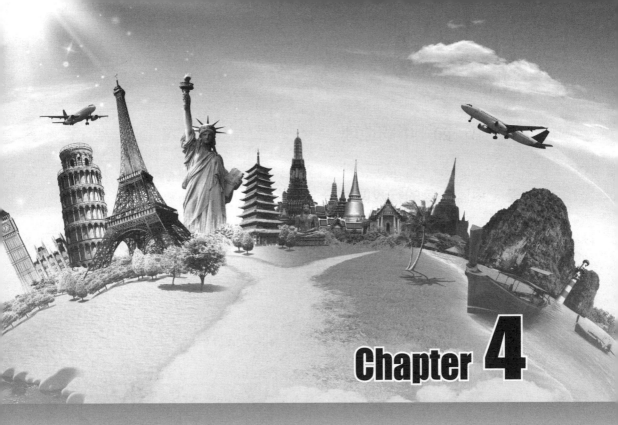

Chapter 4

世界地理

第一節　中國地理

壹、中國大陸的行政區劃分

　　1949 年以後，中共於大陸重新劃定行政區（見**圖 4-1**），將原有的 35 省制改為 22 個行省、5 個自治區、4 個直轄市及 2 個特別行政區。

一、華南地區

　　設有 5 個行省、1 個少數民族自治區及 2 個特別行政區：

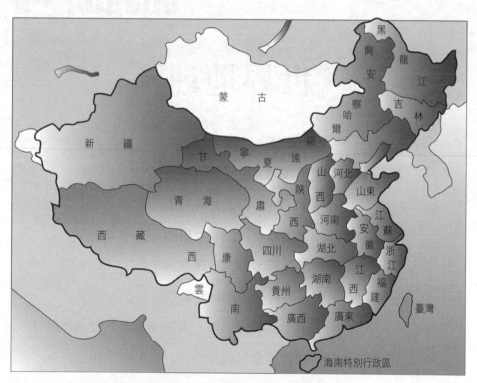

圖 4-1　中國大陸的行政區

資料來源：黃建中繪製，揚智文化提供。

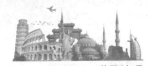

1. 行省：福建、廣東、海南、貴州、雲南。

2. 自治區：廣西壯族自治區。

3. 特別行政區：香港特別行政區、澳門特別行政區。

二、華中地區

設有 7 個行省及 2 個直轄市：

1. 行省：江蘇、浙江、安徽、江西、湖北、湖南、四川。
2. 直轄市：上海市及重慶市。

三、華北地區

設有 6 個行省及 2 個直轄市：

1. 行省：山東、河北、河南、山西、陝西、甘肅。
2. 直轄市：北京市及天津市。

四、東北地區

設有 3 個行省：遼寧省、吉林省、黑龍江省。

五、塞北地區

設有 2 個少數民族自治區：寧夏回族自治區、內蒙古自治區。

六、西部地區

設有 1 個行省及 2 個少數民族自治區：

1. 行省：青海。
2. 自治區：新疆維吾爾自治區、西藏藏族自治區。

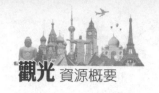

貳、中國大陸的地理區劃分

　　中國大陸的地理區基本上以地形作為劃分的主要依據，另外也參考氣候、地質構造、行政區劃、傳統習慣及其他人文景觀等資料，將中國區分成六大地區及再細分為 28 個地理區：

六大地區	28 個地理區
華南地區	海南島、東南丘陵、嶺南丘陵、雲貴高原、滇西縱谷
華中地區	四川盆地、漢水谷地、南陽盆地、兩湖盆地、鄱陽盆地、巢蕪盆地、皖浙丘陵、長江三角洲
華北地區	山東丘陵、黃淮平原、黃土高原
東北地區	遼東半島、長白山地、大小興安嶺、松遼平原
塞北地區	塞北高原、內蒙古高原、外蒙古高原
西部地區	河西走廊、準噶爾盆地、天山山脈、塔里木盆地、青藏高原

參、地形與地勢

　　地形指的是地表的高低起伏的型態，而地勢則指地表高低起伏的總趨勢。

一、中國的地形

中國地形的種類複雜，特徵如下（見**圖 4-2**）：

1. 以大興安嶺沿太行山到雲貴高原東緣為界，此線以西稱為西半部，此線以東稱為東半部。
2. 西半部多山地、盆地、高原；東半部多平原、丘陵。
3. 山地、高原的面積最大，約占總面積的五分之三，平原只占十分之一，其餘為散布在各地的丘陵及盆地。
4. 中國西半部多為東—西走向的山脈，東半部多為東北—西南走向的山脈。

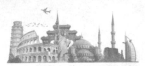

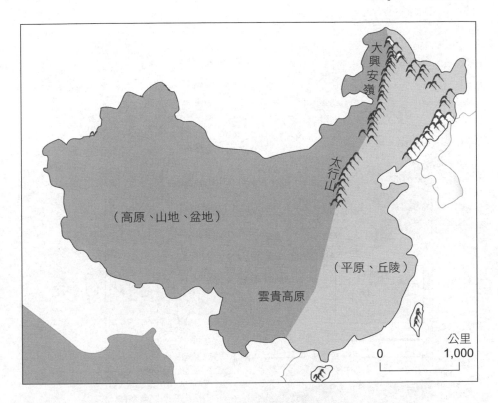

圖 4-2　中國的地形特徵

資料來源：揚智文化提供。

二、中國的地勢

中國地勢西高東低，相差懸殊。自西而東，構成所謂「三大階梯」（見**圖 4-3**）：

1. 以青藏高原為主的最高一級階梯，海拔多在 4,000 公尺以上，由高山和高原組成，有「世界屋脊」之稱。位於中、尼邊界的珠穆朗瑪峰，海拔 8,848 公尺，為世界最高峰。

2. 青藏高原以東至大興安嶺、太行山、巫山和雪峰山之間為第二階梯，海拔一般在 1,000 至 2,000 公尺，主要由山地、高原和盆地組

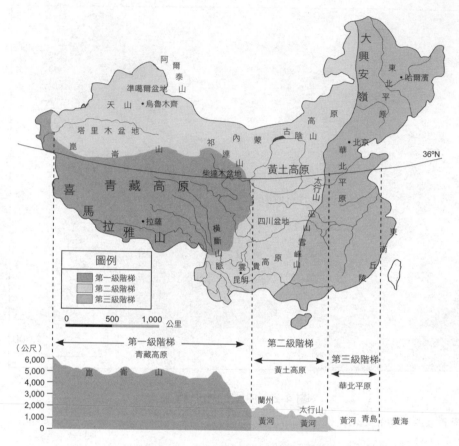

圖 4-3　中國的三大階梯示意圖

資料來源：檢索自臺北市立大理高中，http://mail.tlsh.tp.edu.tw/~t127/chinageo/
images/chinageo01b.jpg。

成，包括內蒙古高原、黃土高原、雲貴高原、塔里木盆地、準噶
爾盆地、四川盆地在內。

3. 中國東部海拔 1,000 公尺以下的平原和丘陵是最低的第三階梯，包
括東北平原、華北平原、長江中下游平原、珠江三角洲、嶺南丘
陵、山東丘陵、長白丘陵在內。

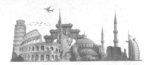

三、中國的五大山脈體系

中國以多山聞名於世。縱橫全國的山脈，主要分為五個體系（見**圖 4-4**）：

1. 東西走向：包括天山—陰山—燕山山系、崑崙山—秦嶺—大別山山系以及南嶺山系。
2. 南北走向：包括賀蘭山、六盤山、橫斷山等山脈。

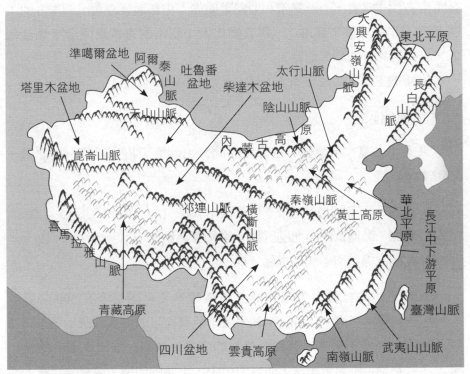

圖例：　山脈　　其他高地／高原／丘陵

圖 4-4　中國主要的山脈、高原、盆地及平原分布

資料來源：整理自林先盛主編（1991）。《中國地理知識》。香港：中流出版社有限公司。

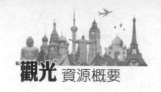

3. 東北—西南走向：主要有長白山、大興安嶺、太行山、巫山等。

4. 西北—東南走向：主要有阿爾泰山、祁連山、岡底斯山等。

5. 弧形山脈：主要為喜馬拉雅山。

肆、氣候

　　中國大部分地區處於溫帶，南方部分地區處於熱帶和亞熱帶，北部則靠近寒帶，因此各地氣溫差異很大。北方夏季溫暖短促，冬季嚴寒漫長；南方樹木常青，一派熱帶和亞熱帶風光；東部溫暖溼潤，四季分明；西北部「早穿皮襖午穿紗」，寒暑變化大；西南的青藏高原全年氣溫較低，是中國特殊的高寒地區。

　　中國的主要氣候分布如下：

一、季風氣候

　　東南半部屬季風氣候，依緯度不同，由北而南再分溫帶、副熱帶、熱帶季風氣候：

1. 秦嶺、淮河以北：溫帶季風氣候。

2. 秦嶺、淮河以南至北回歸線：副熱帶氣候。

3. 北回歸線以南：熱帶季風氣候。

　　季風氣候的特徵為氣溫較高、雨量較多（年雨量多在 500 公釐以上），由於夏季多雨，使得作物在生長季能有充足的雨水供應；冬季時除東北地區外，多不嚴寒，有利於農業的發展。秦嶺、淮河以南的酸性土壤，適合熱帶、副熱帶作物，而各河川中、下游的沖積土壤養分豐富，亦適合耕作。

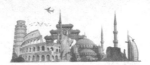

二、高地氣候

西半部高度在 3,000 公尺以上的高山、高原地區屬高地氣候，其特徵為冬寒夏涼，氣溫、氣壓、降水量、植被皆隨高度產生垂直變化，主要的經濟活動為山牧季移。

伍、江河

中國的河流除西南部有幾條向南流以外，多數是由西向東流入太平洋。這些河流的總長度約 22 萬公里，流域面積在 1,000 平方公里以上的有 1,500 多條。由於主要河流多發源於青藏高原，落差很大，因此中國的水力資源非常豐富，蘊藏量達 6.8 億千瓦，居世界第一位。

長江是中國第一大河，全長 6,300 公里，流域面積 180.9 萬平方公里，是中國內河運輸的大動脈。黃河是中國第二大河，全長 5,464 公里，流域面積為 75.2 萬平方公里。黃河流域是中國古代文明的發祥地，地上地下有許許多多的古蹟文物。

中國還有一條著名的人工河，那就是北起北京、南至浙江杭州的京杭大運河。大運河全長 1,794 公里，始鑿於西元 5 世紀（隋朝），後經開鑿疏濬，成為歷代漕運要道。在古代，南方的物資由這條河運往北方，而生活在北方的皇帝也通過這條河去美麗的江南遊覽（南水北調）；如今，南方河段仍可通航。

陸、湖泊

中國擁有眾多的湖泊，多分布在長江中下游平原和青藏高原。東部多淡水湖，著名的有鄱陽湖、洞庭湖、洪澤湖、太湖、巢湖；西部多鹹水湖，著名的有青海湖。

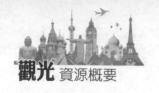

柒、資源

一、農作物

　　中國現有耕地 13,004 萬公頃。東北平原、華北平原、長江中下游平原、珠江三角洲和四川盆地是耕地分布最集中的地區。東北平原大部分是黑色沃土，盛產小麥、玉米、高粱、大豆、亞麻和甜菜。華北平原大多是褐色土壤，土層深厚，農作物有小麥、玉米、穀子、高粱、棉花、花生；水果有蘋果、梨、葡萄、柿子等。長江中下游平原盛產水稻、柑桔、油菜、蠶豆和淡水魚，被稱為「魚米之鄉」。四川盆地多為紫色土壤，盛產水稻、油菜、甘蔗、茶葉和柑桔、柚子等。

二、森林

　　中國現有森林面積 15,894 萬公頃。東北地區的大興安嶺、小興安嶺和長白山區，是中國最大的天然林區，到處是望不到邊的紅松、落葉松、黃花松等針葉林和白樺、柞樹、水曲柳、楊樹、榆樹等闊葉林。其次就是西南天然林區，這裡主要樹種有雲杉、冷杉、雲南松，還有珍貴的柚木、紫檀、樟、楠、紅木等。

　　中國有木本植物 7,000 多種，其中喬木 2,800 多種。水杉、水松、銀杉、杉木、金錢松、臺灣杉、福建柏、杜仲等樹種為中國所特有。而特別值得一提的是水杉，它是一種高大喬木，樹高可達 35 公尺。在一億年前曾廣泛分布於東亞、北美、歐洲等地，到第四紀冰川時期，全部被毀滅。1941 年，在中國四川、湖北交界地區發現了 1,000 多株水杉，成為 20 世紀植物學界的重大發現。1949 年以後，水杉被廣泛引種於世界各國。

三、牧場

　　中國的草地面積約 40,000 萬公頃。從東北到西南綿延 3,000 多公里的廣闊草原上，分布著許多畜牧業基地。內蒙古草原是中國最大的天然牧

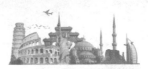

場，出產著名的三河牛、三河馬和蒙古綿羊。新疆天山南北也是中國重要的天然草場和牲畜良種基地，出產著名的伊犁馬和新疆細毛羊。

四、野生動植物

中國是世界上擁有野生動物種類最多的國家之一，僅陸棲脊椎動物就有 2,980 多種，占世界種類總數的 10% 以上。已發現的鳥類有 1,659 種、獸類 641 種、兩棲類 240 多種、爬行類 440 多種。在眾多的野生動物中，有不少是中國的特產，如大貓熊、金絲猴、白唇鹿、扭角羚、白鰭豚（長江女神）、揚子鱷等。

大貓熊是一種特別逗人喜愛的珍稀動物，被譽為中國的「國寶」，生活在四川、陝西、甘肅一帶偏遠的高山上，食竹。牠屬於第四紀冰川時期的殘留種，有「活化石」之稱。

為了保護和拯救中國特有的動植物和瀕危物種，到 2003 年 3 月，全國已建立 197 處國家級自然保護區。其中四川臥龍、吉林長白山、廣東鼎湖山、貴州梵淨山、福建武夷山、湖北神農架、內蒙古錫林郭勒、新疆博格達峰、雲南西雙版納、江蘇鹽城、浙江天目山、貴州茂蘭等 12 處自然保護區，已加入了國際「人與生物圈保護區網」；黑龍江扎龍、吉林向海、湖南東洞庭湖、江西鄱陽湖、青海鳥島、海南島東寨港等 6 處自然保護區被列為國際重要水禽溼地。此外，中國還在北京、昆明、廣州等地建立了瀕危動物拯救中心。

五、礦產

世界上已知的礦產在中國都已找到。目前，中國已經探明儲量（是指在現有技術和經濟條件下，根據地質和工程分析可合理確定的能夠開採的數量）的礦產有 153 種，總儲量居世界第三位。中國探明儲量的能源資源有煤炭、石油、天然氣、油頁岩（可燃燒的有機岩石，可提煉出頁岩油）及放射性礦產鈾等。其中煤炭保有儲量為 10,071 億噸，主要分布在

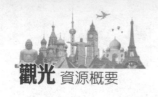

北方，尤以山西省和內蒙古自治區最為豐富；石油主要蘊藏在西北地區，其次為東北、華北地區和東部沿海淺海大陸架。

　　黑色金屬礦產探明儲量的有鐵、錳、釩、鈦等，其中鐵礦保有儲量為 463.5 億噸，主要分布在東北、華北和西南地區，遼寧的鞍山—本溪一帶、河北的冀東一帶、四川的攀枝花一帶，都是大型的鐵礦區。鎢、錫、銻、鋅、鉬、鉛、汞等有色金屬礦產的儲量也居世界前列；而稀土金屬的儲量則比世界其他國家的稀土總量還多，包括鑭、鈰、鐠、釹、鉅等。前大陸領導人鄧小平曾說過：「中東有石油，中國有稀土。」中國是唯一能夠提供全部 17 種稀土金屬的國家，占世界總儲量的 56%，居世界第一。

🚃 第二節　世界地理概述

壹、七大洲與三大洋

一、七大洲

　　地球表面上的海洋面積占了 70% 以上，陸地面積不到 30%，而且集中在北半球。

　　一般將陸地劃分為七大洲，分別是亞洲、歐洲、非洲、北美洲、南美洲、大洋洲、南極洲；北美洲與南美洲也可直接合稱為美洲，而北美洲與南美洲連接處的狹長地區也可再細分，稱為中美洲。面積最大的亞洲，大概占了全球陸地面積的 30%，也是人口最多的一洲，居住了地球上 60% 的居民。大洋洲是指散布在太平洋上許多小島的總和，廣義的大洋洲包括澳洲、紐西蘭。北極地方是由亞洲、歐洲和北美洲圍起來的海域，面積不大，可視為一個大陸海，稱為北極海。而南極地方本體即為一古老板塊，是高原大陸，故稱為南極洲。

二、三大洋

在各大洲間則夾著太平洋、大西洋、印度洋等三大洋，面積最大的太平洋約占海洋總面積的一半。

貳、全球主要地形

一、山地的形成

(一)板塊理論

地球表面是由堅硬的板塊所構成，板塊漂在地心熔岩上，浮得高的是陸板塊，沉得低的是海板塊，板塊因地球自轉等運動而漂移，形成火山噴發、地震等作用；印度半島屬於澳洲板塊的範圍；臺灣位於歐亞板塊與菲律賓板塊碰撞地帶；西元 2004 年南亞海嘯震央位於歐亞板塊與印澳板塊的交界處；2010 年海地大地震是因北美板塊與加勒比海板塊碰撞；海地位於環太平洋地震帶。全球的岩石圈可分為七大板塊（見**圖 4-5**）：

1. 太平洋板塊（Pacific）。
2. 北美洲板塊（North American）。
3. 南美洲板塊（South American）。
4. 非洲板塊（African）。
5. 南極洲板塊（Antarctica）。
6. 印度—澳洲板塊（Indian-Australian）。
7. 歐亞板塊（Eurasian）。

(二)火山活動

板塊與板塊的交界處多有裂縫，岩漿噴出，形成火山，同時也是地震頻繁處。例如臺灣即位於環太平洋火山地震帶。太平洋地區火山帶（火環）是由於太平洋板塊和歐亞大陸板塊擠壓形成一連串的島群，由北而南

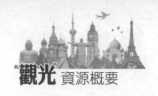

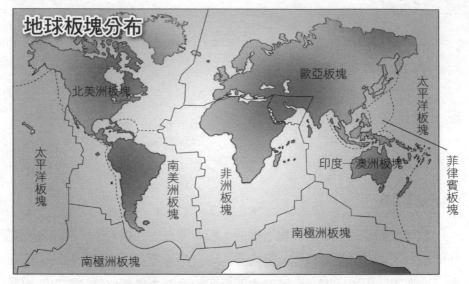

圖4-5　全球七大板塊分布圖

資料來源：整理修改自全球主要板塊分布圖，http://163.21.2.41/t046/new_page_20.
　　　　htm。

依序有阿留申群島、千島群島、日本群島、琉球群島、臺灣列島、菲律賓
群島。

(三)山地的隆起

　　這些板塊會不斷地移動，這種現象稱為「大陸漂移」。板塊與板塊之
間的碰撞與擠壓會形成隆起的高山、高原地形，如亞洲的喜馬拉雅山、中
國的青藏高原、北美洲的洛磯山脈、南美洲的安地斯山以及歐洲的阿爾卑
斯山等。

二、平原的形成

　　1.多是由河流沖積而成，例如西亞的美索不達米亞平原。
　　2.或是由冰河作用而成，例如加拿大北部的平原。

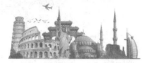

Chapter 4　世界地理　187

參、全球主要氣候

一、影響氣候的因素

1. 高度：乾空氣平均每上升 100 公尺，氣溫下降約 1 度；溼空氣水氣凝結時會釋放潛熱，平均每上升 100 公尺，氣溫下降約 0.6 度（見**圖** 4-6）。

2. 緯度：從日照的角度來看，越靠近赤道太陽入射角度越大，氣候越熱；而越向兩極則氣候越冷，因此氣溫會隨著緯度的增加而遞減。根據緯度劃分，將地球分為熱帶、溫帶和寒帶等三種主要氣候類型：

   (1) 熱帶：赤道至回歸線的低緯區。

   (2) 溫帶：北回歸線至極圈的中緯區。

   (3) 寒帶：極圈以上的高緯區。

3. 海陸分布：陸地比熱小，增溫快降溫也快，氣溫變化較大；海洋比熱大，增溫慢降溫也慢，氣溫變化較小。

4. 季風方向：季風是指風向隨季節規律變化的風；臺灣冬季多吹東

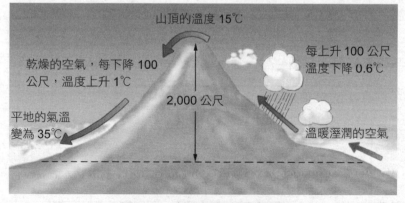

圖 4-6　**高度對氣溫的影響**

資料來源：整理自臺北市立大理高中楊明山老師地理課程教學網站，http://www.tlsh.tp.edu.tw/~t127/yang5/world01.htm。

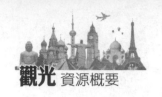
北風，夏季多吹西南風。

5. 洋流：沿海地區的氣溫深受洋流影響；暖流經過的沿岸會較溫暖，寒流經過的沿岸會較寒冷。各大洋流的說明如下：

(1) 暖流：由低緯度流向高緯度，例如黑潮、北大西洋暖流（是使北極圈內海港冬季不結冰的原因，例如俄羅斯的莫曼斯克港）。

(2) 寒流：由高緯度流向低緯度，例如親潮、拉布拉多寒流（是使北美洲東北部海港封凍期達九個月的原因）、中國沿岸流（發源於黃海北部沿中國東海岸南下，冬至前後，烏魚群隨中國沿岸流迴游至臺灣海峽）。

(3) 涼流：由中緯度流向低緯度，涼流所經之沿岸，低層空氣變涼，氣溫向上遞增，空氣穩定不容易下雨，易形成乾燥氣候，例如秘魯涼流（造成智利北部形成沙漠氣候）。

6. 地形：迎風山地及面向海洋的山坡較多水氣。

7. 信風：係指從副熱帶高壓帶吹向赤道低氣壓帶的風，常將海洋的暖溼空氣帶往陸地；北半球為東北信風，南半球為東南信風。

8. 距海遠近：近海地區通常較為溼潤，氣溫變化較小；而內陸地區往往成為乾燥區，氣溫變化也較大。

二、氣候分區

(一)熱帶氣候區（見**圖4-7**）

■熱帶雨林氣候區	
分布	位於赤道附近的印尼、南美洲的亞馬遜盆地、非洲的剛果盆地等。
特徵	終年高溫多雨，無乾溼季之分。
植被	森林茂密，樹木可達數十公尺高，稱為「雨林」。從地面到樹冠層次分明，林中藤蔓攀沿，動植物種類繁多，因此熱帶雨林有「地球之肺」之稱，可調節大氣中氧氣和二氧化碳的含量。
生活方式	傳統上以採集及遊耕為主。

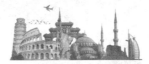

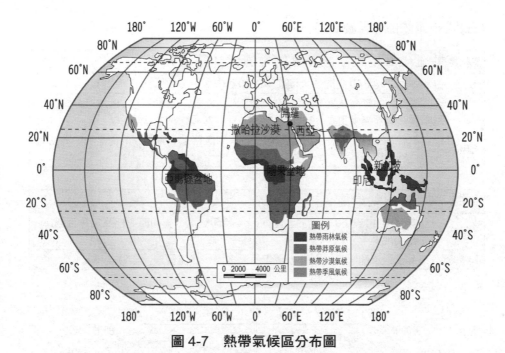

圖 4-7　熱帶氣候區分布圖

資料來源：整理自臺北市立大理高中楊明山老師地理課程教學網站，http://www.tlsh.tp.edu.tw/~t127/yang5/world01.htm；黃建中繪製，揚智文化提供。

■熱帶莽原氣候區	
分布	位於南美洲與非洲雨林氣候的南北兩側。
特徵	雨量較少且集中夏季，乾溼季分明。
植被	樹木不易生長，以高草原為主，稱為「莽原」，斑馬、獅子、羚羊是草原上常見的動物。
■熱帶沙漠氣候區	
分布	位於回歸線附近，如西亞、非洲北部和南部等地。
特徵	受副熱帶高氣壓籠罩，氣流下沉不易成雲致雨，降水稀少形成沙漠景觀。
生活方式	在河流沿岸發展灌溉農業，或在水源豐富的山麓綠洲耕作，或在沙漠中從事遊牧。

(二)溫帶氣候區（見**圖4-8**）

■溫帶地中海型氣候區 （見圖4-9、4-10）	
分布	位於緯度 30 至 40 之間的大陸西岸，如地中海沿岸地區。
特徵	夏季時受副熱帶高氣壓下沉氣流的影響，為乾季；冬季時，迎西風帶來雨量，是雨季。這種氣候主要分布在地中海地區，故稱為地中海型氣候。
植被	以灌木林為主。農業發展特重灌溉，耐旱的無花果、橄欖、葡萄是地中海型氣候常見的作物。

■溫帶海洋性氣候區	
分布	位於緯度 40 至 60 之間的大陸西岸，如西北歐、美國西北部及加拿大西岸等沿海地區。
特徵	終年受西風和暖流的影響，全年溼潤多雨，冬溫夏暖，年溫差小。

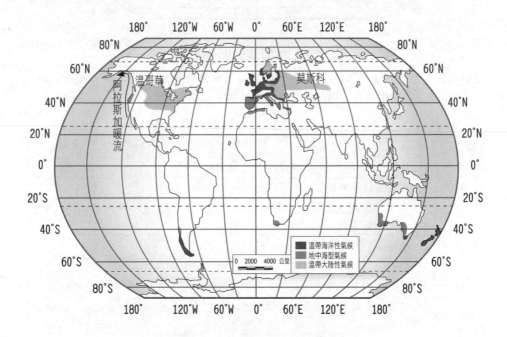

圖 4-8　溫帶氣候區分布圖

資料來源：整理自臺北市立大理高中楊明山老師地理課程教學網站，http://www.tlsh.tp.edu.tw/~t127/yang5/world01.htm；黃建中繪製，揚智文化提供。

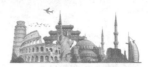

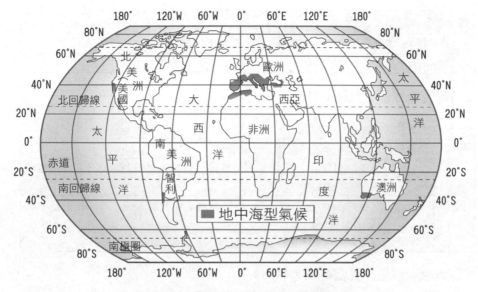

圖4-9　地中海型氣候區示意圖

資料來源：整理自臺北市立大理高中楊明山老師地理課程教學網站，http://www. tlsh.tp.edu.tw/~t127/yang5/world01.htm；黃建中繪製，揚智文化提供。

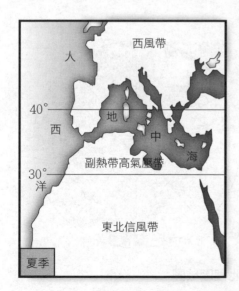
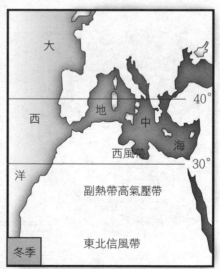

圖4-10　地中海型氣候冬夏季氣壓帶分布圖

資料來源：整理自臺北市立大理高中楊明山老師地理課程教學網站，http://www. tlsh.tp.edu.tw/~t127/yang5/world01.htm；黃建中繪製，揚智文化提供。

■ 溫帶大陸性氣候區

分布	位於溫帶緯度的歐亞大陸內陸和北美洲的中部到東部的廣大內陸。
特徵	因距海較遠,氣候夏暖冬寒,年溫差大,雨量集中夏季。

(三)寒帶氣候區(見圖4-11)

分布		主要位於極圈以內的地區。
特徵		夏季短暫涼冷,冬季漫長嚴寒,年溫差極大。
植被	針葉林	夏季最暖月月均溫 10℃以上地區,有廣大寒帶針葉林分布,是世界主要木材供應地。
	苔原	北極海沿岸地區因緯度較高,僅夏季地面解凍後,才生長苔蘚類植物,為「苔原」區。
	冰原	終年冰天雪地。

(四)高地氣候區(見圖4-12、4-13)

分布	分布在高山或高原地區。
特徵	氣溫、植物帶隨高度呈垂直分布,如南美洲的安地斯山。

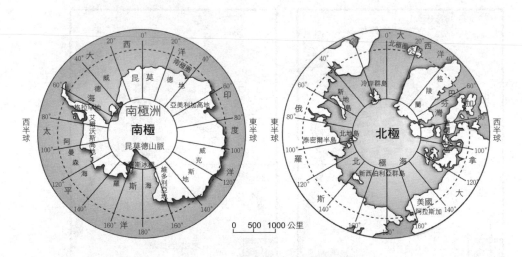

圖 4-11　南極與北極區域圖

資料來源:整理自臺北市立大理高中楊明山老師地理課程教學網站,http://www.
tlsh.tp.edu.tw/~t127/yang5/world01.htm;黃建中繪製,揚智文化提供。

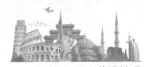

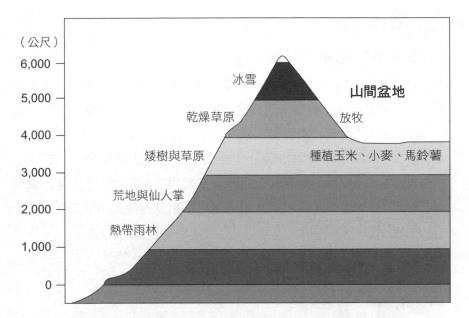

圖 4-12　熱帶高山（安地斯山脈）植被垂直變化示意圖

資料來源：整理修改自臺北市立大理高中楊明山老師地理課程教學網站。

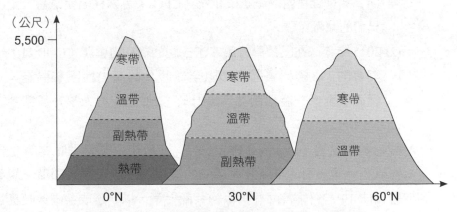

圖 4-13　不同緯度的氣溫垂直變化示意圖

資料來源：整理修改自臺北市立大理高中楊明山老師地理課程教學網站。

(五)全球環境變遷

1. 全球暖化：20 世紀地球平均溫度已上升 0.6 度。

2. 聖嬰現象（EL NINO）及反聖嬰現象（LA NINA）：聖嬰現象係指太平洋中東部（秘魯、厄瓜多、智利……）海水溫度變暖所造成的氣候異常現象；反聖嬰現象則是太平洋中東部海水異常變冷的情況。一般反聖嬰現象會隨著聖嬰現象而來，出現聖嬰現象的第二年，都會出現反聖嬰現象，有時反聖嬰現象會持續兩、三年。發生聖嬰或反聖嬰現象時，都會對海洋生態以及對漁民生計方面造成不良的影響。

(六)與全球暖化相關的重要國際公約與會議

1. 聯合國氣候變遷會議（COP）：

(1) 聯合國大會於 1992 年通過「聯合國氣候變遷綱要公約」（UNFCCC），接著在 1997 年於日本京都舉行第三次締約方會議（COP-3）時通過「京都議定書」（Kyoto Protocol），針對包括二氧化碳在內的氟氯碳化物（CFCs）等六種溫室氣體，定出具體的減量目標。

(2) 2015 年年底在巴黎舉行第二十一屆的締約方會議（COP 21），與會的 195 國代表通過遏阻全球暖化的歷史性巴黎協定，同意確保全球升溫抑制在「遠低於」2℃，並努力讓升溫抑制於 1.5℃。

2. 蒙特婁議定書（Montreal Protocol）：基於使用氟氯碳化物等化學物質對地球表面的臭氧層所造成的破壞，1985 年聯合國環境規劃署（UNEP）召集各國於維也納共商對策，以期達成共同保護臭氧層的協議。隨後各國於 1987 年在加拿大蒙特婁市舉行國際會議，由 26 個國家共同簽署「蒙特婁破壞臭氧層物質管制議定書」（簡稱「蒙特婁議定書」），列管 CFC-11、CFC-12、CFC-113、CFC-

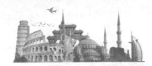

114、CFC-115 等五項氟氯碳化合物及三項海龍等物質的使用，締約國於 1990 年在倫敦召開第二次會議，大幅修訂議定書的內容，除了擴大列管物質（增加如四氯化碳、三氯乙烷、及 CFC-13 等十種氟氯碳化合物等，計有十二種化學物質）外，更加快管制的時程，以期提前於 2000 年完全禁用氟氯碳化物、海龍及四氯化碳等。因觀察到臭氧層仍然持續惡化，1992 年 11 月，締約國在丹麥的哥本哈根再次召開第四次締約國大會，將氟氯碳化合物禁產的時程提前至 1996 年 1 月，並禁止非必要之消費，以期更有效地維護臭氧層的穩定。

肆、全球人口

聯合國於 2015 年 7 月正式發布「世界人口展望：2015 年修訂版」報告（World Population Prospects: The 2015 Revision）。依據報告內容，世界總人口目前約為 73 億，至 2030 年預計將增加到 85 億，2050 年將升至 97 億，並在 2100 年達到 112 億。屆時超過一半的人口成長將集中在非洲地區，印度則將超過中國，成為世界第一人口人國。

一、世界人口主要密集區

全世界人口最多的兩個國家：中國與印度，擁有全球 37% 的人口；非洲是世界第二多人口的大洲，約有 10 億人，占全世界人口的 15%。截至 2016 年為止，世界人口最多的城市為東京，人口密度最高的國家則為新加坡。

二、未來人口主要增長國預測

2015 至 2050 年期間，超過一半的世界人口增長預計將主要集中在印度、奈及利亞、巴基斯坦、剛果民主共和國、衣索比亞、坦尚尼亞、美國、印尼和烏干達等 9 個國家。

三、人口問題

　　由於非洲的人口接下來數十年成長最快，預計將占全球人口成長總數的一半以上，非洲 28 國的人口將翻倍。世界上最貧困國家的人口成長將帶來一系列挑戰，這個人口增長的速率使得消除貧困和不平等、對抗飢餓和營養不良、擴大教育和衛生系統的工作更加艱難。

　　此外，隨著人均壽命的提高以及出生率的下降，世界人口成長事實上整體呈放緩趨勢，由此導致老年人口比例逐年升高。據預測，在全球範圍內，60 歲及以上的老年人口數量到 2050 年將增加 1 倍，並在 2100 年增加 3 倍以上。具體而言，歐洲將是老年化問題最為突出的大陸，到 2050 年，當地 60 歲及以上的人口將占總人口的 34%，非洲相對而言將是「最年輕的大陸」，其老年人口比例到 2050 年則從 5% 增加至 9% 左右，亞洲的老年人口比例則將增加到 25% 以上。

伍、產業活動

一、第一級產業活動

(一)農業活動

　　1. 主要作物：以小麥、稻米、玉米最重要。
　　　(1) 小麥：栽培面積最大，主要分布於溫帶。加拿大南部至美國中部是全球最重要的小麥生產地帶。
　　　(2) 稻米：是亞洲人的主食，有「亞洲穀倉」之稱，主要分布於季風氣候區。大部分稻農以自給自足為主，採傳統經營方式，日本和臺灣均採機械化耕作，商業化程度高。
　　　(3) 玉米：產量高，居糧食作物之首，主要產於亞洲、北美洲和歐洲夏季高溫多雨的地區。
　　2. 經濟作物：以棉花和熱帶栽培業（見**圖 4-14**）為主。

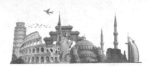

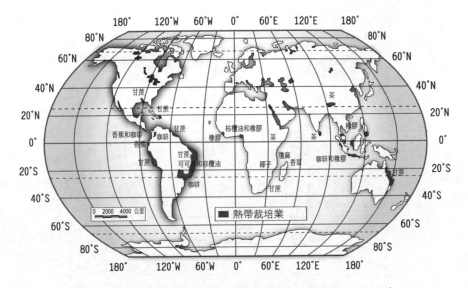

圖 4-14　世界熱帶栽培業及其作物分布圖（1988 年）

資料來源：整理自臺北市立大理高中楊明山老師地理課程教學網站，http://www.tlsh.tp.edu.tw/~t127/yang5/world01.htm；黃建中繪製，揚智文化提供。

(1) 棉花：分布於氣候乾燥但有水源灌溉之處，以亞洲、北美洲產量最多。

(2) 熱帶栽培業：以企業化方式，大規模栽培甘蔗、咖啡、可可、橡膠等作物，主要分布於熱帶的東南亞、西非和中、南美洲地區。產品多在產地初級加工後，輸出國外。

(二)林業活動

世界的森林主要集中於北半球（見圖 4-15）。亞洲、歐洲和北美洲北部有針葉林分布；闊葉林分布於亞洲、非洲和中南美洲的熱帶地區。美國、加拿大、俄羅斯、印度、印尼和巴西等，是世界上木材產量最大，林業發達的國家。

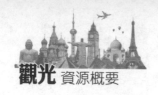

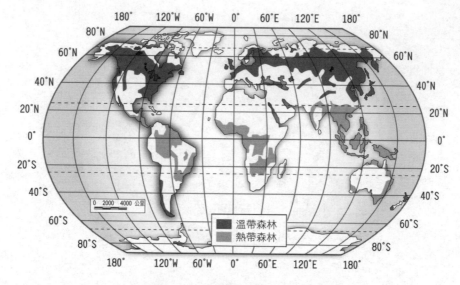

圖 4-15　世界森林主要分布圖

資料來源：整理自臺北市立大理高中楊明山老師地理課程教學網站，http://www.
tlsh.tp.edu.tw/~t127/yang5/world01.htm；黃建中繪製，揚智文化提供。

(三)漁業活動

　　世界漁業因漁撈技術進步而快速發展。中國、日本、俄羅斯、丹
麥、美國、秘魯等是世界上漁業發達的國家。

(四)畜牧業活動

1. 遊牧：主要分布於乾燥氣候區，採逐水草而居的方式。
2. 放牧：主要分布於乾燥氣候區，採定居方式放牧牛、羊，再將生
　　產的牛肉和羊毛運銷市場。
3. 酪農業：農民在有限的土地上種植牧草作為飼料，飼養家畜，以
　　生產牛、羊乳或相關乳製品為主，主要分布於經濟發達、都市化
　　程度較高的國家。

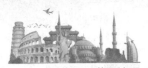

(五)礦業活動

　　礦業主要受礦物儲存分布所影響，其中以煤、鐵、石油等礦務最為重要。中國和美國煤產量大，中國、巴西、澳洲的鐵礦產量大；世界三分之二以上的石油儲存於西亞各國，是目前最重要的能源。

二、第二級產業活動

　　世界的工業區以歐洲、北美洲、獨立國家國協和東亞（日本）的規模最大。二次大戰後，因生產技術進步、交通便利和電腦的發展，使原料、勞力等工業區位因素的重要性日減。近年來，知識產業發展，高科技產業成為主流，如美國加州的矽谷、臺灣的新竹科學園區等。

三、第三級產業活動

　　通常工業越發達，第三級產業發展越是快速。美國、加拿大、大部分歐洲國家及日本、臺灣等國，第三級產業活動發達。國際貿易越大，表示世界交通運輸的需求量越大，隨著交通運輸的革新，區域整合亦越快速，因此任何一個地區的經濟只要產生問題，都將影響整個世界。

陸、自然資源

一、土地資源

　　隨著人口總數增加，平均每人耕地面積急速減少。亞洲和非洲平均每人耕地面積特別小，在人口成長的壓力下，土地過度開發，導致森林破壞和土地沙漠化。北美洲等地區，雖然平均每人耕地面積較大，但為了增加作物的產量，大量使用化學肥料，導致土壤退化。

二、水資源

　　就全球而言，從北非向東經西亞、中亞到中國北部和蒙古，是水資

源最缺乏的地區；中南美洲和非洲的赤道附近，水資源最豐沛。隨著工業化與都市化發展，世界淡水用量大增，許多地區缺水的問題越來越嚴重。

三、森林資源

1. 溫帶森林占森林總面積48%，西伯利亞、北歐和北美是針葉林的主要分布區。
2. 熱帶森林占森林總面積52%，東南亞、南美和中非是熱帶雨林的主要分布區。

四、漁業資源

由於環境污染和破壞，加上過度捕撈，海洋漁業資源日漸枯竭。目前透過國際公約加以限制，以保育海洋資源。

五、礦產資源

以煤、鐵、石油等礦物最重要。以目前的開採和消耗速度預估，煤礦將在一百二十五年後耗竭，鐵礦將在兩百一十年後耗竭，石油將在四十三年後耗竭。

柒、環境問題

一、水污染

世界各大洲的河川或湖泊均遭受不同程度的污染，尤以歐洲、北美洲和亞洲的問題最為嚴重。海洋也受到污染，尤其是形勢封閉的黑海、地中海、波羅的海、波斯灣、渤海灣等處，均有不同程度的海洋生態遭受到破壞。

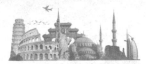

二、空氣污染

由於工業化的快速發展，過程中產生二氧化碳、氟、硫等廢氣，造成全球增溫、紫外線過量和酸雨等問題。

三、全球暖化

(一)溫室效應

人類開始大量使用石化燃料後，二氧化碳和其他有害氣體的排放量大增，加上森林大量砍伐，植物的光合作用減弱，空氣中二氧化碳含量增加，使得二氧化碳濃度提高。而空氣中的二氧化碳、水氣等氣體會吸收地表輻射的熱量，於是導致地表氣溫增高，稱為「溫室效應」。溫室效應所帶來的影響如下：

1. 地球增溫後，暴雨機會增加，水患更易發生。
2. 地球增溫，造成南北極冰河融化，導致海平面上升；而海平面的上升，會造成沿海低地被淹沒、海岸後退的現象。
3. 全球暖化將導致傳染疾病的病媒繁殖力增強，使傳染性疾病更容易擴散。

(二)都市熱島效應

1. 現象：都市中心在一定時間內，氣溫較郊區為高，使市中心形成一座被冷涼郊區包圍的溫暖孤島。
2. 成因：地面鋪設柏油、建築物密集以及大量的汽機車排放廢氣。
3. 例子：冬季巴黎市中心溫度較郊區高，距離市中心越遠，溫度越低。

第三節　亞洲地理概述

壹、東北亞

一、日本（首都：東京；第一大港：橫濱）

1. 宗教：神道教、日本佛教。
2. 原住民：北海道愛奴（努）人。
3. 位置：位於環太平洋地震帶上，太平洋板塊和歐亞板塊交界處，多火山地震。最高峰為富士山（Fujiyama），高 3,776 公尺，為一休眠火山。火山作用後所形成的溫泉景觀，是日本重要的旅遊資源之一，「泡湯」也是日本人普遍的生活習慣。
4. 領土：自北至南為北海道、本州、四國、九州。
5. 地形：島窄山高，河川少航運之利，但富含水利。
6. 人口：80% 的人口集中在本州島南部的沿海平原，如近畿、濃尾、關東三大平原；古代的農業區及目前主要的工業區與都市亦多分布於此。
7. 酪農業：北海道夏季月均溫在 16°C 的舒適溫度，成為酪農業發展的有利條件之一。以生產鮮乳的酪農業朝企業化發展，為雪印、森永、明治三大企業所控制。
8. 氣溫：南北氣溫差異明顯，日本著名的賞櫻及賞楓季呈現南北向規律的變化。
9. 重要城市：大阪的關西機場是在瀨戶內海濱填海造陸興建而成；京都的金閣寺被列為世界文化遺產，是足利義滿將軍於 1397 年修建完成；日本三大名園：後樂園（岡山縣）、偕樂園（茨城縣）、兼六園（石川縣）。
10. 日本為 2020 年第三十二屆夏季奧運主辦國。

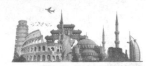

二、韓國（首都：首爾；第一大港：釜山；北韓首都：平壤）

1. 宗教：基督教、佛教。
2. 位置：東亞陸橋（中國與日本之間）。
3. 地形：東臨日本海，海崖陡立平直，地勢東北高西南低，因此境內河川多流入黃海。
4. 氣候：溫帶季風氣候。
5. 文字：起源為訓民正音（1446 年李氏朝鮮第四代國王世宗大王發表），又稱為諺文、韓古爾；韓國歷史上首次統一朝鮮半島的是新羅。
6. 分界線：1950 年北韓南侵，爆發韓戰；1953 年韓戰結束後，南、北韓仍以 38°N 線劃為停戰線，一分為二。位於北緯 38° 線上的板門店是南北韓停火談判地點。
7. 作物：人參為主要經濟作物。
8. 聯合國教科文組織（UNESCO）於 2013 年宣布將韓國泡菜文化、日本和食與中國珠算列入人類非物質文化遺產。

貳、東南亞

1. 東南亞可分為中南半島（Indo-China Peninsula）與南洋群島（Southern Island）兩大部分。「東南亞」是二次大戰後才具有明確範圍的一個區域名詞，西方人早期以「東印度」稱之。中國近代以來均稱此區為南洋。
2. 中南半島包括越南、寮國、柬埔寨、緬甸及泰國。
3. 除越南之外，中南半島各國所使用的文字，多是以古印度梵文為基礎發展而來；地名、神祇名稱、曆法及數字，也多源自梵文。
4. 16 世紀初期西方殖民帝國開始進入中南半島，1886 年緬甸成了英國屬地；1885 年法國侵占越南，其後吞併寮國、柬埔寨。唯一只

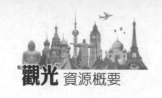
有暹羅（泰國）從未淪為西方殖民地的國家。

5. 東南亞二元性的農業——傳統稻作及熱帶栽培業。

6. 熱帶栽培業作物以橡膠最為重要。

7. 湄公河（Mekong River）流經緬、泰、寮、柬、越等國之後，再注入南海。

8. 中南半島五大河川

河流名稱	發源地	上游河川	下游沖積平原	注入海域
紅河	中國	元江	紅河三角洲	南海
湄公河	中國	瀾滄江	湄公河三角洲	南海
昭披耶（湄南河）	泰國北部	瀾滄江	湄南河三角洲	暹邏灣
薩爾溫江	中國	怒江	薩爾溫江三角洲	安達曼海
伊洛瓦底江	中國	恩梅開江 邁力開江	伊洛瓦底江三角洲	安達曼海

9. 南洋群島是世界最大的島群，受新褶曲造山運動影響，形成高聳的弧狀山脈，多火山地震，河川短小流急，地形破碎崎嶇。

10. 16 世紀開始西方海上強權的殖民勢力進入南洋群島，最初有葡萄牙，繼之有西班牙、荷蘭、英國和美國。

(1) 菲律賓的殖民國：西班牙、美國。

(2) 馬來西亞、新加坡、汶萊的殖民國：英國。

(3) 印尼的殖民國：荷蘭。

(4) 東帝汶的殖民國：葡萄牙。

11. 17 世紀，南洋群島先後淪為歐西各國的殖民地，改變了農業景觀。殖民者僱用華僑等外僑工人從事開發，使本區成為世界熱帶經濟作物及工業原料的重要供應地，尤其以熱帶栽培業最具代表性。

12. 華人移入東南亞以閩、粵兩地人士最多，經濟實力的日益累積逐漸掌握當地經濟命脈，發展出以華人為主體族群的市鎮，如新加坡、檳城。

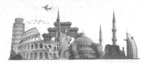

13. 印度教盛行於 9 至 13 世紀的吳哥王朝，吳哥窟的石構建築和石刻浮雕，顯現印度文化的影響。

14. 印尼爪哇中部佛教聖地的婆羅浮圖建築可追溯至 8 世紀後期。

15. 峇里島仍保留了印度教色彩顯著的文化特徵。

16. 南洋群島位於太平洋和印度洋的交會處，13 世紀阿拉伯商人帶來伊斯蘭教信仰，以麻六甲為中心逐漸傳播至馬來半島、印尼及菲律賓南部各島嶼的沿海地區。

17. 菲律賓是亞洲唯一的天主教國家。

18. 西方殖民的衝擊被迫改變或放棄傳統文化，越南成為天主教徒僅次於菲律賓的國家。

19. 從印度向北繞行中國，經朝鮮半島至日本的「大乘佛教」；向南流傳至緬甸、泰國等東南亞各國的「小乘佛教」。

20. 緬甸有「萬塔之國」別稱。

21. 部分地區採行原始的遊耕農業，產量低，卻能維持生態平衡。

一、新加坡

1. 地處太平洋和印度洋海運要衝，是世界貿易路線的十字路口，其中最具代表性的為新加坡。

2. 新加坡古稱獅城，華僑舊稱星洲，位於馬來半島南端的小島上，地扼麻六甲海峽咽喉，和馬來半島有橋樑、鐵路相通。新加坡有「東方直布羅陀」之稱，是本區最早完成且最成功的工業化國家，現為東南亞最大的貿易中心。

二、泰國

1. 號稱「佛國」，人民有 95% 以上是佛教徒，其憲法中並明訂佛教為其國教。

2. 泰國是世界主要的稻米生產國和輸出國之一，被譽為「東南亞米倉」。

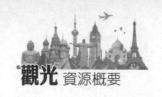
3. 4 月 13 日為泰曆新年，群眾相互潑水祝賀，表示酷熱的氣候即將過去，此為泰國民俗潑水節的由來。

4. 稻米、橡膠、柚木和錫是泰國傳統四大物產。

5. 著名的湄南河橫穿過泰國首都曼谷市，為重要水上交通，也是曼谷的重要樞紐。水上集市、運河岸邊併排的水上人家、滿載著蔬菜的大小船隻，讓曼谷贏得了「東方威尼斯」的封號。

三、印尼

1. 世界上面積最大的群島國家，素稱「千島之國」，主要有蘇門答臘、爪哇、加里曼丹、蘇拉威西四大島。

2. 爪哇島人口最密。

3. 目前是世界最大的伊斯蘭教國家。

四、東協的成立

東南亞國家協會（The Association of Southeast Asian Nations, ASEAN）簡稱「東協」，於 1967 年在曼谷成立，五個創始會員國為印尼、馬來西亞、菲律賓、新加坡及泰國。其後汶萊於 1984 年加入、越南於 1995 年加入、寮國和緬甸於 1997 年加入，柬埔寨於 1999 年加入，形成東協十國，持續至今。

根據 1967 年五國簽署的東協宣言（ASEAN Declaration），東協的宗旨與目標在於：(1) 加速該地區的經濟成長、社會進步與文化發展；(2) 在持續尊重該地區各國家的法律規範，以及固守聯合國憲章的原則下，促進該區域的和平與穩定。

1976 年，東協會員國在印尼峇里島舉行首屆東協高峰會，會中並簽署「東南亞友好合作條約」（Treaty of Amity and Cooperation in Southeast Asia，簡稱 TAC），再次確立東協各國間的基本原則，包括：

1. 相互尊重彼此之間的獨立、主權、平等、領土完整性及國家認同。

2.各國擁有免於其國家實體遭受外力干涉、顛覆或併吞的權利。

3.各國不得干涉其他國家內政。

4.須以和平方式解決歧見與爭端。

5.放棄採取威脅或動武的手段。

6.彼此之間有效合作。

參、南亞

1.有亞洲的「次大陸」之稱，季風影響當地居民生活最鉅。

2.印度半島原本與非洲和南極洲連在一起，古陸分離向北漂流，由北而南形成北部的喜馬拉雅山區（新褶曲）、中部的印度大平原（海溝沖積平原）、南部的德干高原（古陸塊）。

3.印度大平原東半部的恆河流域是印度文化的搖籃，開發歷史甚早；西半部是西南季風路徑末端，氣候十分乾燥少雨，名為塔爾沙漠。

4.恆河流域水源豐富，灌溉印度最主要的稻米產區。印度人深信恆河水具有滌淨靈魂的作用，視之為「聖河」。

5.6 至 10 月為雨季——盛行西南季風，由印度洋帶來大量水氣，在迎風坡即沛然降雨，氣候溼熱，但常常釀成洪患，孟加拉是年平均降雨量最多的國家。印度阿薩密省的乞拉朋吉因高山攔截西南季風充沛的水氣，年雨量高達 12,000 公釐，有世界最多的年雨量紀錄。11 月至次年 2 月為涼季，是一年中氣候最佳的季節。3 至 5 月為熱季，是季風風向的轉換期。

6.泰姬瑪哈陵（Taj Mahal）位於阿格拉，列為世界七大奇景，是蒙兀兒帝國第五世皇帝沙賈汁為其愛妃——塔芝瑪哈所建之陵墓。

7.印度、巴基斯坦交界處的旁遮普，位於印度河平原中心，梵語中的旁遮普意即「五河之地」，毛紡織業主要集中在旁遮普省。

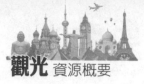
8. 加爾各答位於恆河平原東部的出入港,現為印度第二大港口;也是黃麻工業中心。

9. 德干高原東北部多古陸塊露頭,蘊藏礦產,哲雪鋪是印度的鋼鐵工業中心。

10. 高原西北部有肥沃黑棉土,加以氣候乾燥,適合棉花生長,孟買是印度的棉紡織與最大的棉花市場,同時也是印度最大海港,有「印度的西大門」之稱。

11. 喜馬拉雅山山地東段雨量豐富,為阿薩姆的茶葉生產提供絕佳條件,該地成為著名紅茶產地。

12. 眾多宗教的發源地,有印度教、佛教、耆那教和錫克教。在印度有超過 80% 的人口信奉印度教;錫克教原為印度教的一支,教徒多分布於旁遮普一帶。

13. 印度教的「輪迴轉世」是其教義最主要的精神所在,為種姓制度提供合理化的解釋,將人分成四種階級。

肆、西亞

1. 瀕臨一河、三洲、四峽、五海:
   (1) 一河:蘇伊士運河。
   (2) 三洲:歐、亞、非。
   (3) 四峽:博斯普魯斯、達達尼爾、荷莫茲海峽、曼達布海峽。
   (4) 五海:為裏海、黑海、地中海、紅海、阿拉伯海之間的橋樑,大部分為沙漠與高原。

2. 肥沃月彎:由地中海東岸,經幼發拉底河、底格里斯河兩河流域至波斯灣頭。為西亞古巴比倫文明誕生地。

3. 唯一內陸國家:阿富汗。

4. 世界最大半島是阿拉伯半島。

5. 美索不達米亞平原是由底格里斯河及幼發拉底河沖積而成。

6. 椰棗是居民主食，當地人稱為「阿拉伯的母親」。

7. 西亞是猶太教、基督教和伊斯蘭教三教的發源地。

8. 麥加在沙烏地阿拉伯是先知穆罕默德的出生地，沙王利用石油帶來的財富為前來的朝聖者提供食宿；穆斯林一生中至少要到此朝覲一次。

9. 麥地那是穆罕默德墳墓的所在地，是穆斯林的第二聖地。

10. 全世界 63% 以上的已知石油儲量位於波斯灣地區。石油的發現為本區帶來了巨大的財富。

11. 耶路撒冷為三教聖地，其原意為和平之城。耶穌曾在此布道、祈禱、殉難、復活、升天，是基督教聖城；所羅門時代建造的聖殿西牆，即哭牆，是猶太人聖地；穆罕默德在此升天，亦是穆斯林朝聖地方。

12. 以色列的集體農場（Kibbutz）成為獨有的社會模式，農場內所有財產都歸公有。

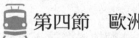 第四節　歐洲地理概述

壹、西歐

1. 歐洲的語言分屬日耳曼語系、拉丁語系及斯拉夫語系三大類，目前使用最多的英語、德語、法語中，英、德語均屬日耳曼語系，而法語則屬拉丁語系，東歐國家均屬斯拉夫語系。

2. 西歐的宗教信仰較為多樣化，除英、德、瑞士各約有 40% 的居民信奉基督教外，其餘各國均有相當高比例的人口信奉天主教。

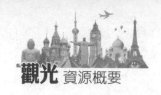

3. 基督教的三大派別：

名稱	信仰區	語系
羅馬公教又稱天主教	義、西、葡、愛、法、德國南部、奧、波	拉丁語系
新教通稱基督教	北歐、英、荷、德	日耳曼語系
東正教	東歐（波蘭除外）	斯拉夫語系

4. 西歐各國採取的政治體制各有不同，英、荷、比、盧、列支敦斯登、西班牙、挪威、瑞典、丹麥、摩納哥採君主立憲，德、瑞兩國採聯邦共和制，而法、奧、愛爾蘭則採共和制。

5. 歐洲的小國家：

(1) 安道爾：介於法國與西班牙之間。

(2) 梵諦岡：在義大利羅馬城內。

(3) 列支敦斯登：介於瑞士與奧地利之間。

(4) 馬爾他：地中海中部之島國。

(5) 聖馬利諾：義大利境內東部。

(6) 摩納哥：法國東南濱地中海。

(7) 盧森堡大公國：東鄰德國，南毗法國，西部和北部與比利時接壤。

6. 阿爾卑斯山脈是歐洲最重要的地理分界線，冰蝕地形發達，寬廣的 U 型谷為南北歐間天然交通孔道。

7. 萊茵河（Rein）：潔淨、清澈之意。發源於瑞士阿爾卑斯山、列支敦斯登、奧地利、法國、德國、荷蘭。

8. 多瑙河（River Danube）是流經最多國家的河流，為歐洲第二長河，《藍色多瑙河》為其名曲。多瑙河發源於德國，由羅馬尼亞的蘇利納（Sulina）附近注入黑海（Black Sea）。多瑙河流經下列首都：奧地利（維也納）、斯洛伐克（布拉提斯拉瓦）、匈牙利（布達佩斯）、塞爾維亞（貝爾格勒）。

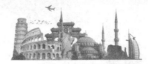

一、德國

1. 境內同時有萊茵河和多瑙河流經。

2. 河流皆發源於南部高原，有多瑙河（注入黑海）、奧得河（注入波羅的海）、萊因河（注入北海，世界航利最大的河川）、埃母河（注入北海）、威悉河（Weser River，注入北海）、易北河（Elbe River，注入北海）。各河之間皆有運河串聯，形成完善的格子狀水運網。今日將德國各區聯繫起來的，就是此極有效率的運輸網，也促成了德國內部的統一性。

3. 柏林——首都，為德國政經及交通中心，有陸、空運通往世界各地，工業、化學、文化方面居領導地位。漢堡——第二大城，為德國最大的海港。法蘭克福——德國的貿易及金融中心，國際航空的交通樞紐。慕尼黑——以汽車、電子、釀酒、觀光業著名，也是以藝術及啤酒聞名的都市。

二、法國

1. 首都巴黎位於巴黎盆地中央，橫跨塞納河兩岸。

2. 法國地理環境及氣候呈多元化。西部瀕臨大西洋及英吉利海峽，屬海洋型氣候；南部瀕臨地中海，屬地中海型氣候；中部及東部為中央山脈、阿爾卑斯山、侏羅山、佛日山等高山屏障，屬大陸型氣候。

3. 海外屬地包括瓜德魯普、馬提尼克、法屬圭亞那、留尼旺等。

4. 位於法國和義大利邊境的白朗峰是歐洲海拔最高的山峰。

5. 南部的馬賽是歷史悠久的港口城市，附近的尼斯則是法國著名的旅游中心和度假勝地。

6. 北部最大的城市里爾是傳統的工業城市，但藝術文化氣息同樣濃厚，在 2004 年獲得歐洲文化之都的稱號。

7. 西南部的波爾多是著名的葡萄酒之鄉，附近地區都是最高檔的法

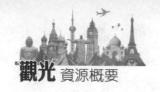

國葡萄酒的產地。

三、英國

英國是最早建鐵路的國家（1825 年），有環狀且有支線相通。倫敦的地下鐵是世界最早、路線最廣的都市捷運系統。倫敦為英國首都（面積超過 1,580 平方公里），人口約 700 多萬，加上周圍的衛星都市，人口在千萬以上。倫敦是世界的金融、貿易中心，華人都聚集在華埠區。蘇格蘭的愛丁堡，每年的國際藝術節均吸引了大量的觀光客。

貳、南歐

1. 南歐地理位置位居庇里牛斯山、阿爾卑斯山以南臨地中海的地區，由伊比利半島、義大利半島、巴爾幹半島（希臘半島）三大半島組成，其地理特徵如下表：

半島名稱	伊比利半島	義大利半島	巴爾幹半島
位置	北以庇里牛斯山脈與法國為界，南端以直布羅陀海峽與北非相對	北以阿爾卑斯山與瑞士、奧地利為界	多瑙河以南
自然環境	1.以高原、丘陵為主 2.內陸地區乾燥，居民以畜牧維生	1.山脈南北縱貫半島，北部平原較廣 2.西南部及附屬島嶼一帶，火山活動頻仍	1.地形以山地為主 2.西北部沿海有石灰岩地形
主要國家	西班牙 葡萄牙	義大利 梵蒂岡	希臘

2. 板塊擠壓形成一系列的新褶曲山脈，例如阿爾卑斯山、庇里牛斯山。

3. 義大利半島北倚高大的阿爾卑斯山脈，山南諸水匯流而成波河，波河平原是半島上最大的平原。亞平寧山脈自西北向東南斜貫半

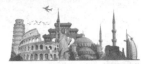

島，構成半島的脊樑，屬多懸崖峭壁的斷層式海岸。

4. 希臘半島以班都斯山脈為其骨幹，有多岬角、灣澳、島嶼的谷灣式海岸，如愛琴海岸。

5. 地中海在拉丁文中是「陸地中央」之意，因半島或島嶼分隔有許多附屬海，例如義大利半島東側的亞得里亞海、希臘半島的愛琴海。

6. 本區呈現冬季溫溼、夏季乾熱的地中海型氣候特徵。

7. 眾神的故鄉：希臘。希臘文化黃金時代（西元前 5 世紀）的雅典城邦，是西方民主思潮的誕生地。雅典的衛城是希臘人的精神象徵，其中最偉大的建築物是巴特農神廟。

8. 16 世紀新航路的發現，削弱義大利交通上的重要性，從此陷入長期的經濟困境。貧困使人口大量外移，19 世紀以來，移至他國的人口超過 2,700 萬人，是世界移民史中人口移出最多的國家。

9. 義大利工業產品以設計感及別出心裁的創意馳名於世，如汽車極品——法拉利跑車。佛羅倫斯擁有文藝復興時期大量的藝術遺產，威尼斯以浪漫水都聞名，羅馬被稱為永恆之城。

10. 2006 年冬李奧運於義大利的杜林舉行。

一、西班牙

1. 西班牙為歐洲航海、殖民的先驅，西元 1400 年代，西班牙已經成為世界主要的海權國家。當時航海家對於東方世界有著強烈的好奇心，他們或為獲取財富，或基於軍事遠征、傳教活動及殖民擴張等因素，乃有向海外探險的計畫，並因此促成地理大發現，將人類帶入海權時代。

2. 汽車為西班牙第一大出口品（21.6%，1997）。工業主要集中於以巴塞隆納為中心的東北部工業區。

3. 西班牙位於伊比利半島，南方隔著直布羅陀海峽與北非相望，地形以高原、丘陵為主。

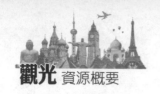
4. 西班牙因緯度低、生長季長，沿海平原灌溉種植蔬菜、水果，大量外銷西歐，而氣候乾燥的內陸地區則從事畜牧業。

5. 西班牙利用藝術文化，例如高第的建築、畢卡索的名畫、佛朗明哥舞蹈、音樂及鬥牛活動等，吸引大量觀光客。

二、葡萄牙

1. 葡萄牙北部是山地，屬溫帶海洋性氣候，南部是丘陵地帶，屬地中海型氣候。

2. 紡織、製鞋、釀酒、旅遊等是葡萄牙國民經濟的產業支柱，軟木產量占全世界總產量一半以上，出口位居世界第一。

3. 首都里斯本的貝倫區是大航海時代眾多海上探險家的起程點。

三、義大利

1. 義大利半島上山脈南北縱貫，北部的波河平原因土壤肥沃，農業發達，附近山區因蘊含豐富的水力而發展汽車、大理石等工業，西南部及附屬島嶼一帶，火山活動頻仍。

2. 義大利為南歐經濟較發達的國家，是世界八大工業國之一。

3. 北部大城米蘭為文化古都和時尚之都。

4. 首都羅馬被喻為是世界最大的「露天歷史博物館」。

5. 北部波河河口的威尼斯有「水都」之稱，是貿易與藝術重鎮。

四、梵蒂岡

羅馬市區內的教廷自成一國，是世界面積最小的國家，為天主教教宗的駐地，而城內的聖彼得大教堂是世界最大的天主教教堂。

五、希臘

1. 希臘位於巴爾幹半島南端，石灰岩地形發達，土壤貧瘠，不利農耕，沿海多港灣、島嶼，利於航運發展。

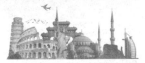
2. 希臘是歐洲文明發源地與奧運起源地，境內有眾多歷史遺跡，每年吸引大量觀光客。

3. 希臘被稱為眾神的天堂，首都雅典擁有「帕德嫩神廟」，映襯蔚藍的愛琴海，風景動人。

4. 克里特島為愛琴海上最大的島嶼，是諸多希臘神話的發源地，過去曾是希臘文化、西洋文明的搖籃。

參、北歐

1. 北歐語中的「斯堪地那維亞」意為黑暗多霧的島，即指出北歐各國氣候冷溼和冬季嚴寒、黑夜漫長是其特色。

2. 享有世界極高榮譽的諾貝爾獎，自 1901 年開始頒發，設有物理、化學、生物或醫學、文學、和平等五個獎項，前四項均在瑞典首都斯德哥爾摩音樂廳頒發，唯有和平獎在挪威奧斯陸市政廳頒發。

3. 9 世紀時，住在挪威、瑞典、丹麥地區的諾曼人，利用農閒出海奪取財寶與奴隸，這些人後來被稱為維京人。

4. 平原上多冰磧湖，芬蘭有萬國博覽會酪農業「千湖國」之稱。

5. 冰島位居高緯，水氣充沛，冰雪豐富，冰河地形發達，因此火山與冰河地形在島上並存，蔚為奇觀。

6. 挪威西岸特別發達，被譽為峽灣之國。峽灣為冰川形成的地形，指冰河深刻山地成深狹的河谷，冰河消融，海水沿谷進入而成峽灣。

7. 歐洲最北地區在挪威北端的北角（North Cape）。

8. 瑞典是北歐面積最大、人口最多的國家。

9. 丹麥：北歐的十字路口，位於北海、波羅的海之間，北歐人口密度最高的國家。

10. 哥本哈根：有知名的安徒生童話美人魚（The Little Mermaid）雕像。

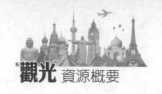

11. 格陵蘭島：丹麥領土，離加拿大最近。

第五節　非洲地理概述

1. 炎熱、乾燥、降水分布不均，是非洲氣候的特色。
2. 非洲昔日被歐人稱為「黑暗大陸」。
3. 北部非洲泛指撒哈拉沙漠南緣以北的非洲。
4. 撒哈拉沙漠以南稱為「黑色非洲」。
5. 17 世紀中葉，荷蘭人首先在好望角附近建立殖民勢力範圍，至二次大戰前非洲只有 4 個獨立國家（埃及、南非、賴比瑞亞、衣索匹亞）。
6. 二次大戰結束後，非洲國家紛紛獨立，僅被稱為「非洲年」的 1960 年就有 17 個國家獨立。
7. 北非有古埃及文明的發祥地，與歐洲以直布羅陀海峽相隔，且由於海陸位置適中，自古便與南歐、西亞等地區互動密切；再歷經中世紀以來伊斯蘭文化的洗禮，加上近代歐洲列強殖民侵略與科技文化衝擊等，使得本區呈現多元文化景觀。
8. 北非的突尼西亞、阿爾及利亞和摩洛哥被稱為「馬格里布國家」（Maghreb Countries），意即西方之國；阿拉伯人稱本區為「西方之島」（Gezirael Maghreb）。
9. 非洲的三大產油國為阿爾及利亞、利比亞、奈及利亞。
10. 沙漠的綠洲農業，有一種精緻而古老的取水方式，引遠處山麓沖積扇豐富的地下水，利用天然斜坡，引水進入不透水岩層，在此岩層內掘一暗渠，以減少蒸發，然後導至目的地使用。此種灌溉方式在撒哈拉稱之為「活加拉」。

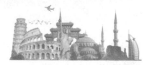

一、埃及

1. 四大文明古國之一，7 世紀，阿拉伯人入侵，阿拉伯文化成為主流，直到拿破崙（1798-1801）遠征埃及，才逐漸揭開古埃及文明面紗。

2. 蘇伊士運河於 1869 年完工，連接印度洋與地中海。

3. 尼羅河是埃及文化的臍帶，也是世界最長的河川（6,670 公里）。每年雨季在 7 至 10 月，9 月為洪水高峰期，暴雨使河水溢出，造成兩岸氾濫，但每當洪水退去後，亦會留下一層沖積物，堆積在氾濫平原上，沖積物使肥沃土壤有利耕作，因此定期氾濫被稱為「尼羅河的恩寵」。

4. 尼羅河河谷及其三角洲區是撒哈拉沙漠的最大綠洲，也是非洲最大的灌溉農業區。

5. 開羅是埃及的首都，也是非洲第一大城，居尼羅河三角洲的頂點。

6. 開羅的近郊基札（Giza）的金字塔和人面獅身像，是世界七大奇景及世界觀光的焦點。

7. 古王國時期，王權相當強盛，國王地位崇高，獨攬政權，人民尊稱他為「法老」（法老原意是大廈的意思，這與我國古代稱皇帝為陛下，其用意有相似之處）。

8. 亞歷山卓是亞歷山大大帝所興建的城市之一，也是托勒密王朝埃及豔后統治埃及當時的首都。

9. 亞斯文水壩將尼羅河阻隔成一個長達 800 公里的水庫，以埃及前任總統之名為名，稱作納瑟湖，是埃及政府和蘇俄合作興建，於西元 1960 年開工，1972 年完成。

二、西非

1. 尼日河下游的三角洲是非洲最大的沖積平原，源自於幾內亞，在奈及利亞出海。

2. 剛果河：流域面積和流量居世界第二。

3. 可可是世界最主要的生產區。

4. 賴比瑞亞一切美國化；象牙海岸是法屬殖民地；迦納是英國殖民地。

5. 奈及利亞是非洲最大的產油國。

6. 剛果礦產集中在南部的薩巴省，銅礦最早產區在羅彭巴希（Lubumbashi），目前以科威吉（Kolwezi）為最大產地。

三、東非

1. 主要地形為高原，其中北部的衣索匹亞高原有「非洲屋脊」之稱，藍尼羅河（尼羅河上源）發源於此。

2. 高原上第三紀發生大規模地層斷裂現象，形成東非大地塹，斷層作用後的火山活動，形成地塹帶兩側許多著名的錐狀火山或熔岩高原，如吉力馬札羅火山，是非洲第一高峰，有 5,895 公尺。

3. 肯亞為非洲野生動物年度大遷徙的源頭之一：馬塞馬拉動物保護區（Maasai Mara）。

4. 衣索匹亞咖啡原產於該國，主要產地在高原西南部的卡法省（Kafa），咖啡一詞即源於此。1970 年代因為乾旱、饑荒，1974年因為政變，陷入內戰，宛如人間煉獄。

5. 衣索匹亞東北角的阿法爾低地（Afar）挖掘出距今三百五十萬年前的露西化石，被考古學者認為是人類最早的祖先。

四、南非

1. 形成辛巴威（Zimbabwe）與尚比亞（Zambia）天然國界的尚比西河（Zambezi），在非洲南部斷層處造就了巨大瀑布——維多利亞瀑布（Victoria Falls），它與美加交界的尼加拉瓜瀑布、伊瓜蘇瀑布（介於）名列世界三大瀑布，更以瞬間落水量名列世界第一。

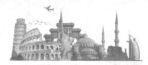

2. 南非是全洲經濟最發達的地區，高原為結晶岩古陸塊，鑽石與黃金將南非的經濟帶離經濟落後之林，轉變成非洲主要工業國。

3. 1980 年代初期，黑人的抗爭與政府的反壓制循環不已，南非遭到空前的國內政治危機，加以國際社會對南非政府施壓及經濟制裁，促使南非政府於 1984 至 1986 年逐漸廢止許多種族隔離法案；1994 年曼德拉當選為首任的黑人總統，南非政局步入另一個新階段。

4. 克魯格斯多國家公園（Krugersdorp National Park）是南非最大的野生動物保護區。

第六節　美洲地理概述

一般而言，美洲大陸分為北美洲與南美洲，為世界七大洲之二。北美洲南端的墨西哥、中美地峽與西印度群島等地合稱中美洲，亦屬於北美洲。但因中美洲的經濟及文化景觀與南美洲相似，故中美洲和南美洲常合稱為中南美洲或拉丁美洲，其範圍北起墨西哥，經中美地峽，至南美洲大陸最南端的合恩角。

壹、北美洲概述

美國、加拿大所在的北美洲，以英語為主，又稱盎格魯美洲。

一、地理位置

北美洲北臨北極海，南接中南美洲，西邊隔著太平洋與亞洲相望，東邊大西洋的彼岸為歐洲。

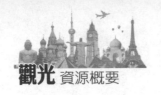

二、地形

地形分區	地形特色
西部高山區	1. 以洛磯山脈為主體，山間多高原和盆地，為地勢高峻的新褶曲山地。 2. 屬於環太平洋火山地震帶的一部分，多火山與地震。
中部平原區	北起哈得遜灣，南至墨西哥灣，地形平坦，稱為北美大平原。
東部低山區	1. 南：為阿帕拉契山脈，久經侵蝕，山勢不高。 2. 北：為拉布拉多高原，曾受冰河侵蝕，多冰河地形。

三、氣候

(一)多樣化的氣候

　　北美洲氣候受緯度、地形、洋流及氣團的影響，呈現多樣化的氣候類型。其中以中緯度地區面積寬廣，多屬溫帶氣候。

(二)氣候類型

氣候類型	分布範圍	氣候特色
寒帶氣候	位於北極圈內的高緯度地區	氣候嚴寒
溫帶大陸性氣候	中部平原	1. 冬季：有來自北方的冷氣團，常於五大湖區造成大風雪。 2. 夏季：有來自墨西哥灣的暖溼氣流，為南部地區帶來降雨。 3. 形成冬冷夏熱的溫帶大陸性氣候。 4. 北美大平原中南部，春、夏季則常有龍捲風帶來災害。
溫帶海洋性氣候	西部沿海北緯40度以北的太平洋沿岸	1. 受盛行的西風及阿拉斯加暖流影響。 2. 形成終年溼潤、冬暖夏涼的溫帶海洋性氣候。
溫帶地中海型氣候	西部沿海北緯40度以南的太平洋沿岸	屬夏乾冬雨的溫帶地中海型氣候。
溫帶沙漠氣候	西南部內陸地區	因位於盛行西風的背風側，形成溫帶沙漠氣候。
高地氣候	西部高山區	受高度影響，屬於高地氣候。
副熱帶溼潤氣候	東南部	夏季及初秋時，墨西哥灣沿岸地區常受到颶風侵襲，釀成重大災情。

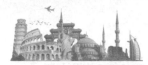

四、水文

1. 冰蝕湖：哈得遜灣一帶曾為冰河中心，冰河地形發達，美、加邊界的五大湖即為冰蝕湖。

2. 密西西比河：位於美國境內，為北美洲最長的河川，流域面積廣大，由北向南流貫北美大平原，在新奧爾良流入墨西哥灣，為早期開發時深入平原區的天然航道。

3. 聖羅倫斯河：位於加拿大境內，向東北注入大西洋，為五大湖區連接大西洋的航道，頗具航運價值。

五、產業發展

(一)農牧業

1. 以商業性農業為主，農民選擇適合地形、氣候及市場需求的一、兩種作物，發展為大規模、專業化的大農作帶。

農作帶	分布特色
酪農帶	鄰近主要市場的五大湖區周邊。
玉米帶 小麥帶	分布於中部平原區，北部冬季寒冷適宜栽種春麥，中部氣候溫和可種植冬麥。
棉花帶	分布於中部平原區南部，因氣溫較高，夏雨秋乾，適合種植棉花。
畜牧區	分布於洛磯山區，因地形崎嶇，氣候較為乾燥，草原廣大，形成放牧牛、羊的畜牧區。

2. 粗放農業：

(1) 北美洲農地廣闊，農業人口少，多使用機械耕作，單位面積產量不高，但由於農場面積廣大，故總產量大。

(2) 小麥、棉花、玉米、牛肉及溫帶水果不僅供應國內需求，並可大量外銷，使北美洲成為世界農產品主要輸出地之一。

(二)工業

美國及加拿大兩國資源豐富，為輕、重工業發達的工業大國。

1. 美國：

　(1) 主要工業帶：東北部大西洋沿岸、五大湖區、阿帕拉契山區，
　　　煤、鐵產量豐富，交通便利，人口密集，為美國主要的工業
　　　帶；鋼鐵、機械及汽車工業發達。

　(2) 主要工業中心：紐約、匹茲堡、底特律及芝加哥等。

　(3) 西岸工業：二次大戰後，美國西岸工業迅速發展，例如：西雅
　　　圖有波音飛機製造工業及微軟的軟體產業；舊金山附近的矽谷
　　　有電腦資訊產業；洛杉磯好萊塢有電影工業等。

2. 加拿大：

　(1) 主要工業帶：聖羅倫斯河谷地及五大湖沿岸，林、礦資源豐
　　　富，水力充足，運輸便利，又鄰近美國的工業區，成為加國主
　　　要的工業帶。

　(2) 主要工業中心：蒙特婁和多倫多等。

3. 北美自由貿易區：

　(1) 目的：為提升北美地區國際市場的競爭力。

　(2) 合作：美國、加拿大與墨西哥於西元 1992 年簽署「北美自由貿
　　　易協定」，使三國的商品、資本及勞工均可自由流通，成為單
　　　一自由貿易區。

六、族群與文化

(一)族群

1. 原住民：北美洲的原住民主要有「印第安人」及居住在極區的
　　「因紐特人」。

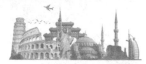

2. 移民：除了最先的歐洲移民，移民方面陸續的還有非洲的黑人、亞洲的黃種人移入，這些族群的組合，使得北美洲真正成為了各民族的匯集地。歐洲的移民是自 15 世紀末之後，才有大量的移民移入美洲，才改變了族群的組成。16 世紀起來自歐洲的移民進入北美洲的有：

(1) 英國的移民定居於新英格蘭地區。

(2) 法國的移民主要居住於加拿大的魁北克，以及美國的新奧爾良，形成法語居民區。

(3) 西班牙人主要定居於美國加州和南部各州。

(二)文化

1. 多元文化：美洲擁有來自各國的移民，也帶來各自的文化：

(1) 有不同國家特色的建築，如中國城等。

(2) 同時也塑造出了不同的文化氣息，如新英格蘭地區充滿了歐洲的氣息。

(3) 有些移民聚集的地方，仍通行該族群語言，如加拿大的魁北克為著名的法語區。

2. 族群問題：族群問題已成為美國內政上的一大隱憂：

(1) 美國的黑人在南北戰爭後雖獲得解放，但有些白人仍有歧視黑人的現象。

(2) 來自拉丁美洲的移民雖居住在美國，卻仍堅持原鄉的生活方式，獨立於美式文化之外。

3. 全新的「美式文化」：

(1) 來自不同地區的移民有不同的語言及生活方式，使美國呈現多元文化的特色，更近一步文化融合，產生新文化。

(2) 例如起源於美國南部的爵士樂就是非洲與歐洲文化融合下的產物。

4. 美式文化的傳播：

   (1) 麥當勞、星巴克、好萊塢電影等文化產業；棒球、籃球等運動，均透過商業化包裝，行銷到世界各地。

   (2) 美式文化不僅是文化，也是商品。

貳、北美主要國家概述

一、美國

1. 中部大平原大陸性氣候：大平原中部春、夏季節氣流升降猛烈，常有龍捲風，本區南部夏季常有颶風侵襲。

2. 尼加拉瀑布（Niagara）被列為世界七大奇景，在美加邊境，位在伊利湖與安大略湖間的尼加拉河上，搭乘霧中少女號最可以感受到瀑布驚人的氣勢。

3. 胡佛水壩攔截科羅拉多河，於 1935 年羅斯福總統任內完成。

4. 黃石國家公園為 1872 年成立的世界第一座國家公園；最著名的景觀：老忠實噴泉。

5. 工業分布西部，例如洛杉磯的電影製片，西雅圖的飛機製造。此外，高科技產業，如電腦、生物科技也都集中於此，例如舊金山的矽谷。

二、加拿大

1. 一年四季分明，秋天的楓紅是加拿大的重要觀光資源。

2. 法語系占優勢的魁北克省，在文化、社會結構及生活習慣均異於英語系的其他省分。

3. 草原三省（亞伯達、薩克其萬、曼尼托巴）有「加拿大的穀倉和能源庫」之稱。

4. 落磯山脈介於英屬哥倫比亞省（B.C. 省）及亞伯達省間。

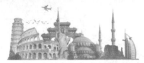

5. 西岸的溫哥華是太平洋岸之門戶，也是全國最大的港口，目前是華人聚居的最大都市。

參、中南美洲（拉丁美洲）概述

一、自然環境

(一)中美洲

中美洲北為墨西哥高原，為新褶曲山脈，火山活動頻繁，故金屬礦產豐富，墨西哥昔日有「白銀帝國」之稱，山間盆地為人口及產業集中的精華區，印第安阿茲特克古文明分布於墨西哥的山間盆地，墨西哥灣沿岸石油資源豐富；南部則為中美地峽，東北部猶加敦半島為印第安馬雅古文明分布地；東部西印度群島散布於加勒比海中，大安地列斯群島為山脈沉海所形成的大陸島，小安地列斯群島為火山島，巴哈馬群島則屬珊瑚礁島。西印度群島位於板塊接觸帶，多火山且地震頻繁，常釀成重災，如2010年海地大地震，傷亡高達10萬人。

(二)南美洲

南美洲地形結構與北美洲雷同，分為西部新褶曲山地、中部平原盆地、東部古老高地。安地斯山脈縱貫於西部，蘊含豐富金屬礦，山脈北部深入亞馬遜雨林，山間盆地因高度大、氣候涼爽，為人口與都市聚集的精華區，多高地都市，如哥倫比亞波哥大、厄瓜多基多，山脈南部則冰河地形發達。

南美洲中部平原和盆地廣布，北部的奧利諾科盆地氣候溼熱，不適人居；中部的亞馬遜盆地遍布熱帶雨林；南部有拉布拉他平原和彭巴草原，為農牧業精華區及人口、都市集中地區。南美洲東部則為古老高地分布區，富礦產資源，如北部圭亞那高地鋁土豐富、巴西高原多鐵礦等金屬

礦、南部巴塔哥尼亞高原則有石油。

二、氣候環境

　　中南美洲因幅員廣大，地跨不同緯帶，受到不同盛行風和洋流的影響，加上地形起伏大，造成各地氣候的明顯差異，又因為東西寬度不大，大陸性氣候並不顯著，位於低緯地區的中美洲，除了沿海平原和低地氣溫居高不下外，高原和山地的年平均氣溫約在 20℃左右，終年涼爽宜人，因此成為人口聚集之處。南美洲大陸絕大部分位於南回歸線之北，以熱帶和副熱帶氣候為主，除了西部高山地區以外，最冷月均溫均在 0℃以上。亞馬遜盆地與圭亞那高地因跨赤道而終年溼潤多雨，為典型的熱帶雨林氣候；奧利諾科盆地和巴西高原，屬於乾溼分明的熱帶莽原氣候；墨西哥北部因受到副熱帶高壓籠罩，以及加利福尼亞涼流經過的影響，全年降水量稀少，為熱帶乾燥氣候；智利北部也是受到副熱帶高壓影響，加上沿岸秘魯涼流影響，而形成熱帶乾燥氣候。

　　中緯度的溫帶地區，如安地斯山西側，因受副熱帶高壓季移的影響，形成夏乾冬雨的溫帶地中海型氣候，以南則因盛行西風的吹拂，形成溫暖多雨的溫帶海洋性氣候，巴塔哥尼亞高原則因位於盛行西風背風側，加上沿岸福克蘭寒流通過而降水量稀少，形成溫帶乾燥氣候。南美洲西岸的太平洋海域長年有秘魯涼流自海底湧升，帶來豐富有機物及浮游生物，促使漁群聚集，為東南太平洋漁場，吸引海鳥覓食，附近鳥糞層豐富，以致秘魯及智利沿海肥料工業發達，若海水溫度異常偏暖則產生聖嬰現象，導致漁群及海鳥減少，影響秘魯沿海的經濟及造成全球氣候產生異常。

三、亞馬遜雨林

　　亞馬遜河流經寬廣的亞馬遜盆地，流域面積近 700 萬平方公里，占南美洲面積的 40%，居世界之冠，因位居熱帶雨林氣候區，故流量豐沛，高居世界第一。亞馬遜流域廣布熱帶雨林，是世界上最大的雨林區，

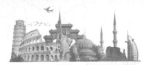

占世界雨林面積的 50%、世界森林面積的 20%，擁有全球三分之一的物種，是世界最重要的基因庫與吸收二氧化碳的碳庫，自 1960 年代巴西政府為提升經濟而鼓勵人民前進亞馬遜開發以來，超過 20% 的亞馬遜雨林已被破壞，遭破壞的土地多轉為牧場或農場，伐林使得亞馬遜雨林遭受到嚴重的破壞，不但損害生物多樣性，雨林也不再維持以往每年吸收百萬噸計的溫室氣體，全球暖化因而加速，將為全人類的生態環境帶來嚴重浩劫，保護亞馬遜雨林成為全球關注的環境議題。

四、多元文化

中南美洲的人口、宗教、語言和土地利用型態，受到許多因素影響，如當地的原住民印第安文化，以及西班牙、葡萄牙殖民時所帶來的拉丁文化，再加上非洲移民的移入，使其生活習慣如音樂、藝術、飲食等多方面呈現合成文化的特色：

1. 印地安文明：在歐洲人殖民中南美洲之前，中南美洲原住民印第安人因適應不同的自然環境與資源，先後發展出三個文化核心，如以宏偉金字塔及曆法著稱的馬雅文化、以特諾奇蒂特蘭古都遺址聞名的阿茲特克文化，以及曾建立中南美洲最大帝國的印加文化等。

2. 殖民化社會：繼十五世紀哥倫布登陸西印度群島開啟美洲新大陸的發現之後，十六世紀興起了歐洲人海外殖民的浪潮，葡萄牙占領巴西、西班牙統治大部分中南美洲，引進天主教，使得教會成為中南美洲居民的信仰與生活重心，是世界天主教徒最多的洲。因殖民因素，除巴西講葡萄牙語外，西班牙語為通行語言。

3. 合成文化：

   (1) 歐洲殖民者將天花、麻疹等疾病帶入中南美洲，造成大量的原住民印第安人死亡，但因熱帶栽培業需要大量人力而自非洲引進黑人。拉丁文化、印第安文化和非洲黑人文化在此接觸與交

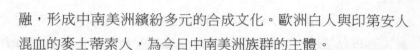

融，形成中南美洲繽紛多元的合成文化。歐洲白人與印第安人
混血的麥士蒂索人，為今日中南美洲族群的主體。

(2) 每年的 2、3 月為天主教齋戒前的狂歡慶典，與非洲森巴舞合成
巴西最重要的節慶嘉年華。哥倫比亞的康比亞舞源自非洲音樂
和舞蹈，融合西班牙與印第安服飾，為今日哥倫比亞的文化資
產。秘魯庫斯科於每年 6 月為期 8 天的眾神節則是結合天主教
和印第安人的傳統宗教慶典。

五、政經發展

　　中南美洲的產業活動以農業為主，自地理大發現後，成為歐美工業
國家重要的糧食、蔬果和礦物原料的供應區。為積極擺脫殖民地式經濟，
許多國家力圖發展國內製造業，但是受到各國資源與經濟發展的差異，目
前工業主要集中在少數國家（如巴西、墨西哥、阿根廷），不論是國與國
之間，還是城與鄉之間，都呈現區域發展不均衡的現象。其政經發展特色
如下：

(一)殖民地式的經濟

　　殖民時代以殖民母國的利益為經濟考量，發展出殖民地式經濟活
動，如原物料的開採與種植，對於中南美洲的環境、經濟、政治都有相當
程度的影響：

1. 以出口為導向：中南美洲的熱帶氣候提供歐洲所缺乏的熱帶栽培
   業物產，因此中南美洲在殖民時代即形成以提供殖民者需求為主
   的出口導向型經濟。
2. 單一經濟的風險：中南美洲國家以一、兩種熱帶栽培作物為主要
   的經濟活動項目，一方面嚴重忽略國內糧食作物的生產；另一方
   面極容易受到國際市場價格波動所影響。如 1930 年代世界經濟大
   蕭條，原物料的需求大幅縮減，使得中南美洲以出口為導向的經

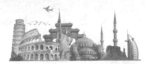

濟受到嚴重影響，造成高失業率和社會不安，各國政府為穩定出
口數量與國內經濟，只好不斷向外借貸，或開發土地栽種更多出
口作物，導致外債高築、糧食不足和過度開發等問題。

3. **貧富**不均：殖民時代傳承下來的大地主制度，是造成中南美洲貧
富差距與社會動盪的主因，直至今日，大部分的土地仍主要集中
在少數人手中。大地主與現代農業企業以充裕的資金和較先進的
技術，引進牲畜進行放牧，或生產可供出口的作物，左右了中南
美洲的農牧業型態分布。然而，絕大部分的個體小農仍停留在傳
統的農耕方式，生活貧困落後。各國政府雖然有意推動土地改
革，卻因大地主的反對、資金缺乏，以及政局變動等因素而成效
不彰。

(二)政治與經濟的轉變

1. 中南美洲各國相繼獨立之後，在經濟上仍然維持以出口為導向，
輸出原物料，並以農、礦業產品為主，對於國家經濟發展幫助有
限，因此許多國家積極推動工業化，發展進口替代政策等，期帶
動國家經濟穩定成長。

2. 進口替代政策的陸續推展：1950 年代，墨西哥、阿根廷、巴西、
哥倫比亞、智利和烏拉圭等國紛紛執行進口替代的發展政策，一
方面減少對外資的依賴，一方面引進技術，竭力發展製造業，生
產民生所需的工業產品來取代進口商品，例如成衣、鞋類、食品
等輕工業，部分國家甚至發展了汽車、石化、鋼鐵等重工業。

肆、中南美洲各國概述

一、中美洲

(一)巴拿馬

1. 首都巴拿馬市，有「世界的十字路口」的美名，每年舉行的「嘉年華會」是全世界第二盛大的節慶。
2. 巴拿馬為臺灣的邦交國，蔡英文總統曾於 2016 年前往該地參加工程歷時近十年的巴拿馬運河拓寬工程所舉行的竣工通航儀式。

(二)古巴

1. 首都哈瓦那的舊城區因其獨特歷史文化背景和保存完善的建築，於 1982 年被聯合國教科文組織列為世界文化遺產。
2. 古巴氣候宜產甘蔗，為其國家主要經濟支柱，是世界上人均糖產量最多的國家，也是世界上出口糖最多的國家，被譽為「世界糖罐」、「世界上最甜的國家」。

(三)墨西哥

1. 墨西哥是多個美洲文明的發源地，孕育了馬雅文化、托爾特克和阿茲特克等文明。
2. 墨西哥盛產仙人掌，並且把它當作是國花。
3. 首都墨西哥城超過 2,240 公尺，是全世界海拔最高的都會城區。
4. 奇琴伊察馬雅古城是由馬雅文明所建成的城市，坐落在今墨西哥境內的猶加敦半島北部。

(四)貝里斯

1. 曾被英國殖民超過百年，是中美洲唯一官方語言是英語的國家。

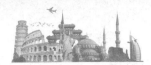

2. 聞名全球的水下天堂大藍洞（Great Blue Hole）是全世界最大的水下洞穴。

3. 唯一的世界遺產「貝里斯堡礁保護區」被聯合國教科文組織列入「瀕危世界遺產清單」。

二、南美洲

(一)智利

智利國土狹長，由北而南有熱帶沙漠、溫帶地中海型和溫帶海洋性氣候，而西風背風側的巴塔哥尼亞高原則成為溫帶沙漠氣候。

(二)巴西

1. 是南美面積最大、人口最多，也是拉丁美洲唯一說葡萄牙語的國家。

2. 里約熱內盧是巴西嘉年華會（亦稱狂歡節）的聖地。

3. 巴西為 2016 年夏季奧運的主辦國。

(三)阿根廷

1. 阿根廷的國名是拉丁文「銀」的意思，16 世紀時，西班牙探險家到此希望能找到銀礦，但並未如願。

2. 阿根廷五分之四的農產品均來自彭巴草原區，其開發基礎在於優越的自然環境；就氣候和土壤而言，兩者均利於穀類和牧草生長。

3. 1860 至 1930 年間，超過 600 萬的歐洲移民定居於彭巴草原區，他們大多來自義大利和西班牙。

4. 農場為今日阿根廷經濟的支柱，19 世紀彭巴草原是牛的故鄉，由高卓（Gaucho）人（阿根廷牛仔）照顧牛群。

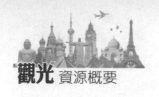

第七節　紐、澳、大洋洲與南北極地理概述

壹、澳洲

一、地形

　　澳洲（首都坎培拉）位於印度洋和太平洋之間，是世界上最小的陸洲，但也是最大的島嶼。面積約為 768 萬平方公里，是世界第六大國，有半個歐洲（俄羅斯共和國除外）那麼大。澳洲東部為大分水山脈，中部是高原，西部是平原低地。

二、氣候

　　西部高原和內陸沙漠屬熱帶沙漠氣候，乾旱少雨；北部屬熱帶草原氣候，為全國多雨區，少部分屬亞熱帶；東部新英格蘭山地以南則屬溫帶闊葉林氣候。

三、觀光資源

　　作為第三產業的重要組成部分，旅遊業在澳洲得到長足而迅速的發展。因為有著優美的自然風光和珍稀動植物資源，加之發達的經濟，澳洲成為讓人流連忘返的旅遊聖地。主要旅遊景點有雪梨歌劇院、港口大橋、雪梨塔（南半球第二高建築）、黃金海岸、大堡礁、北艾爾湖、墨爾本藝術館、土著人發祥地卡卡杜國家公園及土著文化區威蘭吉湖區等。

四、對外貿易

　　澳洲為貿易強國，是世界十大農產品出口國和六大礦產資源出口國之一。小麥出口量高居世界第二位。主要出口商品有煤、黃金、鐵礦石、原油、天然氣、鋁礬土、牛肉、羊毛、小麥、糖、飲料等。主要進口商品

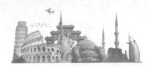

有航空器材、藥物、通訊器材、轎車、原油、精煉油和汽車配件等。澳洲的主要貿易對象有日本、美國、紐西蘭、德國、英國、南非、沙烏地阿拉伯、印度、中國、韓國、新加坡、印度尼西亞、巴西等。其中，日本、美國、紐西蘭、中國及新加坡為澳洲最重要的貿易夥伴。

五、農牧業

澳洲的農業較為發達。主要農作物有小麥、大麥、油菜籽、棉花、蔗糖和水果等。澳洲盛產小麥，是世界第二大小麥出口國，有「手持麥穗的國家」之稱。澳洲有著發展畜牧業的優良條件，其草原面積廣大、牲畜種族優良、交通運輸便利、食品工業發達，這些優良條件促使澳洲成為世界第一大羊毛和牛肉出口國。澳洲的綿羊數量長期在 1 億隻以上，人均達 5 隻，是世界上綿羊數量最多的國家，有「騎在羊背上的國家」之稱。

貳、紐西蘭

一、地形

紐西蘭（首都威靈頓）位於環太平洋地震帶上，是由兩個火山島所組成，南島冰河地形發達，北島火山地形發達，因此有「活的地理教室」之稱。

二、氣候

紐西蘭屬於溫帶海洋性氣候，氣候以北島較溫暖，人口密度也較南島為高。

三、產業

過去二十年，紐西蘭經濟成功地從農業為主，轉型為具有國際競爭力的工業化自由市場經濟。農業的勞動力只占紐西蘭的 10%，但其畜牧

業卻是國家經濟基礎。全國一半的出口總值在農牧產品。羊肉、奶製品和粗羊毛的出口值皆為世界第一。紐西蘭的畜牧業大多採天然放牧的方式，主要原因是為了節省飼料和人工。

四、原住民

紐西蘭的原住民為毛利人，與臺灣原住民同屬南島語系。

參、大洋洲

一、範圍

大洋洲位於太平洋西南部和南部的赤道南北廣大海域。其範圍是指波里尼西亞島群、密克羅尼西亞島群和美拉尼西亞島群，廣義的定義還包含了澳大利亞、紐西蘭和新幾內亞島等。

二、氣候

大洋洲大部分處在南、北回歸線之間，絕大部分地區屬熱帶和亞熱帶。

三、地形

島嶼	成因	群島	地形
密克羅尼西亞（小島）	由珊瑚礁發展形成，地勢低平	關島、帛琉、塞班、馬紹爾等	珊瑚島為主
波里尼西亞（多島）	火山噴發形成，地勢較高	夏威夷、社會群島、東加、庫克群島、中途島等	珊瑚島、火山島
美拉尼西亞（黑人島）	陸地下沉、大陸漂移	斐濟、索羅門群島、諾魯等	大陸島

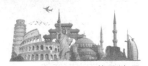

四、我國的邦交國

我國在大洋洲的邦交國有 6 個國家：帛琉（1999）、馬紹爾群島（1998）、吉里巴斯（2003）、諾魯（1980、2005）、索羅門群島（1983）、吐瓦魯（1979）。

肆、南北極

一、地理環境

1. 兩極地方緯度高，氣候嚴寒。
2. 有永晝永夜現象。

二、氣溫差異

北極年均溫零下 18°C，南極年均溫零下 50°C，原因為：

1. 海陸差異：北極是浮在海面上的冰床，南極是大陸，陸地散熱比海洋快，因此溫度較嚴寒。
2. 地形影響：北極高度只相當於海平面高度，而南極平均海拔高度有 2,000 多公尺。

三、居住的生物

南北極居住的生物中最為人熟知的是，北極有北極熊、南極有企鵝。

四、航線

飛行經過北極上空稱為 Polar Flight（PO 航線），是飛航的最短距離，目前臺北飛紐約採 PO 航線。

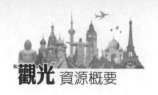

課後練習

( ) 1. 從東亞到南亞一線，是世界人口最稠密區，此區的氣候是　(A) 極地　(B) 草原　(C) 高地　(D) 季風　氣候。

( ) 2. 下列哪一洲無沙漠？　(A) 亞洲　(B) 歐洲　(C) 美洲　(D) 非洲。

( ) 3. 極圈是指南北緯度　(A)0　(B)23.6　(C)66.5　(D)180　度。

( ) 4. 中國大陸以大興安嶺為界、太行山脈為界，以西的山脈多為？　(A) 東西走向　(B) 南北走向　(C) 西北走向　(D) 東北走向。

( ) 5. 由澳洲西岸起飛向西行，繞行地球一周，依序會經過哪些大洋上空？　(A) 印度洋，大西洋，太平洋　(B) 太平洋，大西洋，印度洋　(C) 印度洋，太平洋，大西洋　(D) 大西洋，印度洋，太平洋。

( ) 6. 東南亞的地形構造，始自亞洲大陸，是由中國的何種地形區延伸？　(A) 高原　(B) 盆地　(C) 縱谷　(D) 平原。

( ) 7. 巴基斯坦盛產稻米小麥，有糧倉之稱是因為什麼原因？　(A) 雨水充足　(B) 灌溉發達　(C) 運輸便利　(D) 勞力充足。

( ) 8. 下列哪一項非一級產業？　(A) 農業　(B) 漁業　(C) 礦業　(D) 工業。

( ) 9. 世界水陸分布的情形，下列敘述何者正確？　(A) 陸地占總面積的71%　(B) 南半球海洋面積較大　(C) 水半球就是南半球　(D) 陸半球的中心在紐西蘭。

( ) 10. 全世界最大的伊斯蘭教國家為？　(A) 泰國　(B) 印尼　(C) 阿拉伯　(D) 土耳其。

( ) 11. 韓國歷史上首次統一朝鮮半島的是？　(A) 高句麗　(B) 新羅　(C) 朝鮮　(D) 百濟。

( ) 12. 東北亞的地形主體為　(A) 高山、高原　(B) 山地、丘陵　(C) 平原、盆地　(D) 台地、縱谷。

( ) 13. 日本的三大平原均位於哪一大島上？　(A) 本州　(B) 四國　(C) 九州　(D) 北海道。

---

1. D　2. B　3. C　4. A　5. A　6. C　7. B　8. D　9. C　10. B　11. B　12. B　13. A

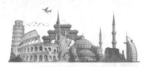

(　) 14. 東南亞國家中，受中國文化影響最深的是　(A) 越南　(B) 印尼　(C) 汶萊　(D) 馬來西亞。

(　) 15. 有人說「夜間是熱帶的冬天」是指亞洲的哪一區域而言？　(A) 西亞　(B) 北亞　(C) 東南亞　(D) 東北亞。

(　) 16. 林先生去年到先後淪為西班牙及美國殖民地達四百多年的菲律賓旅遊，發現菲律賓南部的民答那峨島上居民多信奉　(A) 天主教　(B) 基督教　(C) 佛教　(D) 回教。

(　) 17. 中南半島的地勢　(A) 南高北低　(B) 北高南低　(C) 東高西低　(D) 西高東低。

(　) 18. 下列何者為世界稻米重要出口國？　(A) 中國、泰國　(B) 泰國、越南　(C) 越南、印尼　(D) 印尼、菲律賓。

(　) 19. 諾貝爾和平獎的頒發地點為？　(A) 挪威奧斯陸　(B) 瑞典斯德哥爾摩　(C) 丹麥哥本哈根　(D) 芬蘭赫爾辛基。

(　) 20. 巴基斯坦人民多信奉何種宗教？　(A) 回教　(B) 佛教　(C) 天主教　(D) 印度教。

(　) 21. 位於德干高原西岸的工業中心是　(A) 孟買　(B) 哲雪舖　(C) 馬德拉斯　(D) 新德里。

(　) 22. 位於恆河口孟加拉及其毗鄰的印度阿薩密省，兩區的降雨量皆相當豐沛，但經濟作物卻不同；孟加拉以黃麻為主，阿薩密省則以茶葉為重。造成兩地區作物差異的主因是　(A) 地形　(B) 水文　(C) 勞工　(D) 資金。

(　) 23. 東南亞曾長期遭受殖民統治的背景，造就了下列哪一項地理事實？　(A) 盛產稻米　(B) 人口眾多　(C) 多港埠型都市　(D) 佛教盛行。

(　) 24. 加拿大人的生活方式呈現多樣性，其主要的原因為下列何者？　(A) 人口多、文化不同　(B) 土地遼闊、族群不同　(C) 民族傳統文化保守　(D) 生活優渥，自然條件佳。

---

14. A　15. C　16. A　17. B　18. B　19.A　20. A　21. B　22. A　23. C
24. B

( ) 25. 加拿大三大地形區為：(甲)冰蝕高原 (乙)湖泊大平原 (丙)崎嶇山地。上述三種地形由東向西正確的出現順序是　(A) 甲乙丙　(B) 乙丙甲　(C)丙乙甲　(D)丙甲乙。

( ) 26. 加拿大工業發展的有利條件之一是礦產豐富，以下哪一因素和此條件有密切關係？　(A) 冰河地形顯著　(B) 針葉林密布　(C) 古老的結晶岩　(D) 河流、湖泊密布。

( ) 27. 加拿大全國地曠人稀，是美洲地區人口密度最小的國家，主要原因是　(A) 移民較晚　(B) 地形崎嶇　(C) 湖沼眾多　(D) 氣溫偏低。

( ) 28. 加拿大西海岸不列顛哥倫比亞省，地處高緯，但氣候溫和，沿海冬不結冰，其成因和下列何者最有關係？　(A) 阿留申低氣壓　(B) 阿拉斯加暖流　(C) 溫帶氣旋　(D) 峽灣海岸。

( ) 29.「山地被刻劃出深入的河谷，海水沿著山谷深入，長達百公里以上，深度也可數百公尺，船隻航行進去，兩岸陡峭，間有瀑布宣瀉而下，甚為壯觀……。」以上敘述最常在哪一地區的海岸看到？　(A) 猶加敦半島　(B) 聖羅倫斯河口　(C) 佛羅里達半島　(D) 不列顛哥倫比亞省北部沿海。

( ) 30. 加拿大西部成為世界著名的觀光旅遊勝地，主要是因哪一項資源？　(A) 歷史古蹟　(B) 原住民文化　(C) 冰河地形　(D) 石灰岩地形。

( ) 31. 加拿大的經濟深受哪一國影響？　(A) 英國　(B) 法國　(C) 荷蘭　(D) 美國。

( ) 32. 加拿大從渥太華向西南經多倫多至溫莎一帶，形如半島，伸入大湖區，這片陸地是介於哪些湖泊之間?(甲)蘇必略湖 (乙)休倫湖 (丙)伊利湖 (丁)密西根湖 (戊)安大略湖，依序為　(A) 甲乙丁　(B) 乙丙戊　(C) 丙丁戊　(D) 甲丙戊。

( ) 33. 下列哪一項是韓國文字的起源？　(A) 平假名　(B) 片假名　(C) 訓民正音　(D) 朱子。

---

25. A　26. C　27. D　28. B　29. D　30. C　31. D　32. B　33. C

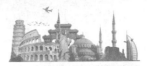

(　) 34. 中國四大盆地中，下列哪一個選項是在說明四川盆地的特色？　(A) 農業發達，有「天府之國」的美稱　(B) 雨量最少，綠洲農業發達　(C) 礦產豐富，有「聚寶盆」的美稱　(D) 產業是牧重於農。

(　) 35. 下列諺語對中國大陸地區地形的敘述，何者配對有誤？　(A)「地無三里平」是形容貴州省的石灰岩地形造成漏水現象　(B)「湖廣熟，天下足」是形容湖南、湖北地區稻米生產量大　(C)「朝穿皮襖午穿紗」是形容年雨量變化大的現象　(D)「人家半鑿山腰住，車馬多從頭頂過」是形容黃土高原的居民利用黃土特質鑿窯洞居住的現象。

(　) 36. 下列首都與國家的配對何者正確？　(A) 澳洲——雪梨　(B) 紐西蘭——威靈頓　(C) 加拿大——溫哥華　(D) 俄羅斯——聖彼德堡。

(　) 37. 中南半島的哪一條河流，流經緬、泰、寮、柬、越之後，再注入南海？　(A) 紅河　(B) 湄公河　(C) 湄南河　(D) 薩爾溫江。

(　) 38. 下列哪一個半島不屬於南歐三大半島之一？(A) 伊比利半島　(B) 義大利半島　(C) 巴爾幹半島　(D) 印度半島。

(　) 39. 下列有關地中海氣候的敘述，何者正確？　(A) 夏乾冬雨　(B) 分布地區有：澳洲、非洲的西南端……等地　(C) 農作物以耐旱果樹為主　(D) 以上皆是。

(　) 40. 南美洲各國主要語言為西班牙語，只有一個國家例外，該國以葡萄牙語為國語，請問這個國家是？　(A) 阿根廷　(B) 巴西　(C) 智利　(D) 哥倫比亞。

(　) 41. 有關亞洲重要河川的敘述，下列何者有誤？　(A) 西亞的幼發拉底河與底格里斯河沖積形成美索不達米亞平原，是西亞最富庶的農業地區　(B) 中南半島的諸多河流多呈東西走向　(C) 南亞的恆河與印度河沖積形成印度大平原，是世界古文明的發源地之一　(D) 位於中國境內的黃河孕育出中國千年以來的文化，亦屬於世界十大長河之列。

(　) 42. 目前世界上著名景點之一的「吳哥窟」是位於哪一國家的境內？　(A) 柬埔寨　(B) 寮國　(C) 緬甸　(D) 泰國。

34. A　35. C　36. B　37. B　38. D　39. D　40. B　41. B　42. A

( ) 43. 有關歐洲地理的敘述，下列何者不正確？　(A) 法、瑞、義交界處的白朗峰是全歐第一高峰　(B) 南歐地形以山地、丘陵為主體，地形較崎嶇，陸運、河運不便　(C) 西歐族系眾多，地形崎嶇　(D) 北歐湖泊眾多，其中芬蘭有「千湖國」之稱。

( ) 44. 下列有關美洲地區主要都市的敘述，何者正確？　(A) 匹茲堡——美國第一大都市，飛機製造業發達　(B) 蒙特利爾——加拿大最大的都市　(C) 聖保羅——有「南美巴黎」之稱　(D) 洛杉磯——美國西岸最大的都市，也是美國的第二大都市，電影工業發達。

( ) 45. 有關大洋洲的地理敘述，下列何者不正確？　(A) 紐西蘭——島上有火山地形與冰河地形，所以有「活的地形教室」之美稱　(B) 關島、所羅門群島屬於珊瑚礁島　(C) 澳洲屬於大陸島，首都設在東澳的坎培拉　(D) 紐西蘭的首都設在北島的威靈頓。

( ) 46. 非洲最大產油國是哪一國？　(A) 阿爾及利亞　(B) 剛果　(C) 衣索比亞　(D) 奈及利亞。

( ) 47. 北美洲為全球湖泊最多的大陸，有「北美地中海」之稱，請問其大部分湖泊的主要形成營力為何？　(A) 溶蝕作用　(B) 冰蝕作用　(C) 火山作用　(D) 風化作用。

( ) 48. 下列哪一項主食被當地人稱為「阿拉伯的母親」？　(A) 鷹嘴豆　(B) 玉米餅　(C) 駱駝奶　(D) 椰棗。

( ) 49. 2016 年 4 月 16 日發生 7.3 級地震的熊本，位於日本哪一地區？　(A) 四國　(B) 九州　(C) 本州　(D) 北海道。

( ) 50. 北歐哪一個國家接近大西洋的沿岸，在被冰川形成峽谷後，被大西洋的海水倒灌而成為峽灣，因峽灣地形特別發達，海岸線曲折深入，被譽為「峽灣之國」？　(A) 瑞典　(B) 芬蘭　(C) 挪威　(D) 冰島。

43. C　44. D　45. B　46. D　47. B　48. D　49. B　50. C

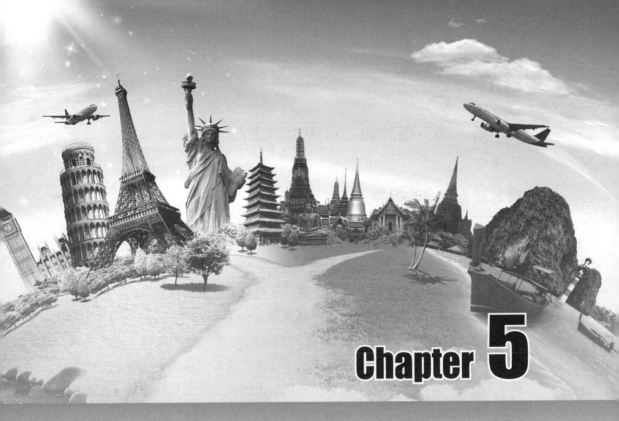

Chapter 5

觀光資源維護

第一節　臺灣觀光資源規劃現況

壹、觀光資源的概念

　　觀光資源係指人們在觀光旅遊的過程中感興趣的各種事物,包含山水名勝、自然風光、人工建物設施、歷史古蹟以及文化遺址等人文資源。換句話說,足以提供觀光客遊覽、觀賞、知識、樂趣、度假等美好感受的一切自然、人文景觀及商品,皆可稱為觀光資源。

　　觀光資源與一般資源的分界在於利用的方式,例如森林、湖泊、庭園、別墅、古蹟、習俗及節慶等資源,在未能具有提供觀光機會的機能之前,只是一般的自然與人文資源,一旦為人們利用作為觀光使用,便可稱之為「觀光資源」。

貳、觀光資源的特性

　　觀光資源具備下列幾項特性:

1. 觀賞性:觀光資源與一般資源最主要的差別就是它具有美學的特徵,具有觀賞性的一面。
2. 地域性:各種觀光資源都分布在一定的空間範圍內,反映著一定的地理環境特點。
3. 綜合性:主要表現在同一區內,多種類型的觀光資源交織在一起。
4. 季節性:觀光資源的季節性是由其所在地的緯度、地勢和氣候等因素所決定。
5. 永續性:觀光資源的存續須借助管理者的妥善經營管理與維護,以及遊客的愛護,才能達到永續利用。
6. 地域不可復原性(脆弱性):各種自然資源如遭破壞,或是歷經不

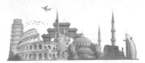

合理的開發與使用，即使重新維修，也很難恢復原貌。因此，在開發利用時，應注意評估與分析資源之承載量。

參、觀光資源分類

1962 年，美國戶外遊憩系統評論委員會根據觀光遊憩資源的特性將其分成六大類，分別為高密度遊憩地區、一般戶外遊憩地區、自然環境區、獨特的自然地區、原始地區，以及歷史文化所在地。直到現代，1981 年密西根州立大學教授 Dr. Chubb 將觀光遊憩資源分為五類：未開發的、私人所有的、商業性私人的、公有遊憩設施及文化資源。

國內較具代表性的觀光資源分類，則採用曹正博士所主持的「臺灣風景特定區規劃手冊」，共分四類：具景觀價值的、具科學價值的、具生態價值的及具文化價值的觀光資源。在政府方面，內政部在區域計畫中將觀光資源分為五種類型：植物、動物、地質與地形、水文以及人文資源。交通部觀光局在「臺灣地區觀光遊憩資源系統開發計畫」（81 年）中將觀光遊憩資源分為自然與人文兩大類，分類細項如**表 5-1** 所示。

肆、觀光資源規劃的意義與目的

一、 觀光資源規劃的意義

1. 為了達到觀光資源的有效利用，於特定之觀光區域範圍，經過一切具有系統與合理的調查（Investing）、分析（Analysis）、評估（Evaluation）與選擇（Choose）等過程而做出適當的安排，即稱之為「觀光資源規劃」。
2. 規劃時應先瞭解旅客的實際需要、考量當地居民的期望，以及「承載量」（Capacity）的配合等，並有系統的整合各項資源，方能達成規劃的目標。

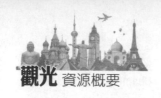

表 5-1　觀光遊憩資源供給面分類表

資源分類	資源類型		資源內容
自然資源	自然遊憩資源	湖泊、坤潭	自然湖、人工湖、坤、潭
		水庫、水壩	水庫、攔砂壩、水壩
		溪流、瀑布	溪流、瀑布、瀑群
		特殊地理景觀	氣候、地形、地質、動物、植物
		山陵、山岳	人造林、天然林、森林遊樂區
		森林	森林遊樂區
		農牧場	牧場、農牧場
		國家公園	國家公園、保護區
		海岸	海岸景觀、濱海遊憩區、海濱公園
		溫泉	溫泉
人文資源	人文遊憩資源	歷史建築	祠廟、民宅、碑坊、陵墓、官宅、遺址、城廓
		民俗	節慶民俗、祭典民俗、地方民俗
		文教設施	學校、文化中心、博物館、美術館、其他演藝、展示場所
		聚落	原住民聚落、漁港聚落、城鎮聚落、鄉鎮聚落、街鎮聚落、客家聚落
	產業遊憩資源	休閒農業	觀光果園、茶園、菜園
		休閒礦業	煤礦、金礦、鹽、石油、寶石、玻璃
		漁業養殖	漁港、養殖區
		地方特產	工藝品、小吃民食
		其他特產	二級、三級產業、軍事設施與基地、港口、機場重大建設等
	遊樂設施與活動	遊樂園	機械設施遊樂園、遊樂花園
		高爾夫球	高爾夫球場
		海水浴場	海水浴場、海濱公園
		遊艇港	遊港
		遊樂活動	海、陸、空域新興活動
	服務體系	住宿	觀光旅館、一般住宿、事業機構住宿、露營
		交通	空運、航運、陸運（鐵路、公路、景觀道路）

資料來源：交通部觀光局，臺灣地區觀光遊憩系統開發計畫（民國 81 年）。

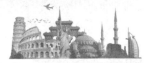

二、觀光資源規劃的目的

1. 妥善規劃觀光資源的開發與適度管制觀光遊憩活動行為。
2. 兼顧自然環境保護與生態保育。
3. 妥善統合觀光產業並滿足旅客需求。
4. 整體規劃觀光資源，發揮最佳的經濟效益。
5. 降低或有效減少觀光活動對於環境、經濟以及社會文化所造成之負面影響。
6. 透過規劃程序將現存落伍或發展不佳的觀光地區予以改善。

伍、觀光規劃的基本步驟

觀光規劃的基本流程大致如下：

1. 研究準備：即各種準備工作如文獻蒐集、計畫大綱之釐定、規劃小組成立、規劃中心就緒等事項之準備。
2. 設定目標：設定並確立整體目標方向後，再設定各分項目標以利規劃之進行。當然，在往後的每一個步驟都可能予以修正原先所訂之目標。
3. 背景調查及資料蒐集：包括規劃範圍之人文、自然環境、土地利用之現況調查，以及各種與規劃有關的背景資料之蒐集。
4. 分析與整合資料：即將蒐集及調查所得到的資料予以整理、分析及整合。例如問卷資料之輸入、分析等。
5. 計畫形成：根據上述蒐集及調查的各種資料，做合理之應用並整合相關計畫、政策及法令，形成各種實質計畫以利執行。
6. 建議：即對所有與此計畫有關之各種方案之建議，及對現況缺失之提出，以利日後改進。
7. 執行階段：即對規劃出的實質計畫及各項建議之執行工作。

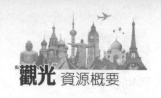
8. 監控：對規劃的各個步驟，尤其是執行階段之監督及控制，此階段亦包括正式的評估，予以整體之修正及調整，以確保目標之達成。

陸、遊憩承載量

承載量是指觀光遊憩區在實質條件限制下，要同時維持觀光遊憩資源品質與滿足遊客的遊憩體驗下所能容許的最大容量。而遊憩承載量則是指遊憩區在一定開發程度下，於一段時間內能維持一定之遊憩品質，又不至於對實質環境及遊憩體驗造成破壞或影響時的遊憩使用量。遊憩承載量可分為下列四種：

一、社會承載量

以體驗感受當作衝擊評估參數，社會承載量（Social Carrying Capacity）主要依據遊憩使用量對於遊客體驗的影響或行為改變程度，來決定遊憩承載量。

二、生態承載量

生態承載量（Ecological Carrying Capacity）的主要衝擊是生態因素，分析對植物、動物、土壤、水及空氣品質之影響程度，進而決定遊憩承載量。

三、設施承載量

以發展因素當作評估參數，設施承載量（Facility Carrying Capacity）利用停車場、露營區等人為設施所能提供的使用量，分析求得遊憩承載量。

四、實質承載量

以空間因素當作主要評估參數，實質承載量（Physical Carrying Capacity）主要依據尚未發展之自然地區的空間，決定其所能容許之遊憩承載量。

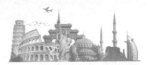

柒、BOT、BOO、OT 的定義

簡稱	中英全文	案例
BOT	Build-Operate-Transfer 興建—營運—移轉 由民間機構投資興建並營運；營運期間屆滿後，移轉建設所有權給政府。	臺北交九轉運站（京站）
OT	Operate-Transfer 營運—移轉 由政府投資興建完成後，委託民間機構營運；營運期間屆滿後，營運權歸還政府。	國立傳統藝術中心
BOO	Build-Own-Operate 興建—擁有—營運 配合國家政策，由民間機構投資興建，擁有所有權，並自為營運或委託第三人營運。	日月潭纜車
ROT	Rehabilitate-Operate-Transfer 擴（整）建—營運—移轉 由政府委託民間機構，或由民間機構向政府租賃現有設施，予以擴建、整建後並營運；營運期間屆滿後，營運權歸還政府。	臺南市夢幻水城
BTO	Build-Transfer-Operate 興建—移轉—營運 由民間機構投資興建完成後，政府無償或一次、或分期給付建設經費以取得所有權，並委託該民間機構營運；營運期間屆滿後，營運權歸還政府。	澎湖西嶼 750 噸海水淡化廠

資料來源：公共工程電子報，http://www.pcc.gov.tw/epaper/10003/bot_1_1.htm 與水叮噹（夢幻水城）官方網站。

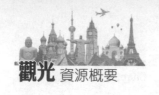

第二節　觀光資源相關法規

壹、文化資產保存法

一、法規的設立目的

(一)保存及活用文化資產，充實國民精神生活，發揚多元文化。

(二)文化資產之保存、維護、宣揚及權利之轉移，依本法之規定。本法未規定者，依其他有關法律之規定。

二、文化資產之定義

文化資產保存法所稱之文化資產，指具有歷史、文化、藝術、科學等價值，並經指定或登錄之下列資產：

1. 古蹟、歷史建築、聚落：指人類為生活需要所營建之具有歷史、文化價值之建造物及附屬設施群。
2. 遺址：指蘊藏過去人類生活所遺留具歷史文化意義之遺物、遺跡及其所定著之空間。
3. 文化景觀：指神話、傳說、事蹟、歷史事件、社群生活或儀式行為所定著之空間及相關聯之環境。
4. 傳統藝術：指流傳於各族群與地方之傳統技藝與藝能，包括傳統工藝美術及表演藝術。
5. 民俗及有關文物：指與國民生活有關之傳統並有特殊文化意義之風俗、信仰、節慶及相關文物。
6. 古物：指各時代、各族群經人為加工具有文化意義之藝術作品、生活及儀禮器物及圖書文獻等。
7. 自然地景：指具保育自然價值之自然區域、地形、植物及礦物。

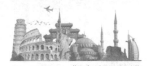

三、主管機關

(一)古蹟、歷史建築、聚落、遺址、文化景觀、傳統藝術、民俗有關文物及古物之主管機關：

　　1. 在中央為行政院文化部。

　　2. 在直轄市為直轄市政府。

　　3. 在縣（市）為縣（市）政府。

(二)自然地景之主管機關：

　　1. 在中央為行政院農業委員會（以下簡稱農委會；2013 年起併入環境資源部）。

　　2. 在直轄市為直轄市政府。

　　3. 在縣（市）為縣（市）政府。

(三)具有二種以上類別性質之文化資產，其主管機關與文化資產保存之策劃及共同事項之處理，由文建會會同有關機關決定之。

(四)主管機關得委任、委辦其所屬機關（構）或委託其他機關（構）、文化資產研究相關之學術機構、團體或個人辦理文化資產調查、保存及管理維護工作。

(五)公有之文化資產，由所有或管理機關（構）編列預算，辦理保存、修復及管理維護。

(六)主管機關應尊重文化資產所有人之權益，並提供其專業諮詢。文化資產所有人對於其財產被主管機關認定為文化資產之行政處分不服時，得依法提請訴願及行政訴訟。

(七)接受政府補助之文化資產，其調查研究、發掘、維護、修復、再利用、傳習、記錄等工作所繪製之圖說、攝影照片、蒐集之標本或所印製之報告等相關資料，均應予以列冊，並呈送主管機關妥為收藏。

四、古蹟、歷史建築及聚落

(一)古蹟依其主管機關區分為國定、直轄市定、縣（市）定三類，由各級主管機關審查指定後，辦理公告。

(二)進入古蹟指定之審查程序者，為暫定古蹟。具古蹟價值之建造物在未進入前項審查程序前，遇有緊急情況時，主管機關得逕列為暫定古蹟，並通知所有人、使用人或管理人。暫定古蹟於審查期間內視同古蹟，應予以管理維護；其審查期間以六個月為限。但必要時得延長一次。主管機關應於期限內完成審查，期滿失其暫定古蹟之效力。建造物經列為暫定古蹟，致權利人之財產受有損失者，主管機關應給與合理補償；其補償金額以協議定之。

(三)古蹟由所有人、使用人或管理人管理維護。公有古蹟必要時得委任、委辦其所屬機關（構）或委託其他機關（構）、登記有案之團體或個人管理維護。私有古蹟依前項規定辦理時，應經主管機關審查後為之。公有古蹟及其所定著之土地，除政府機關（構）使用者外，得由主管機關辦理撥用。

(四)公有古蹟因管理維護所衍生之收益，其全部或一部得由各管理機關（構）作為古蹟管理維護費用。

(五)古蹟之管理維護，係指下列事項：

1.日常保養及定期維修。
2.使用或再利用經營管理。
3.防盜、防災、保險。
4.緊急應變計畫之擬訂。
5.其他管理維護事項。

(六)古蹟應保存原有形貌及工法，如因故毀損，而主要構造與建材仍存在者，應依照原有形貌修復，並得依其性質，由所有人、使用人或管理人提出計畫，經主管機關核准後，採取適當之修復或再

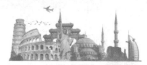

利用方式。前項修復計畫，必要時得採用現代科技與工法，以增加其抗震、防災、防潮、防蛀等機能及存續年限。第一項再利用計畫，得視需要在不變更古蹟原有形貌原則下，增加必要設施。

(七)為利古蹟、歷史建築及聚落之修復及再利用，有關其建築管理、土地使用及消防安全等事項，不受都市計畫法、建築法、消防法及其相關法規全部或一部之限制。

(八)因重大災害有辦理古蹟緊急修復之必要者，其所有人、使用人或管理人應於災後三十日內提報搶修計畫，並於災後六個月內提出修復計畫，均於主管機關核准後為之。

(九)古蹟經主管機關審查認因管理不當致有滅失或減損價值之虞者，主管機關得通知所有人、使用人或管理人限期改善，屆期未改善者，主管機關得逕為管理維護、修復，並徵收代履行所需費用，或強制徵收古蹟及其所定著土地。

(十)私有古蹟、歷史建築及聚落之管理維護、修復及再利用所需經費，主管機關得酌予補助。

(十一)公有及接受政府補助之私有古蹟、歷史建築及聚落，應適度開放大眾參觀。依前項規定開放參觀之古蹟、歷史建築及聚落，得酌收費用；其費額，由所有人、使用人或管理人擬訂，報經主管機關核定。

(十二)古蹟及其所定著土地所有權移轉前應事先通知主管機關。其屬私有者除繼承者外，主管機關有依同樣條件優先購買之權。

(十三)發見具古蹟價值之建造物，應即通知主管機關處理。

(十四)營建工程及其他開發行為，不得破壞古蹟之完整、遮蓋古蹟之外貌或阻塞其觀覽之通道；工程或開發行為進行中發見具古蹟價值之建造物時，應即停止工程或開發行為之進行，並報主管機關處理。

(十五)古蹟所在地都市計畫之訂定或變更，應先徵求主管機關之意

見。政府機關策定重大營建工程計畫時，不得妨礙古蹟之保存及維護，並應先調查工程地區有無古蹟或具古蹟價值之建造物；如有發見，應即報主管機關。

(十六)古蹟除因國防安全或國家重大建設，經提出計畫送中央主管機關審議委員會審議，並由中央主管機關核定者外，不得遷移或拆除。

(十七)為維護古蹟並保全其環境景觀，主管機關得會同有關機關擬具古蹟保存計畫後，依區域計畫法、都市計畫法或國家公園法等有關規定，編定、劃定或變更為古蹟保存用地或保存區、其他使用用地或分區，並依本法相關規定予以保存維護。

(十八)為維護聚落並保全其環境景觀，主管機關得擬具聚落保存及再發展計畫後，依區域計畫法、都市計畫法、國家公園法等有關規定，編定、劃定或變更為特定專用區。前項保存及再發展計畫之擬訂，應召開公聽會，並與當地居民協商溝通後為之。

五、遺址

(一)遺址之發掘，應由學者專家、學術或專業機構向主管機關提出申請，經審議委員會審議，並由主管機關核定後，始得為之。

(二)外國人不得在我國領土及領海範圍內調查及發掘遺址。但與國內學術或專業機構合作，經中央主管機關許可者，不在此限。

(三)遺址發掘出土之古物，應由其發掘者列冊，送交主管機關指定古物保管機關（構）保管。

(四)為保護或研究遺址，需要進入公、私有土地者，應先徵得土地所有人、使用人或管理人之同意。為發掘遺址，致土地權利人受有損失者，主管機關應給與合理補償；其補償金額，以協議定之。

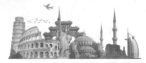

六、傳統藝術、民俗及有關文物

(一)主管機關應鼓勵民間辦理傳統藝術及民俗之記錄、保存、傳習、維護及推廣等工作。前項工作所需經費,主管機關得酌予補助。

(二)為進行傳統藝術及民俗之傳習、研究及發展,主管機關應協調各級教育主管機關督導各級學校於相關課程中為之。

七、古物

(一)古物依其珍貴稀有價值,分為國寶、重要古物及一般古物。

(二)有關機關依法沒收、沒入或收受外國政府交付之古物,由主管機關指定或認可之公立古物保管機關(構)保管之。

(三)公立古物保管機關(構)為研究、宣揚之需要,得就保管之公有古物,具名複製或監製。他人非經原保管機關(構)准許及監製,不得再複製。

(四)私有國寶、重要古物之所有人,得向公立古物保存或相關專業機關(構)申請專業維護。中央主管機關得要求公有或接受前項專業維護之私有國寶、重要古物,定期公開展覽。

(五)中華民國境內之國寶、重要古物,不得運出國外。但因戰爭、必要修復、國際文化交流舉辦展覽或其他特殊情況有必要運出國外,經中央主管機關報請行政院核准者,不在此限。依前項規定核准出國之國寶、重要古物,應辦理保險、妥慎移運、保管,並於規定期限內運回。

(六)因展覽、銷售、鑑定及修復等原因進口之古物,須復運出口者,應事先向主管機關提出申請。

(七)私有國寶、重要古物所有權移轉前應事先通知中央主管機關。除繼承者外,公立古物保管機關(構)有依同樣條件優先購買之權。

(八)發見具古物價值之無主物,應即通知所在地直轄市、縣(市)主

管機關，採取維護措施。

八、自然地景

(一)自然地景依其性質，區分為自然保留區及自然紀念物；自然紀念物包括珍貴稀有植物及礦物。

(二)進入自然地景指定之審查程序者，為暫定自然地景。具自然地景價值者遇有緊急情況時，主管機關得指定為暫定自然地景，並通知所有人、使用人或管理人。

(三)自然紀念物禁止採摘、砍伐、挖掘或以其他方式破壞，並應維護其生態環境。但原住民族為傳統祭典需要及研究機構為研究、陳列或國際交換等特殊需要，報經主管機關核准者，不在此限。

(四)自然保留區禁止改變或破壞其原有自然狀態。為維護自然保留區之原有自然狀態，非經主管機關許可不得任意進入其區域範圍。

九、獎勵

(一)有下列情形之一者，主管機關得給予獎勵或補助：

1. 捐獻私有古蹟、遺址或其所定著之土地或自然地景予政府。
2. 捐獻私有國寶、重要古物予政府。
3. 發見疑似遺址、具古物價值之無主物或具自然地景價值之區域或紀念物，並即通報主管機關處理。
4. 維護文化資產具有績效。
5. 對闡揚文化資產保存有顯著貢獻。
6. 主動將私有古物申請登錄，並經中央主管機關審查指定為國寶、重要古物者。

(二)私有古蹟、遺址及其所定著之土地，免徵房屋稅及地價稅。私有歷史建築、聚落、文化景觀及其所定著土地，得在50%範圍內減徵房屋稅及地價稅；其減免範圍、標準及程序之法規，由直轄

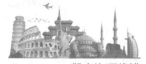

市、縣（市）主管機關訂定，報財政部備查。

(三)私有古蹟及其所定著之土地，因繼承而移轉者，免徵遺產稅。本
　　條公布生效前發生之古蹟繼承，於本法公布生效後，尚未核課或
　　尚未核課確定者，適用前項規定。

(四)出資贊助辦理古蹟、歷史建築、古蹟保存區內建築物、遺址、聚
　　落、文化景觀之修復、再利用或管理維護者，其捐贈或贊助款
　　項，得依所得稅法規定，列舉扣除或列為當年度費用，不受金額
　　之限制。前項贊助費用，應交付主管機關、國家文化藝術基金
　　會、直轄市或縣（市）文化基金會，會同有關機關辦理前項修
　　復、再利用或管理維護事項。

十、罰則

(一)有下列行為之一者，處五年以下有期徒刑、拘役或科或併科新臺
　　幣二十萬元以上一百萬元以下罰金：

1. 違反第三十二條規定遷移或拆除古蹟。
2. 毀損古蹟之全部、一部或其附屬設施。
3. 毀損遺址之全部、一部或其遺物、遺跡。
4. 毀損國寶、重要古物。
5. 違反規定將國寶、重要古物運出國外，或經核准出國之國寶、
　　重要古物，未依限運回。
6. 違反規定擅自採摘、砍伐、挖掘或以其他方式破壞自然紀念物
　　或其生態環境。
7. 違反規定，改變或破壞自然保留區之自然狀態。

(二)有下列情事之一者，處新臺幣十萬元以上五十萬元以下罰鍰：

1. 古蹟之所有人、使用人或管理人，對古蹟之修復或再利用，違
　　反規定未依主管機關核定之計畫為之。

2. 古蹟之所有人、使用人或管理人，對古蹟之緊急修復，未依規定期限內提出修復計畫或未依主管機關核定之計畫為之。

3. 古蹟、自然地景之所有人、使用人或管理人經主管機關通知限期改善，屆期仍未改善。

4. 營建工程或其他開發行為，違反規定者。

5. 發掘遺址或疑似遺址，違反規定者。

6. 再複製公有古物，違反規定未經原保管機關（構）核准者。

(三)有下列情事之一者，處新臺幣三萬元以上十五萬元以下罰鍰：

1. 移轉私有古蹟及其定著之土地、國寶、重要古物之所有權，未依規定事先通知主管機關者。

2. 發現建造物、疑似遺址、具古物價值之無主物或具自然地景價值之區域或紀念物未通報主管機關處理。

3. 未經主管機關許可，任意進入自然保留區者。

貳、中華民國野生動物保育法（2013 年 1 月 23 日）

一、定義

1. 野生動物：係指一般狀況下，應生存於棲息環境下之哺乳類、鳥類、爬蟲類、兩棲類、魚類、昆蟲及其他種類之動物。

2. 族群量：係指在特定時間及空間，同種野生動物存在之數量。

3. 瀕臨絕種野生動物：係指族群量降至危險標準，其生存已面臨危機之野生動物。

4. 珍貴稀有野生動物：係指各地特有或族群量稀少之野生動物。

5. 其他應予保育之野生動物：係指族群量雖未達稀有程度，但其生存已面臨危機之野生動物。

6. 野生動物產製品：係指野生動物之屍體、骨、角、牙、皮、毛、

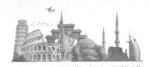

卵或器官之全部、部分或其加工品。

7. 棲息環境：係指維持動植物生存之自然環境。

8. 保育：係指基於物種多樣性與自然生態平衡之原則，對於野生動物所為保護、復育、管理之行為。

9. 利用：係指經科學實證，無礙自然生態平衡，運用野生動物，以獲取其文化、教育、學術、經濟等效益之行為。

10. 騷擾：係指以藥品、器物或其他方法，干擾野生動物之行為。

11. 虐待：係指以暴力、不當使用藥品或其他方法，致傷害野生動物或使其無法維持正常生理狀態之行為。

12. 獵捕：係指以藥品、獵具或其他器具或方法，捕取或捕殺野生動物之行為。

13. 加工：係指利用野生動物之屍體、骨、角、牙、皮、毛、卵或器官之全部或部分製成產品之行為。

14. 展示：係指以野生動物或其產製品置於公開場合供人參觀者。

二、分類

野生動物區分為下列二類：

1. 保育類：指瀕臨絕種、珍貴稀有及其他應予保育之野生動物。
2. 一般類：指保育類以外之野生動物。前項第一款保育類野生動物，由野生動物保育諮詢委員會評估分類，中央主管機關指定公告，並製作名錄。

三、保育

1. 在野生動物重要棲息環境經營各種建設或土地利用，應擇其影響野生動物棲息最少之方式及地域為之，不得破壞其原有生態功能。必要時，主管機關應通知所有人、使用人或占有人實施環境影響評估。

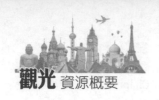

2. 在野生動物重要棲息環境實施農、林、漁、牧之開發利用、探採礦、採取土石或設置有關附屬設施、修建鐵路、公路或其他道路、開發建築、設置公園、墳墓、遊憩用地、運動用地或森林遊樂區、處理廢棄物或其他開發利用等行為，應先向地方主管機關申請，經層報中央主管機關許可後，始得向目的事業主管機關申請為之。

3. 既有之建設，土地利用，或開發行為，如對野生動物構成重大影響，中央主管機關得要求當事人或目的事業主管機關限期提出改善辦法。

4. 地方主管機關得就野生動物重要棲息環境有特別保護必要者，劃定為野生動物保護區，擬訂保育計畫並執行之，必要時，並得委託其他機關或團體執行。

5. 中央主管機關認為緊急或必要時，得經野生動物保育諮詢委員會之認可，逕行劃定或變更野生動物保護區。

6. 主管機關得於保育計畫中就下列事項，予以公告管制：

   (1) 騷擾、虐待、獵捕或宰殺一般類野生動物等行為。

   (2) 採集、砍伐植物等行為。

   (3) 污染、破壞環境等行為。

   (4) 其他禁止或許可行為。

第三節　臺灣國家公園及相關法規

壹、國家公園概述

一、 國家公園的定義

根據聯合國的定義（1974 年國際自然資源保育聯盟 IUCN 的標準）：

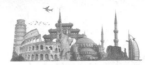

1. 不小於 1,000 公頃面積之範圍內，具有優美景觀的特殊生態或特殊地形，具國家代表性，且未經人類開採、聚居或開發建設之地區。

2. 為長期保護自然、原野景觀、原生動植物、特殊生態體系而設置保護之地區。

3. 由國家最高權宜機構採取步驟，限制開發工業區、商業區及聚居之地區並禁止伐林、採礦、設電廠、農耕、放牧、狩獵等行為之地區，同時有效執行對於生態、自然景觀之維護地區。

4. 在一定範圍內准許遊客在特別情況下進入，維護目前的自然狀態作為現代及未來世代科學、教育、遊憩、啟智資產之地區。

二、國家公園的功能

1. 提供保護性的環境。
2. 保存遺傳物質。
3. 提供遊憩及繁榮經濟。
4. 增進學術研究及環境教育。

三、世界上第一座國家公園

1872 年美國設立世界上第一座國家公園——黃石國家公園（Yellow Stone National Park），屬火山地形，面積約有四分之一個臺灣。

貳、臺灣現有的國家公園

我國的國家公園的主管機關為內政部營建署。迄今已相繼成立了墾丁、玉山、陽明山、太魯閣、雪霸、金門、東沙環礁、台江、澎湖南方四島等 9 座國家公園。臺灣國家公園分布如圖 5-1 所示，各國家公園的基本資料如表 5-2 所示：

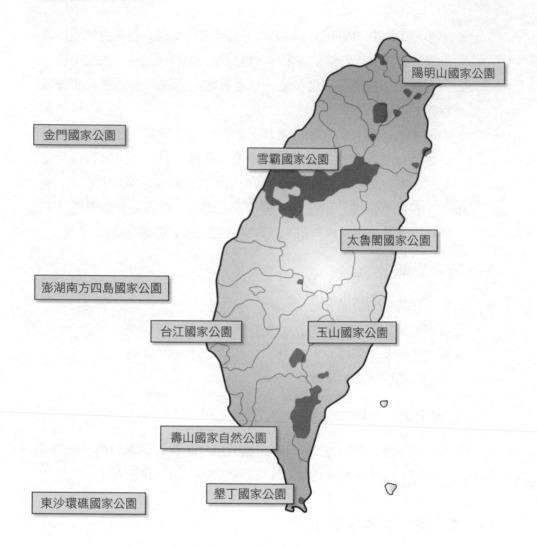

金門國家公園

陽明山國家公園

雪霸國家公園

太魯閣國家公園

澎湖南方四島國家公園

台江國家公園

玉山國家公園

壽山國家自然公園

東沙環礁國家公園

墾丁國家公園

圖 5-1　國家公園分布圖

資料來源：黃建中繪製，揚智文化提供。

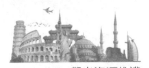

表 5-2　國家公園基本資料表

區域	國家公園名稱	主要保育資源	面積 （公頃）	管理處成立日期
南區	墾丁國家公園	隆起珊瑚礁地形、海岸林、熱帶季風林、史前遺址海洋生態	陸域：18,083.50 海域：15,206.09 全區：33,289.59	民國 73 年 01 月 01 日
中區	玉山國家公園	高山地形、高山生態、奇峰、林相變化、動物相豐富、古道遺跡	103,121	民國 74 年 04 月 10 日
北區	陽明山國家公園	火山地質、溫泉、瀑布、草原、闊葉林、蝴蝶、鳥類	11,338	民國 74 年 09 月 16 日
東區	太魯閣國家公園	大理石峽谷、斷崖、高山地形、高山生態、林相及動物相豐富、古道遺址	92,000	民國 75 年 11 月 28 日
中區	雪霸國家公園	高山生態、地質地形、河谷溪流、稀有動植物、林相富變化	76,850	民國 81 年 07 月 01 日
離島	金門國家公園	戰役紀念地、歷史古蹟、傳統聚落、湖泊濕地、海岸地形、島嶼型動植物	3,528.74	民國 84 年 10 月 18 日
離島	東沙環礁國家公園	東沙環礁為完整之珊瑚礁，海洋生態獨具特色，生物多樣性高，為南海及臺灣海洋資源之關鍵棲地	陸域：168.97 海域：353,498.98 全區：353,667.95	1. 東沙環礁國家公園於民國 96 年 1 月 17 日正式公告設立 2. 海洋國家公園管理處於民國 96 年 10 月 4 日正式成立
南區	台江國家公園	自然濕地生態；台江地區重要文化、歷史、生態資源、黑水溝及古航道	陸域：4,905 海域：34,405 全區：39,310	台江國家公園於民國 98 年 10 月 15 日正式公告設立
離島	澎湖南方四島國家公園	玄武岩地質、特有種植物、保育類野生動物、珍貴珊瑚礁生態與獨特梯田式菜宅人文地景等多樣化的資源	陸域：370.29 海域：35,473.33 全區：35,843.62	澎湖南方四島國家公園於民國 103 年 6 月 8 日正式公告設立
小計	陸域：311,498.15（陸域面積約占臺灣全島 8.63%） 海域：438,573.80 全區：750,071.95			

資料來源：臺灣國家公園，http://np.cpami.gov.tw/chinese/index.php?option= com_content&view=article&id=1&Itemid=128&gp=1。

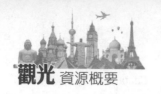
參、臺灣國家公園的特色介紹

名稱	特色
墾丁國家公園	1. 是我國第一座國家公園。 2. 地殼運動造就豐富地貌：受到地殼隆起、下沉、皺褶、崩落及海流、潮汐、風化影響，形成多樣的瑰麗地貌，較著名的海岸地形有如砂灘海岸、裙礁海岸、岩石海岸、崩崖。 3. 熱帶林相臺灣本島僅見：受季風影響甚深，特別是 10 月到隔年 3 月東北季風在當地地形的效應下，形成本區強勁著名的「落山風」。從船帆石到香蕉灣一帶，分布著臺灣本島唯一的熱帶海岸林，特殊的植物種類如棋盤腳、蓮葉桐、瓊崖海棠等等。離開海岸往山邊望去，熱帶林相加上高位珊瑚礁，型塑出鬱蔽幽深的另項風情，墾丁特有的珊瑚礁原始林值得深入感受。季風林則出現在南仁山區，受到季風、水分梯度以及緯度分布的影響，森林形相為臺灣僅見，因其珍貴特殊，而劃為生態保護區。墾丁國家公園目前劃設有陸域生態保育區 5 處，分別為香蕉灣、南仁山、砂島、龍坑及社頂高位珊瑚礁；海域生態保育區 4 處，位於西側與南側海域。 4. 候鳥的驛站與避冬聖地：每年秋天赤腹鷹及灰面鵟大批集結過境時，都吸引數以萬計的遊客湧入，成就年度的賞鳥盛會。其他如鷺鷥、伯勞、雁鴨也都為數可觀，隨著季節的風向南遷北移。區域性的留鳥也具有相當特色，特有種烏頭翁以及臺灣畫眉，保育類如大冠鷲、鳳頭蒼鷹等都普遍可見。 5. 魚種高達世界總數二十分之一：受到黑潮暖流影響，水質清澈、水溫適宜，孕育了豐富的海洋資源，在這片海域發現的魚類有 1,176 種，將近世界總數的二十分之一。 6. 史前遺蹟訴說人文歷史：公園內目前發現 70 處史前遺址，其中最具代表性的就是墾丁史前遺址與鵝鑾鼻史前遺址。墾丁遺址位於石牛溪東畔，距今四千年歷史，遺物包括新石器時代的細繩紋陶器；鵝鑾鼻遺址則位於鵝鑾鼻燈塔西北面緩坡上，文物代表了舊石器時代的先陶文化和新石器時代的細繩紋陶文化。
玉山國家公園	1. 玉山主峰標高 3,952 公尺，傲領群山：園內超過 3,000 公尺且名列「臺灣百岳」的高山有 30 座，其中玉山東峰為陡立險峻的十峻之首、秀姑巒山是中央山脈第一高峰、關山是南臺首岳、新康山為東臺一霸。玉山園內因為造山運動的頻繁，斷層、節理、褶皺等地質作用發達，崩裂出許多斷崖、崩崖，特殊地形則可在金門峒大斷崖看見，這裡有激烈的向源侵蝕及少見的河川襲奪現象。

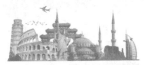

名稱	特色
玉山國家公園	2. 氣候垂直變化，園內孕育三大河：海拔由拉庫拉庫溪谷之 300 公尺至玉山之 3,952 公尺主峰，差距高達 3,600 公尺，因此垂直變化出亞熱帶到亞寒帶截然不同的氣候特性。海拔 3,500 公尺以上地區，年均溫為 5℃，雪期由 12 月至翌年 4 月，而海拔 2,500 公尺以上地區，年均溫約 10℃。良好而廣大的集水區，是臺灣中、南、東部大河濁水溪、高屏溪、秀姑巒溪之發源地。 3. 熱溫寒三帶植物分區生長：植群帶涵蓋熱帶雨林、暖溫帶雨林、暖溫帶山地針葉林、冷溫帶山地針葉林、亞高山針葉林及高山寒原等，此區面積雖僅為臺灣的 3%，但卻包含半數以上原生植物。 4. 冰河時期山椒魚珍貴棲息：本區共約有 50 種哺乳動物，其中臺灣黑熊、長鬃山羊、水鹿、山羌等是珍貴大型動物；鳥類約有 151 種，幾乎包括全臺灣森林中的留鳥，包括帝雉、藍腹鷴等臺灣特有種。居於森林最底層的爬蟲類則有 18 種、兩生類 13 種，頭號珍貴的就屬曾是魚但卻長腳的山椒魚，別看牠其貌不揚，這類動物和中國的娃娃魚是親戚，在一百四十五萬年前的侏羅紀地質年代時期即出現在地球上，是臺灣歷經冰河時期的活證據 。 5. 八通關古道是重要人文史蹟：1875 年，清政府為屯墾及邊防需要，開闢一條穿越中央山脈的「中路」，這條約 152 公里的官道，就是目前國定一級古蹟「八通關古道」。而日治時期為鎮壓布農族人，另闢「八通關越橫斷道路」、「關山越警備道」，現今沿途「理番」的警備建設雖所存無幾，但已為殖民掠奪與原住民反抗下了一段歷史註腳 。
陽明山國家公園	1. 火山活動：園區內最高峰七星山（標高 1,120 公尺）是一座典型的錐狀火山，由火山噴發的熔岩流和火山碎屑交互堆疊形成；鐘狀火山的代表則是紗帽山，是由較黏稠的熔岩流以緩慢的速度堆疊形成。至於順著斷層裂隙湧出的地熱溫泉，是本區的地質特色，主要分布在大磺嘴、大油坑、小油坑、馬槽等地區。 2. 地形地質：陽明山國家公園的海拔落差不像山岳型國家公園那樣巨大，高度多介於 800 到 1,200 公尺之間，但地勢起伏依然劇烈，山脈、溪谷、湖泊、瀑布、平頂、盆地等各種地形交雜，呈現豐富的景觀變化。本區的溪流主要依著山勢呈放射狀向四方流瀉，溪流陡峭、短急，瀑布、峽谷特別多，較著名的瀑布有絹絲瀑布、大屯瀑布、楓林瀑布等。由於火山噴發作用，火山岩塊大量堆積在沉積岩上，主要火山地質以安山岩為主。

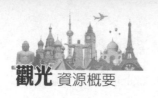

名稱	特色
陽明山國家公園	3. 植物動物:植物方面,維管束植物共有 1,360 種,其中又以夢幻湖的臺灣水韭最負盛名,它是臺灣特有的水生蕨類,其他代表性植物如鐘萼木、臺灣掌葉槭、八角蓮、臺灣金線蓮、紅星杜鵑、四照花等等,都是特有或罕見種類。本區蝴蝶有 168 種,北臺灣最富盛名的賞蝶花廊就在大屯山,每年 5 到 8 月是觀賞蝴蝶的季節,以鳳蝶科、斑蝶科以及蛺蝶科為主。 4. 人文古蹟:重要人文史蹟有大屯山的硫磺開採史、魚路古道等。硫磺是臺灣最早發現而且被廣泛使用的礦物,由於極具經濟價值而成為重要的貿易品。荷蘭時期,即有年產萬擔(約 100 萬公斤)的交易紀錄,1697 年郁永河也曾積極採集銷往中國,日本人則對硫磺礦採集採許可制及自由買賣,全盛時期在大屯山附近的礦區共有 27 處。俗諺「草山風、竹子湖雨、金包里大路」的「大路」,指的就是早期金山、士林之間漁民擔貨往來的「魚仔路」,這條古道除了體現早期農、漁業社會的生活風貌之外,也是從事生態旅遊、自然觀察的理想步道。
太魯閣國家公園	1. 世界級的峽谷景觀。 2. 高山島嶼特性造就珍貴的特有物種:山清水秀的太魯閣,區內多高山峽谷,容易產生雲海、霧氣、彩霞、雪景等天象景觀,這大自然所賦予的特殊景觀資源,使太魯閣充滿靈氣與神祕感。另外,由於高山孤立,每座高山都受到生殖隔離的作用,成為生態獨立的高山島嶼。高落差地勢造成亞熱帶到亞寒帶氣候垂直分布,滋養種類繁多的動植物,高山島嶼特性造就許多珍貴的特有物種。 3. 石灰岩區植物最是特別:生長在石灰岩環境的植物最為特別,像是太魯閣繡線菊、太魯閣小米草、太魯閣小蘗、清水圓柏等等,都是太魯閣僅見的特有種類。 4. 太魯閣族遷入超過兩百年:太魯閣國家公園內蘊藏著史前遺址、太魯閣族文化及古道系統等豐富人文史蹟。目前園內及周邊發現 8 處史前遺址,其中最著名的是「富世遺址」,位於立霧溪溪口,屬國家第三級古蹟。
雪霸國家公園	1. 雪山高峰嶺 10 餘公里聖稜線:雪山到大霸尖山的稜脊綿延 10 餘公里,山峰起伏,驚險壯麗,具有豐富的地質、地形景觀,山岳界稱為「聖稜線」。 2. 櫻花鉤吻鮭溪中悠遊:櫻花鉤吻鮭是冰河時期的孑遺生物,目前只棲息在七家灣溪,數量也僅存數百條,故園內特別設立保護區復育。

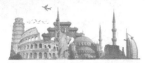

名稱	特色
雪霸國家公園	3. 設置首座山椒魚生態中心：雪霸國家公園管理處（以下簡稱雪管處）於 2012 年 4 月 21 日在觀霧遊憩區舉辦觀霧山椒魚生態中心啟用慶祝活動，國內第一座觀霧山椒魚特有生物專館正式與國人見面，提供遊客優質的解說服務與環境教育場所。 4. 泰雅、賽夏兩族文化發祥地：本園區內目前雖已無原住民族居住，但大霸尖山是泰雅族自其核心區域向外移徙之重要孔道，而使發源於大霸尖山附近諸水系上游區域成為族群匯集之區域，亦是賽夏族傳說中的祖先發祥地。人數較多的泰雅族人多散居於海拔 1,000 至 1,500 公尺，氣候涼爽，適於耕種與狩獵的山麓階與河階地，文化中最具特色的首推黥面傳統；而泰雅族分布地西麓另外住有賽夏族，分布高度為海拔 500 至 1,000 公尺，賽夏人以有著強烈神祕色彩的矮靈祭著稱。
金門國家公園	1. 閩南古風的建築之美。 2. 戰地史蹟最是特別。 3. 地質多是花崗岩或紅土層。 4. 鳥類密度是全臺之冠。
東沙環礁國家公園	1. 豐富的生態環境。 2. 桌形、分枝形的軸孔珊瑚是主要造礁物。 3. 海底沉船約 29 艘可供考古。
台江國家公園	特殊地形地質景觀：海埔地為台江國家公園區域海岸地理景觀與土地利用的一大特色，臺南沿海海岸陸棚平緩，加上由西海岸出海河川，輸沙量很大，且因地形與地質的關係，入海時河流流速驟減，所夾帶之大量泥沙淤積於河口附近，加上風、潮汐、波浪等作用，河口逐漸淤積且向外隆起，形成自然的海埔地或沙洲。在近岸地帶形成寬廣的近濱區潮汐灘地的同時，另一方面在碎浪區形成一連串的離岸沙洲島，形成另一特殊海岸景觀。台江國家公園範圍內重要溼地共計有 4 處，包含國際級溼地：曾文溪口溼地、四草溼地；以及國家級溼地：七股鹽田溼地、鹽水溪口溼地等。
澎湖南方四島國家公園	1. 澎湖南方四島國家公園包含東、西吉嶼及東、西嶼坪等 4 座主要島嶼及周邊的頭巾、鐵砧、二塭、香爐、鋤頭嶼、豬母礁、鐘仔、柴垵塭與離塭仔等 9 座島礁與海域，為臺灣第二座海洋型國家公園。雖然陸域面積較小，但澎湖南方四島具有保存中新世紀臺灣海峽玄武岩火山活動最後噴發的地質紀錄、玄武岩地形的多樣性與海蝕地形的完整性。陸域有 6 種臺灣特有種植物、18 種保育類野生動物及 3 種臺灣特有種動物，更是臺灣海峽重要的燕鷗繁殖區。海域的珊瑚礁生態系更是臺灣地區珊瑚礁健康狀況最佳及最值得保育的區域之一。

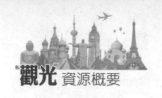
名稱	特色
澎湖南方四島國家公園	2.在人文歷史部分,這裡是清初閩臺正口對渡航道上進出黑水溝的重要指標,具有深厚的文化地理意涵,同時保存清代傳統建築與日據時期的洋樓建築,以及獨特的梯田式菜宅群人文地景等特色。

資料來源:臺灣國家公園,http://np.cpami.gov.tw。

肆、國家公園法(2010 年 12 月 8 日)

一、本法制定目的

　　為保護國家特有之自然風景、野生物及史蹟,並供國民之育樂及研究,特制定本法。

二、主管機關

　　國家公園主管機關為內政部營建署(2013 年 1 月 1 日起,營建署將裁撤併入國土管理署、交通及建設部以及環境資源部,而國家公園之主管機關則為隸屬於環境資源部的國家公園署)。

三、國家公園之選定基準

1. 具有特殊景觀,或重要生態系統、生物多樣性棲地,足以代表國家自然遺產者。
2. 具有重要之文化資產及史蹟,其自然及人文環境富有文化教育意義,足以培育國民情操,需由國家長期保存者。
3. 具有天然育樂資源,風貌特異,足以陶冶國民情性供遊憩觀賞者。
4. 合於前項選定基準而其資源豐度或面積規模較小,得經主管機關選定為國家自然公園。

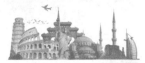

四、名詞定義

1. 國家公園：指為永續保育國家特殊景觀、生態系統，保存生物多樣性及文化多元性並供國民之育樂及研究，經主管機關依本法規定劃設之區域。

2. 國家自然公園：指符合國家公園選定基準而其資源豐度或面積規模較小，經主管機關依本法規定劃設之區域。

3. 國家公園計畫：指供國家公園整個區域之保護、利用及發展等經營管理上所需之綜合性計畫。

4. 國家自然公園計畫：指供國家自然公園整個區域之保護、利用及發展等經營管理上所需之綜合性計畫。

5. 國家公園事業：指依據國家公園計畫所決定，而為便利育樂、生態旅遊及保護公園資源而興設之事業。

6. 一般管制區：指國家公園區域內不屬於其他任何分區之土地及水域，包括既有小村落，並准許原土地、水域利用型態之地區。

7. 遊憩區：指適合各種野外育樂活動，並准許興建適當育樂設施及有限度資源利用行為之地區。

8. 史蹟保存區：指為保存重要歷史建築、紀念地、聚落、古蹟、遺址、文化景觀、古物而劃定及原住民族認定為祖墳地、祭祀地、發源地、舊社地、歷史遺跡、古蹟等祖傳地，並依其生活文化慣俗進行管制之地區。

9. 特別景觀區：指無法以人力再造之特殊自然地理景觀，而嚴格限制開發行為之地區。

10. 生態保護區：指為保存生物多樣性或供研究生態而應嚴格保護之天然生物社會及其生育環境之地區。

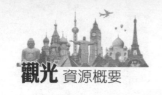

五、國家公園分區

分類	分區	說明
一般保護區	一般管制區	包括既有小村落並准許原土地利用型態之地區。
	遊憩區	適合各種野外育樂活動,並准許興建適當育樂設施及有限度資源利用行為之地區。
	史蹟保存區	保存重要史蹟及有價值歷代古蹟而劃定的地區。
嚴格管制之自然保護區	特別景觀區	無法以人力再造之特殊天然景致,而嚴格限制開發行為之地區。
	生態保護區	為保存生物多樣性或供研究生態而嚴格保護之天然生物社會及其生育環境之地區。

六、國家公園區域內禁止之行為

1. 焚燬草木或引火整地。
2. 狩獵動物或捕捉魚類。
3. 污染水質或空氣。
4. 採折花木。
5. 於樹木、岩石及標示牌加刻文字或圖形。
6. 任意拋棄果皮、紙屑或其他污物。
7. 將車輛開進規定以外之地區。
8. 其他經國家公園主管機關禁止之行為。

七、一般管制區或遊憩區內,經國家公園管理處許可之行為

1. 公私建築物或道路、橋樑之建設或拆除。
2. 水面、水道之填塞、改道或擴展。
3. 礦物或土石之勘採。
4. 土地之開墾或變更使用。
5. 垂釣魚類或放牧牲畜。
6. 纜車等機械化運輸設備之興建。

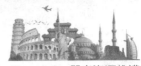

7. 溫泉水源之利用。

8. 廣告、招牌或其他類似物之設置。

9. 原有工廠之設備需要擴充或增加或變更使用者。

10. 其他須經主管機關許可事項。

八、史蹟保存區內應先經內政部許可之行為

1. 古物、古蹟之修繕。

2. 原有建築物之修繕或重建。

3. 原有地形、地物之人為改變。

九、特別景觀區或生態保護區內，為應特殊需要，經國家公園管理處許可之行為

1. 引進外來動、植物。

2. 採集標本。

3. 使用農藥。

十、進入生態保護區者，應經國家公園管理處之許可

第四節　國家自然公園

壹、設立原因

根據國家公園法第六條規定，國家自然公園之選定基準如下：

1. 具有特殊景觀，或重要生態系統、生物多樣性棲地，足以代表國家自然遺產者。

2. 具有重要之文化資產及史蹟，其自然及人文環境富有文化教育意

義，足以培育國民情操，需由國家長期保存者。

3. 具有天然育樂資源，風貌特異，足以陶冶國民情性，供遊憩觀賞者。

合於前項選定基準而其資源豐度或面積規模較小，得經主管機關選定為國家自然公園。

依前二項選定之國家公園及國家自然公園，主管機關應分別於其計畫保護利用管制原則各依其保育與遊憩屬性及型態，分類管理之。

貳、現有國家自然公園

我國第一座國家自然公園——「壽山國家自然公園」於 100 年 12 月 6 日正式開園，包含壽山、半屏山、龜山、左營舊城及旗後山等自然地形與人文史蹟；在行政區域方面，包含高雄市鼓山區、左營區、楠梓區及旗津區等。

壽山國家自然公園的資源特色如下（見**表 5-3**）：

1. 文明起點、歷史軌跡：例如左營舊城、桃仔園遺址與龍泉寺遺

表 5-3　壽山國家公園人文自然旅遊資源列表

資源分類	項目	據點
自然生態	特殊地形與景觀	大小猴洞、蓮花洞、新娘洞、鐘乳石、石筍、石柱、石壁、蛇岩、大峽谷等高位珊瑚礁岩石灰岩地形
	氣象	旗山夕照、翠屏夕照、猿峰夜雨、江港歸帆、鼓灣濤聲
	動植物	細穗草、榕樹、咬人狗、刺竹、山豬枷、臺灣海棗、赤腹松鼠、山羌、白鼻心、穿山甲、臺灣彌猴
	山景	壽山、半屏山、龜山
產業遊憩	港灣、碼頭	西子灣
人文史蹟	遺址	桃仔園遺址、龍泉寺遺址
	古蹟	打狗英國領事館、旗後砲台、旗後燈塔、左營舊城
	寺廟	十八王宮廟

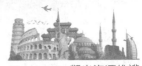

址、打狗英國領事館官邸、旗後砲台、旗後燈塔等。

2. 地質、人文、生態、保育：壽山國家自然公園為高雄市獨有之珊瑚礁石灰岩地形，是第三紀至第四紀更新世，臺灣島沉降所形成，以珊瑚礁石灰岩地形為主，也是海底上升為陸地的證據。

3. 豐富多元、生態天堂：

(1) 山羌和臺灣彌猴目前被列為保育類動物。

(2) 鳳頭蒼鷹、五色鳥、紅尾伯勞、臺灣畫眉、小鼻蹄蝠、紅紋鳳蝶、黃裳鳳蝶等。

(3) 全臺灣分布面積最大且密度最高的山豬枷、臺灣特有種——密毛魔芋及臺灣魔芋、恆春厚殼樹、臺灣海棗、小刺山柑、構樹、血桐、黃槿、腺果藤、稜果榕等，植物種類達 800 多種。

 ## 第五節　臺灣國家級風景特定區及相關法規

壹、國家風景特定區說明

臺灣目前共有 13 處國家風景特定區，成立時間及區內特色分別說明如**表 5-4** 所示：

表 5-4　國家風景特定區之發展目標及特色

名稱（成立時間）	發展目標	區內特色
東北角暨宜蘭海岸國家風景區 （73.06.01）	兜浪臺北賞鯨豚	遊憩資源劃分成三大系統： 1. 龍洞遊憩系統：近岸海域遊憩活動基地、海與石對話生態遊、灣岬親炙遊艇行。 2. 福隆遊憩系統：海濱度假休閒勝地、沙河戀體驗之旅、宗教朝聖之旅、漁村文化尋奇。 3. 大里遊憩系統：海上生態公園、古道蒼龍之旅、鯨躍豚遊戲藍洋。

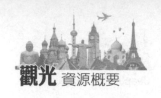

（續）表 5-4　國家風景特定區之發展目標及特色

名稱（成立時間）	發展目標	區內特色
東部海岸國家風景區 （77.06.01）	熱帶風情遨碧海	遊憩資源劃分成五大系統： 1. 磯崎遊憩系統：以自然生態及原住民文化之遊程為發展主軸，並輔以現階段開發中之主題式遊樂園與近海活動。 2. 石梯秀姑巒遊憩系統：以水域活動為發展主軸，並輔以生態旅遊與史蹟文化導覽。 3. 成功三仙台遊憩系統：以城鎮觀光及海域遊憩為發展主軸，並輔以生態旅遊與人文史蹟導覽。 4. 都蘭遊憩系統：以海濱度假、運動休閒為發展主軸，並輔以人文史蹟導覽。 5. 綠島遊憩系統：主要以海洋遊憩與自然生態環島遊程為發展主軸。
澎湖國家風景區 （84.07.01）	海峽明珠、觀光島嶼	遊憩資源劃分成三大系統： 1. 本島遊憩系統：名勝古蹟觀光、海鮮特產品嚐及休閒購物、人文風俗心靈之旅、沙灘海水陽光的故鄉、冬季賞風之旅。 2. 北海遊憩系統：水上活動刺激之旅、燕鷗生態觀光、玄武岩景觀鑑賞、海島度假觀光。 3. 南海遊憩系統：綠蠵龜生態教育之旅、燕鷗生態觀光、玄武岩景觀鑑賞、古厝人文知性活動、海島度假觀光。
大鵬灣國家風景區 （86.11.18）	潟湖國際度假區	遊憩資源劃分成兩大系統： 1. 大鵬灣風景區：水濱度假休閒、紅樹林溼地生態觀光、國際運動觀光（遊艇港、高爾夫球場）、觀光漁業之旅。 2. 琉球風景區：自行車體驗之旅、潮間帶生態之旅、珊瑚學習教育、漁業體驗之旅、生態步道健行。

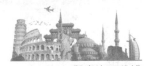

（續）表 5-4　國家風景特定區之發展目標及特色

名稱（成立時間）	發展目標	區內特色
花東縱谷國家風景區 （86.05.01）	溫泉茶香田園度假區	遊憩資源劃分成三大系統： 1. 鯉魚潭、光復系統：以鯉魚潭及平林兆豐農場為發展重點，發展為兼具山林、湖泊、農牧風光之度假休閒區。 2. 瑞穗、玉里系統：以瑞穗地區為重點，結合水上泛舟、溫泉、茶園、古蹟及人文產業特色，成為停留型度假基地。 3. 池上、鹿野系統：以鹿野地區為重點，發展以休閒農牧、溫泉、原住民文化為特色之休閒遊憩區。
馬祖國家風景區 （88.11.26）	閩東戰地生態島	遊憩資源劃分成四大系統： 1. 南竿系統：馬祖逍遙遊前進基地、坑道碼頭攬勝、廟宇參訪、醉臥坑道酒窖。 2. 北竿系統：古厝聚落懷古、島礁生態巡禮、親子海灘遊、漫步戰備林蔭道。 3. 莒光系統：古蹟巡禮、永留嶼踏浪之旅、搜尋「大自然的冰箱」（莒光在福建省閩江口外，剛好是淡水和海水交界，所以孕育出豐富的貝類及海鮮）、漁村古厝尋幽。 4. 東引系統：休閒海釣天堂、坑道堡壘風貌、海天一色觀地景、石蒜花之戀。
日月潭國家風景區 （89.01.24）	明湖山色伴杵音	遊憩資源劃分成四大系統： 1. 環潭遊憩系統：大竹湖候鳥生態觀光、青龍山宗教觀光、原住民邵族逐鹿傳奇、水社茶香尋幽、生態步道健行。 2. 頭社遊憩系統：養生度假村、田園明媚風光、自行車健身道路。 3. 中明遊憩系統：蘭香、茶香產業觀光、民間投資基地、入口意象營造。 4. 水里溪遊憩系統：臺灣的心臟——水力抽蓄發電、祕密花園——車埕社區、風華再現的木業遺蹟、集集觀光鐵枝路、溪流生態觀光。

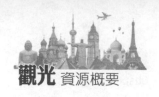

（續）表 5-4　國家風景特定區之發展目標及特色

名稱（成立時間）	發展目標	區內特色
參山國家風景區（90.03.16）	獅頭客、梨山果、八卦鷹休閒區	遊憩資源劃分成三大系統： 1. 獅頭山風景區：宗教觀光、客家文化園區、賽夏矮靈傳奇、溪流生態觀光、昆蟲的故鄉、礦業觀光。 2. 梨山風景區：花果之鄉（生態之旅）、高山度假村（山中瑞士）、泰雅部落尋奇、大甲溪流生態觀光、溫泉度假聖地。 3. 八卦山風景區：產業觀光（松柏嶺茶鄉風情）、單車旅遊勝地、賞鷹生態旅遊、生態步道健行、宗教觀光。
阿里山國家風景區（90.07.23）	高山青、澗水藍，日出雲海攬蒼翠	遊憩資源劃分成四大系統： 1. 瑞里、瑞豐、豐山、來吉遊憩系統：天之涯、山之角──山林休閒樂園。 2. 茶山、新美、山美、達邦、特富野遊憩系統：鄒族的原鄉──鄒族文化博物館。 3. 臺18公路省道（阿里山公路）沿線遊憩系統：高山茶、甜柿子的故鄉──產業觀光園區。 4. 阿里山森林鐵路沿線及遊樂區遊憩系統：春之櫻、夏之浴──人與自然對話之旅。
茂林國家風景區（90.09.21）	原住民、溫泉、生態冒險度假區	遊憩資源劃分成三大系統： 1. 桃源寶來系統：寶來不老溫泉度假、竹林梅園休閒、原住民文化體驗、宗教觀光。 2. 茂林新威系統：新威苗圃植物園區、濁口溪溪流生態、魯凱族尋根之旅、多納野溪溫泉、山林步道尋幽、紫蝶谷越冬蝴蝶生態。 3. 霧台賽嘉系統：原住民文化園區、賽嘉航空運動公園、沿山公路自行車運動、霧台民宿文化創作園區。

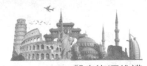

（續）表 5-4　國家風景特定區之發展目標及特色

名稱（成立時間）	發展目標	區內特色
北海岸及觀音山國家風景區（91.07.22）		1. 結合北海岸、觀音山、野柳等三個風景特定區的觀光資源。 2. 推動「觀光客倍增計畫——北部海岸旅遊線」整備工作，以「減量原則」、「環境優先」、「國際水準」、「便利遊客」及「維護生態」之計畫理念，整合地質景觀、自然生態、人文風貌及海濱風情資源，打造北海岸為臺灣皇冠海岸及濱海休閒度假區。
雲嘉南濱海國家風景區（92.12.24）		遊憩據點依其所在地點、資源特性與活動類型，區分為雲嘉、南瀛與台江三大系統： 1. 雲嘉系統：位於本區北段之嘉義、雲林兩縣境內，旅遊重點以外海離岸沙洲之特殊地理景觀、漁港、溼地及歷史悠久的廟宇為主軸。 2. 南瀛系統：位於本區中段臺南市境內，此區之景點較具多樣性，包括潟湖及沙洲等地理景觀、黑面琵鷺以及紅樹林生態系等生態景觀、鹽田產業、廟宇以及濱海遊憩據點。 3. 台江系統：位於本區最南段的臺南市安南區，本區的遊憩活動則以四草地區的古蹟遺址參觀與生態觀賞為主。
西拉雅國家風景區（94.11）		1. 區內五大遊憩系統： (1) 關仔嶺遊憩系統。 (2) 曾文遊憩系統。 (3) 烏山頭遊憩系統。 (4) 虎頭埤遊憩系統。 (5) 左鎮遊憩系統。 2. 區內臺灣最大的水庫——曾文水庫

資料來源：交通部觀光局。

貳、國家風景區管理規則（2011 年 8 月 4 日）

一、國家風景特定區等級

風景特定區依其地區特性及功能劃分為國家級、直轄市級及縣（市）級二種等級；其等級與範圍之劃設、變更及風景特定區劃定之廢止，由交通部委任交通部觀光局會同有關機關並邀請專家學者組成評鑑小組評鑑之。

二、主管機關之核定

在風景特定區內開發經營觀光遊樂設施、觀光旅館，經中央主管機關報請行政院核定者，其範圍內所需公有土地，得由該管主管機關商請各該土地管理機關配合協助辦理。

三、風景特定區內不許可之行為

1. 任意拋棄、焚燒垃圾或廢棄物。
2. 將車輛開入禁止車輛進入或停放於禁止停車之地區。
3. 隨地吐痰、拋棄紙屑、菸蒂、口香糖、瓜果皮核汁渣或其他一般廢棄物。
4. 污染地面、水質、空氣、牆壁、樑柱、樹木、道路、橋樑或其他土地定著物。
5. 鳴放噪音、焚燬、破壞花草樹木。
6. 於路旁、屋外或屋頂曝曬，堆置有礙衛生整潔之廢棄物。
7. 自廢棄物清運處理及貯存工具，設備或處所搜揀廢棄之物。
8. 拋棄熱灰燼、危險化學物品或爆炸性物品於廢棄貯存設備。
9. 非法狩獵、棄置動物屍體於廢棄物貯存設備以外之處所。

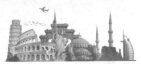

四、風景特定區內該管主管機關不許可或同意之行為

1. 採伐竹木。
2. 探採礦物或挖填土石。
3. 捕採魚、貝、珊瑚、藻類。
4. 採集標本。
5. 水產養殖。
6. 使用農藥。
7. 引火整地。
8. 開挖道路。

第六節　臺灣國有森林遊樂區

　　臺灣現有國有森林遊樂區（通稱「國家森林遊樂區」）有22處，行政院農業委員會林務局經營管理當中的有18處，其餘4處分別由行政院國軍退除役官兵輔導委員會森林保育處、國立臺灣大學生物資源暨農學院實驗林管理處（臺大林管處），以及國立中興大學實驗林管理處（興大林管處）經營管理（各森林遊樂區設置狀況見**表**5-5）。

第七節　臺灣自然保留區

壹、主管機關與其設立目的

　　臺灣自然保留區之主管機關為行政院農委會，其設立目的是以自然保育為目的所劃設之保護區。

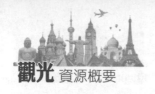

表 5-5 國家森林遊樂區之設置與管理

名稱	管轄單位	所在地	面積（公頃）	備註
內洞國家森林遊樂區	林務局新竹林區管理處	新北市烏來區	1191.340	
滿月圓國家森林遊樂區	林務局新竹林區管理處	新北市三峽區	1573.440	
東眼山國家森林遊樂區	林務局新竹林區管理處	桃園縣復興鄉	916.000	
觀霧國家森林遊樂區	林務局新竹林區管理處	新竹縣五峰鄉 苗栗縣泰安鄉	907.420	
太平山國家森林遊樂區	林務局羅東林區管理處	宜蘭縣大同鄉	12631.000	面積最大
武陵國家森林遊樂區	林務局東勢林區管理處	宜蘭縣大同鄉 臺中市和平區	3760.000	
大雪山國家森林遊樂區	林務局東勢林區管理處	臺中市和平區	3968.840	
八仙山國家森林遊樂區	林務局東勢林區管理處	臺中市和平區	2492.320	
合歡山國家森林遊樂區	林務局東勢林區管理處	南投縣仁愛鄉 花蓮縣秀林鄉	457.610	
奧萬大國家森林遊樂區	林務局南投林區管理處	南投縣仁愛鄉	2787.000	
阿里山國家森林遊樂區	林務局嘉義林區管理處	嘉義縣阿里山鄉	1400.000	
藤枝國家森林遊樂區	林務局屏東林區管理處	高雄市桃源區	770.000	
雙流國家森林遊樂區	林務局屏東林區管理處	屏東縣獅子鄉	1569.500	
墾丁國家森林遊樂區	林務局屏東林區管理處	屏東縣恆春鎮	75.000	
池南國家森林遊樂區	林務局花蓮林區管理處	花蓮縣壽豐鄉	145.000	
富源國家森林遊樂區	林務局花蓮林區管理處	花蓮縣瑞穗鄉	190.970	
向陽國家森林遊樂區	林務局臺東林區管理處	臺東縣海端鄉	362.000	
知本國家森林遊樂區	林務局臺東林區管理處	臺東縣卑南鄉	110.800	
明池國家森林遊樂區	退輔會森林保育處	宜蘭縣大同鄉		
棲蘭國家森林遊樂區	退輔會森林保育處	宜蘭縣大同鄉		
溪頭自然教育園區	國立臺灣大學實驗林管理處	南投縣鹿谷鄉		
惠蓀國家森林遊樂區	國立中興大學實驗林管理處	南投縣仁愛鄉		

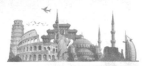

貳、自然保留區之定義

　　自然保留區是指具有代表性的生態體系，或具有獨特地形、地質意義者，或是具有基因保存、永久觀察、教育研究價值及珍稀動、植物之區域，如**圖** 5-2 所示。

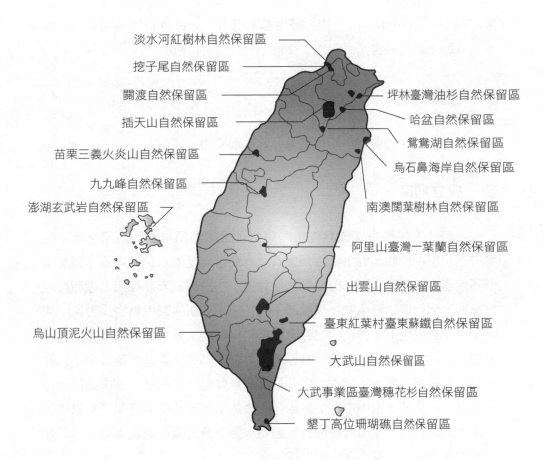

淡水河紅樹林自然保留區
挖子尾自然保留區
關渡自然保留區
插天山自然保留區
苗栗三義火炎山自然保留區
九九峰自然保留區
澎湖玄武岩自然保留區
烏山頂泥火山自然保留區

坪林臺灣油杉自然保留區
哈盆自然保留區
鴛鴦湖自然保留區
烏石鼻海岸自然保留區
南澳闊葉樹林自然保留區
阿里山臺灣一葉蘭自然保留區
出雲山自然保留區
臺東紅葉村臺東蘇鐵自然保留區
大武山自然保留區
大武事業區臺灣穗花杉自然保留區
墾丁高位珊瑚礁自然保留區

圖 5-2　自然保留區分布圖

資料來源：整理自農委會自然資源與生態資料庫，http://erarc.epa.gov.tw/136/201011
150105/archive/econgis_/nr/index.htm；黃建中繪製，揚智文化提供。

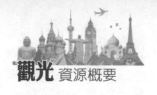
 第八節　臺灣野生動物保護區

壹、設立淵源

為了保護野生動物及其棲息環境,臺灣地區積極推動野生動物保護區之設立,從 1991 年起,依據野生動物保育法,由行政院農業委員會核定,各縣市政府公告,共設立了 20 處野生動物保護區。

貳、主管機關

野生動物保護區之主管機關為行政院農委會。

參、成立順序

各野生動物保護區成立先後順序分別是澎湖縣貓嶼海鳥保護區;高雄市三民區楠梓仙溪野生動物保護區;宜蘭縣無尾港水鳥保護區;臺北市野雁保護區;臺南市四草野生動物保護區;澎湖縣望安島綠蠵龜產卵棲地保護區;大肚溪口野生動物保護區;棉花嶼、花瓶嶼野生動物保護區;蘭陽溪口水鳥保護區;櫻花鉤吻鮭野生動物保護區;臺東縣海端鄉新武呂溪魚類保護區;馬祖列島燕鷗保護區;玉里野生動物保護區;新竹市濱海野生動物保護區;臺南市曾文溪口北岸黑面琵鷺動物保護區;宜蘭縣雙連埤野生動物保護區;臺中市高美濕地野生動物保護區;桃園高榮野生動物保護區;新北市翡翠水庫食蛇龜野生動物保護區及桃園市觀新藻礁生態系野生動物保護區(見**圖 5-3**)。

肆、野生動物重要棲息環境

行政院農業委員會並公告野生動物重要棲息環境,包括棉花嶼、花

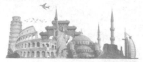

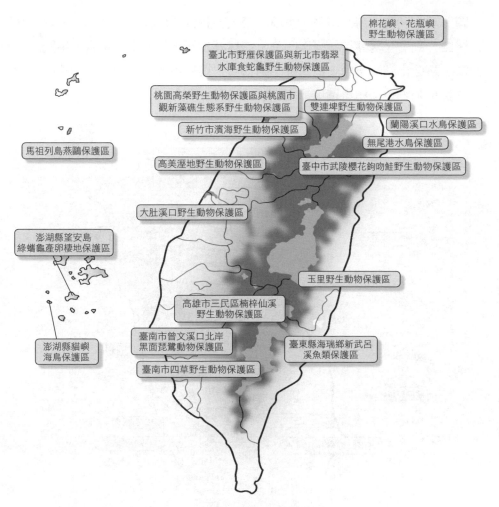

圖 5-3 臺灣野生動物保護區分布圖

資料來源：整理自臺灣大百科全書，http://taiwanpedia.culture.tw/web/content?ID
=1600；黃建中繪製，揚智文化提供。

瓶嶼、臺中市武陵櫻花鉤吻鮭、宜蘭縣蘭陽溪口、澎湖縣貓嶼、臺北市中
興橋永福橋、高雄市三民區楠梓仙溪、大肚溪口、宜蘭縣無尾港、臺東縣
海端鄉新武呂溪魚類、馬祖八島、玉里、棲蘭、丹大、關山、觀音海岸、
觀霧寬尾鳳蝶、雪山坑溪、瑞岩溪、鹿林山、浸水營、茶茶牙賴山、雙鬼

湖、臺東利嘉、海岸山脈、水璉、塔山、客雅溪口及香山溼地、臺南曾文
溪口、高美、雙連埤、臺南四草、雲林湖本八色鳥、嘉義鰲鼓、桃園高榮
區、新北市翡翠水庫食蛇龜野生動物重要棲息環境及桃園市觀新藻礁生態
系野生動物重要棲息環境等 37 處（見**圖** 5-4）。

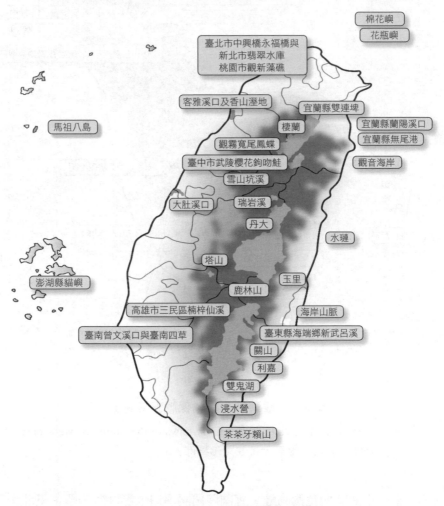

棉花嶼
花瓶嶼
臺北市中興橋永福橋與
新北市翡翠水庫
桃園市觀新藻礁
客雅溪口及香山溼地
宜蘭縣雙連埤
馬祖八島
棲蘭
宜蘭縣蘭陽溪口
宜蘭縣無尾港
觀霧寬尾鳳蝶
臺中市武陵櫻花鉤吻鮭
觀音海岸
雪山坑溪
大肚溪口
瑞岩溪
丹大
水璉
塔山
玉里
澎湖縣貓嶼
鹿林山
高雄市三民區楠梓仙溪
海岸山脈
臺南曾文溪口與臺南四草
臺東縣海端鄉新武呂溪
關山
利嘉
雙鬼湖
浸水營
茶茶牙賴山

圖 5-4　野生動物重要棲息地

資料來源：整理自農委會自然資源與生態資料庫，http://erarc.epa.gov.tw/136/ 2010
11150105/archive/econgis_/wih/index.htm；黃建中繪製，揚智文化提供。

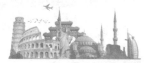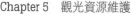

第九節　臺閩地區一、二級古蹟

壹、臺閩地區指定第一級古蹟

	名　　稱	類別	縣市
1	臺北府城：東門、南門、小南門、北門	城廓	臺北市
2	圓山遺址	遺址	臺北市
3	鳳山縣舊城	城廓	高雄市左營區
4	彰化孔子廟	祠廟	彰化市
5	鹿港龍山寺	寺廟	鹿港鎮
6	八通關古道	遺址	南投縣竹山鎮至花蓮縣玉里鎮
7	邱良功母節孝坊	牌坊	金門縣金城鎮
8	淡水紅毛城	衙署	新北市淡水鎮
9	大坌坑遺址	遺址	新北市八里鄉
10	金廣福公館	宅第	新竹縣北埔鄉
11	王得祿墓	陵墓	嘉義縣六腳鄉
12	卑南遺址	遺址	臺東市
13	八仙洞遺址	遺址	臺東縣長濱鄉
14	澎湖天后宮	祠廟	澎湖縣馬公市
15	西嶼西台	關塞	澎湖縣西嶼鄉
16	西嶼東台	關塞	澎湖縣西嶼鄉
17	基隆二砂灣砲台（海門天險）	關塞	基隆市
18	臺南孔子廟	祠廟	臺南市
19	祀典武廟	祠廟	臺南市
20	五妃廟	祠廟	臺南市
21	臺灣城殘蹟（安平古堡殘蹟）	城郭	臺南市
22	赤嵌樓	衙署	臺南市
23	二鯤鯓砲台（億載金城）	關塞	臺南市
24	大天后宮（寧靖王府邸）	祠廟	臺南市

資料來源：臺灣厝仔，http://www.old-taiwan.as2.net/006/611/001.htm。

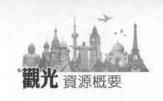

貳、臺閩地區指定第二級古蹟（共 50 處）

	名　　　　稱	類別		名　　　　稱	類別
1	臺灣布政使司衙門	衙署	26	魯凱族好茶舊社	其他
2	大龍峒保安宮	祠廟	27	下淡水溪鐵橋	橋樑
3	臺北公會堂	公會堂	28	媽宮古城	城廓
4	艋舺龍山寺	寺廟	29	西嶼燈塔	燈塔
5	芝山岩遺址	遺址	30	瓊林蔡氏祠堂	祠廟
6	旗後砲台	關塞	31	陳禎墓	陵墓
7	前清打狗英國領事館	衙署	32	文台寶塔	其他
8	廣福宮	祠廟	33	水頭黃氏酉堂別業	宅第
9	鄞山寺	寺廟	34	陳健墓	陵墓
10	林本源園邸	園林	35	金門朱子祠	祠廟
11	理學堂大書院	書院	36	虛江嘯臥碣群	碑碣
12	滬尾砲台	關塞	37	東莒燈塔	燈塔
13	十三行遺址	遺址	38	大武崙砲台	關塞
14	李騰芳古宅（李舉人古厝）	宅第	39	進士第（鄭用錫宅第）	宅第
			40	竹塹城迎曦門	城廓
15	鄭崇和墓	陸墓	41	鄭用錫墓	陵墓
16	霧峰林宅	宅第	42	臺中火車站	火車站
17	元清觀	祠廟	43	北極殿	祠廟
18	道東書院	書院	44	開元寺	寺廟
19	馬興陳宅（益源大厝）	宅第	45	臺南三山國王廟	祠廟
20	聖王廟	祠廟	46	四草砲台（鎮海城）	關塞
21	北港朝天宮	祠廟	47	開基天后宮	祠廟
22	新港水仙宮	祠廟	48	臺灣府城城隍廟	祠廟
23	南鯤鯓代天府	祠廟	49	兌悅門	城廓
24	鳳山龍山寺	寺廟	50	臺南地方法院	衙署
25	恆春古城	城廓			

資料來源：臺灣厝仔，http://old-taiwan.as2.net/006/611/002.htm。

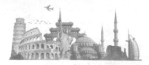

第十節　臺灣觀光的國際盛譽

　　國際媒體、旅遊網站、雜誌及書籍對臺灣觀光讚譽有加，茲分述如下：（交通部觀光局）

時間	旅遊媒體與相關研究機構	相關報導
2015 年 12 月	Skyscanner（以訂票為主的旅遊網站）	全球 2016 年崛起的旅遊地 12 處，臺灣名列第六。
2015 年 12 月	Business Insider（美國知名的財經新聞網站「商業內幕」）	針對澳洲市場遴選 Top 10 Destinations for Aussies in 2016，臺北列第三。介紹臺灣有亞洲最好的美食，人民思想進步，環境安全，並特別提及臺灣春天的花景、日月潭的廟宇和九份茶屋及夜市。
2015 年 9 月 14 日	英國雜誌 Esquire（《仕紳》）10 月號	全球英語地區銷售量最佳的男性精品生活雜誌 Esquire《仕紳》10 月號報導，臺灣社會文明有禮，美食薈萃魅力獨特，飲食豐富多元，作者行程中品嚐欣葉臺菜刈包、鼎泰豐、驥園餐廳雞湯等，並訪饒河夜市，吃滷肉飯、蚵仔煎、牛肉麵等。
2015 年 8 月 4 日	美國有線電視新聞網（CNN）	選出 17 間「全球最 cool 書店」（World's Coolest Bookstores），臺北的「誠品敦南店」也榜上有名。1999 年臺北市敦化南路的誠品書店 Eslite Bookstore 首創 24 小時經營模式，但這家空間達 1.7 萬平方公尺的書店，真正成名原因是有多種語言的書籍及雜誌。
2015 年 7 月 23 日	The Big Issue（倫敦起家的遊民雜誌，臺灣雜誌名稱為《大誌》）	介紹鹽水蜂炮的由來以及施放時的驚心動魄。

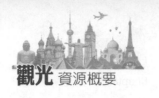

2015年 7月13日	美國萬事達卡	公布最新「全球最佳旅遊城市報告」（MasterCard Worldwide Index of Global Destination Cities），臺北以 655 萬國際旅客到訪人數，名列第十六，連續四年躋身全球 132 個旅遊城市前 20 強。成長率居全球之冠，自 2009 至 2015 年旅客成長率每年 14.9%，領先東京（14.6%）、曼谷（11.7%）與首爾（11.4%）。國際旅客消費金額統計，臺北以 92.8 億美元名列全球旅遊城市第十一，連續五年位居大中華區冠軍。
2015年 6月15日	CNN 網站	公布其臉書的世界十大美食熱點 "Which Destination has the World's Best Food" 投票結果，臺灣獲得 8,242 票，奪得美食熱點的第一名。CNN 網頁以一幅牛肉麵圖片作為代表，介紹臺灣多元小吃蔚為盛況，臺北有 20 條小吃街，臺南則是小吃之都。此報導並連結到 CNN GO 網站另一篇專題報導，圖文並茂介紹臺灣 45 種小吃包括：滷肉飯、珍珠奶茶。臉書票選獲第二名是菲律賓，得票數 1,528，其次有：義大利、泰國、日本、馬來西亞、香港、印度、希臘、越南。
2014年 10月20日	Lonely Planet 孤獨星球出版社	評選臺灣為 2015 年最佳旅遊地點之一。
2014年 7月9日	美國 Lifestyle 9 網站	以犯罪率為主要考量，並參考美國聯邦調查局（FBI）的數據分析，去年選出 2014 年全世界十大安全國家，臺灣高居第二，僅次於日本。Lifestyle 9 網站指出，以暴力犯罪、搶劫等來看，臺灣是全世界最佳居住的地方之一，人民很友善，不需要擔心暴力犯罪。 第一名：日本 第二名：臺灣 第三名：香港 第四名：南韓 第五名：阿拉伯聯合大公國 第六名：馬爾他 第七名：盧森堡 第八名：喬治亞 第九名：巴林 第十名：新加坡

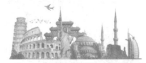

2014 年 5 月 30 日	CNN 電視網	評選全球十二大欣賞夕陽最佳地點：墾丁關山。
2014 年 3 月 10 日	CNN 電視網	報導 12 座列為世界驚奇的電梯，臺北 101 電梯名列驚奇之一。
2014 年 3 月 3 日	美國新聞娛樂網站 BuzzFeed	列出「26 個絕佳的單人旅遊勝地」，網站推薦單人旅遊的最佳城市，臺北名列第一，超過舊金山阿姆斯特丹和曼谷等世界旅遊名都。臺北的優點為價格公道、交通方便、治安好、民眾友善，逛夜市被薦為首要旅遊活動。
2014 年 2 月 24 日	美國 The Jaunted 網站	2014 年遊臺灣的三個理由，手續方便，對內與對外交通便利，適合家庭親子旅遊。
2014 年 2 月 14 日	澳洲的經濟與和平研究所（IEP）	澳洲的經濟與和平研究所（IEP）自 2007 年來公布全球和平指數（Global Peace Index）。其中 2014 至 2015 年全球十大安全國家排行，臺灣以低竊盜、犯罪率和暴力案件拿下第二名，僅次冠軍冰島，名次勝過第八名的日本和第十名的新加坡。 第一名：冰島 第二名：臺灣 第三名：丹麥 第四名：奧地利 第五名：紐西蘭 第六名：喬治亞 第七名：加拿大 第八名：日本 第九名：挪威 第十名：新加坡
2014 年 1 月 16 日	CNN 電視	臺灣 10 件比別人好的事，包括夜市、主題餐廳和 Wi-fi 等。
2014 年 1 月 15 日	CNN GO 網站	介紹高雄旅遊景點。
2014 年 1 月 15 日	Policymic 網站	紐約客夢寐以求的 8 處地鐵站，高雄捷運美麗島站，榜上有名。
2014 年 1 月 11 日	《紐約時報》	選全球 52 遊點，臺灣排名 11。
2014 年 1 月 4 日	英國《衛報》	2014 年 40 個必到的景點，臺灣以美食躋身其中，排名 35。受推介美食包括貓空飲茶和蚵仔煎等。

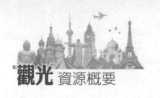

2013 年 11 月 21 日	美國 Fodors 網站	選列死前必去參加的全球 15 個慶典，臺灣平溪天燈入選。
2013 年 11 月 7 日	英國著名 Metro 地鐵報	Metro 旅遊版於 2013 年 11 月 7 日週四，以全版面大幅度深入報導國外觀光客瘋迷臺灣自行車觀光旅遊，標題醒目寫著「騎上自行車　悠遊於遠離塵囂的臺灣美景」。
2013 年 11 月 5 日	CNNGO 網站	介紹臺灣猴硐為全球 6 大貓迷聖地。
2013 年 8 月 20 日	CNN 電視 KPF 建築事務所	評選全球二十五大摩天樓：臺北 101。
2013 年 8 月 6 日	*Virgin Travel Insurance* 雜誌	推薦世界十大必遊景點：花蓮太魯閣。
2013 年 7 月 29 日	Bunkycooks 網站	評選全球十大美食景點之一：臺北。
2013 年 7 月 29 日	Bunkycooks 網站	票選全球十大美食景點，臺灣街頭滷味小吃入鏡。
2013 年 7 月 17 日	CNNGO 網站	夏天二十五大美食，臺灣夜市剉冰 Shaved Milk Ice 被推薦。
2013 年 7 月 1 日	CNNGO 網站	全球五十大衝浪地點，福隆海灘 Fulon Beach 在列。
2013 年 5 月 14 日	美國美食網站 The Daily Meal	評選 2013 年亞洲最佳 101 家餐廳，臺灣有 7 家餐廳入選，鼎泰豐奪冠，居 101 家之首。
2013 年 1 月 1 日	Flavorwire 網站	評選全球最美 20 間書店：臺北好樣本事。
2013 年 1 月	CNN Travel	報導 2013 年 52 週應該做的 52 件事，平溪天燈入選。

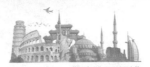

課後練習

( ) 1. 為了表示對儒學的尊崇,現存於中國及臺灣的前代孔廟,往往在廟前立有石碑一方,該石碑所鑴通常為何? (A) 一人之下,萬人之上 (B) 至聖先師 (C) 官員人等至此下馬 (D) 有教無類。

( ) 2. 鹽水蜂炮活動可定義為哪一類觀光遊憩資源? (A) 聚落 (B) 宗教 (C) 歷史文化 (D) 娛樂。

( ) 3. 下列何者非觀光三大基本要素? (A) 人 (B) 時間 (C) 空間 (D) 金錢。

( ) 4. 綠色觀光是指 (A) 生態觀光 (B) 產業觀光 (C) 運動觀光 (D) 社會觀光。

( ) 5. 針對資源特性加以開發是觀光資源規劃開發的方式之一,下列何者非依此一方式開發? (A) 蘇澳冷泉 (B) 泰安溫泉 (C) 十分瀑布 (D) 劍湖山世界。

( ) 6. 臺灣北部的野柳蕈狀岩是屬於哪一類的資源? (A) 地貌觀光資源 (B) 地質觀光資源 (C) 水文觀光資源 (D) 生態觀光資源。

( ) 7. 明清時期有許多園林造景,像是至今尚存的蘇州「拙政園」、「留園」都是箇中之顯例。這些園林造景通常反映的是哪一種社會階級的生活美學? (A) 統治階級 (B) 文人階級 (C) 皇親國戚 (D) 貝子貝勒。

( ) 8. 臺灣何處可從事泛舟活動? (A) 濁水溪 (B) 荖濃溪 (C) 蘭陽溪 (D) 大甲溪。

( ) 9. 早期澎湖居民建設很多石滬,例如七美的雙心石滬,這些石滬的用途為何? (A) 防止海潮侵襲村落 (B) 捕魚設施 (C) 房屋圍牆 (D) 碼頭堤防。

( ) 10. 下列哪個國家風景區的成立與火成岩的地形有關? (A) 參山 (B) 東北角 (C) 茂林 (D) 澎湖。

---

1. C 2. C 3. D 4. A 5. D 6. B 7. B 8. B 9. B 10. B

( ) 11. 下列何者非澎湖南方四島國家公園當中的四島之一？　(A) 東沙島
　　　　(B) 西吉嶼　(C) 東嶼坪嶼　(D) 東吉嶼。

( ) 12. 進入國家公園之區域，何區應經國家公園管理處之許可？　(A) 一般
　　　　管制區　(B) 史蹟保存區　(C) 特別景觀區　(D) 生態保護區。

( ) 13. 西拉雅國家風景區內有聞名化石重鎮，並設置有化石陳列館的是哪一
　　　　條溪？　(A) 曾文溪　(B) 楠梓仙溪　(C) 菜寮溪　(D) 二寮溪。

( ) 14. 臺灣於 2014 年正式成立的第九座國家公園為：　(A) 壽山國家自然公
　　　　園　(B) 澎湖南方四島國家公園　(C) 東沙環礁國家公園　(D) 台江國
　　　　家公園。

( ) 15. 國內唯一涵蓋陸地與海域的國家公園是哪一個國家公園？　(A) 陽明
　　　　山國家公園　(B) 墾丁國家公園　(C) 玉山國家公園　(D) 太魯閣國家
　　　　公園。

( ) 16.「億載金城」在觀光資源基本屬性之分類，屬於　(A) 人文資源　(B)
　　　　產業資源　(C) 都市觀光資源　(D) 交通運輸資源。

( ) 17. 基隆廟口小吃聞名全臺，是屬於　(A) 歷史文化資源　(B) 宗教觀光資
　　　　源　(C) 娛樂觀光資源　(D) 都市觀光資源。

( ) 18. 溫泉是屬於　(A) 風景資源　(B) 天象資源　(C) 地質資源　(D) 生物
　　　　資源。

( ) 19. 淡水紅毛城是屬於何種景觀？　(A) 自然景觀　(B) 人文景觀　(C) 意
　　　　象景觀　(D) 複合景觀。

( ) 20. 如何將各種觀光活動及觀光設施需求適切配置在現有土地上，這種過
　　　　程稱為　(A) 觀光研究　(B) 觀光開發　(C) 觀光計畫　(D) 觀光規劃。

( ) 21. 下列觀光資源的特性與相關舉例的配對何者錯誤？　(A) 綜合性——
　　　　臺北 101 大樓觀景台與鄰近的新光三越商圈　(B) 地域性——日本黑
　　　　部立山的高聳雪壁景觀　(C) 季節性——到峇里島享受有名的 LU LU
　　　　SPA　(D) 永續性——妥善的經營與遊客的維護。

---

11. A　12. D　13. C　14. B　15. B　16. A　17. D　18. C　19. B　20. D
21. C

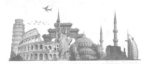

( ) 22. 臺灣北部的著名觀光景點——女王頭是風蝕地形的代表之一，近年來因為不斷受到風蝕作用將面臨斷成兩截的危機，於是相關單位不斷倡導保護此類的自然資源。依照觀光資源的特性來區分，請問女王頭目前面臨的危機屬於下列何者？　(A) 綜合性　(B) 觀賞性　(C) 無法儲存性　(D) 無法替代性。

( ) 23. 下列有關觀光資源性質的分類配對，何者正確？　(A) 自然遊憩資源——北投溫泉區　(B) 服務體系——黃金博物館　(C) 產業遊憩資源——海水浴場　(D) 遊樂設施與活動——故宮博物院。

( ) 24. 小蔡帶領一群學生到大湖、北埔一日遊，由於目前正處於大湖草莓季，一群人便前往大湖的某觀光果園採草莓。依觀光資源的分類來看，請問他們到訪的觀光果園屬於下列何者？　(A) 自然遊憩資源　(B) 人文遊憩資源　(C) 產業遊憩資源　(D) 遊樂設施與活動。

( ) 25. 下列何者不是觀光規劃（Tourism Planning）的目的？　(A) 適度管制觀光遊憩活動行為　(B) 兼顧自然環境及生態保育　(C) 整體規劃觀光資源以期發揮最佳的經濟效益　(D) 為了吸引更多觀光客可無限制開發觀光資源。

( ) 26. 為維護遊憩區能夠長期維持遊憩品質的使用量，政府當局每隔一段時間會對各觀光資源進行相關評估。以龜山島為例，為了使龜山島上的生態達到平衡，每年對前往該地觀光的遊客數多有所限制，依照遊憩承載量的分類來看，此類型的限制考量是屬於　(A) 實質承載量　(B) 生態承載量　(C) 設施承載量　(D) 社會承載量。

( ) 27. 臺灣國立故宮博物院南部院區位於：　(A) 臺南白河　(B) 雲林斗六　(C) 嘉義太保　(D) 彰化芳苑。

( ) 28. 下列有關國家公園認可標準的敘述，何者錯誤？　(A) 面積不小於1,000 公頃的範圍內有特殊生態、特殊地形……等　(B) 為長期保護自然原野景觀、原生動植物、特殊生態體系而設置的地方　(C) 區內禁止伐林、採礦、農耕、放牧……等行為　(D) 遊客可進出整個國家公園，進出時須小心謹慎，不可破壞園區內的生態。

22. D　23. A　24. C　25. D　26. B　27. C　28. D

( )29. 下列選項中所描述的特色何者為墾丁國家公園的正確敘述？ (A) 區內多火山地形，地質構造多屬安山岩 (B) 同時涵蓋陸域與海域，地理上屬熱帶性氣候區，冬季有強烈的落山風 (C) 為我國面積最大的國家公園，區內有著名的八通關古道 (D) 區內有國寶魚櫻花鉤吻鮭，地形以高山及河谷為主。

( )30.「本區境內的河川以脊樑山脈為主要分水嶺，且擁有大理岩峽谷景觀，可欣賞泰雅人文史蹟，因深具觀光吸引力，被美國雜誌譽為東方七大奇景之一。」請問上面所描述的是下列哪一個國家公園？ (A) 太魯閣國家公園 (B) 玉山國家公園 (C) 陽明山國家公園 (D) 雪霸國家公園。

( )31. 下列選項中所描述的特色何者為雪霸國家公園的正確敘述？ (A) 全區皆為花崗片麻岩所構成，沒有生態保護區 (B) 區內的原住民以泰雅族與賽夏族居多 (C) 同時涵蓋陸域與海域，冬季有強烈的落山風 (D) 區內有古老的活化石——文昌魚。

( )32. 本區為國內第一座以維護歷史文化遺產、戰役紀念為主的國家公園，也因為此區的氣候條件較溫暖，許多候鳥常到此區過冬，請問這是哪一個國家公園？ (A) 墾丁國家公園 (B) 玉山國家公園 (C) 金門國家公園 (D) 太魯閣國家公園。

( )33. 下列有關臺灣的國家公園資源保育重點對象，何者正確？ (A) 陽明山國家公園：水獺 (B) 玉山國家公園：櫻花鉤吻鮭 (C) 雪霸國家公園：臺灣蝴蝶蘭 (D) 墾丁國家公園：灰面鵟。

( )34. 下列有關臺閩地區古蹟的分級定義的配對，何者正確？ (A) 鹿港龍山寺——第一級古蹟 (B) 艋舺龍山寺——第一級古蹟 (C) 前清打狗英國領事館——第三級古蹟 (D) 獅球嶺砲台——第二級古蹟。

( )35. 下列敘述何者為大武山自然保留區的特色？ (A) 以地震崩塌斷崖特殊地景為保育對象 (B) 位於臺東縣，為臺灣最大的自然保留區 (C) 此區的生態系為典型的河口沼澤溼地生態系，出現的鳥類達兩百多種 (D) 地形景觀多泥火山。

---

29. B　30. A　31. B　32. C　33. D　34. A　35. B

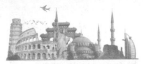

( )36. 來臺旅客於哪一年首次突破千萬人次？　(A)2013 年　(B)2014 年　(C)2015 年　(D)2016 年。

( )37. 下列原住民與該族群著名特色的配對何者正確？　(A) 阿美族——祖靈祭　(B) 排灣族——射耳祭　(C) 賽夏族——收穫祭　(D) 布農族——拔牙象徵成年。

( )38. 原住民中唯一一個沒有獵首的民族，著名祭典以飛魚祭為代表的是？　(A) 邵族　(B) 卑南族　(C) 達悟族　(D) 噶瑪蘭族。

( )39. 下列哪一處觀光景點是以廢棄礦坑、老屋與聚落聞名？　(A) 金山　(B) 集集　(C) 平溪　(D) 九份。

( )40. 臺灣原住民的音樂和工藝也具有相當特色，下列何者敘述錯誤？　(A) 排灣族、魯凱族的陶壺及琉璃珠製作、雕刻藝術　(B) 布農族的皮衣製作技巧　(C) 布農族的多金屬簧口簧琴　(D) 鄒族的揉皮技術。

( )41. 在 24 個節氣中的哪個節氣，臺灣東北部漁民會有小卷、旗魚、沙魚等季節的魚類可以捕捉？　(A) 處暑　(B) 秋分　(C) 寒露　(D) 白露。

( )42. 臺灣的農村聚落是由傳統因素與自然環境所形成的有機體，請問在濁水溪以南以何種村落為多？　(A) 自然村　(B) 過渡村　(C) 聚村　(D) 散村。

( )43. 臺灣傳統建築物裝飾題材上，南瓜代表什麼意義？　(A) 多子多孫　(B) 多福多壽　(C) 多貴多富　(D) 多甲多地。

( )44. 聞名世界的冬季候鳥黑面琵鷺，主要棲息地是在我國哪個區域？　(A) 日月潭國家風景區　(B) 大鵬灣國家風景區　(C) 參山國家風景區　(D) 雲嘉南濱海國家風景區。

( )45. 目前臺灣海拔最高的高山湖泊為何？　(A) 南橫天池　(B) 白石池　(C) 翠峰湖　(D) 雪山翠池。

( )46. 有關臺灣的休閒觀光地區與其觀光農特產品的敘述，下列何者有誤？　(A) 三義木雕　(B) 大湖觀光草莓園　(C) 三峽陶瓷　(D) 苑裡帽席編織。

---

36. C　37. D　38. C　39. D　40. C　41. B　42. C　43. A　44. D　45.D

46. C

( ) 47. 下列哪一項不是屬於新竹客家聚落的傳統美食？　(A) 薑絲大腸　(B) 豬血米粉湯　(C) 柿餅　(D) 仙草雞湯。

( ) 48. 臺灣民俗祭典中有「放天燈」及「放水燈」的活動，請問其節日的名稱為何？　(A) 皆為中秋節　(B) 皆為中元節　(C) 前者為元宵節，後者為中元節　(D) 前者為中元節，後者為元宵節。

( ) 49. 為了避免造成生態旅遊地資源耗損與破壞的加速，生態旅遊首先應建立何種管理觀念？　(A) 遊憩機會序列　(B) 成本控制　(C) 遊客承載量　(D) 市場取向。

( ) 50. 2016 年，臺灣觀光局的主要市場當中的新興市場是指：　(A) 穆斯林市場　(B) 新加坡及馬來西亞市場　(C) 日本市場　(D) 韓國市場。

---

47. B　48. C　49. C　50. A

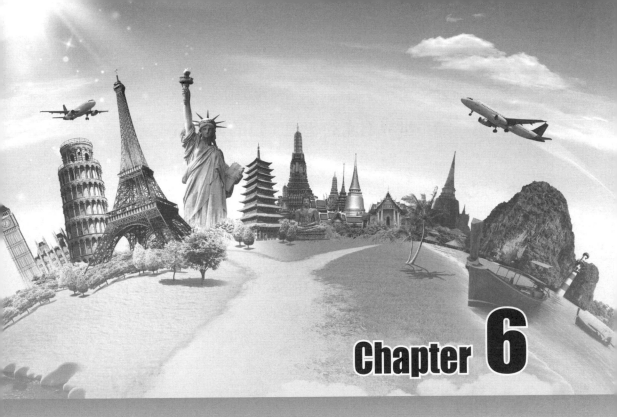

Chapter **6**

世界遺產

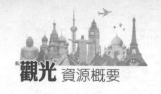

🚃 第一節　世界遺產的起源、目的與利益

壹、起源

　　第二次世界大戰結束後，許多有識之士意識到戰爭、自然災害、環境災難、工業發展等威脅著分布在世界各地許多珍貴的文化與自然遺產，有鑑於此，聯合國教科文組織（UNESCO）於 1972 年 11 月 16 日在巴黎所召開的第十七屆會議中，通過著名的「保護世界文化和自然遺產公約」。世界遺產分為四大類：文化遺產、自然遺產、兼具文化及自然的複合遺產以及非物質文化遺產。

貳、目的

　　指定世界遺產的目的是鼓勵世界各國簽訂合作保育宣言，宣示並執行自己領土內的自然與文化遺產；同時透過國際合作的方式，提供人才、專業知識、技術、法律保護等各方面的交流，確保遺產的完整性。

　　申請世界遺產的國家，必須加入會員，簽署「保護世界文化和自然遺產公約」，會員國提報世界遺產候選地點時，必須備有該地點保護規劃，以及未來執行方式的保證。通常世界遺產在被指定之前，必須經過五年的評估時間。

參、利益

　　被列入世界遺產的實質好處有兩個：一是帶來顯著的旅遊收益，二是可獲得國際提供的專業技術與資金的支援，維護文物與自然景觀，這兩項益處對開發中國家而言，都十分重要。最好的國際合作範例是 1960 年開始的埃及努比亞遺址遷移工程，原因是埃及開始修建亞斯文大水壩，而此

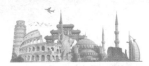

項工程將使得努比亞遺址沒入水壩，聯合國為此結合世界各地的科學家、工程師和考古學家，共同將神廟古蹟遷移到高處。整件工程歷時二十年才完成，樹立了國際合作的典範，而這也是世界遺產概念的首度具體行動。

第二節　世界遺產的分類

世界遺產分為四大類，分述如下：

壹、文化遺產

文化遺產是與人類文化發展有關的事物，包括紀念物（Monuments）、建築群（Groups of Buildings）、場所（Sites），都屬於文化遺產的範圍。至 2017 年 7 月底，世界各地共計有 832 處文化遺產，是四大類世界遺產裡數量最多的。文化遺產可能是建築大師的作品，像是建築師高第在巴塞隆納的建築，可能是對後世建築有重要影響的型式，例如歐洲常見的哥德式教堂；亦或是表現某種傳統生活，例如日本京都建築群或中國的紫禁城；甚至相同特性但在不同區域的建築，也會同時被列入世界遺產，德國威瑪和德紹的包浩斯建築即是一例。

貳、自然遺產

自然遺產是指特殊的物理、生物、地理景觀，這地方可能代表了「地球變動所留下的重要景觀，代表了地理和生物演進的過程，亦或是瀕臨絕種動植物的棲息、生態地，甚至是景色絕美的自然奇觀。」至 2016 年 7 月底，世界各地共計有 197 處自然遺產，包括了化石遺址（Fossil Site）、生物圈保護區（Biosphere Reserves）、熱帶雨林（Tropical Forest）與生態地理學區域（Biogeographical Regions）等。例如澳洲昆士蘭沿海的

大堡礁、全球唯一的巨蜥棲息地──印尼的科摩多群島、世界最高峰喜馬
拉雅山區、達爾文研究發展出進化論的加拉巴哥群島（Galapagos）等，都
屬世界自然遺產。

參、複合遺產

複合遺產是指兼具文化與自然特色的綜合遺產，表示該地同時符合
自然與文化遺產的條件，也是最稀有的一種世界遺產。至 2017 年 7 月底
止只有 35 處，例如中國的黃山、武夷山、泰山、秘魯的馬丘比丘以及澳
洲的烏魯魯─卡達族達國家公園等。

肆、非物質文化遺產（口述／無形人類遺產）

一、非物質遺產名單（資料來源：文化部文化資產局）

維護非物質文化的觀念逐時俱進，聯合國教科文組織（UNESCO）
於 2003 年通過「保護非物質文化遺產公約」，追求文化多樣性並持續對
人類創造力的尊重，於 2006 年生效。各項「非物質文化遺產」（Intangible
Cultural Heritage，簡稱 ICH，過去常稱為無形文化遺產），由簽署 2003
年公約的締約國提名，由 UNESCO 下轄之委員會審查、列名。2009 年，
在阿布達比大會中公布了第一批非物質遺產名錄，截至 2011 年為止，共
有 267 個項目，分列三種名單：

1. 「緊急保護名單」：目前有 27 項在社區或團體努力之下仍受到極大
   威脅的非物質文化遺產，締約國承諾採取具體的保護措施，並有資
   格獲取國際財務援助。
2. 「人類非物質文化遺產代表作名單」：整合了 2008 年以前的 90 項
   「人類口述和非物質遺產代表作」、2009 年新增的 76 項、2010 年
   47 項與 2011 年 19 項，目前累計共 232 項。是指各社區、群體或

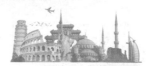

個人視為文化組成部分的各種社會實踐、觀念表述、表現形式、知識、技能，以及相關的工具、實物、手工藝品與文化展現，例如日本能劇、有百戲之祖稱號的「中國崑曲」，以及西西里島的提線木偶戲等。

3.「2009 年推薦名單」：共 8 項，是 2009 年被認為最能體現公約原則和目標的範例，希望藉此提高公眾對保護非物質遺產的認識。

二、非物質文化遺產的種類

根據 2003 年公約，非物質文化遺產包括以下五個種類：

1. 口頭傳說和表述，包括作為非物質文化遺產媒介的語言。
2. 表演藝術。
3. 社會習俗、禮儀和節慶活動。
4. 有關自然界和宇宙的知識和實踐。
5. 傳統的手工藝技能。

口述／無形人類遺產，這個新類別於 2001 年 5 月新增，包括了瀕臨失傳的語言、戲曲、特殊文化空間、宗教祭祀路線或儀式等無形的文化型式。由於全球快速地現代化，這類遺產的傳承比具實質形體的文化類世界遺產傳承更為不易。這些具特殊價值的文化活動，都因傳人漸少而面臨失傳之虞。2001 年聯合國教科文組織首度公布了 19 種口述與無形人類遺產，往後將每兩年公告一次這類型的世界遺產名單。

第三節　世界遺產遭受破壞的原因

在全球的世界遺產項目中，有 54 處已列入「瀕危世界遺產名錄」當中，而這些世界遺產遭受破壞的原因主要有：環境急遽變化、大規模興建硬體設施、城市或旅遊業過度發展、土地的使用變動造成的破壞、武裝衝

突，以及不可預期的自然災害等。其中除了自然災害難以防範，其他的原因皆為人為因素。

壹、人為因素

1. 過度開發：例如雲南境內的「三江併流區」、北京昌平十三陵，由於當地大規模興建硬體設施而造成破壞。而德國德勒斯登易北河谷，因為興建跨河大橋，有破壞景觀之虞，也已被正式剔除於世界遺產名單。阿曼的阿拉伯大羚羊保護區，亦因為阿曼政府片面削減九成保護區面積，造成羚羊數銳減而被除名。

2. 武裝衝突：例如敘利亞境內的巴爾米拉老城、大馬士革老城和騎士城堡，因戰亂頻仍受到威脅，甚至遭遇滅頂之災。而阿富汗的巴米揚大佛，在 2001 年遭信仰伊斯蘭教的塔里班政權炸燬。

3. 非法盜挖：例如浙江餘杭良渚文化遺址，1996 年以來，良渚文化遺址共發生 53 起盜挖案件，留下 127 個盜洞。同時，當地還有 23 家採石場在遺址保護區內開山炸石、毀地取土，致使遺址本體和生態環境遭到嚴重破壞。

貳、自然因素

1. 環境變化：例如洛陽龍門石窟、山西雲岡石窟、敦煌莫高窟在內的三大岩石雕像都受到風化和滲水作用的嚴重困擾。

2. 天災：例如 2002 年 8 月東歐嚴重的水患，使布拉格、布達佩斯等地的建築與中古世紀的文件，遭受相當大的損失。

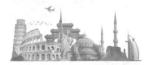

 第四節　2017 年新列世界遺產

　　聯合國教科文組織第四十一屆世界遺產委員會於 2017 年 7 月 2 日至 7 月 12 日在波蘭克拉科夫舉行。本次大會審議通過 26 處新世界遺產（見**表 6-1**），其中「文化遺產」18 項、「複合遺產」3 項,「跨國遺產」

表 6-1　2017 年新列 26 處世界遺產

1	中國,鼓浪嶼
2	伊朗,亞茲德
3	土耳其,阿弗羅狄西亞
4	俄羅斯,斯維亞日斯克,聖母升天大教堂
5	德國,施瓦本汝拉山洞穴
6	丹麥,格陵蘭島庫加塔
7	日本,沖之島
8	巴勒斯坦,希伯倫老城
9	克羅埃西亞、義大利、黑山,威尼斯共和國防禦工事
10	南非,蔻瑪尼文化景觀
11	蒙古、俄羅斯,外貝加爾山脈風貌
12	柬埔寨,三波坡雷古寺廟區
13	中國,青海可可西里
14	法國,賴阿特阿島,塔普塔普阿泰
15	安哥拉,姆班扎·剛果
16	波蘭,塔爾諾夫斯克山鉛銀鋅礦區
17	英國,英格蘭湖區
18	巴西,瓦隆古碼頭考古遺址
19	阿根廷,盧斯阿萊爾塞斯國家公園
20	印度,艾哈邁達巴德歷史城區
21	厄利垂亞,阿斯馬拉

註：表中僅列 21 處世界遺產,其他 5 處為現有世界遺產項目的擴展。

資料來源：文化部文化資產局。

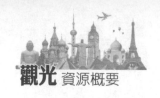
5 項。截至 2017 年,世界遺產總數達到 1,073 處,包括文化遺產 832 處、自然遺產 206 處、複合遺產 35 處;列入瀕危名單 54 處。

　　聯合國教科文組織第四十二屆世界遺產委員會於 2018 年 6 月 24 日至 7 月 4 日在巴林首都麥納瑪舉行。

 第五節　臺灣世界遺產潛力點（資料來源:文化部文化資產局)

　　「世界遺產」登錄工作有許多前瞻性的保存觀念,為使國人保存觀念與國際同步,2002 年初,文化部（原行政院文化建設委員會)陸續徵詢國內專家及函請縣市政府與地方文史工作室提報、推薦具「世界遺產」潛力點名單;其後於 2002 年召開評選會選出 11 處臺灣世界遺產潛力點（太魯閣國家公園、棲蘭山檜木林、卑南遺址與都蘭山、阿里山森林鐵路、金門島與列嶼、大屯火山群、蘭嶼聚落與自然景觀、紅毛城及其周遭歷史建築群、金瓜石聚落、澎湖玄武岩自然保留區、臺鐵舊山線),並於該年底邀請國際文化紀念物與歷史場所委員會（ICOMOS)副主席西村幸夫（Yukio Nishimura)、日本 ICOMOS 副會長杉尾伸太郎（Shinto Sugio)與澳洲建築師布魯斯・沛曼（Bruce R. Pettman)等教授來臺現勘,決定增加玉山國家公園 1 處。2003 年召開評選會議,選出 12 處臺灣世界遺產潛力點。

　　2009 年 2 月 18 日,文建會召集有關單位及學者專家成立並召開第一次「世界遺產推動委員會」,將原「金門島與烈嶼」合併馬祖調整為「金馬戰地文化」,另建議增列 5 處潛力點（樂生療養院、桃園台地埤塘、烏山頭水庫與嘉南大圳、屏東排灣族石板屋聚落、澎湖石滬群),經會勘後於同年 8 月 14 日第二次「世界遺產推動委員會」決議通過。

　　2010 年 10 月 15 日召開 99 年度第二次「世界遺產推動委員會」,為展現金門及馬祖兩地不同文化屬性特色,更能呈現地方特色及掌握世遺普世

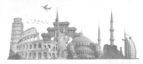

性價值，決議通過將「金馬戰地文化」修改為「金門戰地文化」及「馬祖戰地文化」。因此，目前臺灣世界遺產潛力點共計 18 處（見**圖 6-1**）。

2011 年 12 月 9 日召開 100 年度第二次「世界遺產推動委員會」（第六次大會），為更能呈現潛力點名稱之適切性以符合世界遺產推動之標

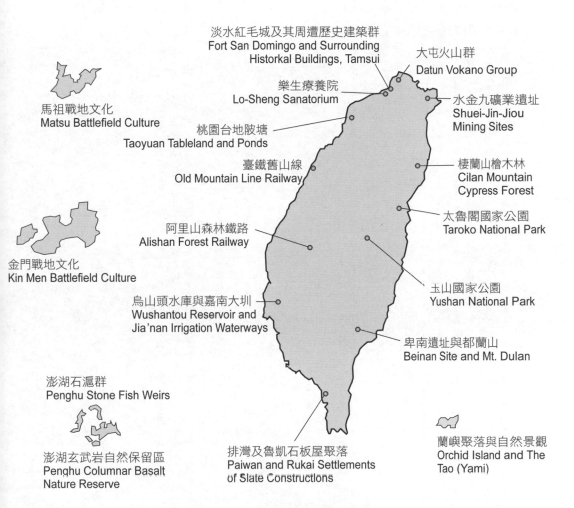

圖 6-1　臺灣世界遺產潛力點

資料來源：整理自文化部文化資產局，http://twh.hach.gov.tw/Taiwan.action；黃建中繪製，揚智文化提供。

準，決議通過將「金瓜石聚落」更名為「水金九礦業遺址」、「屏東排灣族石板屋聚落」更名為「排灣及魯凱石板屋聚落」。另「桃園台地埤塘」增加第二及第四項登錄標準，101 年 3 月 3 日召開「專家學者諮詢會議會」，決議為兼顧音、義、詞彙來源、歷史性、功能性等，並符合中文及客家文學使用，通過修正桃園台地「埤」塘為「陂」塘，並界定於臺灣世界遺產潛力點之推廣使用。

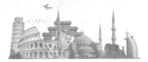

課後練習

(　) 1. 曾經是中國明清時期的金融中心，現被列為世界文化遺產的城市為
(A) 西安古城　(B) 平遙古城　(C) 麗江古城　(D) 開封古城。

(　) 2. 中國境內何民族目前仍使用象形東巴文？　(A) 納西族　(B) 布依族
(C) 白族　(D) 傣族。

(　) 3. 羅浮宮是世界知名的博物館，館藏豐富，但是下列哪一件繪畫作品不
是羅浮宮的收藏品？　(A) 達文西的「蒙娜麗莎的微笑」　(B) 米勒的
「拾穗」　(C) 達文西的「最後的晚餐」　(D) 大衛的「拿破崙一世加冕
典禮」。

(　) 4. 米開朗基羅是文藝復興時期最具代表性的藝術家之一，他所繪製的
「創世紀」與「最後的審判」是在哪一座教堂裡面？　(A) 巴黎的聖母
院　(B) 梵諦岡的西斯丁教堂　(C) 佛羅倫斯的聖瑪麗亞大教堂　(D)
倫敦的西敏寺。

(　) 5. 東方四大文明古蹟之一，位於爪哇島中部，代表印度─爪哇藝術典範
的是　(A) 巴米安大佛　(B) 吳哥窟　(C) 婆羅浮屠寺　(D) 大金塔。

(　) 6. 「懸棺葬」是一種特殊的古代葬式，晚近中國已在廣東、廣西、福建、
浙江、四川、雲南等地發現多處採用此一方式埋葬死者的遺址，四川
珙縣的「懸棺葬」更是舉世聞名。何謂「懸棺葬」？　(A) 是一種將死
者棺木懸繫在樹上的葬法　(B) 是一種將死者棺木放置在懸崖絕壁上的
葬法　(C) 即是西藏常見的藏族葬式「天葬」　(D) 是一種類似古代埃及
製作木乃伊的葬法。

(　) 7. 目前在安陽殷墟出土商周青銅器中最大的一件是　(A) 鋮器　(B) 銅鼓
(C) 獸面紋壺　(D) 司母戊鼎。

(　) 8. 淮揚飲食向以精緻見稱於世，且為中國主要菜系之一，該菜系形成的
歷史背景為何？　(A) 明清以來，淮揚為商賈集中之地　(B) 明清以
來，御廚多出身淮揚　(C) 淮揚為清末通商口岸，口味多受西式餐飲影
響　(D) 淮揚廚師多來自廣州，而廣州又為東南飲食薈萃之地。

---

1. B　2. A　3. C　4. B　5. C　6. B　7. D　8. A

( ) 9. 最後的晚餐是一幅廣為人知的大型壁畫，是文藝復興時期哪一個畫家於米蘭的聖瑪麗亞感恩修道院的食堂牆壁上繪成，1980 年被列為世界文化遺產？　(A) 拉斐爾　(B) 達文西　(C) 米開朗基羅　(D) 喬托。

( ) 10. 石窟庵被評為新羅全盛時期修建的最好傑作，它是在西元幾年被聯合國教科文組織指定為世界文化遺產？　(A)2002　(B)1992　(C)1995　(D)2008 年。

( ) 11. 山東泰山遺產種類是屬於哪一種？　(A) 自然與歷史遺產　(B) 文化遺產　(C) 自然與生態遺產　(D) 自然與文化遺產。

( ) 12. 下列哪個遺址沒有房屋的遺跡？　(A) 二里頭　(B) 殷墟　(C) 半坡　(D) 周口店。

( ) 13. 列為世界遺產的姬路城跟下列哪兩個城並稱為日本三大城？　(A) 熊本城與大阪城　(B) 老虎城與松本城　(C) 松本城與熊本城　(D) 名古屋城與大阪城。

( ) 14. 新加坡第一個被列在 UNESCO 名錄中的世界文化遺產為？　(A) 土生華人博物館　(B) 裕廊飛禽公園　(C) 新加坡動物園　(D) 新加坡植物園。

( ) 15. 著名的九寨溝風景區，主要是由哪一族的九個村寨圍繞而得名？　(A) 苗族　(B) 壯族　(C) 藏族　(D) 黎族。

( ) 16. 復活節島（Easter Island）是太平洋上的一個火山島，島上有許多 7 至 10 公尺的巨大石像分布，該島係屬於何國？　(A) 智利　(B) 美國　(C) 秘魯　(D) 厄瓜多。

( ) 17. 韓國的佛國寺是西元 8 世紀末所建造之木造建築，在何時被焚燬，只留下石造遺跡？　(A) 豐臣秀吉侵略朝鮮時　(B) 隋煬帝親征高句麗時　(C) 遼聖宗親征高麗時　(D) 甲申政變時。

( ) 18. 福建省何座名山被列為世界自然文化雙遺產？　(A) 鼓山　(B) 清源山　(C) 武夷山　(D) 九峰山。

---

9. B　10. C　11. D　12. D　13. A　14. D　15. C　16. A　17. A　18. C

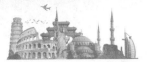

(　) 19. 中國的黃山屬於何種類型的世界遺產？　(A) 普世遺產　(B) 口述遺產
　　　　(C) 複合遺產　(D) 無形遺產。

(　) 20. 毛公鼎能成為世界聞名的文化遺產是因它具有　(A) 最重的重量　(B)
　　　　最華麗完整的外表　(C) 最長的銘文　(D) 最悠久的年代。

19. C　　20. C

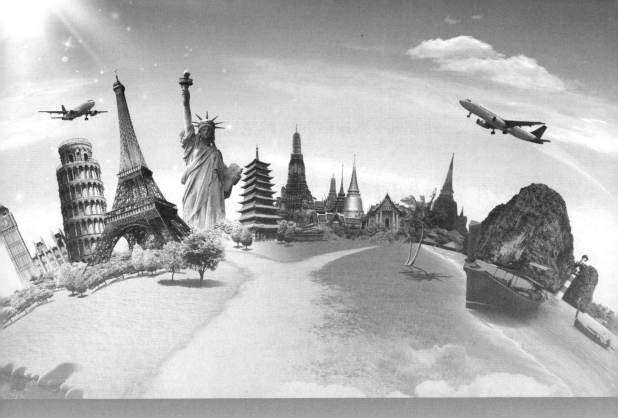

附　錄

附錄一　華語領隊人員觀光資源概要試題

104 年專門職業及技術人員普通考試

（　）1. 下列何項不是西班牙勢力於西元 17 世紀中期撤離臺灣的原因？　(A) 以北臺為據點向中國與日本進行通商、傳教的初衷並未達成　(B) 菲律賓本土回教徒反抗西班牙勢力的刺激　(C) 臺灣南部荷蘭東印度公司當局的乘機進擊　(D) 北臺當地漢人武裝反抗事件頻繁。

（　）2. 澎湖馬公天后宮內有一明代古碑，銘刻「○○○諭退紅毛番韋麻郎等」，是紀念何人的功績？　(A) 戚繼光　(B) 俞大猷　(C) 沈有容　(D) 鄭成功。

（　）3. 關於荷蘭人所留下的古蹟，下列敘述何者正確？　(A) 熱蘭遮城─今赤崁樓　(B) 普羅文西城─今安平古堡　(C) 聖地牙哥城─今紅毛城　(D) 熱蘭遮城─今安平古堡。

（　）4. 日治時期在臺灣施行的中等教育，係為配合殖民經濟的發展，因此最重視那種教育？　(A) 菁英教育　(B) 普通教育　(C) 實業教育　(D) 同化教育。

（　）5. 日本土木工程學會來臺考察日人在臺所遺留的水利設施，請問應到何處考察最具代表性？　(A) 瑠公圳　(B) 八堡圳　(C) 貓霧圳　(D) 嘉南大圳。

（　）6. 日治時期，臺灣成立的第一個合法政黨是？　(A) 臺灣地方自治聯盟　(B) 臺灣民眾黨　(C) 臺灣共產黨　(D) 臺灣農民組合。

（　）7. 如要認識戰後臺灣民主政治發展的歷程，可以安排到下列那個機構參訪？　(A) 歷史博物館　(B) 慈林文教基金會　(C) 順益原住民博物館　(D) 故宮博物院。

（　）8. 政府來臺後，許多國畫大師跟隨來臺，當時有所謂「渡海三家」，分別是指張大千、黃君璧以及？　(A) 楊三郎　(B) 李澤藩　(C) 洪通　(D) 溥心畬。

---

1. D　2. C　3. D　4. C　5. D　6. B　7. B　8. D

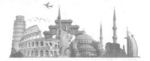

( ) 9. 在臺灣民主化過程中，使黨外勢力日趨壯大的關鍵，是民國 68 年發生那一事件？　(A) 中壢事件　(B) 美麗島事件　(C) 陳文成事件　(D) 釣魚臺事件。

( ) 10. 在臺灣原住民的生命禮儀中，卑南族著名的「少年禮」為？　(A) 猴祭　(B) 豐年祭　(C) 打耳祭　(D) 五年祭。

( ) 11. 臺灣原住民，尤其是平埔族群中的「姨」，是什麼性質的人物？　(A) 母親的姊妹　(B) 丈夫的阿姨　(C) 類似巫師的角色　(D) 類似媒人的角色。

( ) 12. 在那一個事件之後，清朝設立「番屯」制度，企圖利用臺灣原住民來控制漢人移民的動亂？　(A) 林爽文事件　(B) 朱一貴事件　(C) 戴潮春事件　(D) 郭懷一事件。

( ) 13. 在西方人殖民東南亞時期，華人往往遭到排斥，下列那個地區曾經發生官方屠殺華人事件？　(A) 柬埔寨　(B) 印尼　(C) 緬甸　(D) 馬來西亞。

( ) 14. 慶應 3 年（西元 1867 年）末代幕府將軍德川慶喜願意將政權奉還給明治天皇，施行「大政奉還」，是由於誰的斡旋？　(A) 土方歲三　(B) 勝海舟　(C) 坂本龍馬　(D) 近藤勇。

( ) 15. 明治維新推動之後，對日本傳統社會造成很大的衝擊。許多有識之士提倡在學習西方文化的同時，仍需保有日本的傳統文化，該主張簡稱為？　(A) 洋行無用論　(B) 和魂洋才　(C) 回歸日本　(D) 和魂漢才。

( ) 16. 歐美各國大多曾在東南亞地區進行殖民統治，但下列何國卻不曾在此地區擁有過殖民地？　(A) 英國　(B) 荷蘭　(C) 德國　(D) 西班牙。

( ) 17. 東南亞那一國曾經出產大量錫礦，華人也參與採錫的行業，當地的錫礦業，華人有重要貢獻？　(A) 菲律賓　(B) 汶萊　(C) 緬甸　(D) 馬來西亞。

( ) 18. 印尼爪哇中部有座建築雄偉的大型遺址，西元 1991 年被聯合國教科文組織列入世界文化遺產，名為婆羅浮屠（Borobudur），其風格為？　(A) 婆羅門教　(B) 佛教　(C) 伊斯蘭教（回教）　(D) 天主教。

9. B　10. A　11. C　12. A　13. B　14. C　15. B　16. C　17. D　18. B

（　）19. 下列那一地區曾經先後被葡萄牙、荷蘭及英國統治？　(A) 馬尼拉
　　　　(B) 新加坡　(C) 麻六甲　(D) 仰光。

（　）20. 西元 14 世紀末，高麗王朝的動亂結束，朝鮮半島獲得統一，稱為？
　　　　(A) 百濟王朝　(B) 新羅王朝　(C) 高句麗王朝　(D) 李朝。

（　）21. 下列對於新加坡的描述，何者錯誤？　(A) 曾經被英國殖民　(B) 以佛
　　　　教為國教　(C) 推動多元文化政策　(D) 鄰近馬來西亞。

（　）22. 香港新界地區，是在那一個條約下併入英國的香港直轄殖民地？　(A)
　　　　西元 1842 年中英南京條約　(B) 西元 1858 年中英天津條約　(C) 西
　　　　元 1860 年中英北京條約　(D) 西元 1898 年中英展拓香港界址專條。

（　）23. 東南亞國家以小乘佛教居多，但下列何國，受中國影響，部分地區卻
　　　　以大乘佛教為主？　(A) 越南　(B) 柬埔寨　(C) 緬甸　(D) 泰國。

（　）24. 西元 19 世紀末，菲律賓那位著名的民族主義者和文學家，其作品描
　　　　述西班牙統治下菲律賓人的悲慘遭遇，推動菲律賓人的民族覺醒？
　　　　(A) 黎薩（Jose Rizal）　(B) 阿奎納多（Emilio Aguinaldo）　(B) 甲米
　　　　地（Cavite）　(B) 卡帝普南（Katipunan）。

（　）25. 西元 19 世紀，清廷租借香港予英國，與那一場戰爭結果有關？　(A)
　　　　英法聯軍　(B) 八國聯軍　(C) 甲午戰爭　(D) 鴉片戰爭。

（　）26. 清代道光年間，造成中國白銀大量外流的關鍵商品為何？　(A) 瓷器
　　　　(B) 菸草　(C) 鴉片　(D) 鐘錶。

（　）27. 臺灣恩主公廟所供奉的神祇不一，下列何者較常被供奉？　(A) 張巡
　　　　(B) 關羽　(C) 韓世忠　(D) 李廣。

（　）28. 明清時期商業繁盛，由同鄉商人集資興建，以凝聚同鄉情誼，保障其
　　　　經濟利益，解決旅外同鄉住宿問題的處所為？　(A) 行會　(B) 牙行
　　　　(C) 勾欄　(D) 會館。

---

19. C　20. D　21. B　22. D　23. A　24. A　25. D　26. C　27. B　28. D

( ) 29. 下列有關中國文學史的敘述，何者正確？　(A) 漢賦源於楚辭，著名作家有司馬遷、班固　(B) 駢體文最有名的作家是陶潛　(C) 宋代「說話人」的底本，是明清小說的素材之一　(D) 元代通俗文學以戲曲為主，著名的作品有《水滸傳》、《西遊記》。

( ) 30. 出土於中國湖北省隨縣曾侯乙墓的先秦時期之重要樂器為何？　(A) 笙　(B) 編鐘　(C) 長笛　(D) 石鼓。

( ) 31. 中國陝西省西安有座建於唐高宗永徽年間，專為收貯玄奘自西域攜回之佛經與佛像的佛塔為何？　(A) 白塔　(B) 大雁塔　(C) 慈恩塔　(D) 金山塔。

( ) 32. 建於康熙 48 年，為清代大型皇家御苑，後毀於英法聯軍之役的園林為何？　(A) 拙政園　(B) 植物園　(C) 庚園　(D) 圓明園。

( ) 33. 明末清初「湖廣熟，天下足」的諺語，顯示那個地區農業的重要性？　(A) 今廣東、廣西地區　(B) 今湖北、湖南地區　(C) 今西湖周邊　(D) 今太湖周邊。

( ) 34. 明世宗嘉靖年間，明帝國在東南沿海一帶最大的外患為何？　(A) 葡萄牙海盜　(B) 西班牙海盜　(C) 倭寇　(D) 鄭芝龍。

( ) 35. 明清時期，人口滋繁，原產於美洲的若干作物，分別由不同的區域輾轉傳到中國，紓解了當時的糧食問題，這些作物是？　(A) 西瓜，番茄，葡萄　(B) 番薯，玉米，花生　(C) 南瓜，冬瓜，胡瓜　(D) 白菜，胡蘿蔔，芋頭。

( ) 36. 張擇端所繪的《清明上河圖》描寫的場景是？　(A) 南宋，杭州　(B) 北宋，開封　(C) 明代，北京　(D) 元代，燕京。

( ) 37. 臺北市小南門相傳為板橋富商林本源家族為了避開艋舺的泉州勢力，方便出入臺北府城所捐建。小南門又稱為？　(A) 麗正門　(B) 寶成門　(C) 承恩門　(D) 重熙門。

( ) 38. 臺灣農業開發可溯及四百年前，最早將甘蔗栽培技術引進臺灣的是那一國人？　(A) 西班牙人　(B) 荷蘭人　(C) 英國人　(D) 日本人。

---

29. A, C　30. B　31. B　32. D　33. B　34. C　35. B　36. B　37. D　38. B

( ) 39. 藻井（結網）是一種高級的古建築室內天棚裝飾，多數為上圓下方，層層上升，形如井狀，一般出現在宮殿、廟宇、佛堂等較重要建築室內中心位置。臺灣寺廟在西元 19 世紀唯一出現藻井的是？ (A) 指南宮正殿 (B) 澳底仁和殿正殿 (C) 鹿港龍山寺之戲台 (D) 北港朝天宮三川殿五門。

( ) 40. 加拿大長老會的牧師馬偕博士為了培養臺灣本地的傳教士，募建那一棟建築物，該建築物於西元 1882 年完工，日後成為臺灣最早的大學學府所在地？ (A) 滬尾女學堂 (B) 滬尾偕醫館 (C) 淡水牛津理學堂 (D) 五股坑教堂。

( ) 41. 牡丹社事件後，沈葆楨來臺興築的第一座西式砲台是？ (A) 億載金城 (B) 滬尾砲台 (C) 四草砲台 (D) 大坪砲台。

( ) 42. 雲南橫斷山脈的降雨，主要來自那一個海洋的水氣？ (A) 太平洋 (B) 印度洋 (C) 大西洋 (D) 北極海。

( ) 43. 嘉南大圳的水源，主要來自那兩條河川？ (A) 大甲溪、大肚溪 (B) 濁水溪、曾文溪 (C) 八掌溪、鹽水溪 (D) 八掌溪、高屏溪。

( ) 44. 臺灣多颱風災害，假設有一個半徑為 300 公里的強烈颱風，其颱風中心在臺北市正北方 100 公里的海面上，這時淡水河口的風向是？ (A) 東北風 (B) 西北風 (C) 東南風 (D) 西南風。

( ) 45. 下列氣象觀測站所觀測的 1 月月平均雨量，由低至高依序排列，何者正確？ (A) 高雄、新竹、基隆、臺中 (B) 基隆、臺中、新竹、高雄 (C) 高雄、臺中、新竹、基隆 (D) 基隆、高雄、臺中、新竹。

( ) 46. 海岸地帶超抽地下水有可能導致環境變遷，臺灣的那一區域超抽地下水最為明顯？ (A) 北部沉水的沿岸 (B) 西南部離水的沙岸 (C) 南部珊瑚礁海岸 (D) 東部斷層海岸。

( ) 47. 臺灣唯一不靠海的縣是那一個縣？ (A) 高雄市 (B) 雲林縣 (C) 南投縣 (D) 苗栗縣。

---

39. C 40. C 41. A 42. B 43. B 44. B 45. C 46. B 47. C

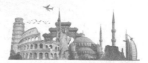

( ) 48. 中國南北景觀的差異，主要是受那些重要的地理界線影響？　(A) 年雨量 500 毫米、1 月月均溫 0℃等溫線　(B) 年雨量 1,000 毫米、1 月月均溫 18℃等溫線　(C) 年雨量 750 毫米、1 月月均溫 0℃等溫線　(D) 年雨量 400 毫米、年均溫 0℃等溫線。

( ) 49.「巴札」是中國大陸那一族人對市集的稱呼？　(A) 蒙族　(B) 維族　(C) 藏族　(D) 壯族。

( ) 50. 遊客到塞上江南旅遊，可以品嚐到當地那一種農產品？　(A) 菊花茶　(B) 銀杏　(C) 枸杞　(D) 川七。

( ) 51. 澳門著名景點「大三巴牌坊」，是早年天主教在澳門的那一座教堂的正面前壁遺址？　(A) 聖約翰教堂　(B) 聖保祿教堂　(C) 聖彼得教堂　(D) 聖伯亞納教堂。

( ) 52. 建於遼清寧 2 年（西元 1056 年），現存中國最古老、最高大的樓閣式木塔，是下列那一建築？　(A) 福建泉州開元寺雙塔　(B) 山西應縣佛宮寺釋迦塔　(C) 江蘇無錫梅園梅塔　(D) 河北承德須彌福壽之廟萬壽塔。

( ) 53. 近年來中國大陸中西部人民不斷向東部沿海城市移動，形成嚴重盲流問題的主因為何？　(A) 糧食需求　(B) 生態失衡　(C) 經濟需求　(D) 水資源需求。

( ) 54. 中國那一個城市，因居交通要道的地位，自古即被稱為「九省通衢」？　(A) 成都　(B) 南京　(C) 廣州　(D) 蘭州。

( ) 55. 有關中國少數民族的分布，何者正確？　(A) 壯族一中部地帶　(B) 赫哲族一南部地帶　(C) 哈尼族一東部地帶　(D) 傈僳族一西部地帶。

( ) 56. 中國大的園林往往採大園包小園，或大湖包小湖的構築策略。大園包小園有名的例子，如頤和園的諧趣園、北海的靜心齋；而大湖包小湖最有名的例子則是杭州西湖的那一景點？　(A) 雷峰夕照　(B) 蘇堤春曉　(C) 三潭印月　(D) 平湖秋月。

48. C　49. B　50. C　51. B　52. B　53. C　54. 一律給分　55. D　56. C

( )57.「這座山有天下第一奇山之美稱。它是著名的避暑勝地，西元 1990 年
12 月被聯合國教科文組織列入「世界文化與自然遺產名錄」中。最知
名的迎客松，是此山的標誌性景觀。」根據上述解說詞，導遊正帶領
遊客在中國大陸的那一省進行導覽解說活動？　(A) 雲南　(B) 四川
(C) 湖南　(D) 安徽。

( )58. 中國大陸第一個被聯合國列入的世界自然遺產為何？　(A) 九寨溝風
景名勝區　(B) 泰山風景名勝區　(C) 四川大熊貓棲息地　(D) 武陵源
風景名勝區。

( )59. 搭船遊覽中國的京杭運河，由北而南將依序經過那些流域？　(A) 黃
河、海河、長江、淮河　(B) 黃河、海河、淮河、長江　(C) 海河、淮
河、黃河、長江　(D) 海河、黃河、淮河、長江。

( )60. 中國大陸東南沿海地區歷代有大量移民遷徙海外。下列何種概念最適
合解釋這種遷移現象？　(A) 環境負載力低　(B) 生態平衡需求　(C)
天然災害頻仍　(D) 核心邊陲效應。

( )61. 新疆南部天山和崑崙山之間，最大的盆地是？　(A) 吐魯番盆地　(B)
塔里木盆地　(C) 柴達木盆地　(D) 四川盆地。

( )62. 形成華北地區水資源不足的原因，不包括下列那一項？　(A) 人口增
加　(B) 都市規模擴大　(C) 農業發展迅速　(D) 沙漠化。

( )63. 有關中國大陸地形主要特徵的敘述，何者錯誤？　(A) 主要山脈多呈
南北走向　(B) 地勢西高東低　(C) 地形種類複雜　(D) 山地高原面積
廣大。

( )64. 德國統一之後，首都設於？　(A) 柏林　(B) 波昂　(C) 慕尼黑　(D)
漢堡。

( )65. 美洲印地安人的馬雅文明主要分布在下列何地？　(A) 墨西哥高原
(B) 猶加敦半島　(C) 祕魯　(D) 智利。

( )66. 西元 1994 年以後日本企業對亞洲投資的成長率最快，那一項條件最
吸引日本企業？　(A) 市場與資金　(B) 資金與勞工　(C) 勞工與市場
(D) 原料與動力。

---

57. D　58. B　59. D　60. A　61. B　62. D　63. A　64. A　65. B　66. C

( ) 67. 日本企業界因應「產業空洞化」的對策，不包括下列何者？　(A) 產業升級　(B) 掌握與開發核心技術　(C) 政策限制產業外移　(D) 發展新興產業。

( ) 68. 南亞的印度半島被稱為次大陸的原因為？　(A) 人口眾多且成長率大　(B) 地形阻礙與亞洲隔離　(C) 宗教信仰不同且居民迷信　(D) 地質古老與亞洲大陸新褶曲山系不同。

( ) 69. 巴基斯坦近年人口快速增加，目前卻有百萬公頃耕地淪為荒地，其最主要原因為？　(A) 勞力不足致使廢耕　(B) 雨量變少致水分不足　(C) 強烈蒸發作用致土壤鹽化　(D) 無錢購買肥料致土壤沃度不足。

( ) 70. 印度今日已成為西方國家主要軟體工業重鎮之一，其與國際接軌的條件，最正確的選項為：　①時差互補　②英語通行　③資訊人才多　④人工低廉　⑤氣候優良　(A) 僅①②　(B) 僅②④⑤　(C) 僅①②③④　(D) 僅①③④⑤。

( ) 71. 「馬格里布」（Maghreb）是阿拉伯語，原意為「西方之島」，它是指阿拉伯人曾占領過的那一個地區？　(A) 尼羅河三角洲　(B) 亞特拉斯山南側乾燥區　(C) 撒哈拉沙漠　(D) 亞特拉斯山北側海岸。

( ) 72. 世界各大洲中，陸域範圍有赤道及南、北迴歸線橫貫的是指那一洲？　(A) 亞洲　(B) 歐洲　(C) 非洲　(D) 南美洲。

( ) 73. 臺灣陸域面積最大的國家公園是那一座？　(A) 玉山國家公園　(B) 雪霸國家公園　(C) 太魯閣國家公園　(D) 墾丁國家公園。

( ) 74. 目前臺灣世界遺產潛力點中，那一座國家公園未被選出？　(A) 太魯閣國家公園　(B) 金門國家公園　(C) 玉山國家公園　(D) 雪霸國家公園。

( ) 75. 下列何者不是森林遊樂區設置管理辦法所定的資源管理分區？　(A) 一般管制區　(B) 營林區　(C) 育樂設施區　(D) 景觀保護區。

( ) 76. 竹雞通常選擇在林木的那一個層次覓食、活動？　(A) 樹冠　(B) 枝幹　(C) 林木中下層　(D) 地表層。

---

67. C　68. B　69. C　70. C　71. D　72. C　73. A　74. D　75. A　76. D

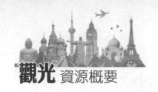

( ) 77.「邵族文化」最後的根據地座落於下列那一座國家風景區？　(A) 茂林　(B) 阿里山　(C) 日月潭　(D) 參山。

( ) 78. 我國有「千塘之鄉」美譽的縣市為何？　(A) 新北市　(B) 宜蘭縣　(C) 桃園市　(D) 新竹縣。

( ) 79.「瓊麻抽絲起高樓」，一句俗諺道盡瓊麻昔日的繁華盛景。滿山遍野的麻田，過去曾是何處的典型風光？　(A) 恆春　(B) 臺東　(C) 宜蘭　(D) 新竹。

( ) 80. 下列何者不屬於一級古蹟？　(A) 五妃廟　(B) 金廣福公館　(C) 彰化孔子廟　(D) 四草砲台。

105 年專門職業及技術人員普通考試

( ) 1. 總統府前的「凱達格蘭大道」，其名稱來源與下列何者最有關係？　(A) 原住民　(B) 鄭荷之戰　(C) 皇民化運動　(D) 臺灣棄留疏。

( ) 2. 在清光緒 11 年（西元 1885 年）臺灣建省之前，清廷派駐臺灣的最高位官員為何？　(A) 臺灣知府　(B) 臺灣道　(C) 臺灣總兵　(D) 臺灣知縣。

( ) 3. 清代渡臺悲歌有云：「切呀切時天呀天，不該信人過臺灣，一時聽信客頭話，走到東都鬼打顛」，其中「東都」是何人對臺灣的命名？　(A) 朱術桂　(B) 鄭成功　(C) 鄭經　(D) 清聖祖。

( ) 4. 有一部電影《一八九五》描述西元 1895 年臺灣被割讓給日本時發生的故事。下列何者可能會是片中的主角？　(A) 戴潮春　(B) 林獻堂　(C) 吳湯興　(D) 余清芳。

( ) 5. 西元 1921 年 10 月，林獻堂、蔣渭水等人在臺北成立「臺灣文化協會」，標榜提升臺灣文化，透過到各地巡迴演講，成為向社會大眾宣傳新思維和新知識的重要方式。除了演講之外，試問下列何者並非該會所從事的活動？　(A) 向國際聯盟控訴日本，允許臺人吸食鴉片　(B)

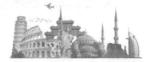

成立「美臺團」，啟迪民智　(C) 巡迴各地演出文化劇，設置讀報社
(D) 在霧峰林家舉辦夏季學校。

( ) 6. 日治時期臺灣人的新智識傳播機構「美臺團」，是以何種藝術活動為主
要宣傳手段？　(A) 美術展覽　(B) 電影播放　(C) 新劇演出　(D) 歌謠
演唱。

( ) 7. 臺灣獎勵廣播電視人才節目的最大獎項是？　(A) 金獅獎　(B) 金鐘獎
(C) 金雞獎　(D) 金馬獎。

( ) 8. 某高中委託旅行社安排人權教育之旅，行程要兼顧知性和感性，在解說
手冊上提及「戰後國民黨政府在動員勘亂時期臨時條款和戒嚴令下，
建構嚴密的統治，並利用情治系統，鎮壓異己，使人權受到限制」，此
統治一般稱之為？　(A) 紅色恐怖　(B) 黑色恐怖　(C) 黃色恐怖　(D)
白色恐怖。

( ) 9. 承上題，安排那一個景點可以兼具人權教育和旅遊觀光的功能？　(A)
綠島　(B) 蘭嶼　(C) 小琉球　(D) 龜山島。

( ) 10. 排灣族木雕圖案，不包括下列那一種？　(A) 人頭紋　(B) 蛇紋　(C)
植物紋　(D) 人像紋。

( ) 11. 口治時期，臺灣兩大反抗事件，依時間先後為？　(A) 霧社事件、牡
丹社事件　(B) 噍吧哖事件、霧社事件　(C) 牡丹社事件、噍吧哖事件
(D) 霧社事件、噍吧哖事件。

( ) 12. 日治時期被發現記載歲時祭儀的「木刻畫曆」，是屬於下列那一族
群？　(A) 布農族　(B) 排灣族　(C) 泰雅族　(D) 卑南族。

( ) 13. 下列那一個國家曾被譽為亞洲的民主櫥窗？　(A) 菲律賓　(B) 印尼
(C) 泰國　(D) 緬甸。

( ) 14. 西元 10 世紀以後，越南人的主要宗教信仰為？　(A) 印度教　(B) 伊
斯蘭教　(C) 佛教　(D) 基督教。

( ) 15. 航海大發現之後，葡萄牙人在東南亞建立的第一個殖民地位於？　(A)
新加坡　(B) 巴達維亞　(C) 西貢　(D) 麻六甲。

---

6. B　7. B　8. D　9. A　10. C　11. B　12. A　13. A　14. C　15. D

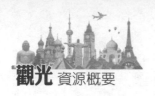
( ) 16. 東南亞國家中未曾受過歐美國家殖民統治的國家為？　(A) 越南　(B) 緬甸　(C) 柬埔寨　(D) 泰國。

( ) 17. 商鞅變法、王安石變法和戊戌變法，是中國歷史上三大重要變法，它們具有的共同點是？　(A) 是在列強壓迫下進行的圖強運動　(B) 新法推行時，都有國君的大力支持　(C) 新法內容都包括土地改革　(D) 其結果都失敗，主其事者都被殺。

( ) 18. 西元 1826 年，英國將檳榔嶼、麻六甲以及新加坡合併治理，並改而稱之為？　(A) 馬來聯邦（Federated Malay States）　(B) 馬來屬邦（Unfederated Malay States）　(C) 海港殖民地（Harbours Settlements）　(D) 海峽殖民地（Straits Settlements）。

( ) 19. 清代顧炎武曾在他的《亭林文集》裡說過以下這段話，其云：「今天下之出入公門以撓官府之政者，生員也；倚勢以武斷於鄉里者，生員也；與胥史為緣，甚有身自為胥史者，生員也；官府一拂其意，則群起而哄者，生員也；把持官府之陰事，而與之為市者，生員也。前者噪，後者和；前者奔，後者隨；上之人欲治之而不可治也，欲鋤之而不可鋤也。」請問顧炎武所要批判的是何種社會問題？　(A) 明清士紳階級利用特權營私的社會現象　(B) 明清科舉考試的低錄取率　(C) 明清以降士商混融的社會發展　(D) 明清時期皇室成員的不法情狀。

( ) 20. 印尼爪哇島的著名歷史建築婆羅浮屠（Borobudur），是下列那門宗教的遺跡？　(A) 佛教　(B) 印度教　(C) 基督教　(D) 伊斯蘭教。

( ) 21. 為慶祝釋迦牟尼佛誕辰而舉辦的遊行慶典，現係韓國重要節日，是下列那一個節慶？　(A) 金佛節　(B) 燃燈節　(C) 大佛節　(D) 菩提節。

( ) 22. 西元 19 世紀末，與日本「脫亞入歐」論興起同時，意指統合亞洲、排除歐美列強威脅的理念，日後成為支持日本建構以其為盟主的亞洲新秩序，合理化日本侵略亞洲的理論是下列那一項？　(A) 文明開化主義　(B) 軍國主義　(C) 亞細亞主義　(D) 維新主義。

( ) 23. 近年來泰、柬兩國在邊境上為一古老寺廟主權屢次發生武裝衝突，該寺廟主權於西元 1962 年海牙國際法庭判歸柬埔寨，並於西元 2008

16. D　　17. B　　18. D　　19. A　　20. A　　21. B　　22. B, C　　23. A

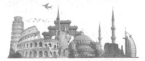

年聯合國教科文組織正式批准成為世界文化遺產，這個寺廟是？　(A) 柏威夏寺（Preah Vihear Temple）　(B) 巴戎寺（Bayon Temple）　(C) 玉佛寺（Wat Phra Si Rattana Satsadaram）　(D) 女王宮（又譯為班蒂斯蕾，Banteay Srei）。

(　) 24. 西元 14 世紀著名的伊斯蘭教徒旅行家，曾從麥加穿越中亞抵達印度，對中亞地區的花拉子模和撒馬爾罕等地留下珍貴紀錄，請問他是？　(A) 伊本‧拔都他（Ibn Batutah）　(B) 莫罕默德‧阿里（Muhamad Ali）　(C) 莫罕默德‧阿都拉（Muhamad Abdulah）　(D) 旺‧沙益（Wan Syed）。

(　) 25. 道教中的「醮」所指為？　(A) 宗教氣氛　(B) 宗教信徒　(C) 宗教儀式　(D) 宗教經典。

(　) 26. 中國近代史上，曾有一些所謂的「新知識分子」對儒家所代表的傳統，進行了史無前例的激烈批評。下列選項何者屬於此類人物？　(A) 胡適、陳獨秀、魯迅　(B) 金庸、古龍、梁羽生　(C) 瓊瑤、張曼娟、郭立誠　(D) 蔣介石、陳誠、陳立夫。

(　) 27. 清朝入主中原後，曾經宣布嚴厲的「海禁」與「遷海令」，宣稱「片板不許下水，粒貨不許越疆」。清代的這種措施目的為何？　(A) 對付東南沿海和鄭成功的反清活動　(B) 防止倭寇，堅壁清野　(C) 滿人來自關外，不知海洋之利　(D) 休養海洋資源。

(　) 28. 永嘉之亂後，朝鮮半島形成三國鼎立的狀態，這三國分別為何？　(A) 魏、蜀、吳　(B) 渤海、中山、南越　(C) 高句麗、新羅、百濟　(D) 樂浪、平壤、漢城。

(　) 29. 名畫作《洛神賦圖卷》，非常傳神的顯現畫中人物性格與感情，此畫作者是？　(A) 王羲之　(B) 王獻之　(C) 顧愷之　(D) 曹植。

(　) 30. 中華人民共和國建國後，曾經歷了一段稱為「十年浩劫」的動盪期，關於這段時期，下列那個名詞可以概括描述？　(A) 五四運動　(B) 抗美援朝　(C) 新生活運動　(D) 文化大革命。

---

24. A　　25. C　　26. A　　27. A　　28. C　　29. C　　30. D

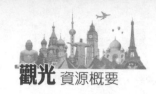

( ) 31. 青島是一個具有德式風格的現代化城市,試問下列何者直接促成了此種異國空間文化意象的誕生? (A) 清廷與英國簽訂南京條約 (B) 清廷與數國先後簽訂天津條約 (C) 清廷於自強運動期間組建北洋水師 (D) 西元 19 世紀末列強瓜分中國風潮。

( ) 32. 學者揭露中共建政之前在延安時期曾進行「特貨」交易,以作為改善財政的重要手段。此「特貨」指的是? (A) 菸草 (B) 性工作 (C) 人口販賣 (D) 鴉片。

( ) 33. 王大同在舊書店發現這張歷史老地圖。根據圖示內容判斷,這張地圖的題名最可能是:

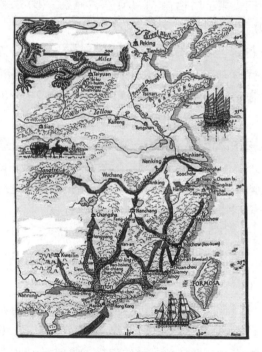

(A) 太平天國進兵路線圖（西元 1851-1864 年） (B) 國民革命軍北伐路線圖（西元 1926-1928 年） (B) 鴉片在華貿易路線圖（西元 1833-1839 年） (B) 中法越南戰爭示意圖（西元 1883-1885 年）。

---

31. D　　32. D　　33. C

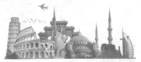

(　) 34. 有學者指出「由於羅貫中的《三國演義》與關漢卿的《關大王獨赴單刀會》的影響，中國民間信仰裡的關羽，乃被塑造成『赤面美髯』、『手執青龍偃月刀』形象。」請問，這種關羽形象的出現，應該在以下那個時代？　(A) 唐宋時期　(B) 春秋時期　(C) 五代十國時期　(D) 元末明初時期。

(　) 35. 明代中葉以後，執中國商業牛耳的是山西與新安之「商幫」。請問「商幫」是何種性質的商業團體？　(A) 以官方力量為主的利益獨占集團　(B) 以同鄉和宗族關係結合的商人團體　(C) 以外國勢力為資金來源的商人團體　(D) 以宗教團體為主的營利集團。

(　) 36. 周公東征後，在天下樞紐之地築起新城，這座新城成為日後幾個朝代的重要政治中心，此城是？　(A) 豐鎬　(B) 衛都　(C) 雒邑　(D) 臨淄。

(　) 37. 西亞地區是世界古文明的發源地之一。下列那三個宗教發源於本地區？　①佛教　②伊斯蘭教　③基督教　④印度教　⑤猶太教　(A)①②④　(B)①③④　(C)②③⑤　(D)③④⑤。

(　) 38. 下表為西元 2005 至 2014 年臺灣某種運輸工具載客人次的變化。該表的名稱最可能是下列何者？

年	2005	2006	2007	2008	2009	2010	2011	2012	2013	2014
載客人數	9571448	8606339	6320940	4908889	4564516	4824917	5192341	5323750	5265923	5260693
年增率（％）	-8.28	-10.08	-26.55	-22.34	-7.02	5.7	7.62	2.53	-1.09	-0.1

(A) 鐵路客運人次　(B) 公路客運人次　(C) 國內航空客運人次　(D) 船舶運輸客運人次。

(　) 39. 某報紙地方版新聞引述縣政府發布的新聞稿：「四月十八日『石蚵小麥文化季』將舉辦一天系列活動，預期可以吸引大批遊客前往參與盛會」。這則新聞稿最可能發自下列那個縣政府？　(A) 苗栗　(B) 雲林　(C) 花蓮　(D) 金門。

---

34. D　　35. B　　36. C　　37. C　　38. C　　39. D

( ) 40. 臺灣各地因地理環境的差異，而發展出不同的地方特產。下列那一個地方特產與當地氣候關係較為密切？ ①宜蘭鴨賞 ②恆春洋蔥 ③新竹米粉 ④臺中太陽餅 (A)①② (B)①④ (C)②③ (D)③④。

( ) 41. 西元 2000 年以後，高雄市鹽埕區駁二倉庫區漸漸發展為觀光景點，文創產業的展覽吸引許多遊客參觀。早年這些倉庫群的出現，是基於下列高雄市那一項機能而來？ (A) 軍需工業 (B) 港口運輸 (C) 紡織出口 (D) 原木產業。

( ) 42. 臺灣的養殖漁業相當發達，其中「蛤」的養殖主要集中於下列那個海岸地區？ (A) 北部岬灣海岸 (B) 東部斷層海岸 (C) 南部珊瑚礁海岸 (D) 西部潟湖海岸。

( ) 43. 在臺灣要參觀泥火山的地形景觀，下列那些地區最為合適？①新北金山 ②南投埔里 ③臺南左鎮 ④高雄燕巢 (A)①② (B)①④ (C)②③ (D)③④。

( ) 44. 黑鮪魚每年 4 至 6 月會開始洄游至菲律賓東北方海域、臺灣東部海域，再一路往琉球群島、日本九州等海域前進。黑鮪魚是隨著那股洋流洄游北上？ (A) 黑潮 (B) 親潮 (C) 對馬暖流 (D) 庫頁寒流。

( ) 45. 「夏季的高原上，向無際的原野望去，可看到犛牛低頭覓食，偶爾牧民驅羊經過」。此一景觀最可能出現在下列中國大陸的那個省區？ (A) 雲南 (B) 西藏 (C) 陝西 (D) 內蒙古。

( ) 46. 臺灣某地有一句諺語：「麒麟暴、草木焦」，係指該地出現某種天氣情況時，天氣會熱得草木幾乎有被燒焦的感覺。該諺語最可能指涉下列那個地方？ (A) 臺北盆地 (B) 竹苗丘陵 (C) 臺東平原 (D) 恆春台地。

( ) 47. 在黃河壺口風景區中，河床上出現許多坑壁光滑、外形如圓、內有清泉、清澈如鏡的地形景觀，有「石窩寶鏡」之稱。該景觀是由那一種河流地形所組成？ (A) 壺穴 (B) 河階 (C) 曲流 (D) 環流丘。

( ) 48. 《史記》中曾記載江南地區是個「地卑下濕、丈夫早夭」的險地，主要因為當地初夏天氣悶熱，降雨時間長，容易導致各種疾病。江南初夏

---

40. C　41. B　42. D　43. D　44. A　45. B　46. C　47. A　48. A

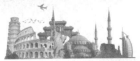

的降雨最可能是？　(A) 梅雨　(B) 西北雨　(C) 地形雨　(D) 颱風雨。

(　) 49. 洞庭湖原本是中國第一大淡水湖，北宋范仲淹在〈岳陽樓記〉文中描述洞庭湖為「銜遠山，吞長江，浩浩湯湯，橫無際涯。……」形容其湖面廣闊。然而目前洞庭湖面積早已經次於鄱陽湖，百年來洞庭湖面積一直縮小的主要原因，最可能為下列何者？　(A) 河川襲奪　(B) 圍湖造田　(C) 湖水蒸發　(D) 河川斷流。

(　) 50. 中國幅員廣大，各地因氣候、烹飪方法差異而形成獨特菜色，至清末已形成魯、蘇、川、粵四大菜系。下列那個菜系擅長用各種藥材煲湯，使湯具清火、排毒、滋補作用以適應炎熱氣候？　(A) 魯　(B) 蘇　(C) 川　(D) 粵。

(　) 51. 位於四川省西北部的九寨溝是世界自然遺產之一，境內由日則溝、則查窪溝、樹正溝三條溝谷所構成，自然景色以高山湖泊和瀑布群為主要特點，其湖泊又稱「海子」。九寨溝位於那一個地形區的邊緣？　(A) 雲貴高原　(B) 秦嶺山地　(C) 滇西縱谷　(D) 青藏高原。

(　) 52. 青藏鐵路修築過程中，鋪設鐵軌時常遭遇困難而影響進度。該困難最主要受到下列那一項作用的影響？　(A) 岩溶作用　(B) 凍融作用　(C) 斷層作用　(D) 崩壞作用。

(　) 53. 茶馬古道蜿蜒於中國橫斷山脈間，自唐代以來，它將中國的茶葉運至西藏、印度與東南亞，也將雪地高原的物產運至中國，曾經是中國與西藏、印度半島交流的重要路線之一。古代茶馬古道運輸的茶葉主要是？　(A) 龍井茶　(B) 武夷茶　(C) 普洱茶　(D) 鐵觀音。

(　) 54. 北京市為中國的大都市，近三十年來因都市發展，使得都市的舊有景觀受到衝擊。下列那一項傳統景觀受到的衝擊最大？　(A) 圓明園與天安門　(B) 清代皇城城區宮殿　(C) 四合院與胡同巷弄　(D) 西元 19 世紀租借區的洋樓群。

(　) 55. 陝西省境內有 200 多座博物館，故有「陝西歷史文化發展軌跡，就是中華文明的發展軌跡」的說法。陝西省境內博物館最密集的地區為何？　(A) 陝北高原　(B) 渭河盆地　(C) 秦嶺山地　(D) 漢水谷地。

---

49. B　　50. D　　51. D　　52. B　　53. C　　54. C　　55. B

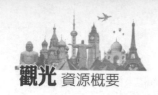

( ) 56. 黃山地質公園 1,000 公尺以上的高峰有 72 座,山勢雄峻、怪石林立。地質公園中林立的怪石是由那一種岩石發育而成? (A) 石灰岩 (B) 花崗岩 (C) 安山岩 (D) 玄武岩。

( ) 57. 下列關於中國都市的別稱,其中那些都市的別稱和當地氣候有關?① 火州吐魯番 ②陶都宜興 ③花城廣州 ④泉城濟南 ⑤冰城哈爾濱 (A)①②③ (B)①③④ (C)①③⑤ (D)②④⑤。

( ) 58. 黃河從青藏高原發源之後,流經 9 個省區,沿線各河段水文特徵變化極大。「咆哮萬里觸龍門」指的是下圖中那一河段的景觀?

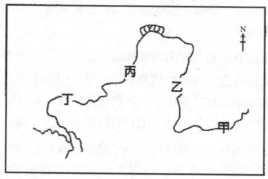

(A)甲 (B)乙 (C)丙 (D)丁。

( ) 59. 下圖是中國某地區常見的聚落景觀。該種聚落景觀和下列那項環境特色關係最密切?

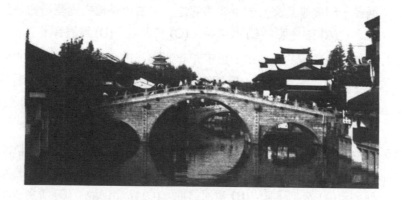

---

56. B 57. C 58. B 59. A

(A) 地勢低平、河網密布　(B) 季風氣候、悶熱多雨　(C) 丘陵地形、水運發達　(D) 谷灣發達、水道縱橫。

( ) 60. 某遊記寫道:「小逛一會,我就跟博物館管理員聊了起來,他是個維族婦女,漢語流利,維族在這裡雖是多數民族,但遊客多是漢人,因此商家、公家機關招聘都會要求説漢語……」作者可能到下列何地旅遊?　(A) 雲貴高原　(B) 寧夏平原　(C) 蒙古高原　(D) 塔里木盆地。

( ) 61. 中國藥學家屠呦呦以抗瘧疾的青蒿素獲得西元 2015 年的諾貝爾醫學獎,消息一公布,使位於廣東省的羅浮山自然保護區一時聲名大噪。羅浮山自古為道士煉丹的重要場所,西元 1985 年成立省級自然保護區。該區保護的對象最可能是下列那一種植被景觀?　(A) 針葉林　(B) 闊針葉混合林　(C) 落葉闊葉林　(D) 常綠闊葉林。

( ) 62. 近年來中國的霧霾問題相當嚴重,該問題具有下列那些特性?①平均而言,冬天比夏天嚴重　②主要發生在內蒙古和華北等沙漠化地區　③污染來源之一是大量燃燒天然氣　④機動車輛大幅成長導致污染問題加劇　(A)①②　(B)①④　(C)②④　(D)③④。

( ) 63. 當中國積極推動「一帶一路:絲綢之路經濟帶和海上絲綢之路」時,某食品業早已蠢蠢欲動,搶搭商機,企圖透過在西北五省經營的基礎,打造「舌尖上的一帶一路」。此企業最可能生產的產品為下列何者?　(A) 漢人飲食　(B) 清真食品　(C) 印度料理　(D) 佛教素食。

( ) 64. 西元 20 世紀末,印度開始推動南亞黃金四角公路網,以連接德里、孟買、金奈(馬德拉斯)、加爾各達四大都市。黃金四角公路網完成後,有助於下列那兩大地理區的整合?　(A) 恆河平原、德干高原　(B) 恆河平原、旁遮普平原　(C) 旁遮普平原、德干高原　(D) 德干高原、喜馬拉雅山地。

60. D　61. D　62. B　63. B　64. A

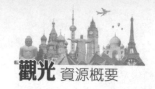

(　) 65. 下圖中顯示的是日本那個類型的傳統建築

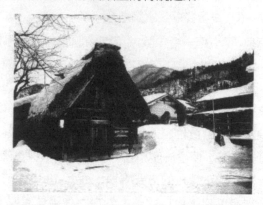

(A) 手水舍　(B) 京町家　(C) 問屋場　(D) 合掌造。

(　) 66. 在日本鳥取縣倉吉市，有一著名景點「白壁土藏群」，昔日為商家倉庫，是以白灰泥做壁面，壁面下半部鋪上表面經碳化處理的木板，不但可防火、防蟲，還可防風雨、防潮，讓商品得以妥善保存。此建築形式的出現，最可能與當地那項環境特性有關？　(A) 全年多雨，潮溼易霉　(B) 乾燥少雨，好發野火　(C) 夏雨冬乾，乾溼分明　(D) 夏乾冬雨，野火頻繁。

(　) 67. 北海道是日本主要的酪農業區，當地乳製品的種類和口味相當多，如牛奶糖的口味至少有 10 種以上。北海道的酪農業產品以乳製品為主，其發展最可能受到下列那項因素影響？　(A) 距離日本主要鮮乳市場較遠　(B) 日本主要鮮乳市場規模較小　(C) 北海道乳製品製造成本較低　(D) 北海道乳製品保存期限較長。

(　) 68. 「西元 1997 年亞洲金融風暴，該國經濟重創後被國際貨幣基金紓困接管。但政府強力投資電子、網路、影劇等新興產業，一躍成為金融風暴後復甦最快的國家，也開創了風靡亞洲的流行文化。」文中所描述的國家最可能是下列何者？　(A) 日本　(B) 韓國　(C) 泰國　(D) 中國。

(　) 69. 新亞歐大陸橋又名「第二亞歐大陸橋」，是從中國的江蘇連雲港市到荷蘭鹿特丹港的跨國鐵路，全長超過 1 萬公里，經過 30 多個國家和

---

65. D　66. A　67. A　68. B　69. C

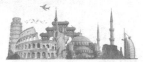

地區，比海運節約 **20%** 的運費及 **50%** 的運輸時間。就地理位置判斷，其通車對於下列何區的港務運輸影響較為顯著？　(A) 白令海峽　(B) 荷莫茲海峽　(C) 麻六甲海峽　(D) 博斯普魯斯海峽。

( ) 70. 下圖為旅客去某國旅遊時所見一景。該國自然環境具有下列那項特徵？

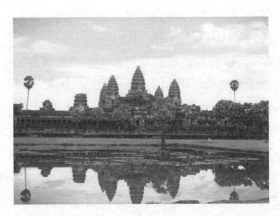

　　　　(A) 地處板塊交界　(B) 風向冬夏相反　(C) 土壤多灰化土　(D) 植被草原為主。

( ) 71. 若要規劃既可欣賞火山地景，又可在雨林中觀察黑猩猩（Gorilla）生態系的非洲旅程，最適合安排到下列那三個國家？　①盧安達　②烏干達　③納米比亞　④馬達加斯加　⑤剛果民主共和國　(A)①②⑤　(B)①③④　(C)②④⑤　(D)③④⑤。

( ) 72. 澳洲有無尾熊、鴨嘴獸、袋鼠等原始的物種留存並持續演化，有「動物演化博物館」之稱。此一事實和澳洲下列那一項地理特色關係最密切？　(A) 位置孤立　(B) 面積廣大　(C) 氣候多元　(D) 地形崎嶇。

( ) 73. 目前下列何者不列為世界自然或文化遺產？　(A) 中國長城　(B) 中國泰山　(C) 臺灣玉山　(D) 日本富士山。

( ) 74. 下列何種資源不是金門國家公園主要的資源特色？　(A) 歷史文化　(B) 玄武岩壁　(C) 戰役史蹟　(D) 鳥類生態。

70. B　　71. A　　72. A　　73. C　　74. B

( )75. 以「邵族文化」為觀光發展主軸之一的是那一座國家風景區？　(A)
阿里山國家風景區　(B)日月潭國家風景區　(C)茂林國家風景區
(D)參山國家風景區。

( )76. 資源管理單位對於遊客於風景區內之不當或破壞行為的管理措施可區
分為「直接管理」及「間接管理」兩類機制，下列那種管理措施屬
「間接管理」機制？　(A)限制從事特定的遊憩活動　(B)限制遊客於
區內停留時間　(C)取締罰鍰　(D)宣導與教育。

( )77. 武陵地區有山中舞姬之稱的曙鳳蝶，主要出現在那一個季節？　(A)
冬末春初　(B)秋末冬初　(C)夏末秋初　(D)春末夏初。

( )78. 近年來交通部觀光局極力爭取穆斯林旅遊市場，下列何者不是穆斯林
教徒的飲食習慣？　(A)嚴禁喝酒　(B)禁食豬肉　(C)禁食自然死亡
之動物　(D)禁食海鮮。

( )79. 在觀賞野生動物時，下列何種行為不恰當？　(A)留在步道、平台或
更遠一些的觀察區，以望遠鏡、長鏡頭相機觀察　(B)避免快速移動
或眼睛直視野生動物，以減少對野生動物產生侵略感　(C)為了觀賞
野生動物方便，所以準備食物吸引野生動物前來享用　(D)盡可能讓
遊客隊伍規模小一些，或分成小組。

( )80. 中國大陸城市近年來受沙塵暴影響頗鉅，請問沙塵暴生成的必備條件
中，不包含下列那一項？　(A)強勁且持久的風力　(B)不穩定的空氣
層結構　(C)大量的降雨　(D)充足的沙塵。

106 年專門職業及技術人員普通考試

( )1. 南明桂王永曆帝 封鄭成功的爵位為：　(A)延平郡王　(B)魯王　(C)
寧靖王　(D)復國大將軍。

( )2. 「臺灣一地雖屬外島，實關四省之要害。勿謂彼中耕種，尤能少資
兵食，固當議留；即為不毛荒壤，必藉內地輓運，亦斷斷乎其不可

---

75. B　76. D　77. C　78. D　79. C　80. C　　106 年：1. A　2. C

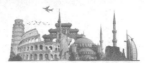

棄！」以上主張為何人所提？　(A) 福康安　(B) 沈葆楨　(C) 施琅
(D) 劉國軒。

( ) 3. 今日臺灣有許多地名，仍然保有過去土地拓墾的遺跡，請問地名「六
張犁」應如何解釋？　(A) 犁代表牛隻，依張姓墾戶的牛隻使用量命名
(B) 張犁是土地的計量單位，六張犁代表土地的面積範圍　(C) 犁代表
防禦設施，六張犁代表防禦原住民的工事構築　(D) 犁反映地形特徵，
六張犁代表較容易墾殖的地區。

( ) 4. 後藤新平曾說：「治理臺灣的方式絕對不是把成功的日本經驗套在臺灣
人民身上。我們以生物學上的比目魚為例，比目魚的兩眼長在身體的
同一邊。若你一定要把比目魚的眼睛改裝在身體的兩邊，那就是違反
了生物學的原則。比目魚眼睛之所以長在同一邊是有生物學上的必要
才產生的。在政治上亦同，我們必須先瞭解臺灣人的習性，依據其習
性定出一套管理辦法才有效。」下列那項政策的施行和此理念有關？
(A) 推行舊慣調查　(B) 推行時間觀念　(C) 建立新式糖廠　(D) 建立臺
灣銀行。

( ) 5. 學者對這個家族的描述是：在日治時期與各種運動的關係相當密切，
其主人在「六三法撤廢運動」、「臺灣議會設置請願運動」、「臺灣文
化協會」等活動上常扮演領袖的角色。這個家族是：　(A) 板橋林家
(B) 霧峰林家　(C) 鹿港辜家　(D) 高雄陳家。

( ) 6. 日治時期臺灣總督府實行專賣制度，除了鴉片、酒、樟腦、菸草外，
以下何項商品也被列入專賣的範圍？　(A) 砂糖　(B) 食鹽　(C) 石油
(D) 煤。

( ) 7. 欲見證二戰後中國戰區臺灣省受降典禮的地點，應至何處較為適宜？
(A) 臺北市中山堂　(B) 總統府　(C) 臺北賓館　(D) 臺灣博物館。

( ) 8. 受到《KANO》電影的影響，日本旅行社和臺灣旅行社共同規劃臺灣棒
球之旅，在撰寫企劃文案時，提及戰後臺灣棒球的興盛和紅葉少棒傳
奇關係密切，請問紅葉少棒隊的組成主要是那個族群？　(A) 布農族
(B) 阿美族　(C) 泰雅族　(D) 排灣族。

---

3. B　　4. A　　5. B　　6. B, C　　7. A　　8. A

( ) 9. 承上題，如要安排參觀紅葉少棒的景點，至何處最合適？ (A) 花蓮縣光復鄉 (B) 南投縣仁愛鄉 (C) 桃園市復興區 (D) 臺東縣延平鄉。

( ) 10. 日治時期的臺灣新音樂，自西元 1920 年代以後，不但日趨普遍，而且也成就不少傑出的音樂家。試問日後被視為臺灣音樂史上第一位採用臺灣民族音樂素材—高山族音樂，而以《臺灣舞曲》、《臺灣山地同胞之歌》而成名於國際樂壇者，是下列那一位音樂家？ (A) 鄧雨賢 (B) 周添旺 (C) 楊三郎 (D) 江文也。

( ) 11. 下列那一個原住民族群到現在仍然保留魚團組織、雕造板舟技術及打造銀器、捏塑陶壺泥偶等眾多傳統技藝？ (A) 阿美族 (B) 雅美（達悟）族 (C) 卑南族 (D) 噶瑪蘭族。

( ) 12. 儘管平埔族文化在清代逐漸流失，但仍有部分文化融入漢人生活中，請指出以下那一項不是源於平埔文化？ (A)《思想起》歌謠 (B) 宜蘭縣三星鄉、羅東鎮的阿里史地名 (C) 娶妻稱「牽手」一詞的來源 (D) 王爺信仰的緣起。

( ) 13. 有「亞洲瑞士」之稱的國家為何？ (A) 尼泊爾 (B) 印度 (C) 不丹 (D) 土耳其。

( ) 14. 日本桓武天皇遷都至平安京（現今京都），此城的規劃是仿照唐朝那一座城市？ (A) 長安 (B) 成都 (C) 北京 (D) 廣州。

( ) 15. 日本自「黑船事件」後，在內、外衝擊下，德川幕府宣布還政於日本天皇，西元 1868 年日本天皇宣誓「破舊有之陋習」、「求知識於世界」，開啟日本的近代化運動，史稱： (A) 大化革新 (B) 自強運動 (C) 倫理運動 (D) 明治維新。

( ) 16. 豐臣秀吉結束戰國時代，統一全日本，推動中央集權政策。為了得到充分的經濟資源，他修建並且強迫京都等地的大商人移居到下列那一個城市？ (A) 姬路城 (B) 大阪城 (C) 名古屋城 (D) 熊本城。

( ) 17. 13 世紀末，中南半島上的吉蔑（Khmer）帝國及緬甸蒲甘（Pagan）王朝的衰落，促使泰族迅速興起，西元 1238 年於今湄南河上游成功獨立，建立泰國史上第一個王朝，史稱： (A) 大城（Ayutthaya）王

---

9. D　10. D　11. B　12. D　13. 一律給分　14. A　15. D　16. B　17. B

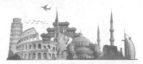

朝　(B) 素可泰（Sukhothai）王朝　(C) 吞武里（Thonburi）王朝
(D) 卻克里（Chakri）王朝。

(　) 18. 東南亞某一有眾多華人居住的國家，雖曾經被英國統治，卻能在種植
橡膠方面取得很好的成就，請問是下列那一國家？　(A) 馬來西亞
(B) 緬甸　(C) 印尼　(D) 越南。

(　) 19. 在 20 世紀初，對領導緬甸人民民族主義運動，反抗英國殖民統治有
巨大影響力的團體為：　(A) 緬甸人民工人委員會　(B) 緬甸人民團結
黨　(C) 緬甸佛教青年會　(D) 緬甸聯邦黨。

(　) 20. 西元 9 至 10 世紀期間，絲綢之路必經之地，中亞薩曼王朝
（Samanids）政治經濟中心，也是伊斯蘭文化與教育中心，至今城
中仍保有最完整的西元 10 至 17 世紀伊斯蘭建築，著名建築包括卡梁
（Kalon）、尖塔（宣禮塔）和馬高基—阿塔里清真寺（Magoki-Attari
Mosque），這個城市是：　(A) 撒馬爾罕（Samarkand）　(B) 布哈拉
（Bukhara）　(C) 塔什干（Tashkent）　(D) 希瓦（Khiva）。

(　) 21. 越南文化古城，西元 1802 至 1885 年間為越南首都的城市是：　(A)
河內（Hanoi）　(B) 胡志明市（Ho Chi Minh City）　(C) 順化（Hue）
(D) 海防（Haiphong）。

(　) 22. 位於澳大利亞北領地州，有一個獨一無二的考古和人種保護區，這裡
的石洞壁畫、石刻以及考古遺址完整記錄了該地區人民的生活技能和
生活方式，包括從史前狩獵採集者到如今仍在此生息的土著居民，
這個地方是：　(A) 烏盧魯－卡塔曲塔國家公園（Uluru-Kata Tjuta
National Park）　(B) 波奴魯魯國家公園（Purnululu National Park）
(C) 澳大利亞岡瓦納雨林（Gondwana Rainforests）　(D) 卡卡杜國家
公園（Kakadu National Park）。

(　) 23. 19 世紀末，英國與法國各自擴張在中南半島的版圖，為了避免衝突，
彼此同意應該有緩衝國存在，這個緩衝國是下列那一國家？　(A) 寮
國　(B) 泰國　(C) 柬埔寨　(D) 馬來西亞。

---

18. A　　19. C　　20. B　　21. C　　22. D　　23. B

( )24. 建於 16 世紀，是亞洲保存最完好的西班牙殖民城市，它不僅反映出菲律賓的建築風格，而且融入了中國和歐洲的建築風格，這座城市是：　(A) 維甘歷史古城（Historic Town of Vigan）　(B) 馬尼拉（City of Manila）　(C) 科斯科古城（City of Cuzco）　(D) 阿雷基帕城歷史中心（Historical Centre of the City of Arequipa）。

( )25. 下列何者於明代中葉以後，由美洲輾轉傳入中國並成為重要的糧食作物？　(A) 玉米　(B) 小米　(C) 小麥　(D) 高粱。

( )26. 下列何者為臺北國立故宮博物院所收藏的唐代著名書法作品？　(A) 快雪時晴帖　(B) 自敘帖　(C) 寒食帖　(D) 書跋突泉詩。

( )27. 秦漢以來，隨著「編戶齊民」的出現，意味先秦封建制度的崩潰，何謂「編戶」？何謂「齊民」？　(A)「編戶」指的是軍人，「齊民」指的是齊國人　(B)「編戶」指的是平民，「齊民」指的是山東人　(C)「編戶」指的是被國家編入戶口的人，「齊民」指的是理論上身分平等的人　(D)「編戶」指的是掌握編織技巧的手工業者，「齊民」指的是這些專業人士絕大多數都屬於戰國末年齊國的遺民。

( )28. 東晉為了加強地方控制及增加財富收入，把南渡的移民就地編列，納入新的地方行政體系，這個辦法稱為：　(A) 土改　(B) 土斷　(C) 土調　(D) 改土歸流。

( )29. 明清時期，士子透過科舉取得功名，以求仕進；退休後或不任官職者，則在地方扮演官民之間溝通橋樑的角色，這些有學識資望的人被稱為：　(A) 士紳　(B) 士民　(C) 豪族　(D) 門閥。

( )30. 請回答下列 2 題。根據史實，英國曾藉由什麼歷史事件而獲得下圖 A 區塊的合法治理權利？　(A) 英法聯軍之役　(B)19 世紀末的列強瓜分中國風潮　(C) 五卅慘案　(D) 第一次鴉片戰爭。

24. A　　25. A　　26. A, B　　27. C　　28. B　　29. A　　30. D

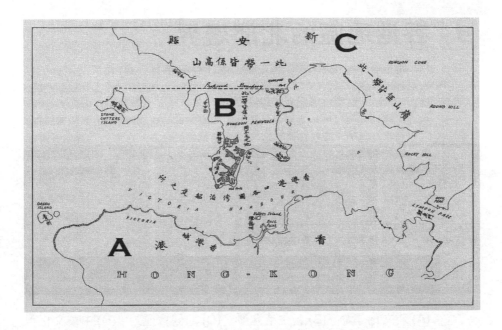

( ) 31. 承上題，根據史實，英國曾藉由什麼歷史事件而獲得上圖 B 區塊的合
法治理權利？　(A) 英法聯軍之役　(B)19 世紀末的列強瓜分中國風潮
(C) 五卅慘案　(D) 第一次鴉片戰爭。

( ) 32. 西元 1987 年發現並於 2007 年打撈完成的「南海一號」是屬於中國
那一個朝代的出土文物？　(A) 唐朝　(B) 明朝　(C) 漢朝　(D) 宋朝。

( ) 33. 宋人張擇端所繪《清明上河圖》描繪的是那一座宋代都市的市景？
(A) 汴京　(B) 大名府　(C) 杭州　(D) 平江府。

( ) 34.「觀夫海洋，洪濤接天，巨浪如山，視諸夷域，迥隔於煙霞縹緲之
間。而我之雲帆高張，晝夜星馳，涉彼狂瀾，若履通衢者，誠荷朝廷
威福之致，尤賴天妃之神護佑之德也。」這段文字出自中國福建省長
樂市「鄭和史跡陳列館」所收藏的「天妃靈應之記」石碑中，請問文
中「天妃」所指為誰？　(A) 王母娘娘　(B) 黎山老母　(C) 觀音菩薩
(D) 媽祖娘娘。

---

31. A　　32. D　　33. A　　34. D

( ) 35. 西元 2009 年有部分圓明園十二生肖獸首出現在國際拍賣市場上，引起華人世界的抗議聲浪，該獸首原本所在的圓明園毀於那次戰爭？
(A) 甲午戰爭　(B) 太平天國之亂　(C) 英法聯軍　(D) 黃海海戰。

( ) 36. 下圖紀念郵票係於西元 1936 年發行。根據票面圖文訊息，其所涉紀念的事件應是：

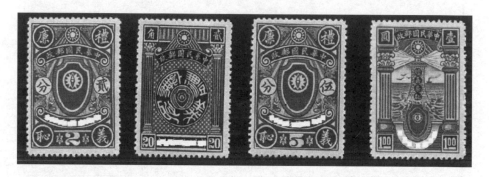

(A) 新文化運動　(B) 新生活運動　(C) 四健會運動　(D) 中華文化復興運動。

( ) 37. 臺灣民間信仰崇敬的神祇中，何者曾受皇帝冊封而在民間有天上聖母的尊稱？　(A) 王母娘娘　(B) 臨水夫人　(C) 媽祖娘娘　(D) 瑤池金母。

( ) 38. 為因應日漸增加的郵輪旅客，臺灣港務公司也積極打造國際級客運專區。此郵輪客運專區最可能位於下列那二港口？　(A) 臺北港、臺中港　(B) 基隆港、高雄港　(C) 蘇澳港、花蓮港　(D) 淡水港、安平港。

( ) 39. 每年冬至前後 10 天，通常是臺灣西部海域的烏魚捕撈季節，被漁民視為賺年終獎金的機會。烏魚主要隨著那一個洋流洄游至臺灣？　(A) 親潮　(B) 灣流　(C) 中國沿岸流　(D) 北太平洋洋流。

( ) 40. 東南亞國協自西元 1967 年設立以來，不斷地推動區域整合。2003 年與中國、日本、韓國簽署協議，希望在 2020 年成立「東協經濟共同體」，臺灣卻因政治問題未能加入該組織，此一事實最可能對臺灣帶來下列那項影響？　(A) 市場規模相對縮小　(B) 廠商外移相對困難　(C) 運輸成本相對提高　(D) 產品價格相對降低。

---

35. C　　36. B　　37. C　　38. B　　39. C　　40. A

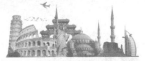

( ) 41. 臺灣是下列那個國際性經貿組織的成員？ (A) WHO (B) MSF (C) APEC (D) UNSCO。

( ) 42. 臺灣北部金山到石門間的海岸，散布大量風稜石與圓形礫石，在北部濱海公路未修築前，商旅過客通過此處必須踏石跳躍而過，因此有「跳石海岸」之稱。此處海岸礫石的來源和火山作用有關，但其礫石形狀主要受到那兩項外營力的影響？ (A) 河流侵蝕、海水侵蝕 (B) 風力侵蝕、岩溶作用 (C) 海水侵蝕、風力侵蝕 (D) 岩溶作用、河流侵蝕。

( ) 43. 位於屏東縣的大鵬灣，在日治時代曾為水上飛機基地，戰後初期則為空軍水上基地，目前已開發為大鵬灣國家風景區。大鵬灣國家風景區是在何種地形上規劃發展起來的？ (A) 潟湖 (B) 火口湖 (C) 牛軛湖 (D) 堰塞湖。

( ) 44. 屏東縣政府推出「養水種電」計畫，由縣政府整合魚塭主或農地主，將土地承租給太陽光電業者，因土地租金優於農業收入，間接輔導了農漁民轉業。此計畫最可能解決屏東縣下列何種問題？ (A) 工業用電不足 (B) 土地沙化廣布 (C) 農業產量低落 (D) 地層下陷嚴重。

( ) 45. 時序進入冬季，四重溪的溫泉業者舉辦溫泉嘉年華活動招徠旅客，並以當地特色農產的加工品作為旅客的伴手禮。該特色農產加工品最可能是： (A) 柿餅 (B) 葡萄乾 (C) 洋蔥蛋捲 (D) 東方美人茶。

( ) 46. 柳宗元詩：「梅實迎時雨，蒼茫值晚春（農曆五月底）」。詩中的降雨類型最可能為下列那種鋒面所致？ (A) 冷鋒 (B) 暖鋒 (C) 滯留鋒 (D) 囚錮鋒。

( ) 47. 中國的地理區中，華中地區和華北地區的分界，大致與下列何者相符？ (A) 黃河下游河道 (B)500mm 年等雨量線 (C) 草原與森林分界線 (D)1 月均溫 0℃等溫線。

( ) 48.「位於新疆塔里木盆地的輪民沙漠公路全長 522 公里，其修建過程和後續維修常因某種狀況發生而益增困難。」引文中的某種狀況最可能是： (A) 牲畜遷徙占用車道 (B) 河川洪峰沖垮路基 (C) 凍融交替路面崩解 (D) 流動沙丘淹沒路面。

41. C 42. C 43. A 44. D 45. C 46. C 47. D 48. D

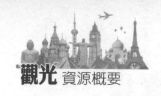

( ) 49. 某人在蒙古高原的旅行遊記寫到:「闃靜無人的廣袤高原上,可以聆聽到岩石因碎裂崩解而發出的嗶啵聲響,導遊說石頭碎裂與當地的地理特徵關係密切。」引文中的地理特徵最可能是:　(A) 日照時數長　(B) 相對濕度低　(C) 日夜溫差大　(D) 降水變率大。

( ) 50. 清代詩人楊昌濬以詩盛讚左宗棠平定回疆功績:「大將西征尚未還,湖湘子弟滿天山,新栽楊柳三千里,引得春風渡玉關」。某人循著左宗棠西征路線的軌跡自助旅行,在旅行途中他「無法」看見下列那種自然景觀?　(A) 冰河　(B) 谷灣　(C) 沙丘　(D) 高山草原。

( ) 51. 中國某都市有古典皇家園林和御用寺廟相結合的大型古建築群,為古代中原農耕民族與北方遊牧民族經濟貿易、文化交流的要衝。該都市最可能是:　(A) 瀋陽　(B) 承德　(C) 太原　(D) 呼和浩特。

( ) 52. 「在日光溫室一側,興建沼氣池、豬舍,形成一個封閉系統。沼氣池得到太陽熱能而增溫,改善華北地區冬季寒冷問題;豬呼出的二氧化碳,改善溫室蔬菜的生長條件。」引文所述的經營模式和下列那一農業活動的概念最接近?　(A) 精緻農業　(B) 休閒農業　(C) 生態農業　(D) 觀光農業。

( ) 53. 中國山西地區的農業活動,作物以麥類、小米、高粱等為主。此種作物組合與該地區那一環境特色關係最密切?　(A) 土壤貧瘠　(B) 降雨不足　(C) 地勢崎嶇　(D) 風勢強勁。

( ) 54. 中國以喀斯特地形景觀為號召的旅遊景點,在下列那一條河川的流域中最為普遍?　(A) 閩江　(B) 灕江　(C) 松花江　(D) 塔里木河。

( ) 55. 中國為解決西北、內蒙、華北地區水資源不足的問題,推動「南水北調」工程,從長江取水,引入黃河流域;下圖為此工程某條送水路線的縱剖面示意圖,依據沿線地勢變化與河川水文特性判斷,此圖為那一條輸水路線?　(A) 東線　(B) 中線　(C) 西線　(D) 南線。

49. C　　50. B　　51. B　　52. C　　53. B　　54. B　　55.A

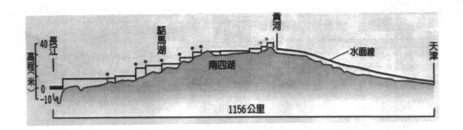

( ) 56. 髮菜是生長在乾燥荒地上，可含水固土的一種地衣，發音和廣東話的
「發財」很像，所以被視為吉祥物，價格頗高，因此，當地貧困的農
民，多以耙子連根刮起販售；但中國當局為了保護環境，已經下令全
面禁採。根據上述，採摘髮菜與下列那一環境災害關係最密切？　(A)
黃河斷流　(B)羅布泊乾涸　(C)北京沙塵暴　(D)河套地下水面下降。

( ) 57. 中國那一個民族每年於 7、8 月間舉行「那達慕」的盛大慶典？　(A)
苗族　(B) 回族　(C) 藏族　(D) 蒙古族。

( ) 58. 福建地區的居民早期移民南洋，若要順著風勢航行，最可能利用下列
那一季節及那一種風向出海？　(A) 冬季、西南風　(B) 夏季、西南風
(C) 冬季、東北風　(D) 夏季、東北風。

( ) 59. 若要觀察中國都市發展的歷史過程，可從下面順口溜一窺端倪：「十
年中國看（甲），百年中國看（乙），千年中國看（丙）。」順口溜
中甲、乙、丙最可能依序代表下列那些都市？　(A) 廣州、南京、上
海　(B) 天津、青島、西安　(C) 西安、北京、洛陽　(D) 深圳、上
海、北京。

( ) 60. 海南島環島高鐵路網形成後，該地將實現島內 3 小時生活圈。下列那
一個概念最適合用來解釋此種現象？　(A) 時空收斂　(B) 中地體系
(C) 聚集經濟　(D) 區域專業化。

( ) 61. 西元 2015 年 5 月習近平接待印度總理莫迪，特地選在大唐古絲路起
點站來迎接，並在該地領略盛唐的風采。此接待都市最可能為下列何
者？　(A) 北京　(B) 上海　(C) 西安　(D) 洛陽。

---

56. C　　57. D　　58. C　　59. D　　60. A　　61. C

( ) 62. 中國對某經濟特區的區位有「五口通八國，一路連歐亞」的形容。就其所在位置判斷，該經濟特區的氣候具有下列何項特徵？ (A) 日照時數短少 (B) 乾濕季節分明 (C) 冬季風勢強勁 (D) 終年乾燥少雨。

( ) 63. 某人到中國自助旅行，在車站看到將搭乘的客運車牌號碼為「魯A─A0821」。此人最可能要搭車前往下列那個風景區？ (A) 泰山 (B) 嵩山 (C) 廬山 (D) 黃山。

( ) 64. 美國天使島的移民站，是昔日排華法案中，華人移民在此等待入境審查或遣返的場所。天使島位於下列那個海灣？ (A) 墨西哥灣 (B) 舊金山灣 (C) 哈得遜灣 (D) 加利福尼亞灣。

( ) 65. 歐洲地理環境優越，全洲未見沙漠型氣候分布，此現象最主要與那兩個因素關係密切？ (A) 地形與植被 (B) 緯度與洋流 (C) 地形與風向 (D) 洋流與風向。

( ) 66. 下列那些亞洲都市的觀光景點中，含有國際奧林匹亞運動會的比賽場館？①北京 ②首爾 ③東京 ④新德里 (A)①②③ (B)①②④ (C)①③④ (D)②③④。

( ) 67. 日本四季分明，而下列那一種景觀的欣賞時節次序，依序為北海道、本州、四國、九州？ (A) 櫻花 (B) 紅楓 (C) 樹鶯 (D) 螢火蟲。

( ) 68. 臺北天母因美援時期駐臺美軍與其眷屬多居於此地，故當地深具異國風情。南韓首爾那一個地區也有類似天母的發展特色？ (A) 明洞 (B) 三清洞 (C) 梨泰院 (D) 清潭洞。

( ) 69. 下圖為土耳其某都市的一景。圖中的都市在地理位置上具有下列那項重要性？ (A) 位在地中海和大西洋海路必經之地 (B) 位在波斯灣進出阿拉伯海的要道上 (C) 位在太平洋進出印度洋的國際水道上 (D) 位在黑海和地中海間海路的必經之地。

---

62. D　63. A　64. B　65. D　66. A　67. B　68. C　69. D

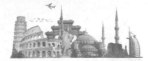

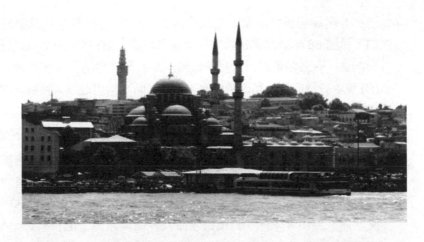

( ) 70. 在新加坡旅遊時，時常會聽到新加坡人使用所謂的「新式英文」（Singlish），乍聽類似英文，但仔細聆聽時，會發現其中摻雜了不少福建話、馬來語、印度話的用字。「新式英文」的出現，最能反映出新加坡的那項特色？ (A) 族群組成多元　(B) 宗教信仰多樣　(C) 方言教育推廣成功　(D) 英語教育成效不佳。

( ) 71. 澳洲位處南半球，全境分屬多個氣候區。下列那一個都市最可能受到熱帶氣旋影響，在春夏期間出現豪雨，發生水患？ (A) 西南岸的伯斯　(B) 東南岸的雪梨　(C) 南岸的墨爾本　(D) 東岸的布里斯本。

( ) 72. 東部非洲的地形以高原為主，且高原上有許多湖泊。此湖泊的形成最可能與下列那一項因素有關？ (A) 河流作用　(B) 斷層作用　(C) 冰河作用　(D) 風力作用。

( ) 73. 遊客於下列那一個國家公園從事高山登頂活動時較不可能有高山症反應？ (A) 玉山國家公園　(B) 陽明山國家公園　(C) 太魯閣國家公園　(D) 雪霸國家公園。

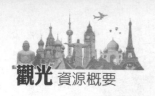

( ) 74. 下列有關馬祖國家風景區之敘述何者錯誤？　(A) 馬祖列島位於閩江口，民國 88 年成立馬祖國家風景區管理處　(B) 馬祖列島以花崗岩地形為主，有海蝕地形、天然沙礫灘、島礁及懸崖峭壁等特殊地質景觀　(C) 境內有數座無人島礁組成的燕鷗保護區，除可觀察到白眉燕鷗及蒼燕鷗外，更發現了具國際保育等級的神話之鳥─黑嘴端鳳頭燕鷗　(D) 境內具獨特的戰地文化和景緻，翟山坑道即為南竿著名的戰地景緻。

( ) 75. 下列有關西拉雅國家風景區之敘述何者錯誤？　(A) 位於臺南市嘉南平原的東部高山與平原交接處，全境未臨海　(B) 境內有獨特的月世界玄武岩惡地地形，故農業並不發達　(C) 境內水體資源豐沛，如曾文水庫、尖山埤水庫、烏山頭水庫及虎頭埤水庫　(D) 境內地熱溫泉資源豐沛，如關子嶺水火同源、關子嶺溫泉及六重溪溫泉饒富盛名。

( ) 76. 行走於森林步道時，下列何種行為是不恰當的？　(A) 當步道泥濘或潮濕時應行走步道旁之草地或泥土地　(B) 若必須穿越沒有鋪設步道或自然度較高的原野地區，選擇較堅實的地表行走，以減低對植被及地表的傷害與侵蝕　(C) 在自然度較高的原野地區，將遊客隊伍分散行走　(D) 應儘可能避開稀有動植物棲地、復育區等環境脆弱敏感地區。

( ) 77. 前往中國麗江地區旅遊時，下列那一項對麗江地區的介紹錯誤？　(A) 曾是繁榮一時的古代「絲綢之路」、「茶馬古道」重鎮　(B) 最高海拔 5,596 米，最低海拔 1,015 米，具有「一山分四季，十里不同天」的垂直氣候特徵　(C) 納西古樂是廣為流傳在納西族民間的一種古典音樂，被稱為「中國音樂的活化石」　(D) 摩梭族的婚姻習俗中，男女雙方各居母家，女子只是夜晚到男阿夏家居住，清晨返回母親家裡參加生產生活，叫「走婚」。

( ) 78. 每逢例假日臺鐵北迴線火車一票難求，在開放陸客及鼓勵外國遊客來臺觀光政策之後，這個現象尤其嚴重。這種影響可歸類到觀光之何種衝擊？　(A) 經濟衝擊　(B) 生態衝擊　(C) 景觀衝擊　(D) 社會衝擊。

---

74. D　　75. B　　76. A　　77. D　　78. D

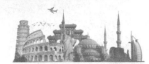

( ) 79.「依賴資源開發、無限成長、人定勝天、物質主義、消耗性⋯⋯」等
信念，來自於以下何種概念之主張？　(A) 主流社會典範　(B) 新環境
典範　(C) 新主義典範　(D) 個人典範。

( ) 80. 為永續發展著想，遊憩資源開發時最應考量下列那一事項？　(A) 反
應市場需求　(B) 追求經濟利益　(C) 分析資源之承載力　(D) 鼓勵自
由開發。

附錄二 外語領隊人員觀光資源概要試題

104 年專門職業及技術人員普通考試

( ) 1. 清末臺灣開港後,西方傳教士積極進入臺灣傳教,其中有一個宗教團體主要藉由醫療服務進行宣教,其名稱為何? (A) 真耶穌會 (B) 聖公會 (C) 長老教會 (D) 貴格會。

( ) 2. 西元 1926 年發起臺灣農民組合的主要人物是: (A) 簡吉 (B) 楊逵 (C) 賴和 (D) 連橫。

( ) 3. 戰後臺灣文學的發展隨著政治與社會環境的變遷,呈現不同時期的特色,所謂「鄉土文學論戰」是開始於何時? (A) 西元 1960 年代 (B) 西元 1970 年代 (C) 西元 1980 年代 (D) 西元 1990 年代。

( ) 4. 下列那一個原住民族群的社會組織是以「漁團」組織為部落運作的主體? (A) 阿美族 (B) 雅美族(達悟族) (C) 卑南族 (D) 泰雅族。

( ) 5. 古羅馬之大型公共建築特色,例如山形牆、列柱、半圓拱與圓頂,誇示帝國的權勢與榮光,下列那一項非古羅馬時代的建築? (A) 圓形競技場(Colosseum) (B) 萬神廟(Pantheon) (C) 帕德嫩神廟(Parthenon) (D) 君士坦丁凱旋門(Arch of Constantine)。

( ) 6. 義大利文藝復興時期畫家達文西(Leonardo da Vinci)所繪之《最後的晚餐》,其繪畫主題源出於那一部宗教經典? (A)《舊約》 (B)《新約》 (C) 摩西五經 (D)《奧義書》。

( ) 7. 中古早期(約西元 10 世紀以前),西歐主要的教育機構是: (A) 修道院學校 (B) 主教座堂學校 (C) 大學 (D) 學人同業公會。

( ) 8. 關於歐洲文藝復興運動,下列何者非其特徵? (A) 著重人文主義 (B) 關注希臘思想 (C) 重視羅馬古物 (D) 追求神本思想。

---

1. C 2. A 3. B 4. B 5. C 6. B 7. A 8. D

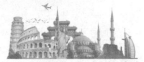

( ) 9. 參考古蘇美人楔形文字（Cuneiform）及古埃及人拼音符號，創造出歐洲各國拼音文字者為：　(A) 克里特人（Cretans）　(B) 腓尼基人（Phoenicians）　(C) 迦太基人（Carthaginians）　(D) 加爾底亞人（Chaldeans）。

( ) 10. 德國首相俾斯麥於西元 1884 至 1885 年間召開那項會議，以協調歐洲國家在非洲的爭奪？　(A) 漢堡會議　(B) 法蘭克福會議　(C) 慕尼黑會議　(D) 柏林會議。

( ) 11. 下列何者為英國浪漫主義文學的代表作家？　(A) 哥德　(B) 拜倫　(C) 康德　(D) 狄更斯。

( ) 12. 馬丁路德推動歐洲宗教改革運動，下列有關馬丁路德的敘述，何者錯誤？　(A) 信仰上主張「因信稱義」　(B) 反對教會兜售贖罪券　(C) 受到法國王室的支持　(D) 在北日耳曼地區有相當影響力。

( ) 13. 下列那位素有西洋史學之父的雅號？　(A) 希羅多德　(B) 亞里斯多德　(C) 柏拉圖　(D) 蘇格拉底。

( ) 14. 希臘思想家柏拉圖在那一本書中，主張應由哲學家來統治邦國？　(A)《烏托邦》　(B)《理想國》　(C)《國富論》　(D)《君王論》。

( ) 15. 三十年戰爭於西元 1648 年結束，歐洲列國簽訂「西發利亞條約」，荷蘭脫離那一國的控制而獨立？　(A) 英國　(B) 法國　(C) 葡萄牙　(D) 西班牙。

( ) 16.《漢摩拉比法典》是世界上最古老的法律彙編之一。這部法典的主要特色是什麼？　(A) 理性主義　(B) 報復原則　(C) 人道主義　(D) 寬容精神。

( ) 17. 下列何者與歐洲 18 世紀後期的女權運動密切相關？　(A) 瑪麗‧伍史東克拉芙特（Mary Wollstonecraft）　(B) 維吉尼亞‧伍爾芙（Virginia Woolf）　(C) 瑪麗‧雪萊（Mary Shelley）　(D) 簡‧奧斯丁（Jane Austen）。

( ) 18. 英國在西元 1455 年持續到 1485 年的三十年戰爭又稱為什麼戰爭？　(A) 百合花戰爭　(B) 茉莉花戰爭　(C) 鬱金香戰爭　(D) 玫瑰戰爭。

---

9. B　10. D　11. B　12. C　13. A　14. B　15. D　16. B　17. A　18. D

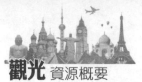
（　）19. 下列美洲的古文明中，何者位於今日南美洲境內？　(A) 阿茲提克文明　(B) 印加文明　(C) 馬雅文明　(D) 奧爾梅克文明。

（　）20. 首先採用裝配線生產汽車的是：　(A) 福特　(B) 通用　(C) 克萊斯勒　(D) 賓士。

（　）21. 西元 1963 年，金恩博士在華盛頓特區向參與遊行的民眾發表著名演說「我有一個夢」。他的夢是什麼？　(A) 越戰可以趕快結束　(B) 古巴危機快點結束　(C) 種族獲得真正的平等與自由　(D) 左派勢力不再威脅世界和平。

（　）22. 美國「獨立宣言」的主要起草者是：　(A) 傑佛遜（Thomas Jefferson）　(B) 林肯（Abraham Lincoln）　(C) 華盛頓（George Washington）　(D) 漢彌爾頓（Alexander Hamilton）。

（　）23. 碳絲電燈泡的發明家是：　(A) 富蘭克林　(B) 傑克遜　(C) 萊特　(D) 愛迪生。

（　）24. 率領西班牙人擊敗印加帝國的征服者是下列那一位西班牙探險家？　(A) 皮薩羅（Gonzalo Pizarro）　(B) 哥倫布（Christopher Columbus）　(C) 科提斯（Hernando Cortes）　(D) 麥哲倫（Ferdinand Magellan）。

（　）25. 美國建國早期的數位總統中，下列那一位美國總統是出身平民階層，而非出身於大農莊的富有世家？　(A) 華盛頓（George Washington）　(B) 亞當斯（John Adams）　(C) 傑佛遜（Thomas Jefferson）　(D) 傑克遜（Andrew Jackson）。

（　）26. 下列那一個事件在美國獨立運動史上具關鍵性意義，此後英國決定採取強硬手段對付殖民地？　(A) 徵收蔗糖稅　(B) 徵收印花稅　(C) 三K黨事件　(D) 波士頓茶葉黨事件。

（　）27. 在西元 12 至 13 世紀之間傳入日本，大受武士歡迎，對寺院庭園設計、日本藝術都有巨大影響的是：　(A) 禪宗　(B) 淨土宗　(C) 日蓮宗　(D) 華嚴宗。

（　）28. 有一個地區，昔日稱作「東印度群島」，該地盛產什麼物產，因此引

19. B　20. A　21. C　22. A　23. D　24. A　25. D　26. D　27. A

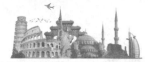

起葡萄牙與荷蘭的爭奪？　(A)橡膠　(B)香料　(C)錫礦　(D)石油。

(　)29. 西元 1919 年，由漢城（今首爾）發源，進而擴展到全朝鮮半島的大規模抗日運動是：　(A)五四運動　(B)櫻田門事件　(C)三一運動　(D)虹口公園事件。

(　)30. 西元 13 世紀時，那一種宗教大規模傳入東南亞地區，並對日後東南亞產生深遠的影響？　(A)印度教　(B)佛教　(C)伊斯蘭教　(D)基督教。

(　)31. 近代歷任泰國國王皆曾積極進行現代化建設，其中曾出訪歐洲、廢除奴隸制度、設立專門學校、修築鐵公路及開辦郵電事業為下列何人？　(A)拉瑪（Rama）四世　(B)拉瑪（Rama）五世　(C)拉瑪（Rama）六世　(D)拉瑪（Rama）七世。

(　)32. 西元 11 世紀中期，緬甸首次完成全境統一的王朝史稱：　(A)蒲甘（Pagan）王朝　(B)阿瓦（Ava）王朝　(C)東吁（Toungoo）王朝　(D)貢榜（Konbaung）王朝。

(　)33. 明代中葉，隨著中外商業交流的日趨熱絡，有許多本非中國原產的作物被引入中國。關於此，以下那個組群正確？　(A)甘藷、玉米、花生、煙草　(B)小米、大豆、甘蔗、櫻桃　(C)芥菜、韭菜、韭黃、白菜　(D)葡萄、荔枝、龍眼、釋迦。

(　)34. 臺北國立故宮博物院所收藏的「翠玉白菜」，為多數遊客必賞之物，這件作品完成於：　(A)明代　(B)唐代　(C)漢代　(D)清代。

(　)35. 發生於西元 1936 年的「西安事變」主要的發動者為：　(A)張學良、楊虎城　(B)宋美齡、宋慶齡　(C)毛澤東、陳獨秀　(D)周恩來、鄧穎超。

(　)36.《清明上河圖》的內容，最能反映那個時代的何種生活型態？　(A)明代的鄉村生活　(B)宋代的山區生活　(C)明代的蛋戶生活　(D)宋代的城市生活。

(　)37. 花蓮境內的馬太鞍溼地，是那一個部落的居住地？　(A)阿美族　(B)布農族　(C)泰雅族　(D)賽夏族。

( ) 38. 臺灣早期聚落能從鄉村脫穎而形成都市，其最大的共通點具有何種條件？　(A) 經濟條件　(B) 科技條件　(C) 資源條件　(D) 交通條件。

( ) 39. 臺灣地區的水資源利用上，那一類的用水量最多？　(A) 農業用水　(B) 工業用水　(C) 軍事用水　(D) 生活用水。

( ) 40. 有關臺灣岩岸地形的敘述，何者錯誤？　(A) 東部海岸多岩岸　(B) 岩岸產業多以漁業、航運為主　(C) 岩岸海水深度較淺　(D) 岩岸多岬角和灣澳地形。

( ) 41. 臺灣各鄉鎮的地名，何處是因地形而得名？　(A) 臺南市柳營區　(B) 宜蘭縣頭城鎮　(C) 花蓮縣吉安鄉　(D) 雲林縣古坑鄉。

( ) 42. 臺灣的年平均雨量約為多少公釐？　(A)1,500　(B)2,500　(C)4,000　(D)5,000。

( ) 43. 「南水北調」主要反映中國水資源的那一項問題？　(A) 北方水源來自鄰國　(B) 水資源短缺　(C) 水資源分布不均　(D) 人口集中北方。

( ) 44. 中國現存最大的皇家園林，西元 1994 年 UNESCO 登錄為世界文化襲產。這座皇家園林是下列何者？　(A) 頤和園　(B) 北海公園　(C) 承德避暑山莊　(D) 暢春園。

( ) 45. 有關上海的敘述，何者錯誤？　(A) 黃浦江和吳淞江匯流處　(B) 中國第一大都市　(C) 中國第一大工業中心　(D) 中國第一大空港。

( ) 46. 下列那一個城市四面環水，古意盎然，號稱「中國第一水鄉」？　(A) 紹興　(B) 揚州　(C) 蘇州　(D) 溫州。

( ) 47. 在上海昔日流傳「寧要浦西一張床，不要浦東一間房」俗諺，與今日浦東的高速發展過程對照說明了何種空間變化？　(A) 都市綠化　(B) 都市擴張　(C) 都市老化　(D) 都市更新。

( ) 48. 香港會議展覽中心位於香港的那個地區？　(A) 中環　(B) 山頂　(C) 九龍　(D) 灣仔。

( ) 49. 中國大陸有「八山一水一分田」的地區，最有可能在下列何地？　(A) 山東丘陵　(B) 雲貴高原　(C) 東南丘陵　(D) 長白山脈。

---

38. D　39. A　40. C　41. D　42. B　43. C　44. C　45. D　46. C　47. B
48. D　49. C

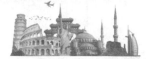

( ) 50. 下列那一組城市因歷史之故，街道、建築乃至民風，都洋溢著濃厚的西班牙色彩？　(A) 紐約、波士頓　(B) 魁北克、蒙特利爾　(C) 巴西利亞、里約　(D) 布宜諾、亞松森。

( ) 51. 英國著名的巨人堤道暨堤道海岸，其地景的組成主要是由何種岩石所構成？　(A) 大理石　(B) 玄武岩　(C) 花岡岩　(D) 石灰岩。

( ) 52. 阿爾卑斯山的交通天然孔道與下列何種作用關係密切？　(A) 冰蝕作用　(B) 褶曲作用　(C) 河蝕作用　(D) 斷層作用。

( ) 53. 尼加拉瓜瀑布是介於美加五大湖中的那 2 個湖之間？　(A) 安大略湖和伊利湖　(B) 伊利湖和休倫湖　(C) 休倫湖和蘇必略湖　(D) 密西根湖和休倫湖。

( ) 54. 那些因素造成日本 6 月發生冷害導致農業歉收？①黑潮　②親潮　③季風　④梅雨　⑤颱風　(A)②③　(B)②④　(C)①④　(D)①⑤。

( ) 55. 日本工業原料完全依賴進口，其工業用地主要取自於：　(A) 氾濫平原　(B) 海埔地　(C) 河階地　(D) 山坡地。

( ) 56. 到日本旅遊可以同時欣賞荷蘭風情的主題園區及百年古城，又可體認震撼視野的火山景觀，最適合參加那個區域的行程？　(A) 北海道　(B) 四國　(C) 琉球　(D) 九州。

( ) 57. 日本本州島北部的白神山地，目前還保留世界何種最多的原始森林？　(A) 萬年松　(B) 流蘇樹　(C) 山毛櫸　(D) 山素英。

( ) 58. 南亞地區北有高山屏障，自成一封閉區域，但境內仍分屬多國，其主要影響因素為何？　(A) 種族　(B) 氣候　(C) 地形　(D) 宗教。

( ) 59. 有印度第一大港之稱，亦為重要的棉紡織工業中心，為那一個城市？　(A) 瓦德拉西　(B) 孟買　(C) 加爾各答　(D) 新德里。

( ) 60. 死海（-392 公尺）為世界陸地最低之處，其最主要成因為何？　(A) 斷層陷落　(B) 褶曲作用　(C) 冰河挖掘　(D) 火山口塌陷。

( ) 61. 古文明發源地——美索不達米亞平原，在今日主要是歸屬下列那一國的領土？　(A) 科威特　(B) 伊拉克　(C) 土耳其　(D) 伊朗。

---

50. D　51. B　52. A　53. A　54. B　55. B　56. D　57. C　58. D　59. B
60. A　61. B

( ) 62. 金磚四國之一的印度，境內貧富不均情況嚴重，造成此現象的因素為
何？　(A) 人民工作不努力　(B) 種姓制度影響　(C) 自然環境不佳
(D) 政局動盪不安。

( ) 63. 孟加拉於西元 1971 年脫離巴基斯坦獨立，其主要原因為：　(A) 分屬
不同宗教　(B) 語系不同　(C) 分屬伊斯蘭教什葉派與遜尼派　(D) 位
置分隔，不利統一。

( ) 64. 湄公河流經 4 國，上游興建 8 座水壩，影響到流域內 6,000 萬人的生
計。其中 4 國不包括：　(A) 泰國　(B) 柬埔寨　(C) 緬甸　(D) 寮國。

( ) 65. 日本櫻花開放的日期與地點連結而成的線，稱之為「櫻前線」，主要
受那一項自然因素影響？　(A) 雨量　(B) 梅雨期　(C) 風向　(D) 緯
度。

( ) 66. 位居非洲中部、有赤道經過的國家是指那一個國家？　(A) 加彭　(B)
肯亞　(C) 薩伊　(D) 中非共和國。

( ) 67. 南極圈的緯度是指那一項數字？　(A) 南緯 64 度 34 分　(B) 南緯 65
度 34 分　(C) 南緯 66 度 34 分　(D) 南緯 67 度 34 分。

( ) 68. 澳洲的國際標準時區跨 UTC＋8 至 UTC＋10 三區，澳洲雪梨的時
區（非指夏令時間）是指：　(A)UTC＋7　(B)UTC＋8　(C)UTC
＋9　(D)UTC＋10。

( ) 69. 納米比亞為何要宰殺初生不久的黑綿羊，取其皮，成為世界上羔皮主
要供應地？　(A) 地形崎嶇，羔羊飼養不易　(B) 資金不足，牧業發展
困難　(C) 黑族人不善飼養羊隻　(D) 氣候乾旱，牧草缺乏。

( ) 70. 撒哈拉以南的地區中，歐人殖民最早、人口密度最大的地區為：　(A)
西非　(B) 南非　(C) 東非　(D) 中非。

( ) 71. 幾內亞灣沿岸一帶氣候溼熱多雨，迎風高地雨水更多，其降雨豐沛的
原因是其位在那一種盛行風的迎風面上？　(A) 東北信風　(B) 東南信
風　(C) 西南信風　(D) 西北信風。

( ) 72. 東非內陸被歐人殖民之後，那一國因氣候涼爽、取水容易，而成為白人
移入最多的地區？　(A) 烏干達　(B) 盧安達　(C) 肯亞　(D) 蒲隆地。

---

62. B　63. D　64. 一律給分　65. D　66. 一律給分　67. C　68. D　69. D

70. A　71. C　72. C

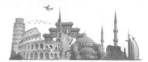

( ) 73. 國際自然保育聯盟（IUCN）所建立的保護區系統 6 個類別中，下列那一項不屬其中之一？　(A) 國家公園　(B) 嚴格自然保留區及原野地　(C) 休閒農業區　(D) 景觀保護區。

( ) 74. 下列那一項國家公園分區裡，需要事先申請，獲准後才能進入觀察研究？　(A) 一般管制區　(B) 遊憩區　(C) 特別景觀區　(D) 生態保護區。

( ) 75.「國家森林志工」是如何產生的？　(A) 自願　(B) 約聘　(C) 政府指派　(D) 國家考試。

( ) 76. 於自然山林中遇到野生動物時，何者不符合無痕山林運動（Leave no Trace）之準則？　(A) 留在步道、平台上或更遠一些的觀察區，以望遠鏡、長鏡頭相機觀察，以免野生動物受干擾和驚嚇　(B) 減小登山隊伍的規模，或分成小組，以降低對野生動物的干擾　(C) 受野生動物威脅時，應目不轉睛地凝視野生動物，以避免其攻擊　(D) 不要追趕、捕抓野生動物，或為了照相（如使用閃光燈）而打擾他們。

( ) 77. 某位導遊人員擬安排旅客前往參觀螃蟹博物館，他可以前往下列那一處休閒農場最合適？　(A) 勝洋休閒農場　(B) 北關休閒農場　(C) 香格里拉休閒農場　(D) 廣興休閒農場。

( ) 78. 東北角暨宜蘭海岸國家風景區轄區範圍，於民國 96 年奉行政院核定向南延伸至何處？　(A) 宜蘭縣頭城海水浴場　(B) 宜蘭縣南方澳內埤　(C) 宜蘭縣與花蓮縣界　(D) 宜蘭縣蘭陽溪口。

( ) 79. 下列有關日本盂蘭盆會的敘述，何者錯誤？　(A) 每年 7 月 13 日傍晚開始，直到 15 或 16 日結束　(B) 將一年內身亡者的靈魂，藉由「精靈船」送往西方淨土　(C) 對日本人而言，盂蘭盆會等同於新年一樣重要　(D) 盂蘭盆會分為 2 種，傳統系和現代系。

( ) 80. 臺灣西南沿海地區因特殊文化地理風情使然，通常又被稱為何種地帶？　(A) 綠色地帶　(B) 海邊地帶　(C) 鹽分地帶　(D) 文化地帶。

73. C　74. D　75. A　76. C　77. B　78. B　79. D　80. C

105 年專門職業及技術人員普通考試

( ) 1. 以下有關歷史上在臺政權的土地開發制度敘述，何者正確？　(A) 鄭氏政權是王田制　(B) 荷蘭統治時是官田制　(C) 西班牙治理北臺灣是教田制　(D) 清領時期是大小租戶制。

( ) 2. 吳濁流以《亞細亞的孤兒》一書而聞名於世，試問以下對於吳濁流在臺灣近代文學史上地位之評述，何者有誤？　(A) 是臺灣近代文學史上，一位很重要承先啟後的人物　(B) 是日治時代臺灣文學，與戰後臺灣文學的一座橋樑　(C) 曾像賴和與楊逵那樣，親身投入民族運動的最前線　(D) 曾說過「拍馬屁的不是文學」這句臺灣文學史上的名言。

( ) 3. 蔡明亮導演曾代表臺灣電影獲得許多國際大獎，但他本是來自那國的華人？　(A) 馬來西亞　(B) 新加坡　(C) 越南　(D) 緬甸。

( ) 4. 推動「五年理番政策」，決心以武力解決「番人」問題的臺灣總督是那一位？　(A) 兒玉源太郎　(B) 佐久間左馬太　(C) 樺山資紀　(D) 上山滿之進。

( ) 5. 貫穿多佛海峽的英法海底隧道，於那一年 11 月正式投入營運？　(A) 西元 1964 年　(B) 西元 1974 年　(C) 西元 1984 年　(D) 西元 1994 年。

( ) 6. 西元 17、18 世紀時，擁有太陽王稱號的法國君主是：　(A) 路易十四　(B) 路易十三　(C) 亨利四世　(D) 路易十五。

( ) 7. 「埃及是尼羅河的贈禮」，是那一位希臘人對埃及的描述？　(A) 蘇格拉底　(B) 柏拉圖　(C) 亞理斯多德　(D) 希羅多德。

( ) 8. 「1948 年國民黨通過了種族隔離政策，將國內所有人分成白人、印度人、黑人與其他有色人種。各族群在地理上強制的被分離，禁止種族之間的接觸，公共設施分隔設置，不同的教育體系，限制不同種族從事的事業，也不准非白人參與國家政府。此一種族隔離政策，直到 1990 年才得以廢除。」根據以上引文，下列敘述何者錯誤？　(A) 實施此一種族隔離政策的所在地區曾經是英國的殖民地　(B) 實施此一種族隔離

---

1. D　　2. C　　3. A　　4. B　　5. D　　6. A　　7. D　　8. C

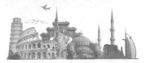

政策的所在地區曾經是荷蘭的殖民地 (C) 實施此一種族隔離政策的國家從未與中華民國建立邦交 (D) 此一種族隔離政策實施的所在地是今天的南非。

( ) 9. 西元前 594 年，雅典公民大會選舉梭倫（Solon）為執政官進行改革，開啟了雅典民主之路；下列有關梭倫改革的說明何者錯誤？ (A) 取消農民債務 (B) 創立四百人會議（Council of 400） (C) 公民可依財產多寡出任不同官職 (D) 陶片流放制（Ostracism）。

( ) 10. 現代主義文學在西元 1920 年代發展至頂峰，許多重要的現代派作品於此一時期問世，有位作家在其作品中利用「荒原」的意象來象徵西方文明的衰敗和西方人精神的腐朽，被認為是表現現代人精神崩潰的史詩，此作家是： (A) 卡夫卡（Franz Kaflka） (C) 喬埃斯（James Joyce） (C) 沙 特（Jean-Paul Sartre） (D) 艾 略 特（Thomas Stearns Eliot）。

( ) 11. 羅馬共和末期政爭激烈，下列何者不屬於「前三雄」同盟？ (A) 凱撒 (B) 安東尼 (C) 龐培 (D) 克拉蘇。

( ) 12. 關於羅馬帝國衰亡的原因，以下何者並不是主要的原因？ (A) 軍人跋扈 (B) 財政惡化 (C) 外患嚴重 (D) 地震頻傳。

( ) 13. 西元 15 世紀西班牙的統一，奠基於那兩個國家的王室聯姻？ (A) 卡斯提爾與亞拉岡 (B) 葡萄牙與西班牙 (C) 格瑞那達與亞拉岡 (D) 卡斯提爾與格瑞那達。

( ) 14. 西羅馬帝國滅亡後，東羅馬帝國（拜占庭）仍屹立不搖，並曾發動戰爭，收復西羅馬帝國的部分失土。但以下那塊地區始終未曾被東羅馬帝國所統治？ (A) 北非 (B) 高盧 (C) 義大利半島 (D) 伊比利半島南端。

( ) 15. 英國近代逐漸走向君主立憲制度的過程，曾受到一連串重大歷史事件的影響，如依時間先後排序，應為： (A) 蘇格蘭斯圖亞特王室入主英國、光榮革命、變更為共和政體、清教徒革命 (B) 蘇格蘭斯圖亞特王室入主英國、清教徒革命、變更為共和政體、光榮革命 (C) 清

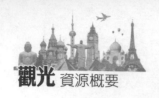
教徒革命、蘇格蘭斯圖亞特王室入主英國、光榮革命、變更為共和政體　(D) 光榮革命、蘇格蘭斯圖亞特王室入主英國、清教徒革命、變更為共和政體。

(　) 16. 聖索菲亞教堂（Hagia Sophia）是拜占庭帝國歷史與文化發展的結晶，融和各地區建築形式，不包含下列那種建築形式？　(A) 希臘式　(B) 羅馬式　(C) 伊特拉次崁式　(D) 波斯式。

(　) 17. 羅馬教廷為修建某一建造於西元 4 世紀的大教堂，在日爾曼地區兜售「贖罪券」，西元 1517 年馬丁路德對此提出強烈批評，其後引發宗教改革運動。請問此一大教堂為：　(A) 聖母百花大教堂（Florence Cathedral）　(B) 米蘭教堂（Milan Cathedral）　(C) 聖彼得大教堂（St. Peter's Basilica）　(D) 科隆大教堂（Cologne Cathedral）。

(　) 18. 哥德式建築不但流行於中世紀歐洲地區，也曾於西元 19 世紀在英格蘭出現復興運動，影響更及於歐洲大陸地區。以下何者為西元 19 世紀哥德復興式建築的代表？　(A) 聖母院（Notre-Dame）　(B) 科隆大教堂（Cologne Cathedral）　(C) 米蘭教堂（Milan Cathedral）　(D) 倫敦國會大廈（Houses of Parliament）。

(　) 19. 西元 1828 年，美國語言學家韋伯斯特（Noah Webster）採用美式發音，編輯《韋氏辭典》（*American Dictionary of the English Language*）。這本字典的編輯顯出何種意義？　(A) 突顯美國文化的特色，為當時國家主義之產物　(B) 美國是多種族融合的國家，英式發音已不合時宜　(C) 由歐洲至美國運輸不便，因此自行出版　(D) 美國南北戰爭，造成語言上的分歧。

(　) 20. 牛仔褲起源於那一個國家？　(A) 美國　(B) 英國　(C) 法國　(D) 德國。

(　) 21. 下列那一個戰爭，英國打敗法國，獲得了北美洲大片的土地？　(A) 百年戰爭　(B) 三十年戰爭　(C) 克里米亞戰爭　(D) 七年戰爭。

(　) 22. 下列那個文明於西元 16 世紀被西班牙人所滅？　(A) 印加文明　(B) 馬雅文明　(C) 恆河文明　(D) 尼羅河文明。

---

16. C　　17. C　　18. D　　19. A　　20. A　　21. D　　22. A, B

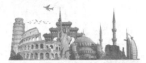

( ) 23. 在中、南美洲西班牙殖民地邁向獨立建國的過程中，下列何人沒有做出貢獻？ (A) 拿破崙（Napoleon Bonaparte） (B) 玻利瓦爾（Simon Bolivar） (C) 美國總統門羅（James Monroe） (D) 梅特涅（Klemens Wenzel von Metternich）。

( ) 24. 有一政治家說：「美洲是美洲人的美洲，若歐洲各國執意干涉美洲的事務，美國將以武力抵抗。」這一聲明表現了何種外交政策？ (A) 門羅主義 (B) 巨棒外交 (C) 圍堵政策 (D) 門戶開放政策。

( ) 25. 承上題，美國採取這種外交政策背景為何？ (A) 爆發英法七年戰爭 (B) 第一次世界大戰發生 (C) 美國獨立革命 (D) 維也納會議後歐洲保守勢力的復辟。

( ) 26. 影響西元 1960 年代，美、蘇冷戰局勢走向低盪的重大歷史事件是： (A)韓戰 (B)古巴飛彈危機 (C)蘇聯入侵阿富汗 (D)美國介入越戰。

( ) 27. 吳哥窟是柬埔寨的古城，但是它曾經被那一國所攻陷，迫使柬埔寨遷首都於金邊？ (A) 緬甸 (B) 寮國 (C) 暹羅 (D) 越南。

( ) 28. 緬甸近代民族主義運動興起，始於那個團體？ (A) 基督教青年會 (B) 佛教青年會 (C) 至善社 (D) 伊斯蘭協會。

( ) 29. 香港是在晚清的何項條約中被割讓？ (A) 天津條約 (B) 北京條約 (C) 南京條約 (D) 馬關條約。

( ) 30. 歐洲人在斐濟群島建立的第一個定居點，在西元 1882 年前一直是斐濟的首都，西元 2013 年以「歷史海港城鎮」獲批准為世界文化遺產的城鎮是： (A) 蘇瓦（Suva） (B) 萊武卡（Levuka） (C) 勞托卡（Lautoka） (D) 努瓜婁發（Nuku'alofa）。

( ) 31. 尼莎帕提亞要塞（Parthian Fortresses of Nisa）由新舊兩組臺形遺址組成，為帕提亞（Parthian）帝國（中國古稱「安息」）最早和最重要的城市，且是上古時期重要的交通和貿易中心。這個城市要塞遺址位於現今那個國家？ (A) 烏茲別克斯坦（Uzbekistan） (B) 吉爾吉斯斯坦（Kyrgyzstan） (C) 土庫曼斯坦（Turkmenistan） (D) 塔吉克斯坦（Tajikistan）。

---

23. D　24. A　25. D　26. B　27. C　28. B　29. C　30. B　31. C

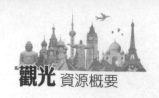
( ) 32. 澳大利亞由六個各自為政的殖民地聯合而成為一個統一的國家，是根據那一個法案？ (A)1942 年西敏法令採納法令（Statute of Westminster Adoption Act, 1942） (B)1931 年西敏法令（Statute of Westminster, 1931） (C)1986 年澳洲法令（Australia Act, 1986） (D)1900 年澳大利亞聯邦法案（Constitution of the Commonwealth of Australia, 1900）。

( ) 33. 北宋時期，宋遼之間雖為敵對狀態，但雙方仍存在著官方認可的貿易活動。這種貿易活動又稱為： (A) 榷場貿易 (B) 走私貿易 (C) 三通貿易 (D) 洋行貿易。

( ) 34. 八國聯軍之後，清廷推行「新政」，其中有一項措施為「廢科舉」，這項措施在中國科舉制度史上的意義為何？ (A) 滿州人本為蠻夷，不知中華上國傳統之可貴，甘受西方列強壓迫而變更漢人祖制 (B) 滿州人喪權辱國，八國聯軍之後一味擷取西洋制度，而中國傳統的掄才制度遂走入歷史 (C)「四書五經」不再是中國知識份子的核心知識，各種專業知識得以獨立門類，「讀書人」的定義為之一變 (D) 漢人深受滿州異族統治者的茶毒，科舉傳統雖被棄之如敝屣，亦無從加以抗爭。

( ) 35. 依圖示訊息推斷，這張共黨中國的政宣海報最可能是那個年代的產物？

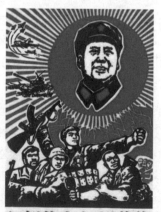

(A) 三反、五反運動時期

(B) 文化大革命時期

(C) 大躍進時期

(D) 華國鋒掌權時期。

32. D   33. A   34. C   35. B

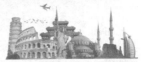

( ) 36. 中共建政後，共軍以「和平解放」的名義進駐拉薩，但此後與藏人對立態勢不斷升高。西元 1959 年春，因共軍鎮壓藏人，那位政教領袖率眾逃至印度，成立流亡政府迄今？　(A) 第十一世達賴喇嘛　(B) 第十四世達賴喇嘛　(C) 第八世班禪喇嘛　(D) 第十世班禪喇嘛。

( ) 37. 臺灣三號公路沿線有許多鄉街市鎮，如大溪、關西、東勢、竹山等。這些鄉街市鎮形成的原始因素為何？　(A) 陸運交會中心　(B) 內陸行政中心　(C) 陸運與河運交會點　(D) 山地與平原的商品交易場所。

( ) 38. 「鹽水蜂炮」為全臺最具代表性的宗教活動之一，萬炮齊發有如蜂群傾巢而出的熱鬧盛況，每年吸引數以萬計的觀光客。此一節慶的產生與清代何項環境背景關係最密切？　(A) 穀物歉收　(B) 水患頻生　(C) 瘟疫盛行　(D) 戰亂擾民。

( ) 39. 臺灣糖業公司自民國四十年代起，即肩負起以農業扶植工業的重任，但在西元 2002 年臺灣加入 WTO 之後，也面臨到開放市場的挑戰，因而積極規劃轉型。若以臺糖既有的資源與技術判斷，其轉型發展以下列那一種產業最有利？　(A) 農業機械　(B) 水產養殖　(C) 金融服務　(D) 生物科技。

( ) 40. 「這裡有臺灣最早的人類化石，同時也有奇特的海邊水稻田景觀；在稻米成熟的季節，層層的綠色稻浪連接著海洋，讓人產生了錯覺，以為水稻是海水灌溉長大的」，上文敘述的海岸景觀，最可能發生在臺灣的那一段海岸？　(A) 東岸　(B) 西岸　(C) 南岸　(D) 北岸。

( ) 41. 墾丁國家公園內有豐富的熱帶林相、動植物生態、珊瑚礁海岸。下列那一處景點位於墾丁國家公園內？　(A) 九棚　(B) 龍坑　(C) 四重溪　(D) 阿塱壹。

( ) 42. 民國 91 年政府為解決某河沿岸的水患問題，推動了整體治理計畫。其中員山子分洪工程係為解決下列那條河流的水患問題？　(A) 大漢溪　(B) 基隆河　(C) 蘭陽溪　(D) 新店溪。

---

36. B　37. D　38. C　39. D　40. 一律給分　41. B　42. B

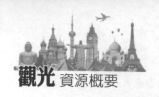

( ) 43. 長江的三峽大壩修築完成後，具有下列那些功能？①提供沿海地區用電　②減輕長江上游洪患　③利於船隻運輸通行　④改善長江上游森林保育　　(A)①②　(B)①③　(C)③④　(D)②④。

( ) 44. 西元 1980 年代以後，世界許多企業的生產部門紛紛前往中國投資設廠，中國因此有「世界工廠」之稱。外國企業到中國投資設廠，是基於下列那一項區位條件？　(A) 能源礦物充足　(B) 科技人才豐富　(C) 勞工成本低廉　(D) 水陸交通便利。

( ) 45. 中國某地區擁有被稱為四寶的酥油、茶葉、糌粑、牛羊肉。該地的氣候具有下列那種特色？　(A) 全年高溫　(B) 日照強烈　(C) 冬雨綿長　(D) 信風盛行。

( ) 46. 近年來北京市因工業高度發展而導致空氣品質不良。當北京市出現下列那種天氣現象時，市區空氣污染特別嚴重？　(A) 高壓籠罩　(B) 夏雨綿延　(C) 春季融雪　(D) 西北風盛行。

( ) 47. 長白山號稱東北屋脊，以其主峰白雲峰多白色浮石與冬季積雪而得名。由浮石的分布判斷，白雲峰的成因最可能為何？　(A) 斷層作用　(B) 岩溶作用　(C) 火山作用　(D) 冰河作用。

( ) 48. 位於新疆塔里木盆地的輪民沙漠公路全長 522 公里，修建目的是為了將沙漠中的資源外運。該資源最可能是：　(A) 煤礦　(B) 石油　(C) 鐵礦　(D) 高嶺土。

( ) 49. 澳門大三巴牌坊是一個教堂的遺跡，為知名的世界遺產。從澳門的殖民地背景判斷，該教堂和下列那一宗教有關？　(A) 基督教　(B) 天主教　(C) 東正教　(D) 伊斯蘭教。

( ) 50. 拉丁美洲文化的一大特色，是族群的多樣性和多元文化融合。其中白人和印地安人通婚所形成的混血族群名稱為何？　(A) 姆拉托人　(B) 美提斯人　(C) 阿密須人　(D) 麥士蒂索人。

( ) 51. 東歐各國中，那一個國家的居民以馬札兒人為主要族群，而帶有突厥血統？　(A) 匈牙利　(B) 馬其頓　(C) 愛沙尼亞　(D) 阿爾巴尼亞。

---

43. B　44. C　45. B　46. A　47. C　48. B　49. B　50. D　51. A

( ) 52. 檀香山（火奴魯魯）是夏威夷觀光的重要文化景點，其位於那一個島上？ (A) 歐胡島 (B) 可愛島 (C) 茂宜島 (D) 夏威夷大島。

( ) 53. 中世紀時期西歐農民將田地合併成長條形，以便共同耕作，形成此區特有的敞田景觀。最主要原因為何？ (A) 便於犁田 (B) 便於施肥 (C) 利於集水 (D) 利於輪作。

( ) 54. 觀光客自韓國釜山到日本福岡乘船往來，只需 2 小時。該行程會經過下列那個海域？ (A) 津輕海峽 (B) 宗谷海峽 (C) 瀨戶內海 (D) 對馬海峽。

( ) 55. 北韓為了紀念朝鮮半島脫離日本殖民統治七十週年，從西元 2015 年 8 月 15 日起調整標準時間，把全國時區由原來的東九區向後推遲 30 分鐘，並將其命名為「平壤時間」。則北韓的「平壤時間」上午 9 點時，下列那一個都市的時間為 8 點 30 分？ (A) 曼谷 (B) 首爾 (C) 東京 (D) 吉隆坡。

( ) 56. 東京是日本的首都，隨著人口移入、產業發展，都市發展已經向外擴張形成大東京圈。下面那一個地區屬於東京的副都心？ (A) 銀座 (B) 梅田 (C) 新宿 (D) 小樽。

( ) 57. 韓國最大島以「風、石頭、女人」三多而聞名，西元 2010 年獲得「世界地質公園」的認證。該島嶼的成因與臺灣的那個島嶼相似？ (A) 金門 (B) 蘭嶼 (C) 東沙島 (D) 小琉球。

( ) 58. 以色列人口最多的都市為下列何者？ (A) 海法 (B) 加薩 (C) 耶路撒冷 (D) 特拉維夫。

( ) 59. 在某國餐廳會劃設家庭用餐區和男性用餐區，連速食店的結帳櫃台也會有家庭專用和男性專用的區別。此景象最可能出現在下列那個國家？ (A) 祕魯 (B) 柬埔寨 (C) 羅馬尼亞 (D) 沙烏地阿拉伯。

( ) 60. 婆羅浮屠（Borobudur）是印尼中爪哇省的一座大型佛塔遺跡，據估計該佛塔興建於西元 8 至 9 世紀間，在經過幾個世紀佛教鼎盛期後，卻因為某些因素而被廢棄，有些學者認為是天災的影響。此天災最有可能為下列何者？ (A) 雪崩 (B) 火山爆發 (C) 颱風 (D) 龍捲風。

52.A　53.A　54.D　55.D　56.C　57.B　58.C,D　59.D　60.B

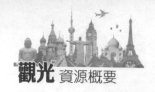

（　）61. 位於約旦南部馬安省的佩特拉玫瑰古城，為電影《變形金剛》、《法櫃奇兵》取景地點，在西元 2007 年被列入世界新七大奇景。在當地旅遊最容易看到下列那種景觀？　(A) 蒼翠蓊鬱的熱帶森林　(B) 如花椰菜的橄欖樹叢　(C) 穿著阿拉伯長袍的男人　(D) 在寬闊草原吃草的馬群。

（　）62. 類似新疆吐魯番地區的坎兒井灌溉設施，最可能在下列那一個地區被見到？　(A) 伊朗高原　(B) 尼羅河三角洲　(C) 澳洲自流井盆地　(D) 美索不達米亞平原。

（　）63. 下列那個都市位於麻六甲海峽的樞紐，是世界重要的國際轉運貿易中心？　(A) 雅加達　(B) 新加坡　(C) 吉隆坡　(D) 馬尼拉。

（　）64. 一位作家如此形容這個東南亞國家：「……被中國影響一千年，被印度影響四百年，被法國影響一百年，被美國影響二十年，還經歷十年海上難民潮與國際孤立的國家……」文中所指的國家最可能是：　(A) 緬甸　(B) 越南　(C) 柬埔寨　(D) 菲律賓。

（　）65. 煙霾已經成為東南亞的年度災害，其中印尼利用燒芭（火燒焚林）清理土地引發霾害為主要原因之一，專家建議印尼居民參考氣象條件來決定燒芭時間。蘇門答臘的農民應避免在下列那個風向盛行時從事「燒芭」？　(A) 東北風　(B) 東南風　(C) 西南風　(D) 西北風。

（　）66. 肯亞是世界前五大鮮花輸出國之一，歐洲大陸有三分之一的鮮花都來自肯亞。肯亞能供應各式花種，除歸功於天氣條件外，更需要有下列那一項人文條件的配合？　(A) 宗教信仰　(B) 交通革新　(C) 文化創新　(D) 族群多元。

（　）67. 澳洲自譽為「藏寶之地」，擁有金、錫、鉛、鐵、鎳、銅、錳、鋁土等豐富的金屬礦物。此一事實與澳洲的那一項特色關係最密切？　(A) 位置孤立　(B) 地質古老　(C) 氣候乾燥　(D) 板塊碰撞。

61. C　　62. A　　63. B　　64. B　　65. C　　66. B　　67. B

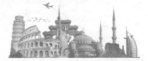

(　) 68. 下圖為某都市的景觀照片。某人 1 月至當地旅遊時，有可能遇到下列何種天氣現象？

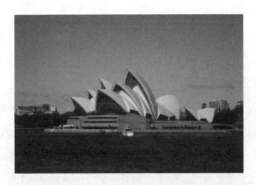

(A) 梅雨連綿　(B) 暴雪侵襲　(C) 冷鋒過境　(D) 熱浪來襲。

(　) 69. 澳洲是主要的小麥輸出國，該國小麥主要栽培於東南部，採機械化的粗放式經營。影響澳洲以粗放方式經營小麥栽培業的主因為何？　(A) 氣候乾燥　(B) 地廣人稀　(C) 位置孤立　(D) 殖民政策。

(　) 70. 紐西蘭地形種類繁多，不僅高峰林立，還有不少活火山、冰河等壯麗地景，故有「活的地形教室」之稱。此一事實與下列何者關係最密切？　(A) 終年西風吹拂　(B) 地理位置孤立　(C) 國土島嶼眾多　(D) 地處板塊交界帶。

(　) 71. 北極圈的緯度，最接近下列那一項數字？　(A) 北緯 64 度 33 分　(B) 北緯 65 度 33 分　(C) 北緯 66 度 33 分　(D) 北緯 67 度 33 分。

(　) 72. 下列那些野生動物的棲地，同時涵蓋了南極和北極地區的海域或陸域？　(A) 海豹、鯨類　(B) 海豹、企鵝　(C) 馴鹿、鯨類　(D) 企鵝、馴鹿。

(　) 73. 下列那一種不是法國飲酒文化中的主要酒類？　(A) 葡萄酒　(B) 威士忌　(C) 白蘭地　(D) 香檳。

(　) 74. 除了海底火山爆發外，下列那一種自然現象也容易造成海嘯發生？　(A) 暴雨　(B) 潮差　(C) 地震　(D) 瘋狗浪。

( ) 75. 在量測觀光遊憩之社會承載量時，下列何者較不適合作為量測指標？
(A) 地方居民對觀光發展之態度　(B) 地方居民之生活滿意度　(C) 地方居民之生活品質　(D) 地方居民之職業。

( ) 76. 在賞鯨活動中，以下那一種干擾對於鯨豚的危害最大？　(A) 遊客的大聲驚呼　(B) 賞鯨船的引擎聲　(C) 群眾的拍手聲　(D) 解說員透過麥克風進行解說的聲音。

( ) 77. 下列何者不是永續觀光資源規劃的主要目的之一？　(A) 提升遊憩滿意度　(B) 減低遊憩衝擊　(C) 資源永續利用　(D) 經濟利益極大化。

( ) 78.「地球資源為有限的」、「強調人與自然的整體價值」、「自然承受量是有限的」、「人類必須要和自然融合相處」……等基本信念為下列何種概念之主張？　(A) 主流社會典範　(B) 新環境典範　(C) 新運動典範　(D) 個人主義典範。

( ) 79.「除了攝影什麼都不取，除了足跡什麼也不留，除了回憶什麼都不滅。」上述敘述為何種概念之核心精神？　(A) 無痕山林　(B) 志工旅遊　(C) 文化旅遊　(D) 新民主運動。

( ) 80. 東南亞某國發生爆炸案，外交部旅遊警示燈轉為那種顏色時，代表需特別注意旅遊安全並檢討應否前往？　(A) 灰色　(B) 黃色　(C) 藍色　(D) 紅色。

106 年專門職業及技術人員普通考試

( ) 1.「初，半線初闢，平原萬頃，溪流分注，而農功未啟，荒穢於鹿豕之鄉。五十八年，世榜集流民，以開東螺之野，並引濁水歧流以溉。」後來開鑿完成的這條水圳為何？　(A) 大安圳　(B) 大甲圳　(C) 鳳山圳　(D) 八堡圳。

( ) 2. 一位日本自助旅行的年輕人來臺旅行，想要參訪原日治時期在臺灣就有的大專院校。拿一份學校名單向你請教，下列名單中那一間學校應是原日治時期在臺灣即已設立的學校？　(A) 交通大學　(B) 清華大學　(C) 東吳大學　(D) 成功大學。

75. D　76. B　77. D　78. B　79. A　80. B　　106 年：1. D　2. D

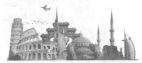

（　）3. 下列何者不是戰後來臺定居的國畫大師？　(A) 張大千　(B) 黃君璧
(C) 溥儒　(D) 李梅樹。

（　）4. 法國那一位國王自稱「太陽王」，而且被視為歐洲專制君主的典範？
(A) 路易十三　(B) 路易十四　(C) 路易十五　(D) 路易十六。

（　）5.「英法百年戰爭」中，激起愛國意識，呼籲民眾保家衛國，而被敵國燒
死的是何人？　(A) 南丁格爾　(B) 抹大拉瑪麗亞　(C) 血腥瑪莉　(D)
聖女貞德。

（　）6. 非洲地區為了協助殖民地之獨立與促進非洲的團結合作，在西元 1963
年成立了那一個組織？　(A) 非洲聯盟（African Union）　(B) 非洲團結
組織（Organization of African Unity）　(C) 非洲聯盟委員會（African
Union Commission）　(D) 伊斯蘭會議組織（Organization of the
Islamic Conference）。

（　）7. 下列那項和約與 17 世紀歐洲逐漸形成以主權國家為主體、講求國家
主權平等的「列國制度」密切相關？　(A) 西發里亞（Westphalia）
和約　(B) 巴黎（Paris）和約　(C) 倫敦（London）和約　(D) 米蘭
（Milan）和約。

（　）8. 古埃及民間盛行崇拜「奧賽利斯」（Osiris），「奧賽利斯」是何種神
明？　(A) 太陽神　(B) 陰間之神　(C) 水神　(D) 戰爭之神。

（　）9. 中古歐洲晚期，義大利各城邦陸續出現文藝復興運動，以下有關此運
動之敘述，何者有誤？　(A) 時間大約是在 14 至 16 世紀　(B) 受到希
臘與羅馬文學的影響　(C) 義大利大一統政局的推波助瀾　(D) 核心思
維之一是人文主義。

（　）10. 歐洲中世紀修會的某個分會會規如此陳述：「兄弟們不能私有任何
東西；無論是一所房屋、一塊地、或其他東西，都不能擁有；但應
自視是這世界上的朝聖者和外方人，以貧窮和謙讓服侍天主，富有
信心的沿路乞食。」這最可能是那一個修會的會規？　(A) 本篤會
（Benedictine Confederation）　(B) 西多會（Cistercians）　(C) 方濟
會（Franciscans）　(D) 耶穌會（Society of Jesus）。

---

3. D　　4. B　　5. D　　6. B　　7. A　　8. B　　9. C　　10. C

（　）11. 西元 11 世紀基督教東西教會分裂後，拜占庭帝國境內信仰的基督教又
被稱為：　(A) 東基督教　(B) 羅馬公教　(C) 希臘正教　(D) 西基督教。

（　）12. 第二次世界大戰後所成立的許多新興國家，大部分在經濟上都屬
低度開發。在西元 1955 年的一場會議之後，以「第三世界」（The
Third World）指稱這類國家，以別於美國與蘇聯等資本主義國家
或共產主義工業化國家，該會議的名稱是：　(A) 開羅會議（Cairo
Conference）　(B) 亞非會議（Asian-African Conference）(C) 雅爾達
會議（Yalta Conference）　(D) 波茨坦會議（Potsdam Conference）。

（　）13. 馬克思（Karl Marx）曾經稱讚某一歷史文獻是「人類歷史上的第
一個人權宣言」，此一文獻概念源於歐洲啟蒙運動的「天賦人權」
思想，宣示「主權在民」主張，此一文獻指的是：　(A) 共產宣言
（The Communist Manifesto）　(B) 人權與公民權宣言（Declaration
of the Rights of Man and Citizen）　(C) 獨立宣言（Declaration of
Independence）　(D) 網球場宣言（Oath of the Tennis Court）。

（　）14. 下列何者與拿破崙政權垮臺無關？　(A) 經濟封鎖英國　(B) 半島戰爭
(C) 入侵埃及　(D) 與俄國開戰。

（　）15. 由於帝國的擴張，促成歐亞大陸長距離貿易之發展，加上軍隊與商隊
之頻繁移動，將源自東方的鼠疫傳入歐洲，於 14 世紀造成大量人口
死亡，此一帝國為：　(A) 羅馬帝國　(B) 伊斯蘭帝國　(C) 蒙古帝國
(D) 鄂圖曼帝國。

（　）16. 歐洲宗教改革之後，那位英國君主在位期間因離婚問題與羅馬教廷決
裂，成立「英國國教」？　(A) 亨利七世　(B) 亨利八世　(C) 瑪麗一
世　(D) 伊莉莎白一世。

（　）17. 旅行團參觀一座古代建築，發現正面柱廊刻了一行文字，意為：
「呂奇烏斯的兒子，三度執政官瑪爾庫斯·阿格里巴建造此廟」。這
一座古代建築是：　(A) 帕德嫩神廟（Parthenon）　(B) 卡納克神廟
（Karnak）　(C) 萬神廟（Pantheon）　(D) 德爾菲神廟（Delphi）。

（　）18. 巴黎聖母院（Notre-Dame）是歐洲中世紀哥德式建築的經典，融和

---

11. C　　　12. B　　　13. C　　　14. C　　　15. C　　　16. B　　　17. C　　　18. C

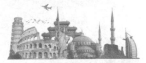

各種建築元素，下列何者非其特色？ (A) 尖拱門 (B) 飛梁 (C) 圓頂 (D) 彩色玻璃。

( ) 19. 美國新聞從業人員，最高的榮譽為何種獎項？ (A) 葛萊美獎 (B) 金球獎 (C) 艾美獎 (D) 普立茲獎。

( ) 20. 有關 20 世紀初期美國政治和社會文化的敘述，下列何者錯誤？ (A) 第一次世界大戰結束後，美國婦女獲得了投票權 (B) 紐奧良普遍被視為爵士樂的發源地 (C) 第一次世界大戰結束後，美國加入國際聯盟 (D) 小説家海明威的作品《戰地春夢》、《老人與海》等，是 20 世紀美國文學的代表作。

( ) 21. 發明留聲機的科學家是： (A) 愛迪生 (B) 富蘭克林 (C) 摩斯 (D) 華生。

( ) 22. 下列那一個是英國首度向北美殖民地直接徵稅的稅法，造成殖民地人民的不滿，而喊出「沒有代表，不納稅」（No taxation without representation）？ (A) 印花稅 (B) 茶葉稅 (C) 土地稅 (D) 遺產稅。

( ) 23. 下列何者是起草美國獨立宣言的重要開國人物之一？ (A) 富蘭克林 (B) 漢米爾頓 (C) 林肯 (D) 羅斯福。

( ) 24. 建成於 9 世紀上半葉的中爪哇日惹，為目前世界上最大的佛寺，該建築是： (A) 馬丘比丘（Machu Picchu） (B) 婆羅浮屠（Borobudur Temple） (C) 摩訶菩提佛寺（Mahabodhi Temple） (D) 布特勒佛塔（Boudha Stupa）。

( ) 25. 在經濟大恐慌期間，美國總統羅斯福採行那位經濟學家的理論，用消費來刺激繁榮，推行一連串「新政」措施？ (A) 恩格斯（Friedrich Engels） (B) 凱因斯（John Maynard Keynes） (C) 亞當斯密（Adam Smith） (D) 李嘉圖（David Ricardo）。

( ) 26. 在拿破崙戰爭時期，領導南美各邦組織「大可倫比亞共和國」（Gran Colombia），被中南美洲人民共推為解放者的是： (A) 切革瓦拉（Che Guevara） (B) 伊達爾哥（Miguel Hidalgo） (C) 卡斯楚（Fidel Castro） (D) 玻利瓦（Simón Bolívar）。

19. D   20. C   21. A   22. A   23. A   24. B   25. B   26. D

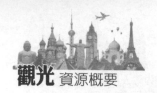
( ) 27. 日本於 12 世紀末至 19 世紀中形成封建勢力割據局面，史稱「幕府時代」，其中建立「江戶幕府」的人是誰？　(A) 源賴朝　(B) 織田信長　(C) 豐臣秀吉　(D) 德川家康。

( ) 28. 西元 17 世紀時，東南亞那一國曾經在西班牙統治下，進行美洲與當地的帆船貿易？　(A) 菲律賓　(B) 馬來西亞　(C) 印尼　(D) 新加坡。

( ) 29. 西元 1912 至 1926 年間，日本所推行的政治體制與政策，其內容符合現代民主，實施政黨政治，以眾議院多數黨黨魁組閣為慣例。此體制被稱為：　(A) 民本主義　(B) 護憲運動　(C) 藩閥政治　(D) 大正民主。

( ) 30. 明治維新運動展開之後，日本政府於西元 1871 年派使節團前往歐美考察。根據此次考察經驗，日本政府制定三大政策，其中不包含下列那一項？　(A) 殖產興業　(B) 軍國主義　(C) 文明開化　(D) 富國強兵。

( ) 31. 歷經十字軍，歐洲 12 世紀逐漸從中世紀的商業停滯中復甦，貿易轉趨活絡，並開始出現一個國際性的市集，將原有的兩大商業區義大利北部與法蘭德斯（Flanders）串連起來。這個國際性市集可能位於那一個地區？　(A) 西班牙賽維爾（Seville）　(B) 葡萄牙里斯本（Lisbon）　(C) 法國香檳（Champagne）　(D) 德國漢堡（Hamburg）。

( ) 32. 清代曾將藏傳佛教分為四大教區，請問它們分別為何？　(A) 達賴主前藏，班禪主後藏，哲布尊丹巴主喀爾喀蒙古，章嘉胡土克圖主內蒙古　(B) 班禪主前藏，達賴主後藏，哲布尊丹巴主內蒙古，章嘉胡土克圖主喀爾喀蒙古　(C) 哲布尊丹巴主前藏，章嘉胡土克圖主後藏，達賴主喀爾喀蒙古，班禪主內蒙古　(D) 達賴主前藏，班禪主後藏，曇無德主喀爾喀蒙古，鳩摩羅什主內蒙古。

( ) 33. 請問臺北故宮所收藏的汝窯青瓷，是屬於中國歷史上那一個時期的產品？　(A) 秦代　(B) 漢代　(C) 商代　(D) 宋代。

( ) 34. 湖南長沙馬王堆漢墓出土的古地圖，反映西漢初年朝廷與何處勢力的對峙？　(A) 七國之亂　(B) 楚國　(C) 匈奴　(D) 南越國。

27. D　　28. A　　29. D　　30. B　　31. C　　32. A　　33. D　　34. D

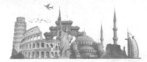

(　) 35. 隋唐時代為中國佛教極盛時期，以翻譯佛經的功勞而言，下列何人貢獻最大？　(A) 玄奘　(B) 法海　(C) 道遠　(D) 僧佑。

(　) 36. 臺灣第一座以史前和原住民文化為主，集合了博物館、考古遺址和自然生態公園的博物館，設於那個史前文化遺址中？　(A) 八仙洞遺址　(B) 圓山遺址　(C) 十三行遺址　(D) 卑南遺址。

(　) 37. 臺灣為了開採地方資源而修築一些產業鐵道，下列那二者係為開採煤礦而修築的產業鐵道？　①平溪線　②內灣線　③集集線　④阿里山線　(A)①②　(B)①③　(C)②④　(D)③④。

(　) 38. 臺灣鐵路局因應旅遊風潮，配合在地休閒產業，在車站外觀添加許多在地文化元素。下列那個車站最可能加入鳳梨與飛行傘等裝飾？　(A) 瑞芳站　(B) 民雄站　(C) 鹿野站　(D) 冬山站。

(　) 39. 夜市是外國遊客遊臺時必訪之地，也為臺灣創造了不容小覷的銅板經濟。夜市的經濟優勢主要來自於攤販產生群落，可吸引大量觀光人潮，此優勢最適合以下列那一個概念來說明？　(A) 產業連鎖　(B) 垂直分工　(C) 水平合作　(D) 聚集經濟。

(　) 40. 臺灣降雨時空分布不均，其中以中南部夏雨集中率較高。下列臺灣河川的那一種特色，與此現象關係最密切？　(A) 河川東西分流　(B) 河川坡陡流急　(C) 河川多荒溪型　(D) 河川東長西短。

(　) 41. 西元 2009 年莫拉克颱風導致南臺灣發生嚴重的水患，災後政府鼓勵屏東縣民眾「養水種電」，將受災的魚塭空地租給業者架設太陽能面板發電以收取租金。改魚塭為「養水種電」，還可減緩下列那項環境問題繼續惡化？　(A) 河水污染　(B) 空氣污染　(C) 地層下陷　(D) 土壤液化。

(　) 42. 下列為臺灣中部五條河川（依首字筆畫排列），由北到南排列的正確順序為何？①大甲溪　②大安溪　③中港溪　④北港溪　⑤後龍溪　(A)①③⑤②④　(B)②①③⑤①　(C)③⑤②①④　(D)⑤②①③④。

(　) 43. 近年來中國積極援助非洲某國從事交通、教育等基礎建設，以換取穩定的石油供應。非洲某國最可能是：　(A) 南非　(B) 肯亞　(C) 坦尚尼亞　(D) 奈及利亞。

---

35. A　36. D　37. A　38. C　39. D　40. C　41. C　42. C　43. D

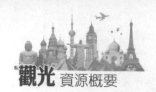
（　）44. 上海市工商發達，與周邊的長江三角洲構成中國規模最大的經濟區。此經濟區工商發展快速和下列那項因素關係最密切？ (A) 農產豐饒 (B) 冬暖夏涼 (C) 水運要津 (D) 土壤肥沃。

（　）45. 近年來中國在邊界地區開闢不少通商口岸，其中「霍爾果斯」口岸處處可見金髮藍眼的白皮膚商人。該口岸最有可能位於下列那一個省級行政區？ (A) 雲南 (B) 西藏 (C) 廣西 (D) 新疆。

（　）46.「柴達木盆地南邊的察爾汗鹽湖是青海省重要的產鹽區，在湖面中有座修築在鹽蓋上的鹽橋。鋪路者把鹽渣用壓路機壓碎，再澆上清水，等乾了之後，鹽就結晶成為結實光滑的道路；路上若出現坑洞，只要在坑洞內灑些鹽粒，澆上鹵水，鹽粒很快融化，並凝結在路面上，坑凹處便完好如初。」引文中鹽橋的形成與下列那一項氣候特徵的關係最密切？ (A) 年均溫低 (B) 蒸發旺盛 (C) 日照不足 (D) 日溫差大。

（　）47. 下列中國的四大經濟圈中，何者擁有兩個直轄市？ (A) 成渝經濟圈 (B) 珠三角經濟圈 (C) 長三角經濟圈 (D) 渤三角經濟圈。

（　）48. 根據文獻記載，位於黑龍江省之五大連池的成因為：「一日地中忽出火，石塊飛騰，聲震四野，越數日火熄，其地遂成池沼。」根據記載，五大連池的形成和下列那一作用關係最密切？ (A) 斷層作用 (B) 火山作用 (C) 河川襲奪 (D) 冰蝕作用。

（　）49. 香港具有山多平原少與海岸線曲折的地形特色，造就了許多獨特的觀光資源，如維多利亞港夜景、太平山頂勝景與大嶼山頂上建大佛等。這些觀光資源的形成，與香港屬於下列那一種海岸地形有關？

(A)　　　　　(B)　　　　　(C)　　　　　(D)

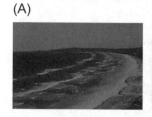 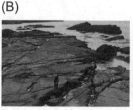 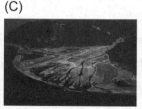 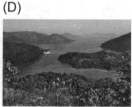

44. C　　45. D　　46. B　　47. D　　48. B　　49. D

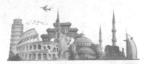

( )50. 美洲印第安人的阿茲特克文明，主要分布於下列何地？　(A) 墨西哥高原　(B) 西印度群島　(C) 猶加敦半島　(D) 安地斯山脈。

( )51. 五大湖區是美國的主要工業區。就傳統工業而言，該工業區以下列那二項區位條件最具優勢？　(A) 技術與市場　(B) 勞工與地價　(C) 政策與資金　(D) 原料與運輸。

( )52. 歐洲在阿爾卑斯山以北、波羅的海以南的地區多東西向的運河，這些運河的區位和下列何者有關？　(A) 河川的流向　(B) 冰河的退縮方向　(C) 斷層線延伸的方向　(D) 褶曲向斜谷的走向。

( )53. 歐盟各國合作致力生產民用飛機，其中以空中巴士公司最為有名。空中巴士公司的飛機組裝總廠位於下列那一個國家？　(A) 法國　(B) 德國　(C) 比利時　(D) 西班牙。

( )54. 擁有「加賀百萬石」之稱的金澤市，屬於冬季降水量大的都市。造成金澤市冬季降水明顯的原因，主要為下列何者？　(A) 沿岸有暖流流經　(B) 海洋水氣對流旺盛　(C) 位於西北季風迎風側　(D) 位於東北季風迎風側。

( )55. 下表為旅行社放在行前須知供遊客參考的氣候資料。就該地的氣溫與雨量特徵判斷，其旅遊行程最可能為下列何者？

月份	1月	2月	3月	4月	5月	6月	7月	8月	9月	10月	11月	12月
平均氣溫（℃）	2.1	2.2	5	10.9	16.1	20.2	24.3	26.2	21.6	15.5	9.9	4.9
降雨量（毫米）	190.8	129.1	103	92.1	98.1	117.2	181.8	133.9	157.4	158.7	197	219.3

(A) 千年古都—釜慶古都楓紅　(B) 日本紅葉最前線—北海道之旅　(C) 月光米的故鄉—新潟滑雪之旅　(D) 朝鮮生活體驗營—首爾闔家FUN假趣。

( )56. 黑糖被視為沖繩（Okinawa）的健康黑金，也是當地的經濟命脈之一。沖繩得以大量種植白甘蔗用以製糖，與當地的何種環境條件有關？　(A) 丘陵地形廣　(B) 多珊瑚礁石　(C) 豐沛地下水　(D) 副熱帶季風氣候。

---

50. A　　51. D　　52. B　　53. A　　54. C　　55. C　　56. D

（　）57. 泡菜是韓國的傳統食物，但是南北大不同。在北部地區，泡菜發酵的速度慢，多以漬汁方式製作，因此泡菜汁多、口味清淡；而在南部地區，泡菜發酵的速度快，搭配魚醬醃製，因此泡菜汁少，口味鹹重。造成南北部地區泡菜口味差異大的主因是：　(A) 雨量多寡　(B) 地形起伏　(C) 氣溫高低　(D) 溫差大小。

（　）58. 下圖為旅客去亞洲旅遊拍攝之照片：（甲）為越南北部一景（請看照片遠處）（乙）為土耳其西南部（請看照片近處）。二者皆屬於下列何種地形景觀？

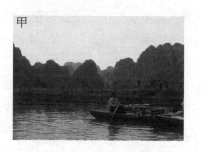
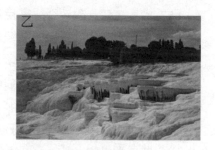

(A) 溶蝕地形　(B) 火山地形　(C) 海蝕地形　(D) 河積地形。

（　）59. 若導遊帶隊從臺灣前往印度旅遊，在印度當地要與團員們確認時間，以臺灣時間為準，如何能得到正確的印度時間？　(A) 撥慢 4 小時　(B) 撥快 4 小時　(C) 撥慢 2.5 小時　(D) 撥快 2.5 小時。

（　）60. 百餘年來東南亞地區的雨林逐年減少，除商業性伐林外，該地區雨林的破壞與下列那一產業的發展關係最密切？　(A) 游耕　(B) 礦業　(C) 製造業　(D) 熱帶栽培業。

（　）61. 我國外交部網頁中對某國的敘述如下：「是世界最大群島國家，全國共 17,508 個大小島嶼，陸地總面積約 192 萬平方公里，居世界第十三位。……為太平洋及印度洋間要衝，戰略地位重要。」該國的戰略位置使其曾被下列那一個國家長期殖民？　(A) 美國　(B) 法國　(C) 荷蘭　(D) 西班牙。

（　）62. 世界著名高山珠穆朗瑪峰，位於那兩個國家之間？　(A) 印度和中國　(B) 不丹和尼泊爾　(C) 尼泊爾和中國　(D) 巴基斯坦和印度。

---

57. C　　58. A　　59. C　　60. D　　61. C　　62. C

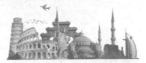

( ) 63. 馬來西亞在 6 至 8 月期間常受到鄰國森林野火引發的霾害影響。該鄰國最有可能是下列那一個國家？ (A) 泰國 (B) 印尼 (C) 新加坡 (D) 菲律賓。

( ) 64. 這個都市「是一神（論）的殿堂、是兩個民族的首都、是三個宗教的聖地，而且是唯一擁有兩種存在的都市：天國與人間。」文中描述的最可能是： (A) 麥加 (B) 拉薩 (C) 耶路撒冷 (D) 伊斯坦堡。

( ) 65. 菲律賓的官方語言為英語與菲律賓語，其中菲律賓語為該國最通行的他加祿語。該語言與下列何者屬於同一個語系？ (A) 苗語 (B) 印地語 (C) 毛利語 (D) 澳洲原住民語。

( ) 66. 曾在西元 2014 年造成恐慌的伊波拉病毒，已被發現了近四十年，但仍然沒有疫苗可以防治。過去雖曾爆發疫情，但病例數都僅數百人。西元 2014 年下半年，卻有超過一萬五千多名確定病例，這一波疫情最嚴重的地區是： (A) 北非 (B) 中非 (C) 西非 (D) 東非。

( ) 67. 非洲礦產資源豐富，如西非多黃金，南非多鑽石，剛果盆地多銅礦。此一事實和下列何者關係最密切？ (A) 火山噴發劇烈 (B) 板塊交接地帶 (C) 昔日曾為淺海 (D) 古老結晶岩層。

( ) 68. 鷸鴕（Kiwi）又稱奇異鳥，是紐西蘭國鳥，其奇特之處在於因不用躲避蛇與走獸，且地面食物豐富，而不具飛行能力，過著陸棲的生活。造成紐西蘭出現這種特有鳥種的地理因素，主要為下列何者？ (A) 地處溫帶氣候區 (B) 地形高度落差大 (C) 位處板塊接觸帶 (D) 島嶼孤立基因庫。

( ) 69. 澳大利亞的人口與政經重心，主要分布在東南沿海地帶。造成此一現象的主要原因，與該地的下列何項特性關係最密切？ (A) 海岸線平直 (B) 東澳洋流流經 (C) 礦產資源豐富 (D) 氣候溫暖濕潤。

( ) 70. 西元 1840 年代，歐洲探險家們開始從澳洲東部找尋一條貫通東、西兩岸的路線，但多壯志未酬，甚至不幸喪生。探險家未能順利完成此項任務，最可能是受到下列那一項環境因素的限制？ (A) 高大崎嶇的山地 (B) 濕熱難耐的沼澤 (C) 綿亙無垠的沙漠 (D) 藤蔓叢生的雨林。

63. B　　64. C　　65. C　　66. C　　67. D　　68. D　　69. D　　70. C

( ) 71. 下列那一水道是進出北冰洋（北極海）的重要通道？　(A) 輕津海峽　(B) 白令海峽　(C) 麥哲倫海峽　(D) 直布羅陀海峽。

( ) 72. 中國原產的獼猴桃，於西元 1904 年被引進紐西蘭後，經過品種改良成為該國最著名的外銷水果。該水果又稱為下列何者？　(A) 開心果　(B) 鳳眼果　(C) 火龍果　(D) 奇異果。

( ) 73. 以下何者不是政府根據聯合國教科文組織所規範的世界遺產評定準則，選出之臺灣世界遺產潛力點？　(A) 阿里山森林鐵路　(B) 棲蘭山檜木林　(C) 太魯閣國家公園　(D) 墾丁國家公園。

( ) 74. 下列那些敘述對韓國的介紹是正確的？　①韓服原型源於高句麗壁畫，寬鬆的款式，適合韓屋的暖炕生活，並予以穿者威嚴和優美的形象　②代表韓國味的主要食品都屬於發酵的食品，其中最具代表性的就是泡菜和各種醬料　③一般韓國人所說的「烤肉」是指烤牛肉，如果用烤牛肉的作料來烤豬肉，那則叫做「烤豬肉」，以區分兩者　④韓國著名的人蔘因不同品種區分為白蔘和紅蔘，功效各異　(A) 僅①②④　(B) 僅①②③　(C) 僅②③④　(D) ①②③④。

( ) 75. 內政部針對「國家重要濕地」評選並予分級，下列何者不屬於國家重要濕地的級別？　(A) 國家級　(B) 國際級　(C) 區域級　(D) 地方級。

( ) 76. 下列那一個景點在遊客尖峰時期，嚴格實施遊客總量承載，並要求遊客出示車輛通行證才能進入？　(A) 武陵農場　(B) 池南國家森林遊樂區　(C) 富源國家森林遊樂區　(D) 大鵬灣國家風景區。

( ) 77. 著名生態宣言「你怎麼能買賣天空，買賣大地呢？」是那一位所說？　(A) 亨利梭羅　(B) 約翰繆爾　(C) 西雅圖酋長　(D) 墨西哥酋長。

( ) 78. 在享受大自然的環境中，下列何種行為是不恰當的？　(A) 無論在行進或活動時，都儘可能不要影響或打擾到其他使用者　(B) 謹慎使用手機，避免聲音過大而干擾他人　(C) 因為是在戶外，所以隨時隨地都可以抽菸　(D) 只行走於已建置完成之步道上。

---

71. B　72. D　73. D　74. B　75. C　76. A　77. C　78. C

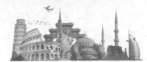

( ) 79. 為使資源可以永續發展，下列何種遊憩管理策略較不合適？　(A) 鼓勵離峰時段之使用　(B) 強化維護管理及設施改善使壽命延長　(C) 迎合市場所需而不斷開發新設施　(D) 分散遊客的使用。

( ) 80.「國際沙雕藝術季」是在那一處國家風景區內辦理？　(A) 雲嘉南濱海國家風景區　(B) 東北角暨宜蘭海岸國家風景區　(C) 北海岸及觀音山國家風景區　(D) 東部海岸國家風景區。

附錄三　華語、外語導遊人員觀光資源概要試題

104 年專門職業及技術人員普通考試

(　) 1. 西元 1947 年左右到 1980 年代間，臺灣的原住民族在行政上通常被稱為：　(A) 高山族　(B) 高砂族　(C) 山地同胞　(D) 蕃人。

(　) 2. 臺南市東山區目前仍保有公廨、拜壺、祭阿立祖的傳統信仰與祭祀活動，關於這些文化活動的正確敘述為：　(A) 是高山族的多神信仰　(B) 是平埔族的靈魂崇拜　(C) 是漢族唐山祖的延續　(D) 是客家族群的傳統祭祀。

(　) 3. 臺灣總督府對臺灣原住民所展開的最大規模血腥鎮壓事件是：　(A) 苗栗事件　(B) 西來庵事件　(C) 雲林事件　(D) 霧社事件。

(　) 4. 臺灣原住民中以木雕藝術知名的是那一族？　(A) 排灣族　(B) 泰雅族　(C) 布農族　(D) 阿美族。

(　) 5. 下列那一族有百步蛇崇拜的信仰？　(A) 魯凱族　(B) 布農族　(C) 泰雅族　(D) 鄒族。

(　) 6. 傳說中與矮黑人有關的「矮靈祭」，是原住民那一族的祭典？　(A) 泰雅族　(B) 賽夏族　(C) 邵族　(D) 排灣族。

(　) 7. 下列那一本著作是中國人記錄臺灣原住民生活最早且最詳實的一本？　(A) 陳夢林《諸羅縣志》　(B) 丁紹儀《東瀛識略》　(C) 陳第《東番記》　(D) 孫元衡《赤嵌集》。

(　) 8. 下列原住民族主要分布地區不在臺灣本島的是那一族？　(A) 阿美族（Amis）　(B) 魯凱族（Rukai）　(C) 道卡斯族（Taokas）　(D) 雅美族（Yami）／達悟族（Tao）。

(　) 9. 宣布終止動員勘亂時期，廢除「動員勘亂時期臨時條款」，使海外異議人士能夠入境返鄉的總統是那一位？　(A) 嚴家淦　(B) 蔣經國　(C) 李登輝　(D) 陳水扁。

---

1. C　　2. B　　3. D　　4. A　　5. A　　6. B　　7. C　　8. D　　9. C

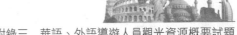

(　) 10. 臺灣自西元 1964 年推行何種措施，使人口成長率顯著下降？　(A) 移民計畫　(B) 健康計畫　(C) 家庭計畫　(D) 職訓計畫。

(　) 11. 臺灣在西元 1950 年代，那一種民意代表未開放直接民選？　(A) 鄉代表　(B) 縣議員　(C) 省議員　(D) 立法委員。

(　) 12. 發生於西元 1979 年的美麗島事件又可稱為：　(A) 中壢事件　(B) 橋頭事件　(C) 苗栗事件　(D) 高雄事件。

(　) 13. 透過現代舞的表演方式，融入傳統文化的美學精神，將舞蹈推向世界舞臺的臺灣團體是：　(A) 優人神鼓　(B) 明華園　(C) 雲門舞集　(D) 屏風表演班。

(　) 14.「耕地三七五減租條例」，確立佃農的全年主要作物至少可「保留」收穫總量多少？　(A)37.5%　(B)54.5%　(C)62.5%　(D)70.5%。

(　) 15. 下列何者為臺灣出身的美術畫家？　(A) 張大千　(B) 李梅樹　(C) 溥心畬　(D) 黃君璧。

(　) 16. 西元 1970 年代發生的臺灣鄉土文學論戰，官方為圍剿鄉土文學，而將其認定為：　(A) 工農兵文學　(B) 社會寫實文學　(C) 浪漫主義文學　(D) 鄉土認同文學。

(　) 17. 下列關於日治時期學校的敘述，何者正確？　(A)「公學校」專收原住民子弟　(B)「臺北高等學校」是日治時期臺灣最高教育機構　(C)「國語學校」是讓臺灣兒童學習國語的地方　(D)「高等女學校」提供女性公學校畢業後的升學管道。

(　) 18. 日本統治臺灣以後，在當初來臺接收時的登陸地點建了一個「登陸紀念碑」，後來被改為「抗日紀念碑」。該碑位於現在什麼地方？　(A) 三貂角　(B) 澳底　(C) 淡水　(D) 安平。

(　) 19. 日治時期，臺灣文化協會透過舉辦演講與座談，進行臺灣人的文化啟蒙，其中主要的機關報為何？　(A)《臺灣日日新報》　(B)《臺灣民報》　(C)《臺灣新生報》　(D)《臺灣大眾時報》。

---

10. C　11. D　12. D　13. C　14. C　15. B　16. A　17. D　18. 一律給分　19. B

( ) 20. 西元 1921 年起，林獻堂、蔡培火等人連續十五年向日本國會提出請願運動，他們的訴求是什麼？ (A) 帝國議會選舉權 (B) 撤廢六三法 (C) 成立臺灣議會 (D) 釋放政治犯。

( ) 21. 臺灣縱貫鐵路的完成，主要是在何時？ (A) 劉銘傳治臺時期 (B) 日治時期 (C) 臺灣戰後初期 (D) 中央政府播遷來臺之後。

( ) 22. 鑑於國內外情勢不利於經濟發展，臺灣政府於西元 1985 年成立「經濟革新委員會」，提出「三化」新策略，包括促進自由化、制度化，以及： (A) 民主化 (B) 透明化 (C) 資訊化 (D) 國際化。

( ) 23. 日治時期，公立學校教育和社會教育特重推廣日語，其主要目的在於貫徹： (A) 漸進政策 (B) 非同化政策 (C) 同化政策 (D) 標準化政策。

( ) 24. 日治時期，日本對臺灣社會的三大陋習採漸禁改革政策，此三大陋習不包括： (A) 吃檳榔 (B) 纏足 (C) 辮髮 (D) 吸食鴉片。

( ) 25. 清朝管理臺灣初期採取「為防臺而治臺」的消極性政策，由於下列那一事件的刺激，清廷治臺態度才轉趨積極？ (A) 林爽文事件 (B) 戴潮春事件 (C) 大南澳事件 (D) 牡丹社事件。

( ) 26. 清代閩粵移民渡臺之後的地域分布，與下列何種因素無關？ (A) 原鄉的生活習慣 (B) 臺灣各地的水源、地利等農墾資源 (C) 分類械鬥所造成的族群遷徙 (D) 官方直接介入。

( ) 27. 如欲研究荷蘭時期的臺灣史，下列何者最具直接史料的價值？ (A) 淡新檔案 (B)《熱蘭遮城日記》 (C) 岸裡大社文書 (D)《臺陽見聞錄》。

( ) 28. 清末沈葆楨積極從事海防建設，在安平建築的新式炮台為： (A) 億載金城 (B) 紅毛城 (C) 安平古堡 (D) 大沽炮台。

( ) 29. 在清代時期臺灣各地興修的水利工程中，下列何者係由漢人與原住民之間透過「割地換水」的方式興修而成？ (A) 瑠公圳 (B) 八堡圳 (C) 曹公圳 (D) 貓霧捒圳。

( ) 30. 臺南市列級古蹟中，以下那個景點不是荷治時期的遺跡？ (A) 曾振

20. C　21. B　22. D　23. C　24. A　25. D　26. D　27. B　28. A　29. D
30. B

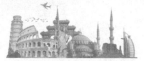

晹墓　(B) 德記洋行　(C) 赤崁樓　(D) 大井頭。

(　) 31. 臺灣開港之後，西方傳教士在臺灣南部傳教者眾，其中最有影響力的是那一位？　(A) 馬雅各（James Laidlaw Maxwell）　(B) 馬偕（George Leslie Mackay）　(C) 偕叡廉（George William Mackay）　(D) 戴仁壽（George Gushue Taylor）。

(　) 32. 清廷治理臺灣陸續設置地方行政單位，下列那一個行政區是最晚設立的？　(A) 諸羅縣　(B) 彰化縣　(C) 淡水廳　(D) 噶瑪蘭廳。

(　) 33. 臺灣原住民的語言屬於那一種語系？　(A) 南島語系　(B) 印歐語系　(C) 阿爾泰語系　(D) 漢藏語系。

(　) 34. 臺灣在清代設置的佛寺殿堂中，設有較完整之環繞迴廊者：　(A) 臺南關子嶺大仙寺　(B) 鹿港龍山寺　(C) 臺北龍山寺　(D) 臺南開元寺。

(　) 35. 那一個都市觀光資源不是以傳統產業為其特色？　(A) 大甲草蓆　(B) 蘇澳木屐　(C) 平溪天燈　(D) 坪林茶業。

(　) 36. 每年農曆 3 月 5 日開始由各大姓輪流出錢演出之家姓戲，是指臺北何廟宇的知名活動？　(A) 大龍峒保生大帝祭　(B) 淡水迎祖師爺祭　(C) 大稻埕霞海城隍祭　(D) 艋舺青山王宮祭。

(　) 37. 加拿大長老會的牧師馬偕博士在臺傳教二十九年，拔了 4 萬顆牙齒，建立 60 所教堂，並創立今天的臺灣神學院、真理大學前身的：　(A) 劍橋學堂　(B) 牛津學堂　(C) 長榮大學　(D) 玉山神學院。

(　) 38. 由於那些交通路線陸續通車，使得臺中－彰化連成一氣，成為臺灣第三大都會區？　①中彰快速道路　②中山高速公路　③臺灣高速鐵路　④中投快速公路　(A)②④　(B)②③　(C)①④　(D)①②。

(　) 39.「港口茶」是那一地區的特產？　(A)大溪　(B)恆春　(C)汐止　(D)大湖。

(　) 40. 陳先生家住臺北市文山區，計畫全家開車到新北市土城、桃園市大溪與新竹縣關西等地進行一趟淺山丘陵地區的客家知性之旅，他應該走那一條高速公路？　(A) 中山高速公路　(B) 水沙連高速公路　(C) 福爾摩沙高速公路　(D) 蔣渭水高速公路。

31. A　32. D　33. A　34. B, C　35. C　36. A　37. B　38. D　39. B　40. C

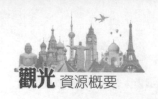
( ) 41. 有關金門的發展敘述，下列何者錯誤？　(A) 金門開發相當早，早於西元前即有人居住　(B) 金門本多風害，飛沙蔽天，嗣有國軍造林，對金門綠化貢獻卓著　(C) 民國 38 年古寧頭一役，金門成為捍衛臺澎金馬的前哨　(D) 金門曾經實施「戰地政務」（軍事管制），因而保留了豐富的自然與人文資源。

( ) 42. 下列那一項活動不是在臺北市舉辦？　(A) 國際花卉博覽會　(B) 聽障奧林匹克運動會　(C) 世界設計大展　(D) 世運會。

( ) 43. 宜蘭三星蔥稱呼的由來是：　(A) 依農產品分級　(B) 包裝袋印有三顆星標誌　(C) 生產於三星鄉　(D) 學名稱謂。

( ) 44. 下列那一項是臺灣中北部丘陵區主要種植的作物？　(A) 甘蔗　(B) 茶　(C) 檳榔　(D) 樟腦。

( ) 45. 每年正月十五野柳舉行「神明淨港」儀式，至今百餘年，此臺灣獨特元宵節活動在那一個國家風景區內？　(A) 雲嘉南濱海　(B) 東北角暨宜蘭　(C) 北海岸及觀音山　(D) 大鵬灣。

( ) 46. 就「天然氣」生成與儲存的海洋環境來判斷，下列那一地區海域發現天然氣的機會最低？　(A) 臺東縣　(B) 臺南市　(C) 澎湖縣　(D) 新竹縣。

( ) 47.「大稻埕千秋街店屋」是臺北市以雜貨店店屋背景被指定的文化資產。清代時期這裡是何種商業買賣的聚集地？　(A) 茶葉　(B) 糖業　(C) 樟腦　(D) 布匹。

( ) 48. 在臺灣出土的文化遺址中，下列何者屬於鐵器時代？　(A) 圓山文化遺址　(B) 十三行文化遺址　(C) 大坌坑文化遺址　(D) 左鎮文化遺址。

( ) 49. 泰雅族是臺灣第三大原住民族群之一，有關泰雅族的敘述，何者錯誤？　(A) 主要分布於中央山脈地區　(B) 女子臉部刺青為 V 字形　(C) 衣服染布以紅白色為主　(D) 部落為母系社會組織。

( ) 50.「農曆二月初二誕辰」、「工商業每逢初二、十六做牙」、「農耕每逢初一、十五犒軍」，以上敘述是關於臺灣信仰中之那一神明？　(A) 關聖帝君　(B) 土地公　(C) 玄天上帝　(D) 王爺。

41. 一律給分　42. D　43. C　44. B　45. C　46. A　47. A　48. B　49. D
50. B

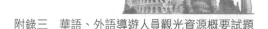

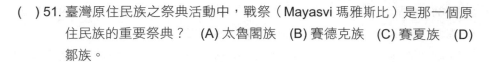

1

（　）51. 臺灣原住民族之祭典活動中，戰祭（Mayasvi 瑪雅斯比）是那一個原住民族的重要祭典？　(A) 太魯閣族　(B) 賽德克族　(C) 賽夏族　(D) 鄒族。

（　）52. 臺灣山脈有①玉山山脈　②阿里山山脈　③雪山山脈　④中央山脈　⑤海岸山脈等，若由東向西排列，依序為：　(A)⑤③④①②　(B)⑤④③①②　(C)⑤③④②①　(D)⑤④③②①。

（　）53. 臺灣著名的月世界惡地地形是屬於：　(A) 泥岩　(B) 礫岩　(C) 頁岩　(D) 砂岩。

（　）54. 下列那一選項中的離島全是火山島？　(A) 綠島、蘭嶼、金門　(B) 龜山島、綠島、基隆嶼　(C) 蘭嶼、東沙島、馬祖　(D) 澎湖群島、東沙島、花瓶嶼。

（　）55. 臺灣重要水資源來源主要是那兩種降雨類型？　(A) 颱風雨、地形雨　(B) 梅雨、地形雨　(C) 對流雨、地形雨　(D) 梅雨、颱風雨。

（　）56. 因豐富的海蝕奇景可媲美北海岸的野柳，而被稱為小野柳，其位於何處？　(A) 花蓮　(B) 臺東　(C) 宜蘭　(D) 屏東。

（　）57. 在臺灣那一個區域從事旅遊活動時，最容易遇上地震？　(A) 北部區域　(B) 中部區域　(C) 南部區域　(D) 東部區域。

（　）58. 灰面鵟每年 10 月會大量飛抵臺灣，所以又稱為「國慶鳥」。在秋高氣爽的假日，那一處國家公園是最佳的賞「國慶鳥」選擇？　(A) 玉山國家公園　(B) 雪山國家公園　(C) 墾丁國家公園　(D) 陽明山國家公園。

（　）59. 大屯山的火山錐與澎湖火山熔岩台地產生原因有何不同？　(A) 熔岩性質不同　(B) 岩層性質不同　(C) 侵蝕營力不同　(D) 侵蝕時間長短不同。

（　）60.「臺灣水資源館」為一處提供遊憩休閒且具教育功能之場所。它位於那一條溪之流域內？　(A) 淡水河　(B) 濁水溪　(C) 高屏溪　(D) 秀姑巒溪。

51. D　52. B　53. A　54. B　55. D　56. B　57. D　58. C　59. A　60. B

(　) 61. 桃園台地的水利開發方式為構築埤塘灌溉農田，其中主要的水源為何？　(A) 河水　(B) 湖水　(C) 雨水　(D) 地下水。

(　) 62. 「阿里山的姑娘（《高山青》）」歌曲當中所描寫的「澗水」不可能流入：　(A) 濁水溪　(B) 八掌溪　(C) 曾文溪　(D) 高屏溪。

(　) 63. 東部第二長河，也是橫切海岸山脈的溪流是：　(A) 卑南溪　(B) 立霧溪　(C) 秀姑巒溪　(D) 花蓮溪。

(　) 64. 當風力增強到每秒 17.2 公尺時，稱為：　(A) 強風　(B) 輕度颱風　(C) 中度颱風　(D) 強烈颱風。

(　) 65. 玉山國家公園管理處以那一種措施來降低遊客攀登玉山主峰的環境衝擊？　(A) 輪替制　(B) 成長指標　(C) 承載量管制　(D) 使用管制。

(　) 66. 那一座國家公園可以深入體驗臺灣先民移墾之歷史、海洋文化及國際級濕地生態？　(A) 東沙環礁國家公園　(B) 臺江國家公園　(C) 墾丁國家公園　(D) 金門國家公園。

(　) 67. 墾丁國家公園境內那一景點除了有遠近馳名的歷史古蹟－燈塔外，園內巨礁林立，獨特的高位珊瑚植物、熱帶海岸植物繁生其間，是絕佳的戶外植物教室？　(A) 龍磐公園　(B) 風吹沙　(C) 鵝鑾鼻公園　(D) 社頂自然公園。

(　) 68. 下列那一處森林遊樂區內沒有瀑布資源？　(A) 滿月圓森林遊樂區　(B) 武陵森林遊樂區　(C) 八仙山森林遊樂區　(D) 大雪山森林遊樂區。

(　) 69. 下列那一個森林遊樂區位於國家風景區範圍內？　(A) 合歡山森林遊樂區　(B) 阿里山森林遊樂區　(C) 墾丁森林遊樂區　(D) 太平山森林遊樂區。

(　) 70. 臺灣的巨木群大都是由下列那種樹種組成？　(A) 檜木　(B) 臺灣杉　(C) 鐵杉　(D) 冷杉。

(　) 71. 下列國軍退除役官兵輔導委員會之山地農場中，何者具有滇緬少數民族風情特色？　(A) 福壽山農場　(B) 武陵農場　(C) 清境農場　(D) 福壽山農場與武陵農場。

---

61. C　62. D　63. C　64. B　65. C　66. B　67. C　68. C, D　69. B　70. A
71. C

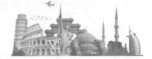

( ) 72. 下列那三個森林遊樂區屬於臺灣日據時期之三大林場？　(A) 武陵、藤枝、知本　(B) 觀霧、大雪山、合歡山　(C) 內洞、東眼山、雙流　(D) 太平山、八仙山、阿里山。

( ) 73. 某位導遊人員擬安排旅客前往宜蘭縣休閒農場體驗插秧、放天燈及搓湯圓等傳統農村活動，則他應選擇下列那一休閒農場？　(A) 頭城休閒農場　(B) 北關休閒農場　(C) 香格里拉休閒農場　(D) 南澳休閒農場。

( ) 74. 下列那一處國家風景區遊客中心陳展內容包含濕地生態（招潮蟹、彈塗魚、紅樹林等）？　(A) 鯨魚洞遊客中心　(B) 小琉球遊客中心　(C) 北門遊客中心　(D) 烏石港遊客中心。

( ) 75. 下列那一座水庫不位於西拉雅國家風景區內？　(A) 南化水庫　(B) 曾文水庫　(C) 烏山頭水庫　(D) 虎頭埤水庫。

( ) 76. 目前臺灣的國家風景區共設置有多少處？　(A)14 處　(B)13 處　(C)12 處　(D)11 處。

( ) 77.「在魚塘裡做一個魚的家」是那一原住民族的傳統？　(A) 阿美族　(B) 泰雅族　(C) 賽夏族　(D) 卑南族。

( ) 78. 以下對大甲鎮瀾宮之敘述何者正確？　(A) 主要供奉王爺　(B) 每年 3 月出巡繞境　(C) 已入選聯合國教科文組織人類非物質文化遺產代表作名錄　(D) 為彰化縣重要的廟宇。

( ) 79. 下列何處鹽田為土盤鹽田，且具有全臺僅存的鹽業副產品加工廠？　(A) 北門鹽田　(B) 布袋鹽田　(C) 掌潭鹽田　(D) 四草鹽田。

( )80. 佛教傳入中國後，開鑿了許多佛教石窟，也帶動石窟壁畫的發展，中國的三大石窟不包括下列何者？　(A) 莫高窟　(B) 雲岡石窟　(C) 龍門石窟　(D) 麥積山石窟。

---

72. D　73. A　74. C　75. A　76. B　77. A　78. B　79. B　80. D

105 年專門職業及技術人員普通考試

( ) 1. 「全臺首學」位於下列那個城市？　(A) 臺北　(B) 新竹　(C) 臺南　(D) 屏東。

( ) 2. 下列那個地名最可能是在清代漢人移民開發臺灣的過程中產生？　(A) 五股　(B) 麻豆　(C) 豐田　(D) 三貂角。

( ) 3. 西元 18 世紀初葉（清雍正年間），清廷在大甲溪以北增設的行政單位是：　(A) 苗栗縣　(B) 新竹縣　(C) 淡水縣　(D) 淡水廳。

( ) 4. 鄭成功以金門、廈門為根據地，出兵北伐、東征，在金門留下不少遺跡軼聞，下列何者非屬之？　(A) 烈嶼的「國姓井」　(B) 金城的「明石井鄭氏祖墳」　(C) 古崗的「漢影雲根」摩崖石刻　(D) 太武山的「鄭成功觀兵奕棋處」。

( ) 5. 西元 17 世紀在臺灣最占優勢的歐洲國家是那些？　(A) 英國與荷蘭　(B) 荷蘭與西班牙　(C) 西班牙與葡萄牙　(D) 葡萄牙與英國。

( ) 6. 「安平古堡」碑文於日治時期原題作「贈從五位濱田彌兵衛武勇之趾」，請問日人設置此碑的背景？　(A) 紀念荷治時期，濱田彌兵衛抗稅，挾持荷蘭長官的事蹟　(B) 紀念濱田彌兵衛協助日本接收臺灣之時壯烈殉職　(C) 紀念日治時期，濱田彌兵衛協助平定噍吧哖事件　(D) 紀念日治時期，濱田彌兵衛協助平定霧社事件。

( ) 7. 請問臺灣歷史上第一位以「總統」為職銜的人是那位？　(A) 林朝棟　(B) 唐景崧　(C) 蔣介石　(D) 陳儀。

( ) 8. 清代臺南三郊長期執府城商業貿易之牛耳，請問三郊是指：　(A) 油郊、龍眼郊、布郊　(B) 北郊、南郊、糖郊　(C) 港郊、北郊、布郊　(D) 糖郊、油郊、南郊。

( ) 9. 臺北瀛社、臺中櫟社、臺南南社等著名的詩社，成立於何時？　(A) 鄭氏治臺時期　(B) 劉銘傳建設臺灣時期　(C) 日治時期　(D) 戰後初期。

---

1. C　2. A　3. D　4. C　5. B　6. A　7. A, B　8. B　9. C

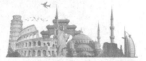

( ) 10. 西元 1925 年農民在民族自覺與階級意識下，以集體行動與地主、糖廠等進行抗爭，爆發那一事件？　(A) 北埔事件　(B) 土庫事件　(C) 六甲事件　(D) 二林事件。

( ) 11. 臺灣西部南北縱貫鐵路在何時完成？　(A) 清領時代後期　(B) 日治前期　(C) 日治後期　(D) 戰後。

( ) 12. 日治時期有感於臺灣史著缺漏，而依史書體例撰寫臺灣從隋朝大業元年（西元 605 年）到清光緒 21 年（西元 1895 年）的歷史，此部著作被認為是臺灣史第一部通史的論著。此位作者是：　(A) 蔣渭水　(B) 林獻堂　(C) 連橫　(D) 簡吉。

( ) 13. 日治時期由於有效防治各種風土病和傳染病，大幅降低死亡率，使人口長期呈現高自然增加率。試問首次官方記錄人口調查結果臺灣人口總數突破三百萬人，是在西元那一年？　(A) 1900　(B) 1905　(C) 1910　(D) 1915。

( ) 14. 以臺灣風土民情為主題，獲西元 1936 年第十一屆奧林匹亞國際音樂大賽特別獎，成為臺灣第一位揚名國際樂壇的臺灣音樂家是：　(A) 鄧雨賢　(B) 李臨秋　(C) 張福興　(D) 江文也。

( ) 15. 西元 1920 年代起，臺灣社會的勞工運動開始出現，到了西元 1928 年由蔣渭水組織臺灣工友總聯盟，在南北各地發動罷工。西元 1929 年 2 月 12 日臺灣總督府進行全面鎮壓，史稱「二一二事件」，試問在事件中被逮捕入獄的農民組合領袖是那一位？　(A) 蔣渭水　(B) 李應章　(C) 簡吉　(D) 謝雪紅。

( ) 16. 日治中期以後，臺灣的繪畫走向專業化發展，而當時由臺灣總督府創設的臺灣美術展覽會，對臺灣繪畫的發展更有推波助瀾之功，當時更出現所謂「臺展三少年」。試問以下何者非屬「臺展三少年」之列？　(A) 郭雪湖　(B) 林玉山　(C) 陳進　(D) 陳澄波。

( ) 17. 九年國民義務教育從西元那一年開始實施？　(A) 1945　(B) 1952　(C) 1968　(D) 1972。

10. D　11. B　12. C　13. B　14. D　15. C　16. D　17. C

( ) 18. 開創臺灣電視布袋戲收視高峰的先驅是誰？　(A) 黃文耀　(B) 許王　(C) 黃俊雄　(D) 沈明正。

( ) 19. 戰後臺灣籃球在遭遇國際比賽困境時，有外國友人在臺灣舉辦何種盃賽？　(A) 威廉瓊斯盃　(B) 默迪卡盃　(C) 史坦克維奇盃　(D) 台維斯盃。

( ) 20. 西元 1990 年代歌手林強的代表作，開創了臺語歌曲的新風格，是那一首？　(A)《向前行》　(B)《抓狂歌》　(C)《春花望露》　(D)《流浪到淡水》。

( ) 21. 下列那一個夜市位在高雄市？　(A) 逢甲夜市　(B) 六合夜市　(C) 士林夜市　(D) 花園夜市。

( ) 22. 被稱為「旅日三寶」之一的旅日圍棋棋手，擁有「名譽天元」頭銜，曾獲得職業生涯 1,400 勝，是下列何者？　(A) 林海峰　(B) 吳清源　(C) 趙治勳　(D) 張栩。

( ) 23. 西元 1970 年代我國政府受到國際石油危機的衝擊，經濟大受影響，最後政府推行何種措施，適時提振經濟？　(A) 臺灣接單，海外生產　(B) 提高金融機構存款利率　(C) 增加國內公共建設支出　(D) 發行消費券鼓勵消費。

( ) 24. 下列何者不是中國國民黨播遷臺灣後建構威權黨國體制的重要法令基礎？　(A) 戒嚴法　(B) 懲治叛亂條例、檢肅匪諜條例　(C) 動員戡亂時期臨時條款　(D) 國家安全法。

( ) 25. 西元 2015 年被文化部指定登錄為「國寶」的「金祿勒頭目家四面木雕祖靈柱」是屬於那一族群的文物？　(A) 排灣族　(B) 卑南族　(C) 阿美族　(D) 泰雅族。

( ) 26. 臺灣原住民喜以下列那種食物表達友誼，甚至是未婚男女表達情意的禮物？　(A) 小米　(B) 山豬　(C) 檳榔　(D) 麻糬。

( ) 27. 目前發現臺灣最早的史前文化是：　(A) 長濱文化與網形文化　(B) 十三行文化　(C) 圓山與芝山岩文化　(D) 大坌坑文化。

( ) 28. 清代託畫工製成「番社采風圖」的巡臺御史是那一位？　(A) 七十六

---

18. C　19. A　20. A　21. B　22. A　23. C　24. D　25. A　26. C　27. A　28. B

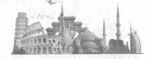

(B) 六十七　(C) 范咸　(D) 沈葆楨。

( ) 29. 電影《賽德克巴萊》中帶領賽德克族反抗日本人的原住民領袖是下列何者？　(A) 花岡一郎　(B) 花岡二郎　(C) 莫那魯道　(D) 高一生。

( ) 30. 臺南的著名觀光景點赤崁樓，其土地原屬於那一民族？　(A) 拍瀑拉族　(B) 馬卡道族　(C) 巴宰族　(D) 西拉雅族。

( ) 31. 以下何者最早與原住民敘述有關，已是頗為完整的文獻？　(A) 陳第《東番記》　(B) 姚瑩康《輶紀行》　(C) 郁永河《裨海紀遊》　(D) 胡鐵花《臺東州采訪冊》。

( ) 32. 清治時期因開山撫番，負責開拓八通關古道的是那一位官員？　(A) 劉銘傳　(B) 沈葆楨　(C) 吳光亮　(D) 丁日昌。

( ) 33. 臺灣西南部沿海地區盛行的王爺信仰，常有燒王船的活動。該活動的原始目的最可能是下列何者？　(A) 期豐收　(B) 祈子嗣　(C) 除瘟疫　(D) 求姻緣。

( ) 34. 某個臺灣古蹟有以下對聯：「開萬古得未曾有之奇，洪荒留此山川，作遺民世界；極一生無可如何之遇，缺憾還諸天地，是刱格完人。」該古蹟最可能為下列何者？　(A) 萬華龍山寺　(B) 鹿港天后宮　(C) 新竹都城隍廟　(D) 臺南延平郡王祠。

( ) 35. 下圖為臺灣某族群祭拜的土地公廟。該土地公廟最可能位於下列何處？

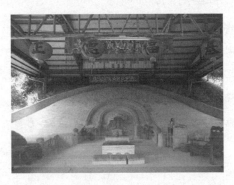

(A) 宜蘭平原　(B) 臺北盆地　(C) 八卦台地　(D) 屏東平原。

---

29. C　　30. D　　31. A　　32. B, C　　33. C　　34. D　　35. D

( ) 36. 臺南東山的吉貝耍夜祭已被列為國家重要民俗活動，每年農曆 9 月舉行的祭典儀式包括：拜阿立矸、拜全豬、開向、牽曲等，以此答謝祖靈阿立母一年來的庇佑。此祭典是那一個族群的傳統信仰？ (A) 道卡斯族 (B) 西拉雅族 (C) 噶瑪蘭族 (D) 凱達格蘭族。

( ) 37. 中橫公路原為臺灣中部東西往來的要道，921 集集大地震以後因山崩而中斷，目前因地質破碎而尚未修復，僅開放便道提供當地居民定時往來。中斷的路段位於那一條河川的河谷？ (A) 立霧溪 (B) 木瓜溪 (C) 大甲溪 (D) 大安溪。

( ) 38. 淡水河是昔日臺灣較具航運價值的河川，此一事實和該河流那一項特性關係最密切？ (A) 年降水量較多 (B) 降水強度較大 (C) 年雨量變率較大 (D) 降水季節較平均。

( ) 39. 日治時代，日本為開發資源而修築許多鐵路支線。集集線的開築與下列那一項資源的開發關係最密切？ (A) 森林 (B) 水力 (C) 金礦 (D) 煤礦。

( ) 40. 臺灣鐵路車站的站名，有些是沿用日式地名作為站名。下列那一個路段，沿用日式地名的站名最多？ (A) 枋山－大武段 (B) 光復－池上段 (C) 八堵－頭城段 (D) 竹南－大甲段。

( ) 41. 屏東縣恆春的地區特色中，何者與該地區冬半年盛行落山風關係最密切？ (A) 珊瑚礁廣布 (B) 洋蔥栽培普遍 (C) 飛行傘活動頻繁 (D) 搶孤活動歷史悠久。

( ) 42. 某人來臺灣觀光，想參觀「文山包種茶」的原產地，並購買茶葉作為伴手禮。導遊應帶其前往下列何地？ (A) 新北市坪林區 (B) 臺中市和平區 (C) 南投縣鹿谷鄉 (D) 嘉義縣阿里山鄉。

( ) 43. 阿美族的豐年祭是為了慶祝小米豐收的祭典。該祭典舉辦的月份最可能是： (A) 1、2 月 (B) 4、5 月 (C) 7、8 月 (D) 10、11 月。

---

36. B   37. C   38. D   39. B   40. B   41. B   42. A   43. C

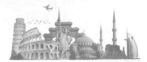

(　) 44. 下圖為某桌遊場景，玩家要扮演一名一百多年前的洋行商人，遠渡重洋抵達此地成立商行，他一方面要收購臺灣各種貨物發展出口貿易，也要經營店鋪，以成為富甲天下的巨賈。根據圖中的內容，玩家抵達的地方最可能為下列何者？

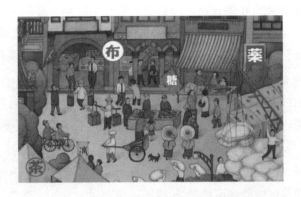

(A) 安平　(B) 打狗　(C) 鹿港　(D) 大稻埕。

(　) 45. 下圖為某年基隆中元祭的主普壇。基隆中元祭為交通部觀光局所列的臺灣十二大地方節慶之一，自清代開始，當地居民即以下列何者為依據輪值主普，辦理中元超渡的活動？

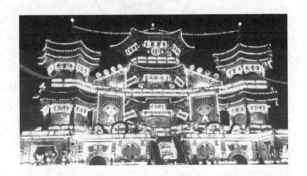

(A) 祖籍地域　(B) 興趣同好　(C) 血緣宗親　(D) 職業類別。

(　) 46. 南部科學工業園區管理局所轄的臺南園區和高雄園區的用地取得，主要是來自於下列那一種土地利用型態？　(A) 林地　(B) 魚塭　(C) 農場　(D) 軍營。

44. D　　45. C　　46. C

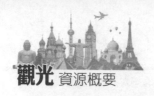

(　) 47.「養水種電」是屏東縣政府在地層下陷區與莫拉克風災區推廣的綠能產業發展計畫。此計畫主要是利用當地的那一項環境條件以發展再生能源？　(A) 海水潮差大　(B) 甘蔗種植多　(C) 太陽能豐富　(D) 落山風強勁。

(　) 48. 現今臺灣的 6 個直轄市為臺北、新北、桃園、臺中、臺南及高雄，地名出現時間各有不同。下列那一個直轄市地名與「臺南」一樣，在清代即已出現？　(A) 臺北　(B) 桃園　(C) 臺中　(D) 高雄。

(　) 49. 世界建築文物保護基金會（WMF）將屏東縣魯凱族聚落列入西元 2016 年全球 50 處文物守護計畫的名單中，是臺灣第二個入選的文化資產。該文化資產主要是為了保護下列那一項瀕危景觀？　(A) 望樓　(B) 地下屋　(C) 高架屋　(D) 石板屋。

(　) 50. 下圖為臺灣某一原住民族群的圖騰，具有保佑船隻出海平安的意涵。該原住民族群最可能是：

(A) 阿美族　(B) 卑南族　(C) 達悟族　(D) 噶瑪蘭族。

(　) 51. 臺南市北門區，除了有水晶教堂、著名的婚紗景點與偶像劇場景外，還有全臺灣第一所以醫療為主題的文化紀念館。紀念館記錄了嘉南沿海居民的苦難，也紀念為病人奉獻的醫師大愛。此一文化館係以那一疾病為主題？　(A) 肺結核　(B) 痲瘋病　(C) 烏腳病　(D) 登革熱。

(　) 52. 這個行程可拜訪車籠埔斷層，見證 921 大地震的威力！這裡也有臺灣規模最大的河階群和火炎山礫石惡地地形，是中部一條不可不看的地質景觀路線。試問這條旅遊路線主要位於那兩條河流流域？　(A) 曾文溪、濁水溪　(B) 濁水溪、大肚溪　(C) 大甲溪、大肚溪　(D) 大甲溪、大安溪。

47. C　　48. A　　49. D　　50. C　　51. C　　52. D

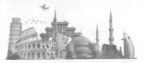

(　) 53. 宜蘭縣烏石港擴建後,原位於烏石港南側的頭城海水浴場,海沙逐漸
流失,致使沙灘面積日漸縮減。反之,其港口北堤外側則形成了「外
澳沙灘」,成為衝浪、戲水的勝地。造成南北兩側沙灘面積消長的主
要原因為何?　(A) 突堤效應　(B) 海面下降　(C) 全球暖化　(D) 差
別侵蝕。

(　) 54. 野柳女王頭是臺灣著名的天然奇景。野柳地質公園為擔心女王頭斷
頸,選出「俏皮公主」,讓女王有了接班人。參考下列二圖,形成女
王頭與俏皮公主地景的主要因素為何?

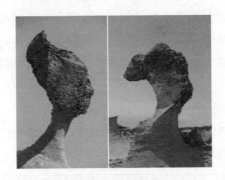

(A) 火山作用　(B) 差別侵蝕　(C) 風蝕作用　(D) 溶蝕作用。

(　) 55. 臺灣下列那個國家地質公園,最容易見到泥火山的景觀?　(A) 北部
海岸地質公園　(B) 雲林草嶺地質公園　(C) 燕巢惡地地質公園　(D)
澎湖海洋地質公園。

(　) 56. 由於大鵬灣的地形條件,擁有「有風無浪」的水域,適合從事水上活
動,因此大鵬灣國家風景區管理處基於此種自然條件,規劃了一座帆
船基地,積極辦理帆船體驗活動,讓遊客可以感受御風駕船的樂趣。
大鵬灣屬於何種地形,得以擁有「有風無浪」的水域?　(A) 谷灣
(B) 峽灣　(C) 潟湖　(D) 溺谷。

(　) 57. 臺灣的面積雖然不大,但單位面積的物種數卻相當豐富且多樣。如臺
灣的單位面積維管束植物、蕨類、蝶類、鳥類等物種數量,都居世界
前列。此一特色的形成與臺灣島的下列那項自然要素關係最密切?
(A) 季風交替　(B) 地形多樣　(C) 地理位置　(D) 板塊縫合。

53. A　　54. B　　55. C　　56. C　　57. B, C

( ) 58. 東勢林區某外來種生物已造成當地生態的浩劫，因此林區管理處以收購方式，鼓勵民眾協助防治，以期降低該外來種生物對當地生態的影響。該外來種生物最可能為下列何者？　(A) 福壽螺　(B) 紅火蟻　(C) 琵琶鼠魚　(D) 小花蔓澤蘭。

( ) 59. 西元 2015 年，雲林縣通過禁止使用生煤及石油焦自治條例。生煤是燃燒效率較低，成本較便宜的煙煤，大量燃燒生煤最可能造成下列那一項環境問題？　(A) 逆溫現象　(B) 聖嬰現象　(C) PM 2.5 超量　(D) 臭氧層破洞。

( ) 60. 近年來，政府為解決人口增加與產業發展的用水需求，而在曾文水庫附近的某一條河川上游興建攔河堰與引水隧道等越域引水工程，以增加水庫的蓄水量，但該工程已因莫拉克風災影響而停頓。曾文水庫企圖越域引水的河川為下列何者？　(A) 八掌溪　(B) 急水溪　(C) 曾文溪　(D) 荖濃溪。

( ) 61. 下表為西元 1981 至 2010 年臺灣 4 個地區的月平均降水量資料。表中何者最可能為基隆？

地名	1月	2月	3月	4月	5月	6月	7月	8月	9月	10月	11月	12月	合計
甲	62.2	94.2	85.9	87.0	195.4	221.7	205.2	242.0	399.2	362.7	152.1	69.2	2176.8
乙	16.0	20.5	38.8	69.8	197.4	415.3	390.9	416.7	241.9	42.7	18.7	16.2	1884.9
丙	83.2	170.3	180.4	177.8	234.5	325.9	245.1	322.1	360.5	148.9	83.1	73.3	2405.1
丁	331.6	397.0	321.0	242.0	285.1	301.6	148.4	210.1	423.5	400.3	399.6	311.8	3772.0

單位：毫米

(A) 甲　(B) 乙　(C) 丙　(D) 丁。

( ) 62. 「冬看山頭，春看海口」是一句描述臺灣氣候的諺語，意思是說冬天看東方山頭上的烏雲，春天看西方海面上的烏雲，就可以知道即將下雨的天氣型態。該氣候諺語最可能出現於下列何處？　(A) 宜蘭平原　(B) 花東縱谷　(C) 嘉南平原　(D) 澎湖群島。

( ) 63. 風力發電屬於再生能源發電的一環，自西元 2015 年 7 月底起，政府積極在海岸地區設置風力發電機。下列那一段海岸最適合設立風力發電機？　(A) 桃園觀音至雲林麥寮　(B) 嘉義布袋至屏東林邊　(C) 宜蘭頭城至花蓮秀林　(D) 花蓮新城至臺東成功。

58. D　　59. C　　60. D　　61. D　　62. C　　63. A

(　) 64. 清代漢人來臺墾殖過程中，曾積極開築埤圳系統以資灌溉。此一事實與下列何者關係最密切？　(A) 河川短促　(B) 地下水豐沛　(C) 年降水量不足　(D) 降水季節分布不均。

(　) 65. 近年來國內各種保護區逐漸成為生態旅遊及環境教育的重要場域。下列有關我國各類保護區設置之法令依據何者錯誤？　(A) 國有林自然保護區是依森林法所設置　(B) 自然保留區是依文化資產保存法所設置　(C) 野生動物保護區是依據動物保護法所設置　(D) 重要濕地之環境教育區是依據濕地保育法所設置。

(　) 66. 下列何者不屬於福山植物園之資源特色分區？　(A) 哈盆自然保留區　(B) 水源保護區　(C) 拉拉山自然保護區　(D) 植物園區。

(　) 67. 下列那個景點屬「東部海岸國家風景區管理處」所管轄？　(A) 鹿野高台　(B) 紅葉溫泉　(C) 鯉魚潭風景區　(D) 秀姑巒溪。

(　) 68. 下列有關國立故宮博物院的敘述何者錯誤？　(A) 隸屬於文化部所管轄　(B) 故宮南部院區位於嘉義縣太保市，定位為「亞洲藝術文化博物館」　(C) 因應時代的變遷，致力於「數位典藏」、「數位博物館」、「數位學習」及「U 化故宮」等數位計畫　(D) 院內展覽除設有書畫和器物等常設展覽外，另不定期舉辦各項主題特展。

(　) 69. 下列對石門水庫的描述何者錯誤？　(A) 石門水庫最為著名的美食為「石門活魚」　(B) 因水庫位於石門鄉而得名　(C) 大壩壩高為 133 公尺的土石壩　(D) 為一多目標水利工程，具有灌溉、發電、給水、防洪、觀光等效益。

(　) 70. 臺灣擁有多處河階台地的森林遊樂區為下列何者？　(A) 八仙山森林遊樂區　(B) 奧萬大森林遊樂區　(C) 雙流森林遊樂區　(D) 知本森林遊樂區。

(　) 71. 臺灣山毛櫸為臺灣珍貴稀有植物，下列那一個森林遊樂區可以看到臺灣山毛櫸純林？　(A) 滿月圓森林遊樂區　(B) 台歡山森林遊樂區　(C) 奧萬大森林遊樂區　(D) 太平山森林遊樂區。

64. D　65. C　66. C　67. D　68. A　69. B　70. B　71. D

( ) 72. 有關陽明山國家公園火山活動的敘述，何者錯誤？ (A) 以特有的火山地形地貌著稱，以大屯山火山群為主 (B) 這個區域的火山活動形成了二十幾座火山 (C) 目前所看到的地景都是後火山活動遺跡，如：火山口、火口湖、堰塞湖、溫泉及硫磺噴氣孔等 (D) 園內最高峰七星山是一座鐘狀火山，由火山噴發的玄武岩熔岩流和火山碎屑交互堆疊形成。

( ) 73. 太魯閣國家公園內的砂卡礑步道最早興築於日治時期，當時用途為何？ (A) 軍事 (B) 理蕃 (C) 政治 (D) 發電。

( ) 74. 目前臺灣那個縣市客家人口總數居全國之冠？ (A) 新竹縣 (B) 苗栗縣 (C) 桃園市 (D) 花蓮縣。

( ) 75. 目前臺灣原住民族群中，那一個族群人口總數最多？ (A) 泰雅族 (B) 阿美族 (C) 卑南族 (D) 魯凱族。

( ) 76. 貫穿太魯閣國家公園，且是早期原住民族人開疆闢土，增加聚落獵場的古道是那一條？ (A) 合歡越嶺道 (B) 八通關越嶺道 (C) 關山越嶺道 (D) 內本鹿越嶺道。

( ) 77. 為使觀光遊憩能永續發展，下列那一項規劃與管理技術不是常用來輔助永續經營管理？ (A) 遊憩機會序列 (B) 可接受改變限度 (C) 遊客衝擊管理 (D) 五力分析。

( ) 78. 下列何者符合無痕山林運動（Leave no Trace）之準則？ (A) 滿足大眾化旅遊之設施需求 (B) 可以就地取材生火 (C) 適當處理垃圾維護環境 (D) 愛護野生動物並阻止其受天敵獵食。

( ) 79. 極端氣候影響觀光旅遊甚鉅，形成原因之一是溫室效應，下列那種氣體不屬於溫室氣體？ (A) 甲烷 (B) 二氧化碳 (C) 二氧化硫 (D) 氧化亞氮。

( ) 80. 化學肥料中所含的氮、磷等有機鹽類直接進入河川，不會造成： (A) 河川水質變酸 (B) 藻類大量繁殖 (C) 水中含氧量下降 (D) 水的濁度降低。

---

72. D　73. B, D　74. C　75. B　76. A　77. D　78. C　79. 一律給分　80. D

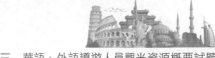

106 年專門職業及技術人員普通考試

(　) 1. 鄭經曾因清廷何種變局而率兵渡海攻打大陸東南沿海？　(A) 三藩之亂　(B) 捻亂　(C) 太平天國之亂　(D) 白蓮教之亂。

(　) 2. 清雍正元年（西元 1723 年），在諸羅縣的虎尾溪和大甲溪之間增設的廳縣是：　(A) 雲林縣　(B) 彰化縣　(C) 臺灣縣　(D) 淡水廳。

(　) 3. 荷治時期，荷蘭人發現臺灣中部有原住民建立的跨族群、跨部落的聯盟組織，領域範圍主要在今天的臺中市、彰化縣北部和南投縣的一部分，史稱：　(A) 大社番王　(B) 半線番王　(C) 沙轆番王　(D) 大肚番王。

(　) 4.「臺灣沃野千里，實霸王之區。若得此地，可以雄其國，使人耕種，可以足其食。……移諸鎮兵士眷口其間，十年生聚，十年教養，而國可富，兵可強，進取退守，真足與中國抗衡也。」這段話是在勸誰攻取臺灣？　(A) 施琅　(B) 何斌　(C) 鄭成功　(D) 濱田彌兵衛。

(　) 5. 在參觀國定古蹟「金廣福」的過程中，導遊的介紹內容，以下何者錯誤？　(A)「金」代表多金多利　(B) 係結合廣東籍與福建籍的墾號　(C) 於 19 世紀進入新竹東南山區開墾　(D) 其領袖為陳賴章。

(　) 6. 荷治時期為控制漢人的貿易活動與滿足原住民生活所需，將轄下原住民村社的交易權公開招標，商人得標後即可獨占村社的所有交易制度，係指以下何者？　(A) 結首制　(B) 王田制　(C) 番大租　(D) 贌社制。

(　) 7. 來自加拿大的某一觀光團，想在淡水地區參訪馬偕相關遺跡，請問安排下列那一個古蹟並不適當？　(A) 牛津學堂　(B) 小白宮　(C) 淡水禮拜堂　(D) 馬偕墓園。

(　) 8. 承上題，導遊向觀光團介紹晚清臺灣的西洋傳教史時，以下那一項說明錯誤？　(A) 臺灣現存最古老的天主教教堂是屏東萬金聖母聖殿　(B) 基督長老教會以大甲溪為界，北部屬加拿大教會傳教區；南部屬英國教會傳教區　(C) 馬偕於淡水設立全臺首座西式醫館　(D) 巴克禮刊行的《臺灣府城教會報》是臺灣第一份報紙。

---

1. A　　2. B　　3. D　　4. C　　5. D　　6. D　　7. B　　8. C

( ) 9. 以下何者不是日治末期皇民化運動的主要內容？ (A) 國語運動 (B) 宗教與風俗改革 (C) 改姓名運動 (D) 白話文運動。

( ) 10. 西元 1920 年代以後，臺灣的藝術創作者開始摸索如何創作具有臺灣特色的作品，目前收藏在臺北市中山堂的雕刻作品〈水牛群像〉，即表現這種動向。這幅〈水牛群像〉的作者是誰？ (A) 林玉山 (B) 郭雪湖 (C) 黃土水 (D) 劉錦堂。

( ) 11. 日治初期，經調查認為臺灣人有三大惡習，欲採漸禁手段加以廢止，此三大惡習是：吸食鴉片、辮髮，以及下列何者？ (A) 不洗澡 (B) 不守時 (C) 吐痰 (D) 纏足。

( ) 12. 日治時期，總督府為了籠絡和利用臺灣人，往往安排臺灣社會菁英擔任何種職務？ (A) 民政長官、參事 (B) 街庄長、無實權的各級議員 (C) 中低級軍官、警察 (D) 交通或司法體系官員。

( ) 13. 西元 1940 年日本提出「大東亞共榮圈」構想，以大東亞為範圍，建立起以日本天皇為中心的國防國家協同體制。以下何者不在大東亞的範圍之內？ (A) 法屬中南半島 (B) 中國 (C) 紐西蘭 (D) 夏威夷。

( ) 14. 日治時期的新式教育已有美術課程，當時來臺授藝的日籍教師，首先引進西洋油畫、水彩、雕塑，為臺灣新美術播下種子，其中對於臺灣美術發展影響最為深遠的日籍教師是以下那一位？ (A) 鹽月桃甫 (B) 石川欽一郎 (C) 南薰造 (D) 久米桂一郎。

( ) 15. 臺灣沿海地帶，由於土地含鹽量高，常常導致居民發生嚴重的風土病。如戰後初期廣為人知的「烏腳病」便是土壤中重金屬砷含量過高，讓臺灣西南地區長期飲用地下水的居民產生身體上的病變。但在日治時期，更有一種肇因於「風」而引發的疾病，該疾病為下列何者？ (A) 瘧疾 (B) 霍亂 (C) 痢疾 (D) 砂眼。

( ) 16. 日治時期臺北帝國大學設有南洋史學科，醫學專門部特別重視熱帶醫學，臺北商業專門學校設有馬來語課程。這些現象可能與推動何項政策有關？ (A) 南進政策 (B) 國語運動 (C) 皇民化政策 (D) 工業化政策。

9. D 　 10. C 　 11. D 　 12. B 　 13. D 　 14. B 　 15. D 　 16. A

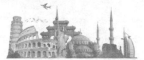

( )17. 下列何者為戰後著名布袋戲大師？ (A) 葉青 (B) 楊三郎 (C) 李梅樹 (D) 李天祿。

( )18. 戰後初期臺灣足球運動曾有不少非本土球員代表中華隊比賽，這些球員多來自那個地區？ (A) 新加坡 (B) 香港 (C) 馬來西亞 (D) 越南。

( )19. 從楊德昌等人執導的《光陰的故事》開始，西元 1980 年代臺灣的電影出現在取材上以本土為背景，拍攝手法清新寫實，這種電影被稱為： (A) 寫實電影 (B) 瓊瑤熱 (C) 新電影 (D) 三廳電影。

( )20. 在解嚴以前，臺灣僅有三家電視台，下列何者不屬之？ (A) 民視 (B) 台視 (C) 中視 (D) 華視。

( )21. 臺灣歌仔戲以家族企業經營，強調舞台演出技術，最為有名的金光戲團是： (A) 明華園 (B) 小西園 (C) 五洲園 (D) 日月園。

( )22. 西元 1953 年主管臺灣生產事業的官員尹仲容以個人身分主張多吃麵粉少吃白米，希望透過此一運動的推展，改變國人的飲食習慣，以美援進口較低廉的麵粉作為主食。回顧當時的背景，價值較高的白米最有可能做何用途？ (A) 援助邦交鄰國 (B) 出口換取外匯 (C) 製造內需米酒 (D) 接濟大陸同胞。

( )23. 下列那部作品是臺灣鄉土文學的代表作？ (A)《兒子的大玩偶》 (B)《藍與黑》 (C)《旋風》 (D)《金大班的最後一夜》。

( )24. 西元 1950 年代一群知識分子在雜誌上撰文批評時政，甚至主張組成一個強有力的反對黨，落實民主政治，但最後組黨運動失敗，相關人士被捕入獄。此雜誌應為： (A)《文星》雜誌 (B)《自由中國》 (C)《人間》雜誌 (D)《大學雜誌》。

( )25. 下列臺灣原住民族中何族沒有「射日」神話？ (A) 泰雅族 (B) 排灣族 (C) 布農族 (D) 達悟族。

( )26. 以下那一項習俗或組織不屬於清代臺灣客家文化的一部分？ (A) 蒸嘗組織 (B) 伯公信仰 (C) 義民信仰 (D) 麻達。

---

17. D 18. B 19. C 20. A 21. A 22. B 23. A 24. B 25. D 26. D

( ) 27. 大型琉璃珠是臺灣那一原住民族群擁有的特色文物？ (A) 布農族
(B) 賽夏族 (C) 阿美族 (D) 排灣族。

( ) 28. 以《八部合音》而揚名國際的是臺灣那一個原住民族群？ (A) 雅美
族 (B) 布農族 (C) 泰雅族 (D) 阿美族。

( ) 29. 臺灣原住民通常以那一種儀式辦理喪葬？ (A) 樹葬 (B) 室內葬
(C) 火葬 (D) 土葬。

( ) 30. 如果日本觀光客想看臺灣的干欄式建築，到那裡最容易看到？ (A)
鄒族的男子會所 (B) 西拉雅族的公廨 (C) 日治時期建造的菁桐車站
(D) 嘉義的木造北門車站。

( ) 31. 臺灣史前博物館展示泰雅族婦女使用的水平式腰機，泰雅族傳統使用
的主要織布原料為何？ (A) 蠶絲 (B) 苧麻 (C) 香蕉絲 (D) 木皮
絲。

( ) 32. 旅行社規劃了一條日月潭路線：「臺中出發→雙龍部落→部落風味午
餐→潭南部落→伊達邵商圈→ 返程臺中」。除了邵族之外，參與該行
程還可體驗下列那一原住民族的傳統文化？ (A) 鄒族 (B) 布農族
(C) 西拉雅族 (D) 撒奇萊雅族。

( ) 33. 文化部目前授證的國家重要民俗中，有四項與媽祖信仰相關。某媽祖
遶境進香活動，從下圖拱天宮出發，以徒步方式縱跨苗栗縣、臺中
市、彰化縣及雲林縣。該進香活動最可能是下列何者？

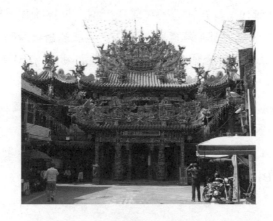

---

27. D　28. B　29. B, C, D; BC, BD, CD; BCD　30. A　31. B　32. B　33. C

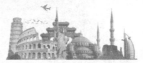

(A) 大甲媽祖遶境進香　(B) 北港媽祖廟迎媽祖　(C) 通霄白沙屯媽祖進香　(D) 新港奉天宮媽祖遶境 。

( ) 34. 臺灣許多地方設有城隍廟，城隍廟的設置地點通常與下列那一項機能有關？　(A) 洋行郊商　(B) 河港遞舖　(C) 行政中心　(D) 官道節點。

( ) 35. 高雄地區常受颱風或西南氣流帶來的降雨侵襲而發生水災。近年來高雄市政府採用的治洪對策中，下列何者最符合「蓄洪」的概念？　(A) 山坡地的水土保持工程　(B) 愛河與岡山溪的整治清污　(C) 雨水下水道完成率的提升　(D) 曹公圳與埤塘串連成生態廊道。

( ) 36. 賽夏族的「矮靈祭」（巴斯達隘）祭典，最可能在下列那一個鄉鎮舉辦？　(A) 屏東縣獅子鄉　(B) 花蓮縣富里鄉　(C) 苗栗縣南庄鄉　(D) 南投縣魚池鄉。

( ) 37. 從馬公港利用船運前往臺灣本島觀光或洽公，從下列那一個港口登陸，航行距離最短？　(A) 東港　(B) 高雄港　(C) 安平港　(D) 布袋港。

( ) 38. 自強號普悠瑪列車為臺鐵引進的傾斜式電聯車。「普悠瑪」的名稱，源自下列那一種語言？　(A) 卑南語　(B) 阿美語　(C) 噶瑪蘭語　(D) 太魯閣語。

( ) 39. 澎湖東北季風強勁，為了使作物在冬季仍能順利生長，先民運用智慧就地取材，在菜園四周砌矮石牆保護作物。該石牆主要為下列那一種材料建造而成？　(A) 礫岩　(B) 板岩　(C) 安山岩　(D) 珊瑚礁岩。

( ) 40. 某導遊帶領旅遊團，從新竹香山海岸景點前往桃園永安漁港品嚐海鮮大餐。他們利用下列那條公路前往最為便捷？　(A) 臺 3 號　(B) 臺 61 號　(C) 臺 66 號　(D) 臺 74 號。

( ) 41. 下列那一個縣市因為自然環境的關係幾乎沒有種植稻米？　(A) 新北市　(B) 新竹縣　(C) 澎湖縣　(D) 宜蘭縣。

( ) 42. 臺灣各地的節慶活動有：①墾丁風鈴季　②東港黑鮪魚季　③太麻里金針花季　④平溪天燈節。若想利用寒假安排節慶之旅，最可能參加上述那兩項活動？　(A)①③　(B)①④　(C)②③　(D)②④。

34. C　35. D　36. C　37. D　38. A　39. D　40. B　41. C　42. B

( ) 43. 臺灣的石斑養殖區主要分布在西南沿海，尤其是高雄市某行政區利用潟湖地形養殖石斑，每年也舉辦石斑節宣傳地方產業文化。該石斑養殖區最可能在下列那一行政區？　(A) 路竹區　(B) 小港區　(C) 永安區　(D) 旗津區。

( ) 44. 某導遊欲安排旅行團到花蓮旅遊，希望能欣賞浪漫的金針花海。該團成行時，導遊還須注意下列那項天然災害的預防措施？　(A) 颱風　(B) 海嘯　(C) 梅雨　(D) 寒潮。

( ) 45. 某民俗活動被內政部選為臺灣宗教百景之一，其淵源來自早期居民為了「內維治安，外禦入侵」而組成自衛隊，自衛隊平時進行的操練內容，後來逐漸演變成酬神的民俗活動。該民俗活動最可能為：　(A) 頭城搶孤　(B) 鹽水蜂炮　(C) 內門宋江陣　(D) 臺東炸寒單。

( ) 46. 臺灣目前由文化部管理的歷史文物展館機構不少，下列那一個展館是由日治時代遺留的行政機關辦公處改設而成？　(A) 國立臺灣博物館　(B) 國立臺灣文學館　(C) 國立臺灣美術館　(D) 國立臺灣歷史博物館。

( ) 47. 某文章提到：「1933 年你所勾勒出來的中央噴水池，溫暖的陽光灑過金黃色的土地，你的雙眼如此柔和，愛情隨著油彩一筆一筆吻遍了嘉義。」文章中的「你」最可能是在形容臺灣那一位畫家？　(A) 洪通　(B) 郭雪湖　(C) 顏水龍　(D) 陳澄波。

( ) 48. 八仙洞曾發現非常豐富的舊石器時代文化，經命名為「長濱文化」，是迄今所知臺灣最古老的史前文化遺址。該文化遺址位在那一個國家風景區內？　(A) 西拉雅　(B) 大鵬灣　(C) 花東縱谷　(D) 東部海岸。

( ) 49. 位於臺南市北門區的「南鯤鯓代天府」，鯤鯓的名稱和下列那一項自然要素有關？　(A) 植被　(B) 地形　(C) 氣候　(D) 土壤。

( ) 50. 地名可反映出一地的開發過程和文化意涵。下列臺灣鄉鎮市區地名出現的時間先後順序為何？　①左營　②瑞穗　③宜蘭　④仁愛　(A)③②④①　(B)①③②④　(C)②④①③　(D)④①③②。

( ) 51. 臺灣高鐵公司為營造友善旅遊環境，於臺中站設置「穆斯林祈禱室」，祈禱室中提供《可蘭經》、禮拜毯，並設置箭頭指示禮拜方

43. C　44. A　45. C　46. B　47. D　48. D　49. B　50. B　51. A

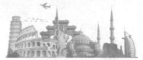

位。該箭頭是指向下列那個都市？　(A) 麥加　(B) 麥地那　(C) 耶路撒冷　(D) 伊斯坦堡。

(　) 52. 人止關是埔霧公路上一處形勢險要之地，得名於清代禁止漢人上山之意，日治時期賽德克族為了守護生活領域，也曾在此依地形天險擊退強行進入的日軍，史稱「人止關之役」。依上文判斷，人止關的地形最接近下列何者？

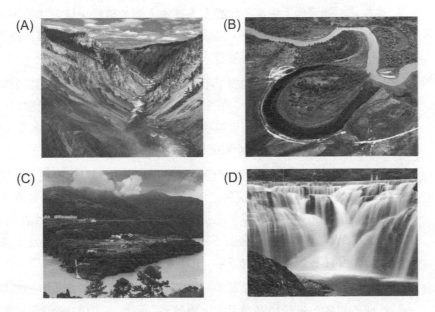

(　) 53. 日治時代，臺灣兩座山峰因高於日本富士山的高度，因而被日本人命名為「新高山」與「次高山」。這兩座山峰是：　(A) 玉山、雪山　(B) 玉山、秀姑巒山　(C) 雪山、南湖大山　(D) 秀姑巒山、南湖大山。

(　) 54. 在臺灣北部海岸金山附近可見到的「燭台雙峙」景觀，是屬於下列那一種海蝕地形？　(A) 海蝕崖　(B) 海蝕洞　(C) 海蝕門　(D) 海蝕柱。

(　) 55. 臺灣某種夜行性貓科動物，活動於淺山地區，以獵捕齧齒類、小型哺乳類動物為生。因為受到人為開發的影響，棲地環境破壞，數量大為減少，已被列為瀕臨絕種的野生動物。該動物最有可能為下列何者？　(A) 虎貓　(B) 斑貓　(C) 雲豹　(D) 石虎。

---

52. A　　53. A　　54. D　　55. D

( ) 56. 受氣候影響，臺灣常可見到動物秋冬南遷、春夏北移的情況。其中某動物群落因北移路線恰巧需飛越國道三號林內段（251 至 253K），為減輕在遷徙過程中受車流影響造成大量死亡，故有「國道讓道」的特殊情況。該動物最可能為下列何者？　(A) 灰面鵟　(B) 紫斑蝶　(C) 紅尾伯勞　(D) 黑面琵鷺。

( ) 57. 龜山島自開放觀光後即被定位為海上生態公園，透過限制登島人數的方式，確保島上生態不因觀光人潮湧入而被破壞；儘管如此，龜首部分仍發生了多次的崩塌。其崩塌原因與下列何者的關係最為密切？　(A) 遊客踩踏　(B) 火山噴發　(C) 潮差較大　(D) 地震頻仍。

( ) 58. 臺灣西南部沿海地區地層下陷問題嚴重，為此政府一方面推動開源，增加地表水入滲量；一方面節流，減少地下水抽取量，希望可以減緩災害。下列何項措施可增加地表水入滲量？　(A) 封移深水井　(B) 獎勵農田休耕　(C) 採取輪灌措施　(D) 補助平地造林。

( ) 59.「桃園市觀音區沿海設有大型海岸結構物，如觀塘工業區、台電大潭電廠及中油天然氣所使用之海底管線等，由於結構物延伸進入海域800 至 1,000 公尺不等，造成此結構物以南發生海岸侵蝕的現象。」文中所述現象，最適合以下列那一個概念來解釋？　(A) 土石崩塌(B) 土地退化　(C) 地層下陷　(D) 突堤效應。

( ) 60. 屏東平原有頭溝水、二溝水、三溝水、泗溝水及五溝水等因湧泉而形成的地名，這些地名最可能出現於下列何處？　(A) 高屏溪沿岸　(B) 潮洲斷層沿線　(C) 沖積扇扇端地區　(D) 海岸濕地沼澤區。

( ) 61. 草嶺古道是淡蘭古道的一部分，也是清代從剝皮寮到宜蘭的官道。該古道沿山開闢，崎嶇難行，加上氣候限制，使當地流傳一句俗諺：「一斗東風，三斗雨」來形容行走古道的挑戰。該諺語所描述的挑戰，以那一個季節最為嚴峻？　(A) 春季　(B) 夏季　(C) 秋季　(D) 冬季。

( ) 62. 臺灣許多地方常用諺語或地方話來形容降雨特色。下列四個天氣諺語所指涉的雨型，何者單場降雨的雨時最長？　(A) 西北雨，直直落

---

56. B　　57. D　　58. D　　59. D　　60. C　　61. 一律給分　　62. B

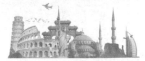

(B) 四月芒種雨，五月無乾土　　(C) 東勢沒半滴，西勢走未離　　(D) 天頂出有半節虹，欲做風颱敢會成。

(　) 63. 颱風侵襲臺灣時，常在某些地區伴隨出現乾燥而高溫的風，引發農害。此種乾燥而高溫的風是指下列何者？　　(A) 焚風　　(B) 九降風　　(C) 龍捲風　　(D) 沙塵暴。

(　) 64. 日本軍醫落合泰藏的回憶錄寫道：「我軍（日本）遭遇落山風襲擊五、六次，遭致兵舍倒塌。」此軍醫最可能描述他在那次事件中服役的情形？　　(A) 霧社事件　　(B) 北埔事件　　(C) 噍吧哖事件　　(D) 牡丹社事件。

(　) 65. 高山湖泊往往是戶外活動行程中重要的景點和取水來源，下列何者不屬於臺灣高山湖泊？　　(A) 南仁湖　　(B) 七彩湖　　(C) 嘉明湖　　(D) 翠峰湖。

(　) 66. 為提昇臺灣的旅遊品質，國家風景區除了致力建設相關設施，亦透過舉辦活動來吸引國內外遊客。下列有關活動主題與對應主辦的國家風景區管理處何者正確？　　(A) 鷹揚八卦活動─西拉雅國家風景區管理處　　(B) 秀姑巒溪鐵人三項─花東縱谷國家風景區管理處　　(C) 福隆國際沙雕藝術季─北海岸暨觀音山國家風景區管理處　　(D) 南島族群婚禮─茂林國家風景區管理處。

(　) 67. 有關太平山國家森林遊樂區之敘述何者錯誤？　　(A) 太平山為早期臺灣三大林場之一，擁有不少早期開發森林留下的林業工具，深具歷史價值　　(B) 仁澤溫泉屬碳酸鈣泉，初始泉溫超過 100℃，溫泉浴加森林浴可滌身且淨心　　(C) 翠峰湖標高約 1,860 公尺，為全臺第一大高山湖泊　　(D) 境內森林多屬人造林，其中又以臺灣水青岡（臺灣山毛櫸）最負盛名。

(　) 68. 下列那一條步道屬於國家步道？　　(A) 林美石磐步道　　(B) 十八灣古道　　(C) 特富野古道　　(D) 砂卡礑步道。

---

63. A　64. D　65. A　66. D　67. D　68. C

( )69. 臺灣原住民族之飲食文化，以下敘述何者錯誤？　(A) 阿美族主要以番薯、小米及稻米為主食　(B) 排灣族主要以芋頭為主食　(C) 賽夏族主要以小米、雜糧為主食　(D) 達悟族主要以小米、芋頭為主食。

( )70. 根據 WTTC（World Travel & Tourism Council）所公布的 2015 年觀光旅遊經濟研究報告中，2014 年臺灣的觀光旅遊相關產業對於 GDP 的總貢獻程度（Total Contribution）約為多少？　(A) 0.5%　(B) 3.5%　(C) 5.5%　(D) 10.5%。

( )71. 玉山主峰為臺灣第一高峰，就國家公園土地使用分區類型而言，玉山主峰山頂屬那一類土地使用分區？　(A) 遊憩區　(B) 史蹟保存區　(C) 特別景觀區　(D) 生態保護區。

( )72. 客家委員會透過遴選小組及網路票選出「客庄 12 大節慶」，下列那個活動未列於客庄 12 大節慶之中？　(A) 義民文化祭　(B) 客家美食（粄仔）節　(C) 國際花鼓藝術節　(D) 國姓搶成功。

( )73. 金門地區的「風獅爺」具鎮風避煞的功能，下列那一個說法錯誤？　(A) 村落型風獅爺多坐落在村落的東北東至北方　(B) 對風獅爺的祀拜有塞虎口的儀式　(C) 小金門無風獅爺設置　(D) 金門西半島的風獅爺以泥塑材質為主。

( )74. 下列那一處國家風景區以推動鹽雕活動著名？　(A) 北海岸及觀音山國家風景區　(B) 東部海岸國家風景區　(C) 雲嘉南濱海國家風景區　(D) 東北角暨宜蘭海岸國家風景區。

( )75. 賭場的設置在臺灣地區始終是個正反兩方激烈攻防的議題。2012 年依據離島建設條例，臺灣地區唯一一次博弈公投通過的縣市為：　(A) 澎湖縣　(B) 連江縣　(C) 臺東縣　(D) 金門縣。

( )76. 以下那一種不屬於大量遊覽車湧進太魯閣峽谷所造成的環境衝擊？　(A) 空氣品質惡化　(B) 落石的發生　(C) 土壤的密實　(D) 野生動物目擊機會減少。

( )77. 下列何者不是臺灣陸域森林或荒地面對的外來種問題？　(A) 小花蔓澤蘭　(B) 互花米草　(C) 銀合歡　(D) 銀膠菊。

---

69. 一律給分　70. C　71. C　72. B　73. C　74. C　75. B　76. C　77. B

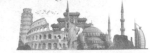

(　) 78. 小明到花蓮七星潭遊玩，看見美麗的石頭，因而撿回家作為紀念。請問小明此舉動違反何種遊憩理念？　(A) 主流社會典範　(B) 遊憩機會序列　(C) 無痕山林　(D) 服務品質管理。

(　) 79. 為積極復育海洋生物生態，下列那一處曾舉辦綠蠵龜生態研習營及野放活動？　(A) 小琉球　(B) 墾丁　(C) 望安　(D) 南竿。

(　) 80. 下列何者對於溫室效應的描述較為正確？　(A) 大氣層吸收了太陽光中的紫外線，造成地球表面溫度上升　(B) 大氣層吸收了地球表面反射光中的短波長光線，造成地球表面溫度上升　(C) 大氣層吸收了太陽光直接照射的紅外線能量，造成地球表面溫度上升　(D) 大氣層吸收了地球表面反射光中的長波長光線，造成地球表面溫度上升。

參考書目

一、中文

石再添等。《世界文化地理篇》（上、下）。臺南市：南一書局。

張萍如（2009）。《領隊人員》。臺北：考用出版股份有限公司。

曾光華、陳貞吟、饒怡雲（2012）。《觀光與餐旅行銷：體驗、人文、美感》。新北市：前程文化事業有限公司。

黃榮鵬（2011）。《領隊實務》。新北市：松根出版社。

黃榮鵬（2011）。《觀光資源概要》。新北市：松根出版社。

劉斌雄（1969）。〈沙阿魯阿族的社會組織〉，《中央研究院民族學研究所集刊》。臺北：中央研究院民族學研究所。

黃啟清等。《國中社會》（二上）。新北市：康軒文教集團。

蔡進祥、徐世杰等（2013）。《領隊與導遊實務》。新北市：前程文化事業有限公司。

鍾任榮（2011）。《旅遊行程規劃：實務應用導向》。新北市：前程文化事業有限公司。

二、網站

大陸臺商經貿網，http://www.chinabiz.org.tw/。

中華民國內政部，http://www.moi.gov.tw/。

中華民國外交部，http://www.mofa.gov.tw/。

中華民國行政院新聞局，http://info.gio.gov.tw/。

中華民國紅十字會全球資訊網，http://www.redcross.org.tw/RedCross/index.htm。

文化部文化資產局，http://www.boch.gov.tw/boch/。

北一女中臺灣史教學網，http://web.fg.tp.edu.tw/~nancy/Taiwan/index.htm。

臺北市立大理高中楊明山老師地理課程教學網站。

臺灣厝仔，http://old-taiwan.as2.net/。

臺灣國家公園，http://np.cpami.gov.tw/。

交通部觀光局，http://www.taiwan.net.tw/。

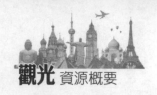

全國法規資料庫，http://law.moj.gov.tw/。

國立公共資訊圖書館，http://ref.ntl.gov.tw/ContentDetail.aspx?mid=QuestionAnswer&
　　cid=4333&DPid=49。

教育部學習加油站，臺灣教師聯盟教材研究組，http://content.edu.tw/local/

休閒遊憩系列

觀光資源概要

著　　　者／許怡萍
出　版　者／揚智文化事業股份有限公司
總　編　輯／馬琦涵
特約企編／范湘渝
登　記　證／局版北市業字第 1117 號
地　　　址／222　新北市深坑區北深路三段 260 號 8 樓
電　　　話／(02)8662-6826
傳　　　真／(02)2664-7633
　E-mail ／service@ycrc.com.tw
　I S B N ／978-986-298-283-9
二版一刷／2018 年 2 月
定　　　價／新臺幣 450 元

＊本書如有缺頁、破損、裝訂錯誤，請寄回更換＊

國家圖書館出版品預行編目（CIP）資料

觀光資源概要／許怡萍著. -- 二版. --新北
市：揚智文化, 2018. 02
面； 公分. --（休閒遊憩系列）
ISBN 978-986-298-283-9（平裝）

1. 旅遊 2. 世界地理 3. 世界史 4. 導遊

992   107000003